外国語
教育用語事典

An Encyclopedia of
Foreign Language
Education

編著者代表　佐野富士子

編　著　者　笠原究・髙木亜希子

著　　　者　和泉伸一・江下陣・大髙博美・小張敬之・
　　　　　　佐竹由帆・佐藤臨太郎・下山幸成・松本佳穂子・
　　　　　　三浦愛香・吉冨朝子

三省堂書店
創英社

はしがき

　最近の応用言語学における外国語教育学の発展は目覚ましいものがあり、英語教育学や第二言語習得論のみならず、音声学、語彙論、語用論、テスティング（評価）論、研究方法論、ICT など、幅広い分野が統合されている様相を呈しています。

　ところが、上記の学問分野を統合する外国語教育学の全体を理解するための書籍は極めて乏しく、新しい用語を含めた用語集はいまだ刊行されていません。また、英語科教員養成のための英語科教育法コアカリキュラムに第二言語習得（SLA）が入りましたが、具体的な学習項目は示されていません。加えて最新の SLA の下位範疇として、研究を教育実践の場に置いた「学びの場での第二言語習得（Instructed Second Language Acquisition, ISLA）」が大きな注目を浴びているものの、それを理解するための書籍もほとんど出版されていません。そのため、読者に外国語教育（英語教育）、応用言語学全般に必要な知識を提供し、研究を進める参考にしていただくとともに、実践との橋渡しを目的とした用語解説集の必要性を痛感したため、本書を刊行する企画を立てました。

　本書は ISLA に関わる用語や概念を中心とし、従来の用語集では大きく取り上げられてこなかった発音・語彙・語用論・テスティング（評価）における用語を広く扱っています。また、用語の解説は定義にとどまらず、関連研究がどのように発展してきたか、その成果をどのように指導の場に取り入れたらよいか、実証研究にも言及しながら解説しています。読者層として、全ての校種で外国語指導にあたる教員、英語科教員を目指す学生、大学院進学を目指す人、SLA や応用言語学の研究をこれから始めたい人、大学院生、そして大学で第二言語習得・応用言語学・英語教育学を講じる研究者を想定しています。

　本事典の構想・企画・作成は、日本の ISLA 研究の第一人者である佐野富士子先生（元横浜国立大学・元常葉大学特任教授）が中心となって進められましたが、刊行を待たずして先生がご逝去されたことは大きな悲しみであり、非常に残念です。著者一同、先生のご冥福を心よりお祈り申し上げます。また、コンサルタントとして、佐藤匡俊（Masatoshi Sato）先生（アンドレスベロ大学）、Shawn Loewen 先生（ミシガン州立大学）からは、刊行に当たり貴重なご助言・ご教示をいただきました。ここに感謝と敬意を表するものです。

2024 年 11 月

著者一同

本事典の使い方

1. 本事典は、英語教育学・応用言語学分野の用語について、「学びの場での第二言語習得」の観点から 301 用語を厳選して収録しています。各項目は、1～2 頁で基本概念の定義と項目に関連した研究の発展について概観しています。また、読者の皆さんが日本の文脈における教育実践に応用できるように、できるだけ日本の英語教育の現場で行われた最新の実証研究を紹介しています。

2. 各項目の英語の見出し語は、アルファベット順に配列されており、日本語訳も併記しています。

3. 各項目の本文において「→参照」と記載されている場合は、矢印の後の見出し語で、詳しい解説がされています。

4. 略語は、各見出し語内で理解できるように説明をしていますが、不明な場合は「本事典における略語一覧」を参照してください。

5. 訳語は、一般的に使用されているものを採用しています。

6. 図表の見出しは、事典全体ではなく、各項目ごとに通し番号をつけています。

7. 本文中の引用文献は、巻末の References に記載されています。

8. 巻末の索引は、英語索引と日本語索引の両方があり、英語索引はアルファベット順で、日本語索引は五十音順で記載されています。見出し語に加えて、各項目の解説の中で重要なキーワードも掲載しています。また、各用語が言及されている頁が記載されています。太字の数字は、見出し語の頁を示しています。

本事典における略語一覧

ACTFL	American Council on the Teaching of Foreign Languages
ADDIE	Analysis, design, development, implementation, and evaluation
AERA	American Educational Research Association
AI	Artifical intelligence
APA	American Psychological Association
AR	Augumented reality
ARCS	Attention, relevance, confidence, and satisfaction
ASA	American Statistic Association
AUA	Assessment use argument
AWE	Automated writing evaluation
AWL	Academic Word List
BBC	British Broadcasting Corporation
BICS	Basic interpersonal communication skills
BNC	British National Corpus
CA	Conversation analysis
CAI	Computer-assisted instruction
CALF	Complexity, accuracy, lexis and fluency
CALL	Computer-assisted language learning
CALP	Cognitive academic language proficiency
CAPT	Computer-assisted pronunciation training
CAT	Computer-assisted teaching
C-BI	Concept-based instruction
CBI	Content-based instruction

CCSARP	Cross-Cultural Speech Act Realization Project
CEFR	Common European Framework of Reference for Languages
CEFR-J	Common European Framework of Reference for Languages-Japan
CG	Computer graphics
CLIL	Content and language integrated learning
CLT	Communicative language teaching
COCA	Contemporaty American English
COIL	Collaborative online international learning
CPH	Critical period hypothesis
CR	Consicousness-raising
DCT	Discourse completion task/test
DDL	Data-driven learning
DM	Discourse marker
DMCs	Dirct motivational currents
EFL	English as a foreign language
EGL	English as a global language
EIL	English as an international language
ELF	English as a lingua franca
EMI	English medium instruction
ENS	English native speaker
ESL	English as a second language
FFI	Form-focused instruction
FLCAS	Foreign language classroom anxiety scale
FLH	Functional load hypothesis
FonF	Focus on form

FPP	First pair part
FTA	Face-threatneing act
GA	General American
GIGA	Global and innovation gateway for all
GOP	Goodness of pronunciation
GSL	General service list
HD-D	Hypergeometric diversity of D
HVPT	High-viability phonetic training
JEFLL	Japanese EFL learner corpus
ICT	Information and communication technology
ID	Instructional design
IELTS	International English Language Testing System
IL	Interlanguage
ILH	Involvment load hypothesis
IPA	International phonetic alphabets
IRF	Initiation, response, and feedback
ISI	Inter-stress interval
ISIB	Interlanguage speech intelligiblity
ISLA	Instructed second language acquisition
IViE	Intonational variation in English corpus
JACET	Japan Association of College English Teachers
JESS	Japanese essay scoring system
LFC	Lingua franca core
LFP	Lexical frequency profile
LL	Language laboratory
L1	First language
LMS	Learning management system

LREs	Language-related episodes
LTI	Language Testing International
L2	Second language
L2MSS	Second language motivational self system
MALL	Mobile-assisted language learning
MARC	Machine-readable catalog
MICASE	Michigan Corpus of Academic Spoken English
MLNN	Multi-layer neutral network
MR	Mixed reality
MTLD	Measure of textual lexical diversity
MWU	Multiword unit
NCME	National Council on Measurement in Education
NJS	Native Japanese speaker
NLP	Natural language processing
NNS	Nonnative speaker
NS	Native speaker
OPI	Oral proficiency interview
PPP	Presentation-practice-production
RP	Received pronunciation
RST	Random-selection test
SA	Study abroad
SAMR	Substitution, augmentation, modification, and redefinition
SDT	Self-determination theory
SFL	System-functional linguistics
SLA	Second language acquisition
SNS	Social networking service

SPP	Second pair part
SR	Substitutional reality
SSARC	Stabilize, simplify, automatize, reconstruct, and complexity
SSP	Seniority sequence principal
STI	Systemic theoretical instruction
TAALES	Tool for the automatic analysis of lexical sophistication
TBLT	Task-based language teaching
TELL	Technology-enhanced language learning
TFA	Technique feature analysis
TL	Target language
TOEFL	Test of English as a foreign language
TOEIC	Test of English for international communication
TOPLA	The type of processinc-resouce allocation
TPR	Total physical response
TSLT	Task-supported language teaching
TTR	Type-token ratio
VOT	Voice onset time
VR	Virtual reality
VST	Vocabulary size test
WELL	Web-enhanced language learning
WPT	Writing proficiency test
WTC	Willingness to communicate
ZPD	Zone of proximal development

Accent

アクセント

アクセント（accent）には、主に次の2つの意味があり、多義的に使われる。ただ、どちらの概念も共に言葉の音声面に焦点が当てられているという点においては共通である。

1つ目の定義は、ある地域や社会的グループに固有の言語的特徴のことで「方言」（dialect）に近い概念であるが、方言という語には発音だけでなく語彙や文法における特徴も含まれる点でアクセントとは異なる。ある特定の地域・国に認められる英語のアクセント（regional accent）の例としては、「ニューヨークアクセント」「南部アクセント」（アメリカ合衆国南部）などが挙げられるが、非英語母語話者による英語の発音的特徴に言及するときにも使われる（例：日本語訛りのアクセント）。非母語話者の発音が母語話者のものと比べどのくらい乖離しているかを示す尺度が Accentedness（外国語訛り度）という概念である（Zhang & Barber, 2008）。さらに、アクセントは話者の文化的、教育的背景の違いによっても特徴が現れ、「社会的アクセント」（social accent）と呼ばれる。例えば、イギリスにおける「クイーンズイングリッシュ」や BBC イングリッシュなどの「容認発音」（RP: Received pronunciation）などが相当するが、「コックニーアクセント」（Cockney accent）のように社会的階級が背景にある場合もある。

2つ目のアクセントの定義は、ある特定の音節を相対的に他の音節よりも目立たせるために使われる物理的な際立ち（卓立：prominence）のことで、その音節にある母音は強く、長く、そして明瞭な音質（完全母音：full vowel）で、しかも急なピッチ変化（ピーク）を伴って発音される（例えば2音節語の body では、語頭音節は後続音節よりも相対的に強くかつ高い）。さらにアクセントは、強さ（振

幅）次元上の概念であるストレス（stress）と違い、複合的な概念である。ただし、両語の使われ方は研究者によって異なり、依然として定まっていないというのも事実である（Bolinger, 1964; Gimson, 1994; Kenyon & Knott, 1953; O'Connor & Arnold, 1973; Roach, 1991）。

　「日本語がピッチアクセント（高さ次元上での梯子式変化）であるのに対し英語はストレスアクセント（強さ次元上での強弱変化）である」という知見は間違いではないが、少なからぬ研究者が英語におけるストレスの生成と知覚においてピッチも重要な役割を果たすことを報告している（Bolinger, 1958; Hyman, 1977; Lehiste, 1970）。ただ、ここで重要なことは、英語のアクセントの本質は基本的に（音韻的に見て）強弱変化にあるという点である。

　定義（1）に関する教授上の注意点は、まず学習者にアクセントの持つ意味を明確にした上でこの語を使うということが挙げられる。定義（2）では、英語のアクセントにはストレス（→ Stress 参照）が強く関わること、逆を言えば、ピッチのみで代替してはいけないことを意識・徹底させる必要がある。日本語を母語とする学習者は、英語で話したり音読したりする際、強さ次元をまったく意識せずに発音している場合が多いからである。このように、アクセントは SLA の音声教育において効果的な指導法を考える上で重要な鍵となる基本的要素の１つなのである。このことは、アクセントが英語のリズム（→ Rhythm 参照）に深く関与することを考慮すれば合点がいくであろう。

Acoustically varied input / Acoustic variability

音声的に多様なインプット / 音声的多様性

　音声的に多様なインプット（acoustically varied input）、もしくは音声的多様性（acoustic variability）とは、学習者が受ける話し言葉のインプットの多様性を意味する。この多様性には「話者の多様性（talker variability）」、「話し方スタイルの多様性（speaking style variability）」、「発話速度の多様性（speaking rate variability）」、「音量の多様性（amplitude variability）」、「頻度の多様性（F0 variability）」が含まれる（Barcroft, 2015）。語彙や文法構造などの言語的特徴とは異なる指標と考えられている。

　一般に、受ける音声インプットが多様であるほど、言語習得には効果的であるとされる。留学中のL2学習者の言語的発達を調査した研究では、交友関係が広く、様々な話者からインプットを受けた学習者の方が、少数の固定された話者としか交流しなかった学習者よりも、目標言語の熟達度が上がったことがわかっている（Mitchell, et al., 2017; Thomas & Mitchell, 2022）。

　L2 語彙習得では話者、スタイル、速度の多様性が効果的に働く（Barcroft & Sommers, 2005, 2014; Sommers & Barcroft, 2007）が、L1 の語彙認識には否定的に働くことがわかっている（Barcroft, 2015）。音量の多様性と頻度の多様性にはL2 語彙習得およびL1 語彙認識を促進する効果は見られない。まとめると、音声の多様さに関連のある要因（話者、スタイル、速度）はL2 語彙習得に効果的だが、L1 語彙認識には否定的に働く。しかし音声の多様性に関連のない要因（音量、頻度）は、どちらにも影響はないということになる。

　Sommers & Barcroft（2007）はなぜ話者、スタイル、速度の多様

性がL2語彙習得には効果的で、L1の語彙認識には否定的に働くのかを、拡張音声関連仮説（the extended phonetic relevance hypothesis, EPRH）によって説明している。L2の語彙習得に関しては、同じ語彙項目に対する多様な音声のインプットを受けることで、その語の音声表象が拡大し、より頑健なものになっていく。意味から音声を産出する際に、心内辞書の音声表象が大きいほど、素早く取り出せる可能性が高くなる。一方、L1の語彙認識においては、音声インプットが多様であればあるほど、心内辞書にすでに確立された音声表象に行きつかない可能性が高くなり、うまくその音声を認識できない確率が高くなるのである。

これより得られる教育的示唆は、L2学習の場ではできるだけ多様な音声インプットを学習者に与えた方が良いということである。ティームティーチングにより複数の教師がインプットを与えたり、同じ教師であっても話し方のスタイルを変えてインプットを与えたりすると、学習者の心内辞書に頑健な音声表象を育てるのに効果的である。

Acquisition-learning hypothesis

習得 - 学習仮説

習得 - 学習仮説（acquisition-learning hypothesis）とは、Krashen (1982) が習得（acquisition）と学習（learning）を別体系と捉え、学習された知識は習得された知識に移行しないと主張した仮説である。つまり、非インターフェイスの立場（→ Non-interface position 参照）をとる。大人がL2を発達させるには2つの方法があり、1つは子供がL1を覚えるように意思や情報の伝達のために使いながら無意識のうちに習い覚える習得で、もう1つは文法や語彙を意識的に学んでそ

の知識を蓄積する学習であるとの区別を主張した。また、非インターフェイスの立場から、教室で文法を教えてもほとんど効果がないとも主張したため、多くの批判を浴びた。

　しかし大人の外国語学習は、子供のL1習得とは言語学習環境、認知レベル、心理的情意的状態、言葉のやり取りをする相手（interlocutor）のL2レベルなど、多くの条件に大きな影響を受けることに加えて、すでに獲得したL1の影響があるため、大人のL2を子供のL1と同様に発達させることを試みる指導・学習ストラテジーは必ずしも効果的とは限らない。

　また、習得と学習は、どこまでが学習でどこまでが習得であるか区分けすることが難しく、学習による明示的知識は暗示的知識に移行するのか、習得とはどのような状態になったら習得といえるのかなど、様々な議論が起こった。そこで、SLA研究における多様かつ異なる研究アプローチで共通して使える用語が必要とされるようになった。この必要性を捉えてLoewen（2020）はL2の発達について習得と学習という用語を使って説明するのではなく、暗示的知識（→ Implicit knowledge 参照）と明示的知識（→ Explicit knowledge 参照）という区別を用いることを提唱している。この考え方に基づくと、学習者のL2は指導を受けてどう伸びたかの測定、学習者のL2発達のプロセスの探究、指導によるL2の発達をSLAの観点から示すことがやりやすくなる。

Action research

アクションリサーチ

　アクションリサーチ（action research）とは、研究コミュニティの

一員でもある実践者が、自身の実践について自己内省的、体系的、批判的なアプローチで探究を行う方法である（Burns, 2015）。アクションリサーチは、教師や教師教育者などの実践者による実践研究の一形態であるが、その他の方法には、リフレクティブ・プラクティス（reflective practice）、探究的実践（exploratory practice）、ナラティブ探究（→ Narrative inquiry 参照）などがある（Hanks, 2016）。

アクションリサーチの目的は、実践者が探究する価値があるとみなす課題を特定し、実践を改善することで、単独で行うこともあれば、同僚や研究者と共同で行うこともある。アクションリサーチは、実践者自身が実践に介入することで、置かれている社会的状況に肯定的な変化をもたらし、その状況に関する理論的・実践的な知を生み出す。また、実践者の関心の中心である課題について、複雑でダイナミックな特定の文脈における現実を捉えることが可能となる。同僚と取り組んだ場合は、同僚性の向上にもつながる（Banegas & Consoli, 2020; Burns, 2015; Riazi, 2016）。実践者がアクションリサーチに継続的に取り組むことで、研究者としての教師のアイデンティティが変容し、教師の専門性の向上（→ Professional development 参照）にも資すると考えられている（Banegas & Consoli, 2020; Edwards & Burns, 2016）。

アクションリサーチは、課題の特定後、循環的に計画、行動、観察、振り返りの手順で行われる。これらの手順を踏むことで、新たなアクションリサーチのサイクルにつなげることも可能である（Burns, 2015）。アクションリサーチの手順に関して、計画や行動を急ぎすぎているとの批判があり、課題を特定する前に、学習者や状況をより深く理解し、教師の内省を促す新たな方法として、探索的アクションリサーチが提唱されている（Smith & Rebolledo, 2018）。

アクションリサーチの研究例として、日本人大学生を対象に、コミュ

ニカティブな言語指導とデータ駆動型学習の原理を組み合わせ、コーパス（→ Corpus 参照）を活用した指導が、スピーキングの正確性、流暢性、複雑性、自信に与える影響を2年間にわたり調査したものがある（Hirata & Tompson, 2022）。別の例として、産業界が卒業生に期待する英語力と学習者の認識とのずれに関する問題意識に基づき、理系の日本人大学生を対象に、学生が有している英語に関する認識について振り返る活動を導入することで、彼らの認識を理解し、その活動が英語学習に対する動機づけに与える影響について研究したものがある（Sampson, 2019）。

アクションリサーチの方法論の限界について、科学的厳密性、再現性、一般化可能性の欠如などの理由から長らく批判がなされてきた。しかし、Burns（2015）が指摘するように、アクションリサーチの目的と方法は、量的実証研究とは異なっており、質的データの収集と分析になじむことも多いため、量的研究の評価基準を当てはめることは適切でないことに留意したい。

Active learning

アクティブ・ラーニング

アクティブ・ラーニング（active learning）とは、教師による一方向的な講義形式の教育とは異なり、学習者の能動的な学習への参加を取り入れた教授・学習法の総称であり、学習者の認知的、倫理的、社会的能力、教養、知識、経験を含めた汎用的能力の育成を図ることを目的としている（文部科学省, 2012）。

日本では当初、大学改革の一環として広まった用語であり、中央教育審議会答申（中央教育審議会、2012）で定義が示された。学術的に

は、アクティブ・ラーニングという用語は、教育学分野で広く使われている。よく引用される定義は、「学習者を学習プロセスに参加させるあらゆる指導方法」（Prince, 2004, p. 1）で、学習者が意味のある学習活動を行い、自分が従事している活動の意味を考える必要性が指摘されている。また、アクティブ・ラーニングの特徴として、情報の伝達よりも、学習スキルの育成、学習者の高次の思考や活動への関与、学習者自身の態度や価値観の探求、認知プロセスの外化（活動を通して、知識の理解や思考などを表現すること）を重視することが挙げられる（Bonwell & Eison, 1991）。

溝上（2014）は、アクティブ・ラーニングを「一方向的な知識伝達型講義を聴くという（受動的）学習を乗り越える意味での、あらゆる能動的な学習のこと。能動的な学習には、書く・話す・発表するなどの活動への関与と、そこで生じる認知プロセスの外化を伴う。」（p. 7）と定義し、能動的な学習における外化の重要性を示している。なお、2017年に公示された学習指導要領では、アクティブ・ラーニングは、「主体的・対話的で深い学び」と言い換えられている。外化の前に、読む聞くなどの活動により、知識を習得したり、外化の後に振り返りやまとめを通して気づきや理解を得たりする内化も重要であり、森（2017）は、内化－外化－内化の学習サイクルを提唱している。

アクティブ・ラーニングの方法として、発見学習、問題解決学習、体験学習、調査学習に加え、教室内でのグループ・ディスカッション、ディベート、グループ・ワーク等がある（中央教育審議会, 2012）。また、L2教育の文脈で、反転学習の有効性も明らかになっている（Turan & Akdag-Cimen, 2020）。教師は、これらの方法を授業に取り入れるだけでは、学習者の能動的な学習につながらないことに留意し、上記の内化と外化の学習サイクルを重視したい。

Activity theory

活動理論

　活動理論（activity theory）とは、人間の行動、認知、発達を理解するための理論的枠組みで、ソ連の心理学者ヴィゴツキー、ルリヤ、レオンチェフらが提唱した社会文化理論（→ Sociocultural theory 参照）の下位理論である。活動理論では、個人と社会環境の相互作用が強調され、社会的・文化的要因によって形成された、目標志向の行為が人間の発達に中心的役割を果たすと考えられている（Lantolf & Beckett, 2009）。近年、L2 研究において、文脈の重要性が認識されるようになり、言語学習や教育の文脈で働く様々な要因の影響力を捉えるために、活動理論が用いられている（Chong et al., 2022）。

　本理論における「活動」とは、単に何かをすることではなく、生物学的欲求や文化的欲求を動機として何かをすることであり、欲求が特定の対象に向けられると「動機」になる。「動機」は、特定の空間的・時間的条件のもとで、適切な媒介手段を通じて、意図的で意味のある、目標志向の具体的行動においてのみ機能する。よって、同じクラスの学習者が同じ課題に取り組んでも、同じ活動をしているとは限らない。各学習者は言語学習に対して異なる目標や動機を有し、同じ活動であっても、認知的な取り組みの程度は異なっている。活動理論では、言語学習者を言語的インプットを処理してアウトプットする処理装置とはみなさない。学習者は、学習の意義を自ら見出し学習に取り組む人としての存在であり、環境に応じて、学習への志向は変化していく（Lantolf, 2000; Lantolf & Pavlenko, 2001）。

　フィンランドの教育学者のエンゲストロームは、この理論をさらに包括的かつ応用可能なものにするために、第 2 世代の活動理論（Engeström, 1987）を提唱した。本理論では、人間の活動システムを

主体（subject）、対象（object）、道具（instuments）、コミュニティ（community）、分業（division of labor）、ルール（rules）の6つの要素から構成されるフレームワーク（図1）で示している。主体とは、活動に関与する個人または集団を指し、対象は、活動の目的や目標を指す。コミュニティは、同じ対象を共有する人々を含む。道具は、活動の目標達成に役立つ物理的または心理的人工物である。分業には、コミュニティのメンバー間の仕事の分担と権力の分担の両方が含まれる。最後に、ルールとは、活動システムにおける行動や相互作用を制約する、明示的・暗黙的規制や規範を指す。図の多方向の矢印は、活動システムの各構成要素が、他の構成要素に直接的または間接的にどのような影響を与えるかを示している。本枠組みでは、学習という実践の変化や革新を、活動システムのレベルで捉えることができ、実践を変える重要なメカニズムは、活動システムの中で、主体が対象の理解を「拡張」させていく点にある（Yang, 2015）。

図1　人間の活動システムの構造（Engeström 1987, p. 78）

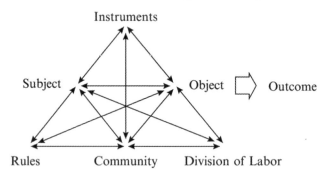

活動理論の枠組みを用いて、教室における学習活動を分析することで、学習活動がどのように行われ、何が学習者にとって障壁になっているか要因を明らかにすることができる。したがって、教師にとっては授業改善の手がかりや学習者の支援のあり方について示唆を得るのに役立つ。

ADDIE model

ADDIE モデル（アディーモデル）

ADDIE モデル（ADDIE model）は、教育におけるプログラムや教材開発のプロセスを継続的に改善し、より良い教育を目指していくためのサイクル型の枠組みを指す。教育をより効果的、効率的、魅力的にしていくための手法である「インストラクショナルデザイン（→ Instructional design 参照）」の1つである。ADDIE は、分析（analysis）、設計（design）、開発（development）、実施（implementation）、評価（evaluation）という5つの段階の頭文字を実施順に並べたもので、それぞれの段階では次のことを行う。

・分析：学習者の特性や前提知識、教える内容を分析し、目標を明確にする。
・設計：教材研究を行い、教えるべき内容の見取り図をつくる。
・開発：単元の計画、授業の流れをまとめ、教材や学習環境を準備する。
・実施：指導案に基づき、用意した教材を使って実際に授業を行う。
・評価：授業後の検討会等で授業の振り返りをする。

（稲垣・鈴木，2011）

このモデルでは、プロセスを全体として修正するのではなく、教師や学習者からのフィードバックを得ながら任意の段階に戻って修正していくことができるため、各段階で教育の効果や問題点を把握しながら改善策を考えるというプロセスを柔軟かつ高速に行うことができる。ADDIE モデルを活用して英語教育を行うことで、教師の勘や経験に左右されず、学習者に合わせてカスタマイズしたコースや教材を提供したり、効果的・効率的な学習体験を実現したりできると期待できる。

19

Affective filter hypothesis

情意フィルター仮説

　情意フィルター仮説（affective filter hypothesis）とは、Krashen（1981, 1982）が提唱した第二言語習得に関する5つの仮説（→ Monitor model 参照）の1つで、学習者の情意面、心理面を大切にして、第二言語習得が起こるように不要な緊張や不安（→ Anxiety 参照）を起こさせないようにすべきであるとの主張である。情意フィルターとは、学習者にとって周りにある文字情報や音声情報をインプットとして取り入れる際の心理的な障壁のようなものであり、フィルターに例えるならフィルターが厚いと L2 情報がインプットとして入ってくることを阻止してしまうが、薄いと理解できるインプットとして入ってくる率が高まる。そのため、Krashen は、L2 習得が起こるプロセスの途中で、文字や音声による L2 情報が情意フィルターを通過して L2 習得のためのデータとして摂取されるよう、情意フィルターを薄く保ち第二言語習得を起こしやすくすべきであると説明をしている。

　Krashen の主張に基づき、Truscott（1996）は、ライティング指導の際、エラーの訂正は無益、有害であると主張した。この主張には、Ferris（1999）をはじめとするライティングの研究者から一斉に反論があり、現在では、学習者が書いた文章中に現れる文法や語彙の誤りを訂正することは正しい言語形式を示すことであり、教師の訂正フィードバックを受けて学習者が文章を修正して再提出するよう指示すれば情意フィルターを異常に厚くしてしまうことはないばかりか L2 習得を促す、との認識が広まっている。

　情意フィルターの概念が広く知れ渡るところとなったので、学習者の心理面の研究が進み、今では、教師はいかにして学習者の不安を取り除くか、いかに動機づけを高め、いかに学ぶ喜びをもたせるかが盛

んに研究されている。

　授業に際しては、学習者とのラポールを維持できるよう、small talk で授業を始める、言語活動も学習者が自らの将来に役立つと感じられるようなコミュニカティブな面を取り入れる、学習者の将来像に沿うような要素をできるだけ取り入れるなど、学習者が楽しんで喜んで授業を受けられるように心掛けたいものである。

Allophone
異音

　異音（allophone）とは、音色次元上の単位である音素が具体的な物理音に具現（生成）されるときに生じる個々の異なる音声のことで、音韻論の用語である。この語を最初に考案した研究者は 20 世紀初頭に活躍したアメリカの言語学者 Whorf である（Jones, 1967）。

　我々は音声の生成と認識を音の 4 次元空間（高さ、強さ、長さ、音色）を通して行うが、このうちの音色次元で規定された単位が音素と呼ばれるものである。音声の音色次元についてもっと正確に言えば、それはさらに下位の 2 次元から成る。話者の弁別を可能にする声色の次元と音韻体系を成す言語音（音素）の次元である。後者の音素は確かに音色次元上の単位だが、語中で現れる（置かれる）場所によってその音響学的実体は微妙に変化する。この変異体（variant）が「異音」である。例えば、英語の無声歯茎閉鎖（破裂）音の /p, t, k/ はそれぞれ複数の異音から成る。語頭もしくは強勢音節の第一頭子音の位置に現れるときは帯気音（もしくは気息音: puff）と共に発音され（pen [pʰɛn], time [tʰaɪm], kid [kʰɪd]）、それ以外では帯気音が伴わない。ただし、語末では、話者の取る発話スタイルによって付いたり付かなかったりする（「外破音」対「内破音」: 後

21

者を示す記号は［˙］）。これは自由変異音（free variant）と呼ばれる。

　異音は音素を設定する際に存在が意識される重要な概念である。音素が音韻的（抽象的）単位であるのに対し、異音はその具現形（物理音）であり、これが音韻（/ /）と音声（[ ]）の違いである。例えば音素 /t/ は、"tell, steam, bet" のように語頭、語中、語末のいずれにも起こり、音質上はどれも異なる実体を持つ（[tʰɛl]，[stiːm]，[bɛt˙]）。しかし我々は、通常、この音響上の違いに無頓着で、これらの語はどれも同じ音素（/t/）を含んでいると思っている。それというのも、上で音素 /t/ はどれも語中の異なる位置（環境）に現れているからである（相補分布）。言い換えると、相補分布の関係にある音声（変異音）は、どれも同じ1つの音素として扱われるということである。ちなみに、日本語を母語とする英語学習者が /l/ と /r/（正確には IPA で /ɹ/ と表記され、/r/ は trill 音を表す）の聞き分けを不得意とする理由がここにある。日本語のラ行の子音 /r/（弾音 /ɾ/）には異音がいくつもあって（語頭で「ɖ, l」、語中で [l, ɾ, ɹ]）、その中に英語の /r/ と /l/ が含まれるからである。

　音声教育の観点からいえば、英語母語話者が発話の際に作り出す変異体に過度に注意を払う必要はない。特に初級の授業においてはそうである。ただ、学習者のレベルが上がるにつれ、異音教育の必要性は増すと思われる。学習者の発話の明瞭性（→ Intelligibility 参照）を上げるのに貢献できるだけでなく、英語母語話者（ENS）の発音を正確に聞き取る上で役に立つからである。例えば、気息音を伴って発音される語頭の無声閉鎖音（[pʰ, tʰ, kʰ]）や、これらに続いて無声化する接近音（[l̥]，[r̥]）の聞き取りは、語頭子音に帯気音が伴われていないと ENS には困難になる（つまり有声閉鎖音と聞き間違える）ことが予想される（Gimson, 1994; Jenkins, 2000）。さらに、音声の聞き取り能力が上がると、文字情報を介さずに語彙を増やすことができるようになるなどのメリットも生まれる（Zhang & Graham, 2020）。

Analytic rating / scale

分析的評価法 / 採点基準

　分析的評価法（analytic rating）とは、主にパフォーマンス評価（スピーキングやライティング）の採点に使用される方法の１つで、個々の観点に点数を付け、それらを合計して能力値を表す方法である。評価基準においては、重要な観点ほど高い比重が割り当てられ（重み付け→ Weighted score 参照）、それに基づいて作成される採点表をルーブリックと呼ぶ。

　ライティングに関しては、Jacobs et al.（1981）の ESL Composition Profile が有名であり、その後、それを改良・応用しながら対象や科目に合わせた様々な採点表が開発・使用されている。スピーキングに関しては特に汎用的なものはないが、有名な外部テストの評価基準などを参考にして、多様な基準が使用されている。日本では大学入学試験に発信能力が含まれないことが多いため、中学・高校では簡便な評価基準が教室内評価に使われることが多いが、大学ではより精緻な評価基準がカリキュラムや科目に合わせて開発・使用されており、近年はヨーロッパ言語共通参照枠（CEFR）の指標を取り入れたものが増えている。

　分析的評価の利点は、各学生の得意な観点と不得意な観点が明確にわかることであり、採点表を返すだけで十分なフィードバックとなるところである。また研究をするにあたっても、違う観点（例えば構成力と語彙力）の相関などを見ることで特定の集団の特徴や傾向を詳細に把握することができる。問題は、全体に総合点を与える総括的評価法（→ Holistic rating 参照）と比較すると、時間と労力がかかること、そして評価者によるばらつきを防ぐために各観点の理解と採点法を含む詳細な評価者トレーニングが必要なことである。Ghalib & Al-Hattami（2015）や Bacha（2001）などにこの２つの評価法の違いと

それぞれの長所・欠点が詳細に説明されているが、一般的に、分析的評価の方がより教育的であることは共通認識となっている。

　分析的評価を使って学習者のライティング力やスピーキング力の傾向や伸びを見る研究は、国内でも長年にわたって蓄積されてきている。Yamanishi & Ono（2018）や MacDonald（2018）などのように、評価基準や測定方法そのものを実験によって改善しようとする研究もある。またライティングよりも難しいスピーキングの評価に関しては、測定する観点が目的や授業レベル・内容によってかなり違ってくるので、小泉（2022）などをまず読んで、自分の授業や研究に合ったルーブリックを考案し試行することを勧める。コミュニケーション能力が重視される傾向の中で、様々な教育段階の先生方が自分のクラスに合った分析的ルーブリックについて学会発表をしたり論文を書いたりしているので、それらを参考に自分の状況に合うものを作成して欲しい。

Anxiety
不安

　不安（anxiety）とは、L2 学習プロセスの独自性から生じる教室でのL2 学習に関する自己認識、信条、感情、行動の複合体であると Horwitz et al.（1986）が定義づけている。さらに、Horwitz et al. は、不安はコミュニケーションへの不安、テストへの不安、L2 学習での否定的な評価への不安の 3 要素の合体であるとの見方もあるが、それを超えた要素の複合体であると捉えている。外国語学習や使用にまつわる不安は、外国語不安（foreign language anxiety）あるいは言語不安（language anxiety）として捉えられ研究が発展したが、現在では不安という用語が多く用いられている。

一般に L2 の学習や使用の際に学習者が負の感情を抱えると、L2 学習のパフォーマンスにも悪影響が出ると考えられている。インプットを取り込む際の障壁（→ Affective filter hypothesis 参照）となり、アウトプット（→ Output hypothesis 参照）を出す妨げとなって L2 習得を阻むと考えられているからである。さらに、コミュニケーションしようとする意欲（→ Willingness to communicate, WTC 参照）にも負の影響を及ぼす（MacIntyre et al., 1998）。

　しかし Horwitz（2001）は不安と学習成果との関係は単純ではなく、十分な学習成果が得られていないと感じることが不安の原因となっていることが多いと指摘している。また Horwitz は、不安を感じるのは学習の特定の場で起こるもので、学習者の性格のような恒常的な特徴ではないと主張している。

　不安に関する研究は、上記の Horwitz et al.（1986）がそれ以前の不安に関する研究が中心で、いくつかの異なった測定ツールが使われたことに起因する問題を解決するため、33 項目から成る不安スケールを開示した。学習者に 5 件法のリカートスケールで当てはまるところを答えてもらう形式である。しかし、近年、33 項目をいくつかの因子にまとめられるのではないか、との指摘が出るようになり、因子は 8 つであることを示唆する研究がいくつか出てきた。このことを受けて、Botes et al.（2022）が 8 項目から成る短いバージョンに確認的因子分析（confirmatory factor analysis）を行い、妥当性と信頼性を確認している。

　教師としては、学習者が過度な不安を感じないように環境を整えるよう心掛けることは大切であるが、どのくらいの強度で不安を感じているかは、観察によって捉えることは難しい場合もある。そこで数値で捉えるツールとして Horwitz et al. は 5 件法のリッカートスケールで測定する外国語学習不安尺度（foreign language classroom anxiety scale, FLCAS）を 33 項目の質問紙項目として提示している。教師としては不

安を乗り越えるストラテジー指導を行いたい。また、SLA 研究では、不安と併せて学ぶ喜び（→ Enjoyment 参照）に関する研究も発展し、成果を出しているので（Dewaele et al., 2018）、L2 指導の際には、不安を取り除く工夫だけではなく、学ぶ喜びを持たせる工夫も併せて行いたい。

ARCS model

ARCS モデル（アークスモデル）

ARCS モデル（ARCS model）とは、アメリカ合衆国の教育心理学者 John M. Keller が 1983 年に提唱した学習意欲向上モデルであり、学習者の動機づけ向上・維持のために指導者が取るべき行動を提示している。ARCS は、注意喚起（attention）、関連性（relevance）、自信（confidence）、満足感（satisfaction）の 4 要因に整理した枠組みの頭文字からとっている。ARCS モデルで教育方法を実践するためには、以下のポイントに注意するとよいとされる。

- 注意喚起（attention）：学習者の興味を引くような、魅力的な教材や授業内容を用意する。
- 関連性（relevance）：学習者が学びたいと思うような、現実的で実践的な内容を提供する。
- 自信（confidence）：学習者が自信を持って取り組めるよう、適切な難易度の課題やフィードバックを提供する。
- 満足感（satisfaction）：学習者が達成感や充実感を得られるよう、成果を評価し、フィードバックを行う。

これらのポイントに沿って、教材や授業内容を設計することで、学習者の動機づけ向上につながるとされている。

Articulation

調音

調音（articulation）とは、ある特定の調音器官を目標とする音声の生成のために動かすこと、もしくはそれを動かす方法のことである。子音分類の方法として、次の３種の観点… (1) 調音点（place of articulation）、(2) 調音方法（manner of articulation）、(3) 声のあるなし（phonation）が使われる。

(1) 調音点

調音点とは、ターゲット音声を生成する際に使われる調音器官のことで、同時に声道内の調音位置をも示すことになる。"Point of articulation" とも呼ばれる。通常、能動調音器官（active articulator）と受動調音器官（passive articulator）が調音活動に関与する。例えば両唇音（/p, b, m/）の場合、上唇が受動調音器官で下唇が能動調音器官である。どの調音器官が発音に関与するかで、英語の場合、次の8種類に分類される。

1. 両唇（bilabial: /p-b, m, w/）

   上下の唇を使って発音する。

2. 唇歯（labio-dental: /f-v/）

   字のごとく唇と歯によって調音する。ただし英語の場合、上歯と下唇に限定され、逆バージョンはない。

3. 歯もしくは歯間（dental/inter-dental: /θ-ð/）

   上歯もしくは上歯と歯茎の両方（alveo-dental）に舌先を軽く当てて作られる。場合によっては、歯間音となるときもある。

4. 歯茎（alveolar: /t-d, n, s-z, l, r/）

   舌の先を上歯茎に接触もしくは接近させて作る。

5. 歯茎硬口蓋・後部歯茎（alveo-palatal/post-alveolar: /ʃ-ʒ, tʃ-dʒ/）

27

舌の前部が硬口蓋に向けて高く盛り上がり、歯茎から硬口蓋にかけての広い部分を使って調音する。

6. 硬口蓋（palatal: /j/）
   舌先より少し後方の前舌部を硬口蓋に接触・接近させて作る。

7. 軟口蓋（velar: /k-g, ŋ /）
   舌背を硬口蓋の奥にある軟口蓋に接触させて作る。

8. 声門（glottal: /h/, /ʔ/）
   声門を使って作られる（[h]：声門摩擦音、[ʔ]：声門閉鎖音）。
   ターゲット音声を生成するときには、能動調音器官と受動調音器官の両方が調音に関与するが、通常、簡潔にするため後者のみが子音名に使われる（例：/t/ 舌先・歯茎音→歯茎音）。

（2）調音方法

　　調音方法とは、上述の調音器官をどのように動かしてターゲット音声を生成するかについての用語である。能動調音器官と受動調音器官の使い方により、次の6種類の調音方法が認められる。

1. 閉鎖（破裂）音（plosives/stops： /p, t, k, b, d, g/）
   声道内で能動調音器官を受動調音器官に接触させ（閉鎖）、この状態をしばらく保った後に一気に流気を開放して作る音である。瞬間的で継続性のない（[－継続]）のが特徴である。開放（release）の前に流気が一時遮断されるので閉鎖音（stops）とも呼ばれる。英語の場合、無声閉鎖音は語内の生起位置で発音が異なるので学習者に注意を喚起する必要がある。つまり、語頭では帯気音（puff）が付き（[pʰ, pʰ, kʰ]）、語末では破裂の度合いが極めて弱いかまったくない内破音となる（[p˺, t˺, k˺]）。時によっては文末等で声門閉鎖音（[ʔ]）にすら変化する。

2. 摩擦音（fricatives： /s, ʃ, z, ʒ/）
   声道内で能動調音器官を受動調音器官に適度に近づけると摩擦が

生じ、このとき作られる音が摩擦音である。好きなだけ長く伸ばして発音できる［＋継続性］の音である。

3. 破擦音（affricates: /tʃ, ts, dʒ, dz/）

この音は、破裂と摩擦が連続して適用されて作られる。ただし音韻としてはあくまで単音である。破裂音との違いは弁別素性の1つ［± delayed release］で表しうる（→破裂の開放が比較的ゆっくりである：［+del.rel.］）。なお、IPA の子音チャートにこの項目がないのは、破裂と摩擦の連結で間に合うからである。

4. 鼻音（nasals: /m, n, ŋ/）

ほとんどの子音は口音であるが、口蓋帆を下げて流気を鼻腔に導いてそこで共鳴させるとこの鼻音を作ることができる。英語には /m, n, ŋ/ の3種があり、破裂音としての特徴も併せ持つ。音声教育の観点からは /n, ŋ, N/ に注意を払う必要がある。日本語の /N/（撥音／ん／）は［−歯茎］かつ［＋継続］の口蓋垂鼻音（後舌と軟口蓋の後端で閉鎖が作られる）であり、本質的に英語の鼻音 /n/（常に［＋歯茎］音で［−継続］）とは異なるからである。よって英語の尾子音 /n/（例：man）に口蓋垂鼻音 /N/ を当ててはいけない。さらに、東日本方言で語中の /g/ は鼻音化するが（例：科学 /kaŋaku/）、この規則を英語に持ち込んではいけない（例：kangaroo → /kæŋgərúː/ ここで尾子音 /n/ は後続の軟口蓋音 /g/ の影響で [ŋ] に変化しているが、/n/ に後続する /g/ は軟口蓋化していない）。

5. 側音（lateral: /l/）

流気が舌の両側面を通過するのでこの名がある。英語では /l/ が語中の位置（音節頭か音節末か）によって明るい l（例：lid）と暗い l（軟口蓋化側音：bell）がある。後者においては、舌背が軟口蓋に向けて盛り上がる。

29

6. 接近音（わたり音・半母音 /j, w, r/）

　能動・受動の両調音器官の狭めが摩擦音のときより広いため摩擦は生じないが、共鳴性を帯びるため半母音（semivowel）と呼ばれたり、あるいは後続母音への変化に特徴があるため、わたり音（glide）などとも呼ばれる。英語には /w, r, j/ の3種類が認められる。

（3）声のあるなし（phonation: 有声⇔無声の対立）

　これはターゲット音声が有声か無声か（声帯振動のあるなし）を表すための用語である。これを使うことで、例えば /p, t, s, k/ は /b, d, z, g/ と区別できるようになる。

　早期英語教育の場合を除けば、調音方法の理解を通して学ぶ音声教育は有効性が高い。特に /r/ と /l/ のような、異なる音韻として聞き分けるのが難しい音声対の習得には有効な手段である。ただし、最終的にはこれらを異なる音韻として聞き分けられる能力も習得しなくてはならない（→ Allophone 参照）。調音音声学を音声教育に取り入れる際には、調音器官を図示した資料（通例、左横からの横断面で描かれる）を使って調音点に注意を向けながら発音指導をするのが推奨できる。視覚を通して自分の調音動作をイメージできるようになるからであるが、何よりも音声ごとに正しい調音点を知ることが間違った発音を治すきっかけになるからである（例："soon" の尾子音 /n/ の調音点は歯茎であり、口蓋垂鼻音 N と同じではない）。コンピューター利用の音声教育でも、調音をアニメ化して見せ、理解に役立てる工夫が見られる（→ High variability phonetic training, HVPT および Computer-aided pronunciation teaching, CAPT 参照）が、対象の学習者が子供の場合、例えば「口蓋」を「上あご」などと子供にわかりやすいものに替えるなど、用語に注意する必要がある。

Artificial intelligence（AI）

人工知能

　人工知能（artificial intelligence, AI）とは、人間の知能を模倣し、コンピューターや機械が学習、推論、知識の理解、自然言語の処理、視覚認識、音声認識、問題解決などのタスクを実行できるようにする技術である。人工知能は、機械学習や深層学習（→ Deep learning 参照）などのアプローチを用いて、大量のデータを解析し、パターンや関連性を見つけ出すことができる。人工知能技術は、すでに様々な産業や分野で幅広く活用されており、自動運転車、医療診断、金融取引、製品推奨、カスタマーサービス、言語翻訳、ゲーム、教育など、日常生活にも大きな影響を与えている。

　特に英語教育において人工知能は、多角的に学習者や教師を支援し、個々の必要に応じた学習経験を提供することができる。人工知能技術は、学習者の能力や学習スタイル（→ Learning style 参照）に合わせて個別化された学習プランを提供し、学習者が自分に適したペースで進めることを可能にする。学習者が提出する文章や発音に対し、人工知能は即座に文法や発音の誤りを検出し、修正のアドバイスを提供する。オンラインでの人工知能チュータリングは、一対一の指導や疑問への迅速な回答を提供することで、教師が忙しい時でも学習者が必要なサポートを受けられるようにする。人工知能はゲームや活動を通じてインタラクティブな学習環境を作り出し、学習者が楽しみながら継続的に英語を学ぶことを助ける。仮想の言語交換パートナーやチャットボット（→ Chatbot 参照）を使用することで、学習者は実践的な英語のコミュニケーションスキルを向上させる機会を得る。人工知能は学習者の進捗をリアルタイムで追跡し、必要な分野の特定と改善をサポートする。教師にとっても、人工知能は学習者のデータの

管理や最適な指導の提供という形で支援し、教育の質を向上させる手助けをする。

しかし、人工知能、特に深層学習（→ Deep learning 参照）の技術は近年注目されているが、多くの課題が存在している。例えば、多くのモデルは大量のデータに依存しており、これが不足すると性能が低下する。さらに、これらのモデルは訓練データにのみ適応するため、未知の状況には対応が難しい。そのうえ、多くの人工知能技術は内部の動作がブラックボックスのようになっており、なぜある結果を出力するのかの理解が難しい。また、学習データのバイアスを反映することから、不正確な結果をもたらすことがある。

最近の論文（Rusmiyanto et al., 2023）では、人工知能は教育、特に言語習得の分野で有効な支援として現れている。英語学習者が話す、聞く、読む、書くといったコミュニケーションスキルを強化する様々な方法を調査した結果、人工知能は、個別化されたインタラクティブな学習体験を提供することで、英語学習者のコミュニケーションスキルを大幅に向上させる可能性があることが示唆された。しかし、言語学習環境における AI の長期的な影響や最適な統合を探るためのさらなる研究が必要であると結論づけている。

Aspects of vocabulary knowledge
語彙知識の様々な側面

語彙知識の様々な側面（aspects of vocabulary knowledge）とは、多面的な語彙知識を、細分化して提示したものである。第二言語における語彙習得は少しずつ累積的に進んでいく（Schmitt, 2010b）。学習者は知っている単語の数を増やすとともに、同じ単語に異なる文脈

で出会うことでその語の様々な側面を習得していく。Henriksen (1999) によれば、学習者の語彙知識は (a) 不完全な知識からより正確な知識、(b) 1つの側面からより多くの側面、(c) 受容的知識から発表的知識、という3次元で進んでいくとされる。

　語彙知識の側面は多岐にわたり、これまで様々な分類がなされてきた。その中でも最も広く引用され、共有されているのが Nation (2001) の分類である。これは語彙知識を大きく「形式」、「意味」、「使用」の3側面に分け、それぞれに3つの下位区分を設けている。この9区分をさらに受容的知識と発表的知識に分け、語彙知識の各側面を18項目にまとめている（表1参照）。

表1　Nation による語彙知識の分類（2001, p. 27）

形式	音声	（受容）その語はどのように聞こえるか （発表）その語はどのように発音するか
	綴り	（受容）その語はどのように見えるか （発表）その語の綴りをどのように書くか
	語の構成	（受容）その語の中にはどのような構成部分が認識できるか （発表）その語の意味を表すにはどのような構成部分が必要か
意味	形式と意味	（受容）その語の形式はどのような意味を表すのか （発表）その意味を表すにはどんな形式が必要か
	概念と指示	（受容）その語の概念には何が含まれているか （発表）その概念が指し示すものは何か
	連想	（受容）その語からどのような他の語が連想されるか （発表）この語を使う代わりに他のどのような語が使用できるか
使用	文法的機能	（受容）その語はどのようなパターンで現れるか （発表）その語はどのようなパターンを要求するか
	コロケーション	（受容）その語はどのような語彙とともに現れるか （発表）その語とともに用いなければならない語彙は何か
	使用の制限（使用域、頻度）	（受容）どこで、いつ、どのくらいその語に出会うことが期待されるか （発表）どこで、いつ、どのくらいその語を使用することができるか

　語彙知識は累積的に増えていくものであるが、各語彙項目において

必ずしも上記全ての語彙知識を獲得するわけではない。ただし高頻度語ほどより多くの側面に触れる回数は多くなる。

　Nation の分類は包括的で、語彙知識の多くの側面を網羅している。しかし、知っている語彙をどれだけ素早く自動的に使用できるかという「流暢性」（Daller, et al., 2007）は含まれていない。また、複数語で1つの語のようにふるまう「定型表現」についてはコロケーションが取り上げられているのみである。今後の研究の進展に伴い、さらに包括的な語彙知識の側面を示した分類表が提案される可能性がある。

　語彙の指導に関しては、上記の側面を一度にまとめて教えることは現実的ではない。まずは学習者が形式と意味のつながりを持てるように指導すべきである。小学校段階では音声と意味のつながりを中心に指導し、中学校では綴りと意味のつながりを増やしていく。その後は同じ語彙項目を異なる文脈で何度も提示することで、次第にその他の側面の知識を育てていくと良いであろう。

Audio-lingual method

オーディオリンガル・メソッド

　オーディオリンガル・メソッド（audio-lingual method）とは、構造主義言語学と行動主義心理学の習慣形成理論を基盤とした教授法である。構造主義言語学とはアメリカで発展した言語学で、母語と外国語の構造の相違を重視し、言語学習とは音声を通じてその構造や型を学ぶこととしている。行動主義心理学においては、刺激・反応・強化を繰り返すことにより行動が促進され、習慣が形成されると考えられている。これらの理論を応用してミシガン大学の Charles Fries らにより、1950 年代に教授法として提唱され実践されたのがオーディオ

リンガル・メソッドである。その特徴は音声（音韻）と言語構造（文法構造）に着目した習慣形成のために行う反復練習にある（Richards & Rogers, 2014）。この口頭練習はパターン・プラクティスとして日本でも広く利用されてきた。活動例を以下に挙げる。

・教師の口頭での英文をできるだけ正確に早く繰り返す。（反復）

    教師：I have friends who play rugby in New Zealand.

    生徒：I have friends who play rugby in New Zealand.

・教師の指示で英文を一部を入れ替える。（語形変化）

    教師：I have friends who play rugby in New Zealand.

    生徒：I have friends who play rugby in New Zealand.

    教師：England.

    生徒：I have friends who play rugby in England.

    教師：a friend

    生徒：I have a friend who plays rugby in England.

・教師の指示で英文を変換させる。（変換）

    教師：I have friends who play rugby in New Zealand. 過去形

    生徒：I had friends who played rugby in New Zealand.

    教師：否定文

    生徒：I don't have friends who play rugby in New Zealand.

    教師：疑問文

    生徒：Do I have friends who play rugby in New Zealand?

・教師の質問に答える。（質問）

    教師：What do you have in New Zealand?

    生徒：I have friends who play rugby in New Zealand.

（佐藤・笠原，2022）

しかしながら、1960年代に入ると、Chomsky（1966）の言語習得とは認知的な過程であるとした考え方、生成文法理論が支持され、行動主義者の提唱した「言語習得は習慣形成である」という考え方は批判されるようになる。現在においても、オーディオリンガル・メソッドにおける模倣と反復練習に対して、機械的練習はコミュニケーションの能力育成には貢献しない、正確さと流暢さに最初から焦点を当てる活動は学習者のモチベーションを下げることになる、生徒の自主性を無視した指導である等のマイナス面が指摘されている（望月，2010他）。確かに、例にあるように学習者は、自然な英語使用とは言い難い発話を通じて練習していることは間違いなく、これらの練習だけでは英語でのコミュニケーション能力が十分に向上するとはいえないであろう。しかしながら一方では、日本のEFL環境においてはコミュニケーション活動の前に、習得すべき文法を短期間で効率的に身に付ける基本的な練習は不可欠であり、ドリルの有効性も支持されている（横山・中村，2022他）。授業ではこのパターン・プラクティスの良さを生かしながら、さらに、機械的練習のみに終始しないように工夫を加えていくことが必要である。

Auditory processing
聴覚処理

　聴覚処理（auditory processing）とは、耳を通して入力される音声情報（母音の音色に関与するフォルマント（声道内の空気の共鳴周波数に対応する倍音群：→ Consonant/Vowel 参照）、周波数、長さ、振幅など）をそれぞれの次元で正確に感知し、同時に他の音声と差別化したり範疇化したりできる認知能力、もしくはこの能力に基づく情

報処理プロセスのことである。

　近年、SLA 研究者は幼少期を過ぎた L2 学習者の音声能力上の成果が多岐にわたることに注目し、その理由（要因）を探ろうとしている。そのために、学びの環境（例：イマージョン教育）、通常の一斉授業、母語習得時のように人工的な学びの場を提供しない環境など）や目標の達成度（ゴールは部分習得か完全習得か）、あるいはまた習得音声の次元（分節音レベルか超分節音レベルか、知覚能力上の習得か生成能力上の習得か）などにおける違いが注目されることとなった。その結果、様々な研究がなされ、先の問いに対する理由が学習経験上の違いからくる一連の要因にあるらしいことがわかってきた。例えば、L2 学習者が経験するインプットの質と量（Derwing & Munro, 2013）、学習者の性格（Flege & Liu, 2001）、一斉授業かイマージョン教育かなどの学習環境（Mora & Valls-Ferrer, 2012）、イマージョン教育であればその開始年齢（Abrahamsson & Hyltenstam, 2009）、そしてL2 学習を包括的に見た場合の開始年齢（Muñoz, 2014）などが挙げられる。

　一方、SLA 研究では、たとえ同条件下の学びであっても、音声能力に関する到達度は学習者間で一定せず、かなりの違いが生ずることも知られている（Doughty, 2019）。その理由としては、聴覚処理能力が人によって異なり、その違いが思春期以降の L2 学習の音声習得に影響を与えるからであると考えられている（Mueller et al., 2012; Saito et al., 2022）。Kachlicka et al.（2019）や Sun et al.（2021）によると、イマージョン教育による場合は特にこの傾向が認められ、聴覚処理能力の優劣がまさに SLA における成果を占う指標となりうるという。

　SLA における音声能力獲得の適性と音楽能力の関係も、昔から、SLA 研究者にとって興味深いテーマである（Tierney et al., 2015）。

L2学習者による音声能力獲得の問題を聴覚処理能力と音楽能力の2指標を基に研究した Zheng et al.（2020）によると、両者には本質的に類似性が見られるものの、音声能力獲得に影響する度合いの大きさでは聴覚処理能力が音楽能力よりも有意に勝るとのことである。

Authentic input
真正なインプット

　真正なインプット（authentic input）とは、実在する本物のL1の話し手や書き手によって実在する、あるいは不特定多数の本物のL1の聴衆や読者のために作られた、本物のメッセージを伝える言語である、と Gilmore（2007）は定義づけている。したがって、英語に限らず、外国語教育の場で提供されるインプットには真正なインプットだけではなく、学習者に合わせて修正されたインプットも含まれている。

　真正なインプットの供給源は、例えば、新聞、雑誌、書籍、漫画本、映画、テレビ番組などがある。外国語学習者向けに語彙レベルや文法複雑さの調整はしていないので、「本物の」インプットではあるが、学習者には難しすぎる語彙が絵本にすら含まれていたり、映画のジャンルによっては発音が標準ではない登場人物もいたりするが、現実のL1の世界で使われている言語の正用法（→ Input 参照）を学ぶ良い材料となる。

　教師はこうした EFL の不利な条件を少しでも克服するために、学習者の興味を把握して真正なインプットの中でも学習者が取り組みたくなる材料を探す必要がある。さらに、それを使った言語活動について学習者の感想をもらう、多少難しいレベルの材料を使うことになるので学習ストラテジーを教える、言語活動の完成速度に差が出るので

多様な補充活動も用意しておく、などが考えられよう。

Automated scoring system

自動採点システム

　自動採点システム（automated scoring system）とは、コンピューターによってテストの解答を自動的に採点するシステムの総称である。1970年代に、TOEFL® などのその結果が受験者に大きな影響力を持つハイ・ステークスな標準テストが普及し、マークシートに記入された解答を大量に読み取り・判別するシステムが導入された。1990年代になると、作文を含む記述式問題の採点システムの開発が始まるが、最近のAI技術の利用に至るまではプログラミングによって設定した指標による制限のある判定がほとんどであった。

　自動採点システムを大きく進化させたのは、まず紙ではなくコンピューターによるテスト実施である。コンピューターに解答が打ち込まれることで、米国ETSが開発したe-raterなどの採点システムの使用が容易になり（Shermis, et al., 2002）、それをモデルに日本語エッセイの自動採点システムJESSが開発された（石岡，2004）。また、コンピューター型テストの即時性と項目応答モデルを利用して、受検者の能力レベルを初期段階で判定しそれに基づいて異なる問題を出題するコンピューター適応型テスト（→ Computer adaptive test, CAT 参照）の開発も進んだ。

　最近の自動採点システムの開発や研究は作文を含む記述式問題を対象とするものが多い。以前は文法、表現、ディスコース・マーカー（→ Discourse marker 参照）のように限られた側面を自然言語処理の技術によって評価するものが多く、なかなか内容や論理構成の評価まで

には至らなかった。しかし、AIによって大量に蓄積されたデータを処理したり、深層学習（→ Deep learning 参照）で得られた望ましい解答モデルに照らし合わせたりすることが可能になるにつれて、かなり人間の評価者に近い判定が可能になってきている。しかしスピーキングの自動採点に関しては、音声認識の進歩は顕著ではあるが、話す力の構成要素を十分に判定できるものはまだあまりない。

ライティング評価に関しては、年単位というより月単位でAIを使った新しいシステムが開発され、かなり一般的に授業内においても使用できるようになってきている。しかし、様々なジャンル、特にクリエイティブなライティングなどの評価は十分とはいえない（石井・近藤, 2020）。

また、結果が受験者に重要な影響を与えるハイステークスなコンピューターテストを行うには、精巧な不正防止システムが必要になるので、その開発も進められている。

Automated test-maker
自動テスト作成ツール

自動テスト作成ツール（automated test-maker）は、文字通り自動でテストを作成する作業を援助するツールである。もともとは、特定の教材や教科書の付属品として提供され、その内容や文章を使って様々な形式の問題（多肢選択型、クローズ型、真偽判定型、記述式など）を作成者が選びながらあまり時間をかけずにテスト作成が可能になるようなツールであった。過去のテスト問題を蓄積した項目バンクができあがっている大規模な標準テストに使われるようなツールについても、2010年代にAI利用版が登場するまでは、より複雑なプログ

ラミングによって問題文や選択肢の候補を示すぐらいの進歩しか見られなかった。

2010 年代に入ると、作成しようとするテストの目的や仕様に合わせて、ツール自体が必要なアプリケーションを自動探索して内容解析に基づくテスト用スクリプトや設問を自動生成したり、その精度を実際の回答に基づいてチェックしたり、包括的なテストの実行・管理ができる「プラットフォーム」型の製品がいろいろ市場に出てきた (Klammar & Ramler, 2017)。Selenium, TestComplet, Katalon などの Web アプリをベースにしたプラットフォームと、Appium, SoapUI などのモバイルベースのものがあるが、企業が開発したものは高価なので、主に大規模で継続的なテストに使用されている。プログラム技術を持つ研究者が独自に開発したものもある（住他，2019 など）。教室内テストを自分で簡単に作成する場合は、Google のスプレッドシートのスクリプトを利用してフォームで自動的に小テストを作ることができる。また、各学校で導入している 学習管理システム（learning management system, LMS）にテスト作成機能が付いていることも多い。つまり、以前は付属アプリケーションとして付いていたようなテスト作成ツール以上のことが、Google のシステムに含まれる汎用アプリケーションや LMS によって簡単にできる時代になった。

Automated writing evaluation
自動ライティング評価

自動ライティング評価（automated writing evaluation, AWE）とは、学習者が英語で書いた文章をコンピューターが自動的に採点、評価するシステムである。文法的正確さ、文章の複雑さ、総語数、語彙の範

囲など、文章の特徴のうち測定可能なものを分析し、点数を与え、文法の間違いを指摘したりする。特定のプロンプト（文章作成の指示）に対して書かれた文章を大量に集積したデータベースと比較することで評価システムとして機能する。

　教室では、ライティングに関するフィードバックのうち、コンピューターで自動処理できる項目に関してはAWEを活用し、教師は筆者（学習者）の意図を含む内容や論理展開に対するフィードバックを提供する時間とエネルギーを捻出することができる。

　オンラインで自由に利用できるAWEとしては、ケンブリッジのWrite & Improveがある。有料版としてはETSが開発したCriterion®がある。いずれも即時にフィードバックが提供されるので、学校教育の場で、プレイスメントテストやライティング指導に利用することができる。学習者は、自分が書いた文章をスクロールし、ΛWEがコメントした箇所のコメントを読むことができる。

　AWEによるフィードバックを学習者がどのくらい取り入れるかを調査したTian & Zhou（2020）によると、中国のEFL大学生はAWE、学習者同士、教師からのフィードバックのうち、教師からのフィードバックを圧倒的に多く取り入れていた。提供されたフィードバックの数はAWEが最も多かったが、学習者の判断で却下したものもかなりあった。

　AWEの使いやすさを学習者の側から調査したZhai & Ma（2022）は、学習者の主観的基準（subjective norm）、彼らが感じる信頼度（perceived trust）、認知に働きかけて考えさせるような認知的フィードバック（cognitive feedback）が、学習者が感じるAWEシステムの使いやすさに影響していると報告している。

　他のスキル分野と同様に、ライティングにおいても訂正フィードバック（→ Corrective feedback 参照）の意義と役割はFerris（1997）

以降、十分に確認されているが、実際問題として教師の労力は大変な
ものがあるので、AWE の利用、学習者同士のフィードバックの活用、
共同ライティング（→ Collaborative writing 参照）の採用などを組
み合わせて工夫したい。学習者同士でフィードバックを提供する訓練
を行うと、フィードバックを提供する学習者自身にも様々な学習効果
が期待される。また、文法と綴りの間違い、同じ語彙の繰り返し使用
のある箇所を指摘するだけであれば、Grammarly などの添削ソフト
や剽窃を発見する添削ソフト（Enago, Dupli Checker, Pro WritingAid,
Grammarly など）が自動的にフィードバックを提供してくれるので、
すでに利用している学習者も多いかもしれない。

Awareness-raising task
アウェアネス高揚タスク

　アウェアネス（awareness）とは、学習者の意識（→ Consciousness
参照）とほぼ同様の意味で使われることもあるが、アウェアネスとし
ての意識には次の3つのレベルがあり、これらの区別をよく理解して
おくことが重要であると Schmidt（1990）は述べている。

　Level 1: 感知（perception）　外界から情報が入ったことを感知す
　　　　　ること。
　Level 2: 気づき（noticing）　感知した情報が既存の知識に関連して
　　　　　いることに気づくこと。
　Level 3: 理解（understanding）　感知し、気づいた新情報を処理す
　　　　　ること。

　L2 学習を成功した人を対象に調査した Hyltenstam（2021）による
と、成人を過ぎてから6か国語以上を学んで身に付けた人には共通す

る傾向がみられ、言語学習適性（→ Language learning aptitude 参照）とともに言語に対するアウェアネスが高かった。適性とアウェアネスは互いに重複する部分もあるためと説明しており、強い動機づけ、高レベルの言語学習適性と言語アウェアネスが合わさると、多言語の習得に成功すると結論づけている。

　学習者のアウェアネスとしての意識を高めるためのタスクをアウェアネス高揚タスク（awareness-raising task）といい、L2 習得が起こりやすくなる状態を作り出すタスク（言語活動）である。外国語には何年か学習しても気づかない側面があり、そのような面を学ぶ際にアウェアネス高揚タスクを用いると効果的である。例えば、ジェスチャー1つとっても、文化が異なれば違う意味をもつことや、言語の語用面では同じ機能をもった表現でも使い方が相当に異なることなどを学習者に理解させておきたい。また、Bardovi-Harlig et al.（1991）は文化によって会話の終わり方が異なること、特に英語では言葉を尽くした対話の終わり方があることを L2 学習者に教える必要性を強調し、教材に載っていないこと、したがって教師が重要な役割を担うべきであると強調している。ただし、教師の役割は単に発話行為を教えるだけではなく、言語の中には語用論的な機能が存在することを学生に認識させることであるとしている。その具体例として、終わりの言葉の交換（the terminal exchange）、対話終了の直前（the preclosing）、対話終了（the shut-down）の例を挙げている。

Backward design
逆向き設計

　逆向き設計（backward design）は、Wiggins & McTighe（1998）

が提唱したカリキュラム設計理論で、教育の目標を達成するために、望ましい結果としての指導目標を明確にし、そこから逆算して評価方法と授業内容を計画する方法である。

逆向き設計のプロセスは、以下の3つの段階で構成されている。

Stage 1：学習者が達成すべき指導目標を明確にする（Identify desired results）

Stage 2：指導目標が達成されたかどうかを評価する方法を決定する（Determine acceptable evidence of learning）

Stage 3：最後に指導目標を達成するための学習計画を作成する（Design learning experiences and instruction）

この設計では、学習者に何を理解させたいのかを最初に決め、その後に理解を評価する方法を明確にするため、評価が目標に直結することになる。また、学習活動は、指導目標と評価方法を明確にした後に計画するため、実際に行う学習活動は常に評価方法および指導目標を前提として行うことになる。この一貫した設計内容を学習者と共有することで、学習者自身が何のために何を身に付けるべきかを意識しながら学習活動に取り組めるようになり、学習効果を高めることが期待できる。

Basic interpersonal communication skills (BICS)

基本的対人コミュニケーション技能

基本的対人コミュニケーション技能（basic interpersonal communication skills, BICS）とは、いわゆる日常会話レベルのコミュニケーション能力のことを指す。Cummins（1979）が提唱した概念で、

45

対立概念は、認知的／学術的言語能力（→ Cognitive/Academic language proficiency, CALP 参照）である。Cummins によれば、言語能力には2つの種類があり、BICS は文脈や非言語的な情報（例えば相手の表情やジェスチャー）に依存し（→ Context-embedded communication 参照）、なじみのある社会的状況でのやり取りを可能にする基礎的な文法・語彙や言い回しを使いこなせるスキルである。これに対して、CALP は文脈に依存せず（context-reduced communication）、読み書きを含み、抽象的な概念などについても論理立てて表現・理解できる能力である。

　言語に日常的にさらされている環境、例えばL1習得や、L2の母語話者と頻繁にやり取りする機会のあるイマージョン環境（→ Immersion 参照）においては、BICS は身に付けやすく、特に年少の学習者はイマージョン環境であれば、L2の BICS を暗示的に2〜3年で習得できる。学校での言語教育を受けないと身に付けにくい CALP が、習得に5〜7年は要することと対比される（Cummins, 1981a）。

　外国語としての英語学習環境では、小学校・中学校では BICS の育成を中心に、高校・大学では CALP の育成に重点を置いて指導することが考えられるが、英語に触れる機会が少ない学習環境では日常表現を使う機会が少ないため BICS の習得がむしろ難しく、受験勉強や高等教育を経れば CALP の方が習得しやすい一面もある。例えば、りっぱな学会発表はできるが、休み時間中のおしゃべり（いわゆる small talk）が苦手な学習者がいた場合、高い CALP の能力に対して、BICS が相対的に低い可能性がある。逆に母語話者並みの発音で会話を流暢にできる帰国子女が、意見を述べたり作文を書いたりするのはうまくない場合、高い BICS の技能に対して CALP が不十分だと考えられる。日常的なやり取りには BICS ならではのスキルも必要なた

め、外国語教育環境でも意識して2種類の言語能力をいずれも伸ばす
指導が望まれる。

Bilingualism

バイリンガリズム

バイリンガリズム（bilingualism）とは、二言語が使用できること、
または二言語使用話者（bilingual）の研究分野のことを指す。近年で
は三言語以上を使える話者も珍しくないため、マルチリンガリズム
（multilingualism）に包含されることが増えた。一方でマルチリンガ
リズムも含めてバイリンガリズムと称することもある。また個人の話
者のレベルでの二言語使用（bilinguality）と、言語共同体レベルでの
二言語使用（bilingualism）を区別することもある（Hamers & Blanc,
2000）。

複数の言語能力がどれくらい高ければバイリンガルとみなすかにつ
いては、様々な定義があり、少しでも言語能力があれば二言語使用者
とみなす立場から、いずれの言語の能力も母語話者並みもしくはそれ
に近いものでないと二言語使用者とみなさない立場まである。様々な
バイリンガズムの定義については、どれが正しいかというよりも、異
なる種類のバイリンガリズムが存在するという考え方が現在では一般
的である。例えば、主な種類としては、両言語の認知的 / 学術的言語
能力（→ Cognitive/Academic language proficiency, 参照）が習得さ
れている加算的バイリンガル（additive bilingual）、L2 能力の方がL1
能力を上回っている減算的バイリンガル（subtractive bilingual）、ど
ちらの言語の CALP も習得されていないセミリンガル（semilingual）、
両言語を幼少期から同じ言語環境で同時に習得した複合型バイリンガ

ル（compound bilingual）、両言語を幼少期から異なる言語環境で習得した等位型バイリンガル（coordinate bilingual）などが挙げられる。両言語の能力が母語話者レベル（maximal bilingual）で全く対等なバイリンガル（balanced bilingual）は実際にはほぼ存在せず、いずれかの言語技能においてはどちらかの方が能力が高いといった偏りがある（Wei, 2007; Gass et al., 2020）。

イマージョン（→ Immersion 参照）を初めとした本格的なバイリンガル教育が広まる前までは、L1 知識が発達途上の学習者に対してL2 の指導をすることが、子供の発達に否定的な影響があると考えられていたが、1970 年代以降は、多くの実証研究によって複言語能力の習得が、言語能力の獲得や異文化理解の促進に貢献するだけでなく、認知発達にも肯定的な影響があることがわかった（Bialystok, 2015; Grosjean, 2022）。加えて、バイリンガルはモノリンガルよりも生涯賃金が有意に高いといった経済的利点や、認知症など脳の老化による症状の発症を遅らせる神経生理学的利点（Poarch, 2022; Schweizer et al., 2012）もあることが報告されている。こうしたバイリンガリズムの効果を外国語学習者に伝えることは言語学習動機づけを促進することにもつながる。

なお、近年はバイリンガリズム・マルチリンガリズムを、従来のようにそれぞれ独立した言語能力が単純に組み合わさったものであるという捉え方に替わって、複言語主義（plurilingualism）、すなわち複数の言語を知っている人の言語能力は複合的・統合的な１つの言語体系を成しており、人はコミュニケーションの目的に応じてどの言語を使うか選択し、機能的に切り替えている（translanguaging）と捉えるダイナミック・バイリンガリズム（dynamic bilingualism）という考え方が広まっている（García & Kleyn, 2016）。

Blended learning
ブレンディッドラーニング（ブレンド型学習）

　ブレンディッドラーニング（blended learning）とは、伝統的に教室で行われてきた対面授業における学習とオンラインを活用した学習のメリットを、学習効果を高めるという目的で組み合わせる学習方法を指す。e ラーニング（→ e-learning 参照）の特徴が「いつでもどこでも学習（anytime, anywhere learning）」であるのに対して、ブレンディッドラーニングの特徴は「適した時間に適した場所で適した配信学習（right time, right place, right delivery learning）」であるといえる（宮地他, 2009, p. 99）。

　オンラインでは、いつでもどこでも何度でも納得するまで学習することができるというメリットを活かして、授業前に個別に新出内容を学習する。そして、対面授業では、事前にオンラインで学習した内容を使って、ディスカッション、プロジェクト型学習、協働学習（→ Collaborative learning 参照）など、人が集まりコミュニケーションを図ることによって成り立つ授業を行う。このような流れを作ることで、主体的・対話的で深い学び（→ Active learning 参照）へとつなげることができる。

　すでにコロナ禍で対面授業の実施が困難な時期にオンラインの活用が進んだことと、GIGA スクール構想（→ GIGA School Program 参照）で全国の児童生徒が 1 人 1 台の端末を利用できる環境が整ってきた現状では、今後さらなる普及が見込まれる。

　ブレンディッドラーニングを効果的に行うためには、オンラインとオフライン（対面）、個別学習と協働学習、インプット活動とアウトプット活動、同期（教師や学習者同士が同時に利用する場合）と非同期（学習者が個々のタイミングで学習を行うことができる場合）などを考慮

しながら、学習活動と指導形態の組み合わせを「効果的」「効率的」「魅力的」という3つの観点から考える（→ Instructional design 参照）ことが望ましい。授業形態の1つとして、オンラインで事前に習得すべき内容を個別に学習し、対面授業でその内容を応用する場面を作る反転授業（→ Flipped classroom 参照）の形態を挙げることができる。

Breadth and depth of vocabulary knowledge

語彙知識の広さと深さ

語彙知識の広さと深さ（breadth and depth of vocabulary knowledge）における「広さ」とは、情報の多寡によらず、一人の学習者が中心的な意味を知っていると判断する単語の総数を示す。通常「語彙サイズ」と同義である。一方「深さ」とはそれぞれの単語をどの程度深く知っているかを意味する。「深さ」には発音、綴り、意味やコロケーション、文法的制約などの様々な側面が含まれる。さらに主にどういう場面で用いられるかという使用域や，よく使われるかどうかという頻度も「深さ」の中に含まれる概念である。どういう知識が含まれるかについて過去に様々な議論がなされてきたが、近年ではNation（2001）の提唱する「形式」・「意味」・「使用」の3要素をさらに下位区分に分けた表を基に議論されることが多い（→ Aspects of vocabulary knowledge 参照）。

最初に語彙知識を「広さ」と「深さ」という概念に分けたのはAnderson & Freebody（1981）とされる。「広さ」に関しては測定するテストの開発も進み、その言語の熟達度を予測する重要な指標であるとされている（Meara, 1996 など）。「深さ」についても同様に学習

者の熟達度を予測する重要な指標とする研究（Qian, 1999）もある。しかしどのような側面を測定するかによって結果が分かれているのが現状である。最近では「広さ」、「深さ」に加え、既存の知識をどの程度素早く自動的に使用できるかという「流暢性」も加えるべきだ（Daller et al., 2007）という議論もある。

　初級の学者はまず「広さ」を大きくすることが重要である。まずは単語カードや単語リストを使って意味と形式をつなげることで、語彙サイズを増やしていくことが肝要だ。「深さ」に関しては、習った語彙を様々な文脈で示すことで、コロケーション、文法的パターン、使用上の制約などを学ばせたい。一度に多くのことを教えるよりも、多聴や多読を通し、少しずつ「深さ」の知識を広げていくべきである。

Case study

事例研究

　事例研究（case study）とは、1つまたは複数の事例を深く研究するための方法論である。事例研究の目的は、特定の自然な文脈における一人の人、1つのグループ、プログラム、機関、国など、ある境界で区切られた事例を包括的に調査することで、現象や過程を様々な側面から深く理解することである。したがって、一般化は目的としない。複数の事例を対象とする場合は、複数事例研究（multiple case study）と呼ばれる。

　事例研究は、数十年間、応用言語学において重要な役割を担ってきており、量的、質的、混合研究の中で行われてきた。しかし、近年の応用言語学の社会的転換（→ Social turn in SLA 参照）および言語学習と使用の社会文化的側面の重視により、学習者の主観、自己、経

51

験に焦点を当てることに関心が高まり、質的研究（→ Qualitative research 参照）の方法論としての役割がさらに注目されている。

　事例研究の主な利点として、文脈に即して、包括的に、状況や人物について、複雑な叙述ができ、様々な特徴の関係、動的プロセス、相互作用を同時に考慮に入れられることが挙げられる。また、事例を中心に、時間、場所、空間など異なる尺度でこれらの相互作用を見ることが可能である。

　エスノグラフィー（→ Ethnography 参照）とは異なり、事例研究は必ずしも、参与観察などによって、集団や文化を長期間にわたって研究することを目的としていない。しかしながら、エスノグラフィー研究は、それ自体、ある集団や文化の事例研究といえる。事例研究の研究期間に規定はなく、研究課題によって異なる。L2やアイデンティティの発達、あるいは能力、認識、パフォーマンスなどの向上に関する研究課題では、経時的変化を捉えるため、縦断的研究（→ Longitudinal study 参照）となることも多い。量的研究（→ Quantitative research 参照）におけるグループの平均値のデータでは、個人間や個人内の変化が不明瞭になりがちであり、例外的に成功した学習者や失敗した学習者など、外れ値の経験は見落とされる傾向がある。しかし、縦断的事例研究を行うことで、それらの学習者の学習プロセスに関する重要な情報を明らかにすることが可能となる。

　事例を多面的な視点から深く理解するために、インタビュー、文書、観察など複数のデータソースを用いる。全てのデータは、通常、研究者がデータを引き出す役割を担っているため、事例研究では、「データ収集」ではなく「データ生成」という用語を好む研究者もいる（Casanave, 2015; Duff, 2018, 2020; Riazi, 2016）。

　事例研究の例として、日本人大学1年生3名を対象に、言語の社会化の観点から、教室内外のアカデミックなコミュニティにおける他の

学習者との交流や支援により、アカデミックライティングのクラスで
どのように課題に取り組んでいるか明らかにした研究（Bankier,
2022）や英語専攻の日本人大学生2名を対象に、自信のある英語使用
者としてのアイデンティティの形成を1年間追った研究（Sakamoto
& Furukawa, 2022）がある。

CEFR-J

ヨーロッパ言語共通参照枠 - 日本版

　ヨーロッパ言語共通参照枠 - 日本版（CEFR-J）とは、「外国語の学習・
教授・評価のためのヨーロッパ言語共通参照枠（Common European
Framework of Reference for Languages: Learning, teaching,
assessment, CEFR）」に準拠しつつ、日本の外国語教育環境に適する
よう再構築された新たな英語能力到達度指標のことである。

　CEFR は、外国語の熟達度を、言語を超えて比較できるように開発
された言語評価の国際指標で、基礎的な言語使用者に相当する A1・
A2 レベル、自立した言語使用者に相当する B1・B2 レベル、熟達し
た言語使用者に相当する C1・C2 レベルの全6段階から成る。各レベ
ルは、その言語を使って4技能5領域（読むこと・書くこと・聞くこ
と・話すことの4技能、および話すことが発表・やり取りに分かれて
いるため5領域）において「具体的に何ができるかという記述文」
（can-do descriptors）によって定義されている。CEFR は欧州評議会
（British Council）によって、20年以上にわたる研究と実証実験の末
に開発され、2001年に公開された。現在では日本語を含む40言語で
参照枠が提供されており、CEFR に準拠したカリキュラム、教科書・
テキストなどが増えている（Council of Europe, 2020）。ほとんどの

英語の標準テスト（例えば TOEFL、TOEIC、IELTS、英検等）の点数・レベル・級は CEFR と紐づけ（align）されているため、異なるテストを受けても能力比較が可能である。

　これに対して CEFR-J は、日本の英語教育環境では多くの英語学習者が A レベルであることに着目し、低いレベルをより細かく分類して、あらたな記述文を開発したものである。CEFR-J では、A レベルは Pre-A1/A1.1/A1.2/A1.3/A2.1/A2.2 の 6 段階に、B レベルは B1.1/B1.2/B2.1/B2.2 の 4 段階に細分化され、C レベルは CEFR 同様 C1・C2 の 2 段階である。また日本語を母語とする英語学習者を対象として、それぞれのレベルに対応する基準特性（criterial features）となる具体的な語彙項目や文法項目のリストが整備されつつあり、テキストを入力すればそのテキストの CEFR レベルや語彙・統語構造の CEFR レベルを判定できるソフトウエアなども開発されている。今後は CEFR-J に準拠したソフトウエアや、教材・テストの開発が多言語において進むと考えられ、そのためのリソースブック（投野・根岸, 2020）も公開されている。

Chatbot

チャットボット

　チャットボット（chatbot）とは、人工知能（AI）（→ Artificial intelligence, AI 参照）を用いて人間と会話を行うプログラムやシステムのことを指す。チャットボットは、インターネットを利用して主にテキストを双方向でやり取りする仕組みである「チャット」と、人間に代わって一定のタスクや処理を自動化するための「ボット（ロボットの略）」を組み合わせた言葉である。自然言語処理（→ Natural language processing, NLP 参照）という技術を利用して、人間が入力したテキストや音声を理解し、適切な返答を生成してくれる。

　チャットボットを利用した英語教育とは、人間同士が会話するチャットに対して、コンピューターが英語の会話相手となって、英語の学習をサポートする方法である。そのため、自分の都合で24時間いつでも利用しながら学習できる、単語や文法や発音を間違えても恥ずかしい気持ちにならず気軽に何度でも会話の相手として練習できる、学習者の様々なレベルやトピック、ニーズ、興味に合わせて学習できる、といった利点がある。現在ではLINEやFacebook、X（旧Twitter）などのSNSにも搭載されており、学習者にとって身近なものとなっている。

　現在使われているチャットボットには、AI搭載型と非AI搭載型がある。初期のチャットボットは非AI搭載型で、あらかじめ人間によってパターン化されたシナリオのある対応しかできなかった。しかし、現在ではパターン化されていない内容にも対応できるAI搭載型が登場している。生成AI（→ Generative AI 参照）のChatGPTなどがこれに当てはまる。

Classical test theory
古典的テスト理論

　古典的テスト理論（classical test theory）の起源は、心理統計方法の始祖とされるSpearman（1863-1945）が心理分析のために開発した概念や手法にさかのぼる。「古典的」という名称は、より新しく複雑な統計手法に基づく項目応答理論（→ Item response theory 参照）に対して使われるようになったもので、実際は現在でもテストの作成

や分析に最も広範かつ日常的に使用されている手法である。基本的に同じテストを受けた受検者の特性の比較やテスト自体の改善に利用され、同じ母集団の中で、素点を利用した相対的評価を行うところが項目応答理論との大きな違いである。

　古典的テスト理論の中心となる要素は、測定対象である構成概念に対して、テストが持つ妥当性と信頼性である。それを検証するために、複数の項目の点数を合計した総合点（素点）に対して様々な統計的分析がなされるが、その利点は、特別な統計的な知識やスキルがなくとも、様々な状況で使われるテストの分析が容易にできるところである。妥当性（→ Validity 参照）と信頼性（→ Reliability 参照）以外にも、標準偏差や分散、点双列相関係数などもエクセルで簡単に算出できるので、授業内テストの検証・改善に有用な理論である。

　古典的テスト理論では、観測得点 X は、真の得点 T と誤差 E の和であるとされ、誤差が小さいテストが通常高い信頼性を持つ。信頼性係数は再検査（2 回のテストの相関係数）や内的整合性（クロンバック α ）を統計的に計算することで得られ、これも特別なソフトウェアがなくともエクセルの関数を使って算出することができる。一方妥当性に関しては、内容的妥当性、基準関連妥当性、構成概念的妥当性を検討することが多いが、この検討は信頼性と違ってテストの細目表と各テスト項目を精査する人間の推測に頼るものとなる。一般的には測るべきものを測っていない妥当性の低いテストは当然信頼性が低くなるが、信頼性は高ければ良いとは単純にはいえない。例えば、非常に狭い範囲の下位能力（1 つの課の語彙など）を測るようなテストや難易度が高すぎたり低すぎたりするテストは信頼性が高くなることが多いが、測るべき能力を適切に測っていないかも知れない。総じて信頼性は妥当性の必要条件ではあるが十分条件ではないという言い方ができる。

最近の実践研究には、開発・使用したテストの妥当性・信頼性を示した上で、それによって見出された受検者の特性や変化を論じているものが多いが、そういう論文を読む際も自分が書く際も、テストの妥当性と信頼性を適切に判断できることが必要であり、そのために古典的テスト理論の理解は必須である。

Cognates / Loanwords
＼ 同根語／借用語

　同根語（cognates）とは、共通の起源を持つ単語であり、同じ言語でも（例："history" と "story"）異なる言語でも（例：英語の "history" とフランス語の "histoire"）発生する。借用語（loanwords）とは、ある言語から他の言語へそのまま持ち込まれた語句のことである（例：英語の "post" から日本語の「ポスト」）。異なる言語で形態が同じだが意味が違う語句を空似言葉（false friend）と言う（例：英語の "mansion"（大邸宅）と日本語の「マンション」（集合住宅））。

　日本の英語学習者は、英語から日本語への借用語が空似言葉の場合、日本語での意味をその英単語（句）の意味として間違えて覚えてしまうことがあるため、そのような語句を教えるときは違いを明示的に説明する必要がある。

　一方、母語と学習対象言語の二言語間で同根語・借用語が同じ意味を持つ語句は、学習対象言語の語彙学習に役立つ。二言語間で形や意味が重複しているため学習負荷が低く、学習プロセスが加速されるからである（Nation, 1990）。

　日本語の英語からの借用語で英語の高頻度 3000 語のかなりの部分がカバーできるとされており（Daulton, 2008）、これらの単語は英語

語彙教育に役立てられる。星野・清水（2019）は、2種の小学校外国語活動教材に出現する、日本語でカタカナ語として使用されている英単語について調査した。文字表記のある「見る語彙」で4学年合わせて10回以上出現し、著者が調べた3冊のカタカナ語辞典の2冊以上に載っているカタカナ語は、異なり語数で82語あった。音声の「聞く語彙」で4学年合わせて30回以上出現し、2冊以上のカタカナ語辞典に載っているのは47語だった。学習指導要領で児童が学習する語彙数は600-700語が目安とされているが、児童の既知のカタカナ語の語彙を活用することで英語語彙学習の負荷が軽減され、語彙習得に寄与し得るであろう。カタカナ語と元の英単語の意味が同じ場合は音声指導に集中し、違う場合は意味の違いを明示的に説明することが提案されている。英語以外の教科書にもカタカナ語はあり、渋谷（2012）は小学校5・6年の5科目10冊の教科書に出現するカタカナ語の数を調査した。異なり語数で国語に84語、算数に137語、理科に181語、社会に409語、道徳に381語出現し、高頻度のカタカナ語のほとんどは英語からの借用語だった。これらも英語語彙指導に役立てられる。これらに加え、教科書・教材に使用されていないが英語の高頻度語からの借用語で児童になじみのある単語を教えることで、学習する語彙数を増やすことができるであろう。

　英語から日本語への借用語は英語学習の負荷を軽減するため、学習初期および英語に苦手意識のある学習者に対する英語語彙指導の導入として、有効に活用したい。

Cognitive / Academic language proficiency (CALP)

認知的 / 学術的言語能力

　認知的 / 学術的言語能力（cognitive / academic language proficiency, CALP）とは、学校で学ぶなど、学術的な場面で必要とされる高度な言語能力をさす。Cummins（1979）が提唱した概念で、対立概念は基本的対人コミュニケーション技能（→ Basic interpersonal communication skills, BICS 参照）である。Cumminsによれば、言語能力には 2 つの種類があり、CALP は文脈に依存しない（context-reduced language use）、すなわち目の前におらず、状況を共有していない相手との間でも、正確に抽象的な概念や複雑な情報について論理的・分析的に考えを表現し理解できる能力を指すのに対して、BICS はいわゆる日常会話に必要なスキルのことで、文脈や非言語的な情報（例えば相手の表情やジェスチャー）に依存し（context-dependent language use）、なじみのある社会的状況で対面でのやり取りを可能にする基礎的な文法・語彙や言い回しを使いこなせるスキルを指す。

　CALP には、読み書き能力や特定の分野に関する専門的な知識（専門用語やその分野特有の談話構成など）が含まれるため、その育成には通常明示的な指導が必要である。母語話者であっても、教育を受けていないと CALP は育ちにくく、その習得には 5 〜 7 年はかかるとされている。L1 習得や、L2 言語の母語話者と日常的にやり取りする機会のあるイマージョン環境（→ Immersion 参照）の中で、日常的に言語にさらされていれば 2 〜 3 年で身につくとされる BICS と対比される（Cummins, 1981a）。

　L2 の CALP を伸ばす上で重要なことは、L1 の CALP が身につい

ていることである（→ Interdependence hypothesis 参照）。バイリンガル教育の中でも L1 の CALP 育成に重きが置かれていないプログラムは成功していない（Hummel, 2021）。したがって、外国語教育環境であっても、母語の国語教育をしっかりとおこなうことが、L2 のCALP 育成の上でも大きな支えとなる（Kim et al., 2022; Pae, 2019）。

Cohesion / Coherence
結束性 / 一貫性

　文章における結束性（cohesion）とは、テキスト（text、話し言葉であれ書き言葉であれ、意味のまとまりのある文章）の中で意味が関連していることを意味する（Halliday & Hassan, 1976）。意味の関連を示す方法は 2 種類あり、文法的結束性と語彙的結束性である。文法的には、冠詞、代名詞などを使ったり、コンテクスト（状況）で意味がわかる場合は省略したり、接続詞を使ったりする。語彙で結束性を示す場合は、類義語などを使う。代名詞を使った例 1 では、them は前の文の six cooking apples であり、リンゴを使ったデザートのレシピの一部であると理解できる。

例 1：Wash and core six cooking apples. Put them into a fireproof dish.

　（調理用リンゴ 6 個を洗って芯をくりぬき、耐熱皿に入れる。）

　例 2 では、定冠詞を使って相手の発言と結束性のある受け答えをしていることを示している。

例 2：Humans have many needs, both physical and intangible.

　（人間は様々に必要なものがあるね、形のあるものと無いものと。）

　It is easy to see the physical needs such as food and shelter.

（食べ物や住居のような形のあるものは見えやすいね。）

　また例3では、状況から理解できる場合は次の例のように so を使って The gardener watered her hydrangeas. という内容を省略して結束性を示し、the gardener を he と代名詞を使って言い換えて結束性を示している。

例3：Did the gardener water my hydrangeas?

（庭師は私のアジサイに水やりをしてくれたかしら。）

He said so.（彼はそう言っていたよ。）

　語彙的な趣向を凝らして関連を示す語彙的結束を示すことができる。例4のような立食パーティでの会話での会話は、all this crockery が the stuff と it に置き換えられて、意味のつながりを示しているので、対話が成立している。

例4：What shall I do with all this crockery?（この食器をどうしようかしら。）

　Leave the stuff there; someone'll come and put it away.（そこへ置いておいたら。誰かが片付けてくれるから。）　（以上4例は Halliday & Hassan, 1987 より）

　結束性はライティング研究においても着目されている。L2学習者が書く文章にまとまりがないように見える問題があり、その原因が様々に探究されてきたが、各パラグラフをつなぐ接続詞の使用がライティングの質に影響するのではないか、という問いが注目を集めた。しかし、接続詞は絶対的なものではないとの意見が広まり、EFL学習者のライティング指導では何に力を入れたらよいか、修辞構造（rhetorical structure）の違いも取り上げられてきたが、決定的な答えは見つからずに現在に至っている。

　ところが近年になって、結束性に着目した Crossley et al.（2016）は、1学期間でどのくらいライティング指導の効果が出るかを検証した。

ライティング力の伸びを評価者はどこに着目して評価を下したか統計的に処理した結果、文章全体の結束性が特に伸びた文章に高い評価が集まっていた。それらの文章にはパラグラフをまたいで重なる類義語やワードファミリーの使用がみられた。また、文章の最初から最後まで語彙の深い知識が表れていた。ただ、Crossley et al. のこの研究はESL 学習者が対象ではあるので、今後は EFL 学習者を対象に追実験が行われることを待ちたい。

　一貫性（coherence）とは、文章における理論的構成要素、つまり主張とその他の要素（例えば、主張に対しては理由や根拠、提案に対しては根拠を述べ、作り方の指示に対しては徹準を順序よく述べるなど）とが文章全体のテーマに関連していることである（Grabe, 1985）。したがって、一貫性のある文章は論理が明確であり、読者にとって理解しやすい文章になっている。

　さらに Chen & Cui（2022）は、中国人 EFL 大学生が書いた文章へのフィードバックの効果を自動ライティング評価（→ Automated writing evaluation 参照）とピアフィードバックとを比較して結束性と一貫性の伸びを評価した。その結果、使われた iWrite というソフトでは、語彙や文法の使い方についてのフィードバックにとどまったが、学習者間のフィードバックでは、88% の参加者がよいフィードバックをもらったと回答しており、結束性と一貫性も伸びている。ライティング指導者の負担軽減をねらったと著者たちは述べているが、機械による自動評価にはまだ改善の余地が残されているようである。

Collaborative learning
協働学習（協調学習）

協働学習（collaborative learning）とは、協調学習とも呼ばれ、「2人以上の人が一緒に何かを学んだり、学ぼうとしたりする状況」（Dillenbourg, 1999, p. 1）で行われる学習である。言語学習における協働学習は、学習目標を達成するために学習者がペアやグループで活動し、言語学習プロセスにおいて互いに助け合うことを指す（Almusharraf & Baily, 2021）。

協働学習の概念は、学習を社会文化的な過程とみなす社会文化理論（→ Sociocultural theory 参照）に根ざしている。したがって、協働学習では、学習者中心であり、仲間との積極的なコミュニケーションにより、支援し合いながら、各学習者が能力を伸ばしていくことが可能となる（Dillenbourg 1999; Oxford, 1997）。協働学習は、協同学習（cooperative learning）と混同されることもあるが、協同学習は、教師主導であり、学習者の役割やグループ内の協力のあり方などが、より構造化されている（Oxford, 1997）。

先行研究に基づき明らかになったL2学習における協働学習の利点として、練習の機会を多く提供する、学習者の発話の質を高める、肯定的な学習環境を創る、批判的思考を促す、などが挙げられる（Lin, 2014）。また、協働学習は、仲間との意味のあるコミュニケーションにより、言語学習に対する動機づけを高め、学習者が自身の学習に責任を持つことから、自律学習の促進に有益である（Şener & Mede, 2023）。コンピューターを介した協働学習（computer mediated collaborative learning）の研究も多く行われており、コミュニケーション能力の向上、不安の軽減、動機づけの促進などの効果が明らかになっている（Jiang et al., 2021）。

日本人高校生 51 名を対象に、同じ教師が、1 年間 3 クラスで、論理的かつ批判的な思考の育成を目的に、健康をテーマとし、多くの協働学習を取り入れた同じ内容の授業を実施した研究（Nakata et al., 2022）では、協働学習における動機づけやペア・グループ活動に対する認識の変化のパターンが、3 クラスで顕著に異なることが明らかになった。また、学習者が自己の学習を調整するだけでなく、他者との関わりやつながりを通して、お互いに学びを調整し合うという、社会的に共有された調整がなされているクラスが、生徒の動機づけにプラスの影響を与えることが明らかになった。

　教師は、自身の授業で、協働学習を取り入れることで、学習者の情意面、認知面、他者との関係などの社会面にどのような影響があるかを観察しながら、適切な足場架けをすることが望まれる。

Collaborative online international learning (COIL)

国際協働オンライン学習（コイル）

　国際協働オンライン学習（collaborative online international learning, COIL）とは、異なる国や地域にある大学や教育機関が協力し、学習体験や異文化理解や国際交流をオンラインで学習者に提供するための教育プログラムである。自国にいながら異なる文化や背景を持つ学習者が協働して学習やプロジェクトを進めることができる双方向型の教育手法であり、グローバルな人材育成や異文化コミュニケーション能力の開発に有効な教育手法として注目され、世界中の大学や教育機関で採用されている。アメリカのニューヨーク州立大学の Jon Rubin 氏により考案・提唱され、2000 年代初頭より同大学で導入さ

れた。

　COIL では、教員同士が協力してオンライン上で授業を作成し、それを異なる大学や教育機関の学習者に提供する。授業は、オンライン会議ツール（→ Online meeting tools 参照）を活用したビデオ会議やライブチャット、テキスト、ビデオなどの様々な教育技術を用いて実施される。COIL で可能な学習モデルは、池田（2015）が「1. Ice Breaker」、「2. Comparison & Analysis」、「3. Collaboration」の3段階を紹介している（pp. 66-67）ので参照されたい。学習者は自国の文化や社会的背景と異なる価値観や視点を理解し、異文化適応能力を身に付け、グローバルな視野を持った人材として成長することが期待される。

　英語教育に関していえば、留学をすることなく異なる国や地域の学習者が協働で英語学習を行うことができるといえる。例えば、英語を母語としない異なる文化や背景を持つ学習者がクラスメートとしてオンライン上で集まり、共通言語として英語を使用することで、英語コミュニケーション能力の向上が期待できる。異なる言語や文化に触れることで、多様な言語・文化理解を促すこともできる。

　COIL は、留学せずに留学体験ができるプログラムであり、留学のために必要な費用負担を伴わない。また、通常の自国での生活の中で行われるために、留学時の孤独感で悩むという精神的負担を避けることもできる。そのため、実際に留学する前の語学・異文化理解などの側面におけるレディネスを培う上で効果的ともいえる（池田, 2015, p. 66）。今後も英語コミュニケーション力の向上だけでなく、グローバルな視野を持った人材育成や異文化コミュニケーション能力の向上に大きく貢献することが期待される。

Collaborative task

協働的タスク

　協働的タスク（collaborative task）とは、学習者同士が協力して達成するタスクのことを指す。課題達成のために他者と力を合わせて行うことは、地域協力、ビジネス、あるいはスポーツなどでも日常頻繁に起こることであるが、その考えを語学教育の現場でも生かそうという試みが、協働的タスクの活用である。具体的には、ブレーンストーミング（brainstorming）や、問題解決型タスク（problem solving task）、グループプレゼンテーションやプロジェクトワークなどを、ペアあるいはグループで行う課題が考えられる。

　協働的タスクでは、学習者同士がそれぞれの役割を担って、情報や、意見、思いなどをやり取りする中でお互いの意思疎通を図ることとなる（Long, 1985）。その過程で、学習者のタスクへの主体的な取り組みを促すだけでなく（Swain & Lapkin, 1998）、タスク達成の能力と同時に、言語知識と運用能力を同時に鍛えることができる。学習者同士がL2でやり取りを行うと、しばしば意味が通じない状況が生じるが、その際コミュニケーションの修復を図るため、学習者は対話相手に明確化要求（clarification request）や確認チェック（confirmation check）などの意味交渉（negotiation of meaning）を行うことになる。要求を受けた相手は、自らの言語使用を振り返り、そこに誤りがあれば、修正して訂正アウトプット（→ Modified output 参照）を産出することが期待される（→ Interaction hypothesis, Modified output 参照）。また、互いの発話の内容面や言語面での不足を補い合うために、助け合い学習が促進されることとなる（Swain, 2000）。こういったやり取りを通して、学習者同士のコミュニケーションが深まり、かつ言語学習も進むと考えられる。

これまでの SLA 研究では、例えば、Sato & Lyster（2007）が学習者同士のやり取りと学習者とネイティブスピーカーのやり取りを比較しているが、その結果、学習者同士のやり取りの方がネイティブとのやり取りよりも、より多くの訂正アウトプットが産出されたことを報告している。その理由として、タスク後のインタビュー調査では、学習者同士の方が心理的および時間的なプレッシャーを感じることが少なく、より気持ちを落ち着けてアウトプットを試みることができたことが報告されている。ネイティブとのやり取りだけでなく、学習者同士のやり取りにも独自の良さと学習優位性があることが確認されたことは、教室環境における協働的タスクの使用を考える上で重要な示唆を与えるものである。

協働的タスクを授業で行う際には、学習者の注意がタスク達成だけでなく言語面にも向くように配慮する必要がある。また、学習者間で発話頻度が極端に偏っているような場合は、発話していない学習者の関わりが薄くなり、言語形式に対しての気づきを十分に得られなくなることがある（e.g., Zhang, 2022）。そのため、教師は事前にタスクデザインや活動の流れを考えるだけでなく、学習者がタスクに従事している様子を注意深く観察して、適宜支援をしたり、互いの協力を促すように導いていく必要があるだろう。

Collaborative writing
協働ライティング

協働ライティング（collaborative writing）とは、2 人またはそれ以上の学習者が共に 1 つの文章を書きあげる言語活動である。上手にタスクをデザインすれば、内容や言語に関するやり取りが生まれ、最

適な学習環境が生まれる。Swain（2000）は、協働ライティングを行う際の学習者間の話は気づき（→ Noticing 参照）を通して知識を構築する作業であり、言語を使って新たな言語知識を増やす機会である、とその重要性を強調している。

　協働ライティングは、言語の正確さ複雑さを向上させる面もあるが、文章の内容の質を高めるとの報告もある。コンピューターを用いたオンラインによる協働ライティングの実証研究で得られた学習者の音声やチャットをテキストマイニングで分析した。その結果、Yim & Warschauer（2017）は、学習者が最も話し合ったのは、内容と構成であり、この話し合いと意見の集約がライティングの出来の良さにつながったと報告し、協働ライティングはデジタル・リテラシーの育成に効果的であると述べている。

　コンピューターの社会的利用が拡大するにしたがって、リテラシーの意味も変わりつつある。単に文字の読み書き能力を意味していた時代とは異なり、現代ではコンピューターを使った社会的文化的状況が広まるにつれ、多文化、多言語によるやり取りの重要性が高まり、コンピューターを使ったやり取りをして意味を共有するデジタル・リテラシーの重要性に注目が集まるようになった（Dobson & Willinsky, 2011）。デジタル・リテラシーを身に付けることは、個人的、職業的、社会的に必須の要件であり、デジタルに関するスキルと知識を同時に身に付ける必要があり、倫理に基き各個人が責任を持ってデジタル技術を使用することの重要性を Dobson & Willinsky は強調している。また、デジタルのツールを用いてコミュニケーションする力、協働作業する力の重要性も強調している。さらに、デジタル技術を向上させる際には、オンラインで入手できる情報の価値や真偽を見極める批判的思考と、剽窃（→ Plagiarism 参照）をしないなどの倫理的考察の力も併せて育成することの重要性を強調している。

Dobao & Blum（2013）は、学生の目では協働ライティングはどのように映っているのかを調査した。参加者は、ペアであっても4人1組の小グループであっても、一人で書くより効果的な学習ができたと報告している。

ライティングを教える際には、ライティング力だけではなく、コミュニケーション力、協働作業力、デジタル技術力、批判的に考える力、倫理的に考察する力の育成も求められる時代になったのかもしれない。Google Docs や wiki の活用も指導のためのツールとして検討する価値がありそうである。対面方式とオンライン方式とでは、どちらの方法の協働ライティングがより効果的であるか、多くの実証研究が待たれている。また協働して書き上げた文章の評価はどのように行ったらよいかは、今後の研究が待たれる。

Collocation / Lexical bundle / Formulaic sequence/ Prefabricated pattern/ Multiword unit（MWU）

コロケーション / 単語連鎖 / 定型表現 / 既成表現 / 複数語ユニット

コロケーション（collocation）は、慣習的に共起して用いられる2語以上の語句で（例："wasted time", Firth, 1957）、単語連鎖（lexical bundle）は、連続3語以上の高頻度語句である（例："is one of the", Biber et al., 1999）。定型表現（formulaic sequences）は1つのまとまりとして記憶されているパターン化した表現であり（例："how are you doing?", Wray, 2002）、既成表現（prefabricated pattern）は、語句の構造を意識せずに運用される規則的なパターンである（例："do you", Hakuta, 1974)。複数語ユニット（multiword unit, MWU）は、コロケーションや定形表現などの使用頻度の高い連続および不連続の複数語句を包括的に指し（Nation & Webb, 2011b）、その使用は言語処理の認知的負荷を減らして流暢性を向上させる（Carrol & Conklin, 2019）。有用な複数語句を抽出するために、近年はコーパスを使用した頻度・統計的分析がなされている。

　SLAにおけるコロケーション等の複数語ユニットの学習の重要性は、様々に論じられているが、日本の中学校・高等学校における英語語彙指導は新出単語が中心で、コロケーション・定型表現等の複数語ユニットについては十分な指導がなされていない。高頻度の複数語ユニットについてはさらなる指導が望ましい。

　日本の英語教育におけるコロケーション学習の実践研究例にWebb & Kagimoto（2009）がある。1回90分の授業における大学生の24のコロケーションの学習について、コロケーション学習を行う実験群（117名）と行わない対照群（28名）を比較した。実験群を受容学習と発信学習のグループに分け、前者は各コロケーションについてそれを含む3つの文を読み、後者は各コロケーションについて3つの空所補充問題に取り組んだ結果、事後テストで実験群は受容学習グループも発信学習グループも対照群より有意に高かったが、グループ間に有意差はなかった。受容学習も発信学習もコロケーション学習に有効であることが示唆された。

　コロケーション・定型表現等の複数語ユニットは母語話者がよく使用する表現であり、自然な英語使用を促進する上で重要な学習項目であるのに学習者にとって難しいため、授業における語彙指導では新出単語だけでなく、複数語ユニットの指導により一層力を入れる必要があるだろう。

Combination learning

組み合わせ学習

　組み合わせ学習（combination learning）とは、L2 単語の形式（綴り）に L1 における訳語（意味）を付けて覚えるペア結合学習において、単独の目標語に意味を付けて覚えるのではなく、すでに意味を知っている既知語を付けて「既知語＋未知語」（もしくは「未知語＋既知語」）という 2 語の組み合わせに意味を付けて覚える学習方法のこと。例えば、janitor（用務員）という単語を覚える場合に、既習語である school を付けて school janitor（学校の用務員）として意味を覚える方法である。単独語による学習よりも組み合わせ学習の方が、未知語の意味の保持と再生に効果的であるとされる（Kasahara, 2010, 2011）。ただし組み合わせ学習が効果的になるのは、学習時と再生時ともに既知語をつけた 2 語の組み合わせで学習者に提示した場合である。つまり、覚えるときに school janitor という 2 語の組み合わせで覚えた場合、再生時にも school janitor という組み合わせで提示された方が、janitor の意味を思い出す確率は高くなる。

　単語学習における「記銘」、「保持」、「再生」の 3 段階のうち，この学習法は「保持」と「再生」を促進する。目標語に既知語を付けることで、両者につながりが形成され、そのつながりによって長期記憶に移行しやすくなると考えられる（Boers & Lindstromberg, 2008; Sökmen, 1997）。既知語が未知語と結びつくことで、「かぎ針」の役割を果たし、未知語が記憶から滑り落ちるのを防ぎ（Schmitt, 2010）、再生時には手掛かりとなって意味の想起を助けるのである。

　Kasahara（2021）は、「保持」を促進する概念として（ア）「精緻化リハーサル」、（イ）「補完的学習システム」、（ウ）「強化された画像性」の 3 つの概念を挙げている。（ア）は、新しい知識を既存の知識

と結び付けることで、新しい知識の保管がより強固になるという考え方である。（イ）は、新しい知識は海馬で処理され、しだいに大脳新皮質にある長期記憶へと移行されるという考え方である。新知識を既存の知識と結びつけることが、この移行を促進すると考えられる。（ウ）は未知語に既知語を付けることで既知語のイメージが具体的になり、このより鮮明な画像性が記憶の保持に有効になるという考え方である。「再生」を促進する概念は（エ）「符号化特殊性仮説」と（オ）「連想連続性仮説」の2つである。（エ）は記銘時に記憶した事柄（未知語）に付属していた情報（既知語）が、再生時に再び提示されることで、その事柄を思い出しやすくなるという考えである。（オ）は付属の情報（既知語）が記憶した事柄（未知語）の連想される意味範囲を狭め、再生を容易にするという考えである。

　未知語が名詞の場合は、既知の形容詞や動詞を付けて「形容詞＋名詞」または「動詞＋名詞」のコロケーションで覚えるのが効果的である（Kasahara, 2015）。未知語が動詞の場合、やはり「動詞＋名詞」は効果的なコロケーションであるが、既知の副詞を付けた「動詞＋副詞」のコロケーションは前者に比べて効果は劣る（Kasahara & Yanagisawa, 2024）。これは「形容詞＋名詞」や「動詞＋名詞」に比べて、「動詞＋副詞」が学習者に明確なイメージを与えにくい、すなわち「強化された画像性」に劣るためと考えられる。

　初級学習者が目標言語における高頻度語をある程度覚えたら、この学習方法を利用することができる。既知の語をこれから覚える新語と結びつけて、2語のコロケーションで覚えさせるとよい。そうすることで、新たに覚えた語の忘却を防ぎ、意味の想起を容易にすることができる。

Communication activity

コミュニケーション活動

コミュニケーション活動（communication activity）とは、コミュニカティブ・ランゲージ・ティーチング（→ Communicative language teaching, CLT 参照）において、コミュニカティブな言語指導を行う際に用いられる言語活動である。コミュニケーション活動は、コミュニケーション・タスク（communicative task）と呼ばれることもあるが、ここでの「タスク」は、タスク中心の教授法（→ Task-based language teaching, TBLT 参照）におけるタスク（→ Task 参照）の定義より、広い意味で用いられていることに注意したい。

Harmer（1984）は、コミュニケーション活動の特徴として、コミュニケーションに目的があること、学習者がコミュニケーションをしたいという願望を有していること、形式ではなく内容に注意が向けられていること、学習者が多様な言語を用いること、間違いや発音の訂正などの教師の介入がないこと、学習者の言語を制限しない教材を用いること、を挙げている。学習者はコミュニケーション活動の中で言語を多用し、一人一人のコミュニケーションの時間を十分確保するために、ペアや小グループなど少人数で、タスクの完成、意味の交渉、情報の共有などを行う（Larsen-Freeman, 2000; Richards & Rodgers, 2014）。

代表的なコミュニケーション活動には、学習者がパートナーに絵を説明し、パートナーが再現する、「叙述と描写（describe and draw）」の活動のように比較的制限されたものから、質疑応答をして該当する人を探す、「誰か探そう（find-someone-who）」の活動のように自由なものまで、様々なタイプのインフォメーション・ギャップ活動

（information gap activity）がある。また、言語の機能に関する練習をするために、場面を設定して学習者に役割を与えるロールプレイ（role play）や実際のコミュニケーション場面を想定した模擬練習をするシミュレーション（simulation）などがある（Thornbury, 2016）。

Communication strategy
コミュニケーション方略

コミュニケーション方略（communication strategy）とは、学習者が自らの外国語の知識や伝達能力の不足を補い、コミュニケーションを成功させるためにとる様々な方略である（e.g., Corder, 1981; Selinker, 1972; Tarone, 1977）。学習方略（learning strategy）は学習を促進する働きがあるが、コミュニケーション方略はあくまでコミュニケーションの達成が目的であり、必ずしも学習に貢献するとは限らない。Selinker（1972）がこの用語を用いて以来、様々な定義、分類がなされてきた（Cook, 1991）。Corder（1981）はこの方略を「学習者が困難に直面したときに用いるシステマティックな技術」（p. 103）と定義した。また、Tarone（1977）は「個人が保持する言語構造が自身の考えを伝えるのに不十分なために発生した危機を克服するために、個人が意識的に使用するもの」（p. 195）と定義し、以下のように分類した。

(1) 回避（avoidance）：話題を避けたり、諦めたりする。
(2) 言い換え（paraphrasing）：同一ではないが似た表現で代用したり、自ら新しい表現を試みる。また、自分の言葉で説明したりする。
(3) 意識的な転換（conscious transfer）：L1 を直訳したり、そのま

ま L1 を使用する。

(4) 援助の要求 (appeal of assistance)：上級者に尋ねたり、辞書で
　　 調べる。

(5) 身振り・手振り (mime)：ジェスチャーなどの非言語コミュニケー
　　 ションで表現を代用する。

　このコミュニケーション方略を学習者に明示的に指導すべきかどう
かについては、明確な答えが出ていないが、教授可能性仮説
（→ Teacheability hypothesis 参照）の観点からも学習者の言語発達
段階を考慮しなければいけない（Willems, 1987）。また、言語習得を
促進するかについては、今後の研究結果が待たれるが、日本の教室で
の指導を考えた場合、学習者の熟達度による指導項目の選別や、より
多くの使用機会の創出を念頭に入れなければならないであろう。

　日本のような EFL 環境では、そもそも L2 でコミュニケーション
する機会は多くないので、コミュニケーション方略とその具体的な表
現を積極的に教えたら、学習者の態度育成に効果があったとの報告が
ある（岩井, 2000 ; 中谷, 2005）。

Communicative competence

コミュニケーション能力

　コミュニケーション能力（communicative competence）とは、一
般に、コミュニケーションを円滑に取る能力であるが、言語能力以外
の能力も併せ持つ複雑で総合的な能力であるといわれている。次の図
が示すように、外国語でのコミュニケーション能力については、構成
要素の枠組みがいくつか提唱されている。それぞれの研究者の主張の

流れを時系列に示す。

図1 コミュニケーション能力研究の発展
[Celce-Murcia（2008）をもとに van Ek（1986）を加筆]

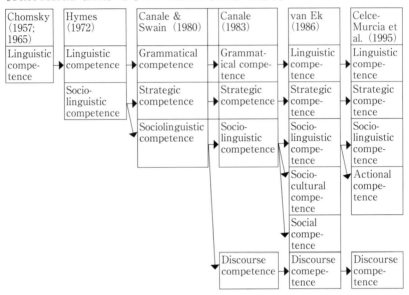

何をもってコミュニケーション能力というのかについては、時代とともに研究が発展するにつれ、構成要素が変化および増加した。まず、Chomsky（1959）が生成文法の立場から自由に言語を創出できる能力として、言語能力（linguistic competence）という概念を提唱した。これは、オーディオリンガル・メソッド（→ Audio-lingual method 参照）では学習者の自由で創造的なアウトプットが極めて限定的であったことへの批判である。

1970年代になると、Hymes（1972）が、外国語を教えるには言語能力だけではなく社会文化的な側面も教えるべきであるとの立場から、言語能力のみの立場を批判した。

1980年代には Canale & Swain（1980）がコミュニカティブ・ラン

ゲージ・ティーチング（→ Communicative language teaching, CLT 参照）による言語指導と評価を行うための理論的裏付けとして、Hymes の枠組みにストラテジー能力を加えた。続いて Canale (1983) は Canale & Swain (1980) を再区分し、話し言葉と書き言葉による話の流れとまとまりを概念化した。さらに、ヨーロッパの外国語教育における異文化の理解の重要性を唱えていた van Ek (1987) はコミュニカティブな言語指導には異文化理解が不可欠として、異文化理解に関する能力を加えた。

1990 年代になり、Canale の流れを汲む Celce-Murcia et al. (1995) がコミュニケーションのために起こす能力として 行為能力（actional competence）を加えた。

一方で、コミュニケーションのための言語能力の測定を目指した Bachman (1990) はコミュニケーションのための言語能力は、言語能力（language competence）、ストラテジー能力（strategic competence）、心理身体的メカニズム（psychophysiological mechanisms）を持ち合わせていることを前提にした概念図を、以下のように示し、現在では評価にも指導にも広く使われている。言語能力は、言語を構成する構造的能力（organizational competence）だけではなく、言語を適切に使う語用論的能力（→ Pragmatic competence 参照）から成るとの主張である。言語を構成する構造的能力は、文レベルの統語、語彙、発音などを正しく使う文法能力（grammatical competence）と、文と文をつなげて文章に仕立てるテキスト能力（textual competence）とに分けられる。また、語用論的能力は、発話に含まれた話者の意図を理解したり自分でも適切な表現を選択して相手にとって適切な表現として使う発話内能力（illocutionary competence）、および、社会における立場の差、地域差、年齢差などを踏まえて適切な表現を使ってコミュニケーションする社

会言語学的能力（sociolinguistic competence）とに分けられる。

図2　コミュニケーションのための言語能力（Bachman, 1990）

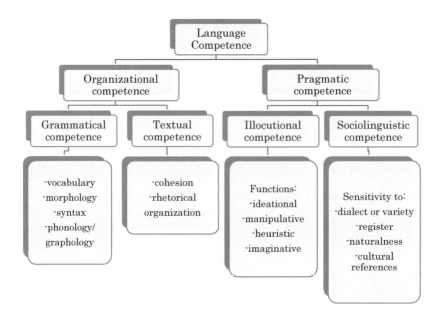

　日本で刊行される英語の教科書には語用論的能力に関する取扱いがないものが圧倒的に多いため、学習者にはコミュニケーションを成立させるために文を構成する能力に加えて、言語をどう用いるかに関する知識と能力として、語用論的能力を指導したい。映画の一場面を見せて言語の使い方について意識を高めたり、同じ言語表現でも口調や場面と状況により異なった意味合いになることも教えたい。

Communicative language teaching（CLT）
コミュニカティブ・ランゲージ・ティーチング

　コミュニカティブ・ランゲージ・ティーチング（communicative language teaching, CLT）とは、コミュニケーション能力を育成することを目標としたL2教授法である。学んでいるL2を言葉として機能させることを重視するので、教室ではコミュニケーション活動（→ Communication activity 参照）を多く行い、他の学習者とやり取りをすることに重点を置く。学びの材料は実生活にあるものが多く使われ、教室での対話も実生活における対話を基本としており、まさにコミュニケーションのための外国語指導である。

　この教授法が誕生した経緯としては、まず、米国でオーディオリンガル・メソッドによる機械的な繰り返し練習に疑問が出始めたという時代背景があり、Hymes（1972）がコミュニケーション能力（→ Communicative competence 参照）という用語を作って言語はコミュニケーションに使われることを主張したことに端を発した（Richards & Rodgers, 2001）。Hymes の説は Canale & Swain（1980）と Canale（1983）のコミュニケーション能力の定義づけへの発展に伴い、学習者が学ぶ言語が言葉として機能することを重視した指導法として広く発展を遂げた。

　指導の中心にある理念は、意味内容重視、コミュニケーションのための言語使用であるが、1970年代から時が経つにつれ、指導法として発展するにつれて様々な解釈と取り入れが行われ、次第にスピーキングに重点が置かれるようになり、そのことに対する批判も出るようになった。また、CLT による指導と学習の効果を測定するのに、大規模調査にも簡便に使うことができる多肢選択式のテスト（multiple choice test）が用いられるようになり、コミュニケーションの本質を

測定していないとの批判も出るようになった。次第に、学習者の伝達能力の測定にはある主題に対する主張や意見を首尾一貫した文章で書くライティングによる総括的評価法（→ Holistic rating 参照）が見直されつつある（Savignon, 1991）。

　CLT は、従来広く行われていた教授法への反発やコミュニケーション能力に関する理論が広く認められるようになったことを背景に、Canale & Swain（1980）が文法能力（grammatical competence）をコミュニケーション能力の一部に加えたことから、文法指導と意味に焦点を当てた活動とを組み合わせるようになった（Savignon, 2005）。さらに SLA の知見、中でもインプット、アウトプット、伝達する目的をもったインタラクションをすることの重要性とコミュニケーションの場面と言語形式の結びつきを大切にすることの影響があると言われている（Wesche & Skehan, 2002）。具体的には、意味交渉（negotiation of meaning）をする、インプットに注意して新項目を自分の発達途中のコミュニケーション能力に取り込む、学習者は受けたフィードバックに注意を払って学ぶなど SLA の知見を学習に関する理論として取り入れている（Richards & Rodgers, 2014a）。

　以上のように、CLT は様々な影響を受けて発展してきた。近年、Richards & Rodgers（2014a）は CLT をあらためて、コミュニケーション能力を育成する方法論であると結論付けている。指導の方法を構成している主な理念は次の 5 点である。(1) 学習者はコミュニケーションのために言語を使うことでその言語を習得する。(2)オーセンティックで有意味なコミュニケーションが教室での活動の目標である。(3)流暢さはコミュニケーションの重要な次元である。(4) コミュニケーションするには多技能の統合が含まれる。(5) 学習とは創造的な構築の過程であり、学習者の試行錯誤が含まれる。

Complexity, Accuracy, Lexis, Fluency (CALF)

複雑さ・正確さ・語彙幅・流暢さ

　学習者言語の産出は多面的に評価することが必要であり、昨今の研究で一般的に使用されてきている4つの評価指標がComplexity, Accuracy, Lexis, Fluency（CALF）である。望ましい産出とは、与えられたタスクの内容に応じて、相応に複雑な文構造（complexity）を使い、正確さ（accuracy）を保ちつつ、幅広い語彙（lexis）を用いて、自然なスピード（fluency）で発せられるものである。CALFの指標はそれぞれ細分化されているため、全てを網羅することはできないが、ここでは代表的なものを挙げておきたい。

　文構造の複雑さには、主に次の3つの指標が使われている。文全体の語数、T-unit（→ T-unit 参照）あたりの節数（subordination measure）、句の長さや名詞に対しての修飾語の数（phrasal complexity）である。これらの指標を使って、1つの文に含まれる単語数だけでなく、単文ではなく複文（従属節のある文）があり、修飾語を使ってどれだけ細かな意味を表しているかなど、文の総合的な複雑さが評価される（Lu, 2010）。スピーキングの評価であれば、T-unitではなく AS-unit（Analysis of Speech unit）が用いられることが多い。AS-unit とは、独立節、主節、または従属節から成る発話の統語的な単位であり、AS-unit あたりの節数を計算して複雑さを評価する（Foster et al., 2000）。

　正確さについては、学習者の発話に言語的誤りが含まれない節の割合（error-free clause ratio）などの評価指標を使うのが一般的である（Pallotti, 2009）。文法や語彙に関する誤りが少ない発話は、正確さが高いと判断される。誤りの数だけでなく、その種類を分析することも

あり、特定の目標言語項目（例えば、冠詞や過去形の使用など）に焦点を当てて分析する研究もある（Polio & Shea, 2014）。

　語彙については多様な指標があるが、テキスト内で使用される異なる単語の数を算出することで調べることが一般的である。産出された単語総数と比較して異なる単語の使用数が大きいと、語彙的多様性（→Lexical diversity 参照）が高いと評価できる。一方、同じ単語が繰り返し使用される場合は、語彙的多様性が低くなる（Malvern et al., 2004）。

　流暢さは、自然なスピードで、淀みや間が少ない形で産出できるかによって評価される（Ellis & Barkhuizen 2005）。具体的には、言語を産出するスピード（speed fluency）、沈黙や途切れの有無（breakdown（dys）fluency）、言い直しや発話のスタートの仕切り直しなどの修復の有無（repair-linked（dys）fluency）などによって評価できる（Tavakoli & Skehan, 2005）。ライティングの流暢さは時間制限のある課題を与え、一定の時間内に書くことができる単語数や文字数を計測することが一般的である。

　近年の研究で CALF の指標を計算する際は、コンピューターを使用することが多い。L2 Syntactic Complexity Analyzer（Lu, 2010）を使用すると、文の複雑さをいくつもの指標で評価できる。また、語彙については、Coh-Metrix（Graesser & McNamara, 2004）が代表的なツールの1つである。さらに、ライティングの流暢さであれば、キーロガー（キーボード操作の内容を記録するためのソフトウェア）の技術が近年の研究では使用されることが多く、全体的な流暢さだけでなく、学習者が文や語のどこで、どの程度止まったのか（pause location）、どの程度止まらず一気に書けるか（p-burst）、どの程度書き直しがあるかなど、詳細な情報も得ることができ、ライティングの流暢さを多面的に評価できるようになってきた。代表的なツールとし

て Inputlog (Leijten & Van Waes, 2013) がある。正確さについても、全ての誤りを同じように扱うのではなく、その誤りがコミュニケーションをはかる上で、どの程度支障をきたすか、weighted clause ratio という評価方法を用いて「誤りの程度や重み」を考慮することも提案されてきている（Foster & Wigglesworth, 2016）。

CALF は、タスク研究の中で学習者の産出の質を評価する指標として広く使われてきたと同時に、CALF 自体も研究の対象となっており、どのように産出の質を測るのが妥当なのか、現在も活発な研究が展開されている。

Comprehensibility
（聴者にとっての発話の）理解しやすさ

理解しやすさ（comprehensibility）とは、SLA の研究で L2 学習者の発話能力のレベルを評価する際に使われる尺度の 1 つであり、母語話者が L2 学習者の発話を聞いて、その意味内容をどれほど理解できるかを示す尺度のことである。これには発音だけでなく、使用語彙の適正さや文法の正確さなども含まれる。ちなみに、上とは逆に、L2 学習者の観点に立って教師による英語発話の「理解しやすさ」を考えてみると、理解の度合いに影響を与える要因として「発話速度」「発話長」「統語的複雑さ」「音韻構造上の複雑さ」「調音にかかる時間」「文型」「語彙の使用頻度」などが挙げられ（Chaudron, 1985）、教師にはどれも参考にすべき指標である。

その他の評価尺度としては明瞭性（intelligibility）がある。ただ、両者は似て非なる概念である（Munro & Derwing, 1999）ので使用の際は注意を要する。明瞭性は、母語話者が L2 学習者の発音を聞いて

どの程度正確に文字として書き取れるかという尺度である。よってこの用語は、発音の「明瞭性」もしくは「わかりやすさ」を表すためのものである。一方、音声を個別に聞き取れても（文字化できても）、発話全体をどれほど理解できるかは別次元の問題である。

　Munro & Derwing（1999）による英語の SLA 研究では、L2 学習者の話す英語がどの程度理解しやすいかを判定するのに 10 段階の尺度が使われている。判定を行うのは、英語母語話者（NS）である。さらに Derwing & Munro（2005）では、新たに訛り度（accentedness）という指標が追加されている（→ Accent 参照）。この尺度は L2 学習者の発音が母語話者の発音と比べどの程度乖離しているかを判定するためのもので、上の「理解しやすさ」と同様に、リッカートスケール（提示された質問に回答者がどの程度合意するかを測るための尺度：Likert, 1932）が用いられる。彼らの研究成果によると、英語の母語話者は L2 学習者の訛り度の強い発音であっても正しく書き取れ、また内容も理解できるケースが認められることから、「訛り度」と「明瞭性・理解しやすさ」は相関が低いと考えられている。

　最後に SLA の音声教育の観点から、L2 学習者の発話を NS にとって理解しやすい（comprehensible）ものにする上で重要なのは、広い意味での流暢性（→ Fluency および Triadic models of fluency 参照）ではないだろうか。ここでの流暢性には、もちろん、NS のものにできるだけ近い発音能力（分節音の音色、リズム、音変化、抑揚など）も含まれる。

Comprehension check

理解チェック

　理解チェック（comprehension check）とは、話し手が自分の発話の意図が正確に聞き手に理解されたかどうかを確認するための行為、発話を指す。理解チェックは明確化要求（clarification request）や確認チェック（confirmation check）と並んで、NS と NSS とがやり取りをする際の NNS が理解できなかったことを理解できるようにするため、L2 習得に大きな役割を果たす（Pica et al., 1987）。インタラクション仮説（→ Interaction hypothesis 参照）を唱えた Long（1983）はこの現象を捉えたものである。

　以下の理解チェックは Mackey et al.（2007）からの例である。

Learner A: Draw a tree big tree on the left. You understand on
　　　　　the left? You know the left?
Learner B: Yep, the left.（Mackey et al., 2007, p. 304）

　Learner A は B が left を正確に理解したかを You understand on the left?、You know the left? と聞いて確認している。この理解チェックには単に OK? や、Are you with me? 、Do you understand? 、Do you know what I mean? などといった表現が用いられることも多い。

　この理解チェックにより、聞き手が自分の発話を正しく理解していないと判明した場合、話し手は再度訂正アウトプットを行い（→ Modified output 参照）、聞き手に理解してもらうようにすることができる（Loewen & Reinders, 2011）。日本の教室においても、学習者同士の会話において、この理解チェックを活用するよう指導することも有効であろう。

Computer adaptive testing（CAT）

コンピューター適応型テスト

　コンピューター適応型テスト（computer adaptive testing, CAT）とは、受験者の能力に合わせて質問項目を自動的に調整して行われるコンピューターベースのテストを指す。CATでは、最初に受験者の英語のスキルレベルを測定するためにいくつかの中程度の問題が出され、その正解不正解に応じて以降の問題が自動的に調整される。つまり、受験者のスキルが高い場合はより難易度の高い問題が出題され、低い場合にはより簡単な問題が出題されるような仕組みになっている（→ Item response theory 参照）。各受験者に最適化されたテスト項目を用いて実施されるためにより正確な評価を出すことができ、オンラインテスト（→ Online testing 参照）で行われれば試験終了後すぐに結果を知ることができる。

　従来型のテストは、学習者のレベルに関係なく同一の問題への解答を求めるものであり、幅広いレベルの受験者を対象とする場合、簡単な問題と難しい問題を混ぜ、それぞれに対して一定の問題数を確保する必要があった。そのため、問題数が多くなり受験時間が長くなるという問題があった。問題を回収して採点するという作業工程があるため、結果がでるまでに時間もかかった。また、問題が同一であることから、不正行為のリスクがあった。

　CATでは、各受験者の能力レベルに応じた問題がアイテムバンク（問題の難易度が考慮されたデータベース）から適宜選択されるため、受験者にとって個別化されたテストであり、不正行為の防止にもつながるというメリットがある。また、技術的な発展により、現在では受験結果を評価として試験直後に示すことができるだけでなく、前回の試験結果と比較してグラフで表示したり弱点項目を指摘したりできる

ようになり、学習進捗状況を継続的に把握する形成的評価としても利用できるものもある。

　CAT は、すでに e ラーニング（→ e-learning 参照）やスマートフォンのアプリに組み込まれたテストとしても導入されており、受験者の英語力を正確に評価するテストとして、今後もますます利用されると考えられる。

Computer-aided pronunciation teaching (CAPT)

コンピューター利用発音学習

　コンピューター利用発音学習（computer-aided pronunciation teaching, CAPT）とは、音声認識技術を利用して学習言語の発音訓練・発音矯正を行う目的でコンピューター支援型言語学習システム（→ Computer-assisted language learning, CALL 参照）を利用する学習方法、もしくはそのために使われる教材のことである。近年になってコンピューターの性能とネット速度が著しく向上し、さらに利用者の間で情報をやり取りするユーザーインターフェースにおいても種々のセンサーを組み込んだ端末が開発されるなど、現在、情報通信技術（→ Information and communication technology, ICT 参照）利用の語学教育支援システムの開発が脚光を浴びてきている。

　例えば、新田・入部（2012）で開発されたシステムで学習者に提供されたのは、「発音マップシステム」と「調音アニメ生成システム」である。前者は学習者の発音を調音位置と調音様式の 2 観点から平面上に図示したもので（→ Articulation 参照）、後者は教師と学習者の調音動作上の違いを MRI 画像のアニメーションを通して示したもの

87

である。技術的には、どちらも学習者の音声から多層ニューラルネットワーク（multi-layer neural network, MLNN）を用いて調音特徴を抽出することで実現した。前者では音声特徴が発音マップ上へ座標変換されることで、また後者ではそれが対応する声道内の調音器官上の座標に変換されることで、調音動作がリアルタイムで表示されるのである。CAPT の最大の利点は、学習者が視覚を通して自分の発音の弱点に気づきやすくなる点にあるといえるだろう。

音声認識は、まず連続する波形から分節音（音素）を抽出することから始まる。他の言語単位（語や句、文など）も音素の連なりでできているからである（→ Phoneme 参照）。その際の処理過程では波形信号から周波数スペクトルに基づく特徴系列が抽出され、これにより音素が特定できる。ちなみに「スペクトル」とは音を構成する周波数成分のことで、ある音声波形信号が各時刻でどのくらいの周波数成分をどれくらい含んでいるかを調べることを「スペクトル分析」という。

アルカディア社が開発した母音発声表示ソフトウェア（Sonic print）では、学習者の発音が視覚・客観的に評価できるように工夫されている。具体的には、学習者の音声がフォルマント周波数上でリアルタイムに分析されてフォルマントチャート（縦軸の F1 と横軸の F2 の周波数から決まる座標で、母音ごとに一定の領域を占める：→ Consonant/Vowel 参照）上に表示されるので、自分の発音が正しい母音領域に収まるまで繰り返し練習することができるのである。

ただ、課題もないわけではない。まず、指導できる教師に限りがあるという点、そして使用料を含む設備費にお金がかかるという点である。さらに、現行の音声認識に基盤を置く CAPT では、学習者の生成する分節音の発音をあらかじめ用意された語レベルの波形で比較するので、評価が一方向的という課題もある（坪田他, 2000）。

Computer-assisted language Learning (CALL)

コンピューター支援言語学習

コンピューター支援言語学習（computer-assisted language learning, CALL）とは、コンピューターを使用して言語学習を支援する学習や指導方法を指す。コンピューターを使用することで、言語学習に必要な音声、テキスト、画像、動画などの多様な情報がデジタルで利用できるようになり、それらを活用した言語学習が可能になる。

CALL 教室といえば、各学習者がコンピューターを利用でき、そのコンピューターが教師側のコンピューターで制御できるようなネットワークが構築され、言語教育に必要な様々な機能が設置されている教室を指す。ペアレッスンや音声ファイルの提出・回収などを可能にする授業支援機能、学習者と教師が 1 対 1 で話すことができるインターカムや全学習者のコンピューター画面を教員側のコンピューターで一覧表示するモニタリングなどのコミュニケーション機能、学習者側のコンピューターの操作を停止したり制限したりできる学習者 PC 制御機能がある（見上他，2011，p. 64）。また、このようなシステムをCALL システムと呼ぶ。学習者が自分自身で個別に操作しながら学習できることから、学習者中心の学習と相性がよい。

CALL という言葉が使われる以前、コンピューターを利用した教育は、CAI（computer-assisted instruction: コンピューター支援教育）と呼ばれていた。しかし、これは教師中心のアプローチを示唆していたため、1980 年代初頭から「CALL」が「CAI」に取って代わった。

CALL 教室は LL（language laboratory）教室が進化したと考えることができる。LL 教室とは各学習者の机にカセットテープレコーダーが設置された教室で、日本では 1970 年代に中学校・高等学校・大学

において普及した。教員卓で学習者のカセットテープレコーダーを一斉操作して音声教材のコピーを作成し、学習者は自分の机の機器を操作しながら自分のペースでディクテーションなどのリスニング学習ができた。また、ヘッドセットを通して教師と1対1でアドバイスを得ることもできた。コンピューターが普及し、LL教室がCALL教室へと変更された事例が多く、LLの流れを汲んだ個別学習と個別指導はCALL教室でも継承されたという背景がある。このことは、教師中心の学習から学習者中心の学習への移行にも寄与している。

　CALL教室は、学習者の個別学習に適しているため、自分のレベルにあったものを学べ、魅力的な学習体験ができる。しかし、CALLシステムは完全に自己学習を促進するものではなく、教師が存在しない環境で使用すると、学習者の習得が不十分になる場合もある。CALLシステムを使用することによって、学習者が人とのコミュニケーションやディスカッションを避けることがあるため、会話能力の向上には限界がある。CALLシステムを上手に英語の授業に融合しながら、対話を重視する教育が肝要である。

Concept-based instruction (C-BI)

概念に基づく指導法

　概念に基づく指導法（concept-based instruction, C-BI）とは、ヴィゴッキーが提唱した社会文化理論（→ Sociocultural theory 参照）に基づき、L2学習者が、言語に関する概念的知識を内在化するための指導法である。C-BIの目標は、質の高い概念的知識を実践的な活動と結びつけて、効果的に提示することで、学習者の発達を促すことであり、知識を内在化するだけでなく、学習者自身の目標を達成するた

め、言語を含めたあらゆる教科で、知識をどのように適用できるかについて理解することである（Lantolf & Zhang, 2022）。

Gal'perin（1979, 1992）は、社会文化理論の議論を精緻化・具体化した教育学的アプローチとして、体系的理論の指導法（systemic theoretical instruction, STI）を確立した。その後、Negueruela（2003）が、STI を L2 教育に応用し、修正したアプローチが、C-BI と呼ばれるようになった。C-BI は、(1) 概念の提示と説明、(2) 図やアニメーションによる概念的な知識の表現、(3) 知識を内在化するための言語活動、(4) 概念を用いて意味を生み出す言語活動、(5) 様々な言語活動における概念の展開の5段階から構成されている（Lantolf et al., 2022; Lantolf & Poehner, 2023）。

従来の L2 教育における規則や概念の発見学習は、時間がかかり、不正確で不完全な学習結果をもたらすことも多い。その課題を克服するため、C-BI では、複雑で難しい文法的、語用論的、談話的概念について、学習者の明示的知識を増やすことで、深い理解を促すのみならず、その知識を多様な場面で活用することで、長期的な L2 習得につながると考えられている（Doueihi & François, 2022; Lantolf et al., 2022）。

これまで C-BI に関する実証研究の多くは、文法に焦点が当てられてきたが、語用論やリテラシーに関する研究も散見される（Lantolf et al., 2021）。C-BI に関する実証研究29編のレビュー（Doueihi & François, 2022）によると、C-BI は、概念的知識の獲得に、おおむね有効であることが明らかになった。また、今後はデジタル技術や仮想空間を活用した指導が効果を高めることが示唆された。

Lantolf & Zhang（2022）が指摘するように、C-BI を実践するためには、社会文化理論を理解した上で、教師が概念を適切に説明し、具現化するための教科知識を有している必要があり、教師教育が鍵となる。

Consciousness

意識

　意識（consciousness）とは、応用言語学の分野では、言語習得が進むプロセスにおいて、明示的に学ぶ準備ができたという感覚があることをさす。「意識」は日常生活でも使われる語であり、SLA 研究分野でさえ様々な意味合いで使われてきた。そこで、研究上の議論を整理し、研究を推進させるため、Schmidt（1990, 1994）は学習者の認知面を重視して SLA 研究で用いる用語としての「意識」を改めて定義づけた。特筆すべきは、Schmidt（1990）は、気づきとの関連において意識の役割を強調し、意識の概念を、

(1) アウェアネスとしての意識（consciousness as awareness）

(2) 意図としての意識（consciousness as intention）

(3) 知識としての意識（consciousness as knowledge）

の 3 種類に細分化することで概念を明確化した功績である。さらに、知覚としての意識にも、

レベル 1：感知（perception）

レベル 2：気づき（noticing）

レベル 3：理解（understanding）

の 3 レベルがあることを示してインプットを取り込む段階の意識レベルも明示したことは、理論面のみならず実践面への貢献が大きい。

　さらに Schmidt（1994）は、様々な用語で議論されてきた「意識（consciousness）」について、統一した定義を用いて理論面の議論を行う重要性を指摘し、意識を構成する構成要素を 4 つに細分化し、意識の概念を精緻化した。

(1) 意図性としての意識（consciousness as intentionality）

(2) 注意としての意識（consciousness as attention）

（3）アウェアネスとしての意識（consciousness as awareness）

（4）制御としての意識（consciousness as control）

　Schmidt による定義は、学習者の認知面を重視したものであり、意味だけではなく言語形式にも注意を払うこと、インプットに含まれる新しい項目について理解すること、インプットをインテイクに転換できるとした SLA 研究の発展に大きく寄与した。具体的には、Krashen の習得 – 学習仮説への批判として湧き上がったインターフェイス（→ Interface position 参照）に関する異なった立場や、暗示的・明示的知識は別体系であるかなどの議論を整理し、研究を推進することに貢献した。

　Schmidt の結論として、インプットに含まれる何かを知覚し、気づいただけでは言語習得には至らず、理解が伴わなくてはならないと強調した。この主張は教育指導の場への多大なる貢献となり、意識化言語タスク（→ Consciousness-raising tasks, CR tasks 参照）の開発と発展の基盤となった。

Consciousness-raising tasks（CR tasks）
意識化タスク

　意識化タスク（consciousness-raising tasks, CR tasks）とは、学習者に使い方や規則性を理解してもらいたい文法項目や語彙などを 1 つ選び、そこに学習者の意識が注がれるように仕組んだタスクである。多くの場合、例文をいくつか与えてそこに共通してみられる言語形式の規則性を見出すことや、グループ分けなどの問題解決行動をグループやペアで行うことが求められ、規則が正しく理解できたと確認できたあとは、その項目をコミュニカティブに使うことが求められること

が特徴的である。学習者は当該項目の規則性を意識して問題解決に取り組むので、気づき（→ Noticing 参照）が起こりやすくなる。また、自分たちで規則を見つけるので、自信と喜びを感じ、さらにその項目をコミュニカティブに使うことで知識を深く理解することができる。Ellis（2002）は、まずはコミュニケーションのためのリスニングを行うことを勧めている。

　Fotos & Ellis（1991）は、日本人大学生1年生90名を対象に、文法についてコミュニケーションする意識化タスクと、文法規則を説明する教師中心型の授業の効果を比較した。その結果、双方とも伸びたが、意識化タスクの方が効果が大きく、遅延テストのときまで知識が維持されていた。また、Fotos（1983）は、文法についてインタラクティブに話して問題を解決する意識化タスクを行うと、気づきが頻繁に起こり、L2 習得が促進され、意識化タスクを行ったあと、コミュニケーションのための言語使用の最中でも当該文法項目に対する意識は高まっていたと報告している。

　意識化タスクを通して言語規則に関する明示的知識が増え、続いてコミュニカティブに言語を使用することで暗示的知識（→ Implicit knowledge 参照）が増えるので、意識化タスクは L2 習得に間接的に貢献する。つまり、意識化タスクはコミュニケーションに必要な文法知識の習得を容易にすると Ellis（2002）は述べている。

　意識化タスクの種類については、帰納的（inductive）、演繹的（deductive）の2種類に分けることが多い。帰納的なタイプでは例文が豊富に与えられて、学習者はそれらの例文に共通してみられる文法項目に関する規則を見つけ出すことが求められる。演繹的タイプでは、学習者は文法規則を提供され、それを使って何らかの問題解決タスクを行うことが求められる。Ellis（2002）はどちらの意識化タスクがより効果的であるかはまだ解明されておらず、今後の研究を待ちたいと

述べている。

　英国で大学生を対象に行われた実証実験では、外国語（アラビア語、フランス語、イタリア語、スペイン語）の学習に意識化タスクとコミュニケーションのためのアウトプットの機会を併せて行ったところ、学習者は積極的に取り組み、大多数の学習者が学ぶ喜び（→ Enjoyment 参照）を感じたと報告している（Svalberg & Askham, 2020）。日本でも研究が進むことが望まれる。英語教師が意識化タスクに関する知識を身に付けると、コミュニケーションのための文法指導をより効果的に行うことができるようになると期待できる。

Consonant / Vowel
子音と母音

　母音（vowel）とは、音節を生成する際の核（nucleus）となる分節音（segment）のことで、一方、子音（consonant）とは、核の前後に従音として付随する分節音のことである。

　全ての音声は、音節音韻論の観点から、子音か母音のどちらかに分けられるのが普通である。しかし、調音音声学的あるいは音響音声学的な観点から見れば、両者の違いは必ずしも自明ではない。一般的な区分法で行われているように、発音の際に声道内で呼気の閉鎖や狭めが起こる音声を子音、そうではないものを母音と定義すると、/r, j, w/ などの接近音（[＋共鳴]）がなぜ子音に分類されるのかが判然としなくなる。狭めの程度が問題と考えることもできるが、今度は狭め度のどこに境界があるかで議論することになる。また、母音は規則正しい波形を持つ楽音、子音は規則正しい波形を持たない噪音（そうおん）と定義すると、どちらにも当てはまらない音声群（先の接近音・

半母音など）が現れてしまう。そこで、冒頭で述べたとおり、音声の音節構造上の機能に着目することになるのである。音節の核となる音声は、通常、前後の子音よりも共鳴性が高いからである（→ Syllable 参照）。ただ、この音節概念に基づく分節音分類法も完璧なものではない。音節核（音節主音）を占めるのは必ずしも高い共鳴性を持つ（ゆえに一定の高さを持つ）楽音ばかりではないからである（成節子音：例えば little の語末側音）。

　子音の分類は（1）調音方法、（2）調音点（受動調音器官の位置）、そして（3）声帯振動の有無の3種の観点からなされる（→ Articulation 参照）。

　母音は舌の高さ（high-mid-low）、舌の最高点の前後位置（depth: front-central-back）、そして唇の形状（円唇／非円唇・平唇）の3つの観点から分類される。ちなみに母音の質（音色）は、音響学的にソナグラム上に現れる第一フォルマント（F1）と第二フォルマント（F2）の関係で決まり、母音ごとにそれらの値をフォルマントチャートと呼ばれる座標平面（座標は縦軸の F1 周波数と横軸の F2 の周波数から決まる）上に記入すると、母音四角形に似た形状の図ができ上がる。

　英語の母音の場合は、上記以外の基準に「緊張」（tense）対「弛緩」（lax）の対立が加わる。緊張母音は、調音的には弛緩母音と比べて声門上部全ての緊張度が高く、声道の形状の中立位置からの乖離が大きい（Hyman, 1975）。唇形は円唇（/u/）と平唇（/i/）の両方がある。そして音響学的には、持続時間がより長く声門下圧が大きいという特徴がある。結果、声道内での共鳴空間が緊張母音と弛緩母音では異なり、これが母音音素としての対立を生む。この対立は高舌母音だけに起こり（/i/-/ɪ/, /u/-/ʊ/）、それ以外では起こらない。ちなみに、弛緩母音は常に尾子音を伴うので（ただし語中を除く）抑止母音（checked vowels）とも呼ばれ、逆に尾子音を必ずしも伴わない緊張

母音は開放母音（free vowels）とも呼ばれる。なお、この対立は日本語にはないので、指導の際、調音音声学的な説明が必要となる。

　L1 習得の観点から母音と子音を眺めると、両者は語彙習得過程において機能的に異なる役割を果たすことがわかっている。母音は繰り返しをベースとする音群から成る語彙や統語情報の認知に有意に使われ、子音は語彙全般の認知に利用されるという（Benavides-Varela et al. 2011）。つまり、語彙の認知において子音は母音より多くの情報量を持っているということである（Berent et al. 2007; McCarthy, 1985; Prunet et al., 2000）。

　外国語音声教育を扱うテキストでは、通常、多くの紙面が子音と母音の調音音声学的教育に割かれている。しかし音声教育は分節音の音色次元上の正確さだけで終わってしまってはいけない。分節音は音節という単位の中でしか存在できず、その音節もアクセントやリズム、抑揚抜きでは決して発現されないからである。

Consonant cluster

子音群（子音連結）

　子音群（consonant cluster）とは、音節の中にあって核（母音）の前後に付随する連結子音のことである。母音の前に起こるか後に起こるかで2種に分類されるが、下に示すとおり、両方に起こる場合も多い（→ Syllable 参照）。

　子音は母音と並んで音節の構成要素である。音節内で起こる子音の数と配列方法は位置によって決まっている。音素の配列規則を扱う分野は音素配列論（phonotactics）と呼ばれる。この用語は、1954 年にアメリカの言語学者 Robert Stockwell により初めて使用された

(Archibald, 1969)。子音をまったく持たず、母音だけから成る音節も少なからず存在する（例：日本語の「胃」/i/、英語の E /iː/）。

1. 語頭子音群（initial consonant cluster）

　語頭（音節頭）に立つ子音の数は、英語の場合 1 ～ 3 個だが、単音の場合は cluster（群）ではない。3 個（C1C2C3）のときは、C1 は無声歯茎摩擦音の /s/ で、C2 は無声閉鎖音 /p, t, k/ のどれか、そして C3 は接近音（/j, w, l, r/）のどれかである。

　C1 /s/ + C2 /p, t, k/ + C3 /j, w, l, r/

　ただ、全ての組み合わせが可能なわけではなく、/spw/、/stw/、/stl/ などは起こらない。一般的に、同器官的な音素の組み合わせは滑らかな発音を阻害するので忌避されるからだが(systematic gap 例：/sr-/, /zd-/)、潜在的に起こってもよさそうなのに存在しないという組み合わせもある（accidental gap 例：/blɪk/）。

2. 語末（音節末）子音群（final consonant cluster）

　この範疇での英語における子音群は、CC か CCC であるが、子音だけから成る形態素（複数マーカーの /s/, 序数詞マーカーの /th/ など）が付く場合は CCCC も可能である（例：twelfths）。なお、どの言語においても音素配列法の根底には、聞こえ度（sonority）による規則が関与している（SSP: sonority sequence principle; Selkirk, 1984）。すなわち、音節内で聞こえのピークは核（母音）に来て、そこから前後に離れるほど聞こえの低い子音が並ぶのである。そしてこの特性が聴者が音節を知覚する際の音響学的キューとなるのである。

　2 音節以上から成る語の場合、母音と母音の間に置かれる子音は、理論的には 6 個まで可能（先行母音の尾子音 3 個＋後続母音の頭子音 3 個）だが、通常、それほど多くない。例えば "extra" の場合、4 個（/k, s, t, r, /）である。ただ、実際にどこが境界かとなると、発話者もしくは聞き手によって一定しない。英語の音素配列論に違反しない

分節法であれば、どれも可能と判断されるからである（例：ek-stra, eks-tra, ekst-ra）。

　音声教育の観点から言えば、日本語は基本的に頭子音が1個の開音節（CV）なので、この言語を母語とする英語学習者は英語の子音群を持つ閉音節の発音を苦手とする。そのため、これまでにこれをテーマとして扱ったSLA研究は少なくない（Jenkins, 2000; Masuda & Arai, 2010; Sperbeck, 2009; Sperbeck & Strange 2010; Watanabe & DiNunzio, 2018 など）。Jenkins（2000）では、子音群の発音習得をリンガフランカとしての英語の発音に欠かせない5つのコアの1つに挙げている。

　最後に、子音間の不必要な母音嵌入（例えば短音節 strike が su.to.ra.i.ku と発音される）を防ぐにはどうするかについてだが、効果の期待できる方法としてはやはり英語の歌を利用する発音指導が一番に推奨できる。正しく歌うためには音符の数と歌詞の音節の数を一致させる必要があり、この制約の下で歌うと子音群の発音は正しく矯正されるからである。その他には、リズム教育に基づく発音指導も有効である（→ Rhythm 参照）。

Content and language integrated learning (CLIL)

内容言語統合型学習

　内容言語統合型学習（Content and language integrated learning, CLIL）とは、「言語教育」と他教科や幅広い現代社会の事象や問題などの「内容教育」とを統合して行う言語教育アプローチのことを指す。例えば、和泉（2016）では、「世界の水問題」という高校教科書の題

材に関して、どのように CLIL の授業を展開していくか例を示している。教科書本文の語彙・文法構造の理解で終わらせるのではなく、4技能にまたがった種々の言語活動を通じて、題材の内容に踏み込んだ授業を行うのが CLIL のアプローチである。各種資料を提示しながら、生徒に英語を使って語りかけ、考えさせ、相互のやり取りを促すことで、題材内容について深く理解できるように導いていく。同時に、その過程で活発な言語使用が促されるため、言葉の学習を内容学習と絡めて授業を進めることが可能となる。

　CLIL のアプローチを考える上で、欠かせない指針が「4 つの C」(4Cs framework) である。4 つの C とは C から始まる 4 つの単語を指し、内容 (Content)、言語使用 (Communication)、思考 (Cognition)、協同・地球市民の意識 (Community あるいは Culture) のことを表している。実生活や社会問題などに関わる内容について言葉を使ってやり取りするので、内容と言語使用の統合がまず必要になる。そこで理解と記憶といった低次思考 (lower-order thinking skills) だけでなく、分析、判断、応用といった高次思考 (higher-order thinking skills) が刺激されることになる。上で挙げた「世界の水問題」の題材では、与えられた各国の水資源消費に関するグラフの情報を分析し、提示された解決策の有効性を評価するなどのタスクを与えることが考えられる。教師の一方的な講義ではなく、学習者同士の協働によって授業を展開していくことで、他者の理解を促し、教室内外の人々との相互のつながりを意識した協調性を育成することも、CLIL の大事な狙いの 1 つである。

　CLIL を実施する際には、言語教育と内容教育のどちらに比重を置くかのバリエーションがある。言語教育に重きを置いたものは Soft CLIL と呼ばれ、内容教育に重きを置いたものは Hard CLIL と呼ばれる。日本の小中高の英語授業で CLIL を導入する際には Soft CLIL に

なることが多いが、CLIL である以上、言語形式の指導に終始するのではなく、そこで書かれている、あるいは伝えられている内容に踏み込んで扱うことが必要である。一方、Hard CLIL を行う際には、内容教育一辺倒にならずに、必要あるいは有用な言語形式に学習者の注意を向けていき、言葉の学習を助け促していく必要がある。

CLIL は、従来型の形式中心、教師主導、受容型で機械的な言語教育方法を越えて、学習者が本来持っている知的好奇心と言語習得能力を刺激し、教師の指導と支援をもとに、21 世紀のグローバル社会で生きていく上で不可欠な能力を身に付けた人材を育成することを目指している。今後、多くの授業で CLIL が試され、有益な実践知が増えていくことが期待される。

Content-based instruction (CBI)
内容中心指導法

内容中心指導法（content-based instruction, CBI）とは、多様な教育環境、プログラムの目的、対象者を考慮した上で、言語と内容の指導を統合した教授法の様々なモデルを指す包括的な用語である。CBI の最初の例は、1960 年代初頭にカナダで行われたフランス語媒介のイマージョン（→ Immersion 参照）プログラムである。CBI は内容重視の言語指導（content-based language teaching）と呼ばれることもある（Snow & Brinton, 2023）。

CBI と関連した用語に、1990 年代の欧州における英語を媒介した指導を起源とする内容言語統合型学習（→ Content and language integrated learning, CLIL 参照）がある。これら 2 つの用語の違いを強調する研究者がいる一方で、北米と欧州という起源の違いを除いて

は、主要な特徴や利点は重なる点が多いと考える研究者も少なくない（Cenoz, 2015; Lyster, & Ballinger, 2011）。

Brinton et al.（1989）は、CBI を 3 つの主要なモデルに分類した。1 つ目は、学習者の興味関心を持つ特定のテーマに焦点を当てた、テーマ中心の指導（theme-based instruction）、2 つ目は、母語話者とクラスを分けて L2 学習者を指導する、隔離指導（sheltered instruction）、3 つ目は、内容と言語のそれぞれの授業を担当する 2 名の教師が協力して指導目標を融合する、副次的指導（adjunct instruction）である。一方、Met（1998）は、CBI における言語と内容の重視の度合いを示すために、言語重視型と内容重視型の指導の連続体を図で示した。長年にわたり、教師たちは、自身の文脈に様々なモデルを適応させてきたため、現在では CBI のモデルはさらに多様になっている（Snow & Brinton, 2023）。

先行研究からは、どのモデルの CBI でも、学習者にとって L2 と学術的内容の学習の両方で、効果があることが明らかになっている。CBI の利点として、(1) 学習者が新しい言語に触れる時間を増やす、(2) コミュニケーションへの必要性があることで、内容理解のための言語習得への動機づけを高める、(3) 成人の生徒にとっては、認知的に負荷が高く、興味を喚起する内容を提供できる、などが挙げられる。CBI による指導を受けた学習者は、L2 である程度流暢にコミュニケーションできるようになるが、特に、学校外でその言語とほとんど接することがない場合には、正確さに課題がある（Lightbown & Spada, 2020）。したがって、CBI における言語形式に焦点を置いた指導（→ Form-focused instruction, FFI 参照）の重要性が指摘されており、Lyster（2017, 2018）は事前に計画された気づき（→ Noticing 参照）、アウェアネス（→ Awareness-raising task 参照）、言語形式のガイド付き練習（→ Guided practice 参照）、自律的練習（autonomous practice）の 4 段階の指導モデルを提唱している。

　Butler（2005）は、CBI の効果を左右する要因として、プログラム
の施行状況とカリキュラム、教師と学習者の特徴、リソースの支援を
挙げており、EFL 環境に CBI を導入する際には、ニーズ分析、教師
への十分な支援、学習者の学習状況の注意深い観察と潜在的な課題の
認識、カリキュラムや教材の準備などへの十分な支援の必要性を指摘
している。日本の教育現場で、CBI を取り入れる際は、他の教師と協
力し、カリキュラムや教材について考慮した上で、言語形式に焦点を
置いた指導をしながら、教育効果を高めることが望ましい。

Context-embedded communication
文脈に埋め込まれたコミュニケーション

　文脈に埋め込まれたコミュニケーション（context-embedded
communication）とは、文脈が共有されている相手とのコミュニケー
ション、あるいはそういう場面で使われる言語のことをさす
（Cummins 1981a, 2008, 2021）。文脈が共有されていれば、文脈に依
存し、言語化をしなくとも意思疎通ができる情報が増えるため、複雑
な言語使用が必要とされない場合が多い。基本的対人コミュニケー
ション技能（→ Basic interpersonal communication skills, BICS 参照）
のように、日常会話のための言語使用は、基本的に文脈に埋め込まれ
たコミュニケーションである。対立概念は、文脈が減じられたコミュ
ニケーション（context-reduced communication）で、こちらは文脈
が共有されていない相手とのコミュニケーション、あるいはそういう
場面で使われる言語のことをさす。文脈が共有されていないと、相手
が理解できるよう情報を補って言語化しなくてはならないため、より

複雑な言語使用が必要とされる場合が多い。認知的／学術的言語能力（→ Cognitive/Academic language proficiency, CALP 参照）のように、学術的な場面で必要とされる抽象度の高いコミュニケーションのための言語使用は、基本的に文脈に依存しないコミュニケーションである。

　Cummins は文脈にどれだけ依存できるかという尺度に加えて、コミュニケーションにおける認知的な負荷の大小（cognitively demanding/undemanding）を区別し、これらを組み合わせた4つの種類にコミュニケーションを分類できるとするモデルを提唱した。

図1　Cummins によるコミュニケーション活動の分類

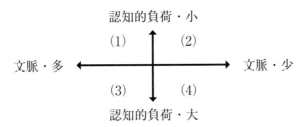

　(1) は、認知的な負荷が小さく、文脈に埋め込まれたコミュニケーションで、対面での日常会話、簡単な指示、絵本など視覚的情報の多いリーディングなどがこれに該当する。
　(2) は、認知的負荷が小さく、文脈が減じられたコミュニケーションで、電話での日常会話、簡単な情報を伝えるメモ書き、地図を使った場所の説明などがこれに該当する。
　(3) は、認知的負荷が大きく、文脈に埋め込まれたコミュニケーションで、デモンストレーション、実験、具体的なものを使った計算などがこれに該当する。
　(4) は、認知的負荷が大きく、文脈が減じられたコミュニケーショ

ンで、テキストの読解や抽象的概念の説明、規則の理解と適用などが
これに該当する。

　英語教育の際には、文脈の量と認知的負荷の程度がどれだけなのか
を意識して言語活動を考える必要があるだろう。例えば、認知的負荷
が比較的大きい難しめの内容であっても文脈を増やすことで難易度を
下げたり、認知的負荷が比較的小さい易しめの内容であっても、文脈
に依存できないタスクにすることで難易度を上げたりするなど、言語
活動の達成目標や難易度を調整する際に役に立つ考え方である。

Contrastive analysis

対照分析

　対照分析（contrastive analysis）とは、学習者のL1と目標言語で
あるL2の構造を比較対照する言語分析法のことである。対照分析仮
説（contrastive analysis hypothesis）では、二言語の構造比較の結果、
両者の違いが大きければ、それだけL1からの負の転移（negative
transfer）が起きて学習が難しく、学習過程が干渉（interference）を
受けるのに対して、両者の違いが小さければ、L1からの正の転移
（positive transfer）が起きて学習が易しいだろう（→ Transfer 参照）、
と予測する仮説である（Lado, 1957）。

　対照分析は、SLAという研究分野の萌芽期に注目を浴びた言語分
析法で、1960-70年代の心理学と言語学の影響を強く受けている。当
時の心理学では、行動主義心理学（behavioral psychology）が支持
されており、言語は後天的に学習される能力で、刺激に対する反応の
条件付け（conditioning）・模倣（imitation）・フィードバック（feedback）
を介した強化（reinforcement）によって習慣として形成される（habit

105

formation）と捉えられていた。また、当時の言語学では、言語の構造を科学的に記述することを重視した構造主義言語学（structural linguistics)が全盛期であった。その結果として、オーディオリンガル・メソッド（→ Audio-lingual method 参照）という教授法が誕生した。この教授法では、音声言語を通して文型のパターン練習（pattern practice）や、文の構成要素の置き換えをする（例えば 1 人称単数の主語を 3 人称単数の主語に変えて文を言う）ようなドリル練習（substitution drill）などを徹底的に行い、誤りを回避できるよう、言語形式の過剰学習（overlearning）を強調するのが特徴である。対照分析によって L1 と L2 の言語構造の比較をし、その差が大きい L2 項目は学習が難しいと予測して、模倣・反復の対象となり、学習者が間違えれば必ず負の強化（negative reinforcement)、すなわち誤りの指摘・修正をして完全に排除しようとした。

　対照分析仮説に基づく学習難易度の段階をまとめた仮説としてよく知られているのは、難易度の階層性（hierarchy of difficulty）である（Stockwell et al., 1965)。これによれば、二言語の構造比較の結果、最も難しいのは、L1 では 1 つの言語形式であるものを、L2 では 2 つの形式に区別しなくてはならない場合（differentiation: 例えば日本語の母音「あ」を英語では複数の種類の「あ」に似た異なる母音に区別すること）、次に難しいのは L1 では存在しない言語形式が L2 では存在する場合（new category: 例えば日本語にはない冠詞が英語にはあること）、続いて L1 で存在する言語形式が L2 では存在しない場合（absence: 日本語の数量詞に相当する表現が英語では限定的にしか存在しないこと）である。4 番目に難しいのは L1 で区別している言語形式が L2 では区別されず 1 つの言語形式である場合（coalescence: 日本語では「兄弟」を区別するところを英語では brother しかないこと)、そして最も難易度が低いのは、L1 と L2 の言語形式が対応して

いる場合（correspondence: 子音の /m/ の発音など）だとされる。

　対照分析仮説は検証の結果、しばしば予測が外れることが判明し、L1 にはない新しい言語形式が L2 にあったとしても、それが単純で規則正しく頻度も高く意味がわかりやすいものであれば学習が難しくなく、逆に L1 と似て非なる L2 の特徴は L1 の影響が残りやすく、学習が難しいことが実証された。とりわけ、言語の形態統語的な特性については、学習者が正しいかどうか確認する意識、つまりモニター（monitor）を働かせることができるため、対照分析に基づく客観的・言語学的な対照比較に基づく学習難易度の予測と、学習者の主観的な言語判断が必ずしも一致せず、予測がしばしば外れる。

　学習者の主観に基づく言語観は、心理的類型論（psychotypology）と呼ばれ、学習者は自身の心理的類型論に基づき、言語特性を L1 から L2 に転移させることができるかどうか、転移可能性（transferability）を判断している。このことを明確に示したのが Kellerman（1979b）による実証研究である。研究では、L1 がオランダ語で L2 として英語を学習している学習者に、どちらの言語でも全く同じ用法を持つ break/breken という動詞を使って、L2 で様々な文の文法性の判断（grammatical judgement）をさせた。その結果、実際には全ての用法が二言語間で一致しており、直訳すれば全てが正しい文であるにもかかわらず、学習者たちは意味が具体的で典型的な用法の文（例えば、He broke the glass.）であれば転移可能であると判断した一方で、抽象的な意味や周辺的な用法の文（例えば、声変わりを意味する His voice broke.）は転移できないと判断する傾向があった。これは学習者が対照分析仮説のような科学的な言語構造比較に基づいてではなく、自身の言語学習経験や言語観に基づいて転移可能性を決めていることを示している。

　対照分析仮説は、学習難易度を予測する「強いバージョン」として

はその有効性が否定されるに至ったが、学習者の誤りを事後的に分析する「弱いバージョン」としてはその後も活用された。また、言語の形態統語面に比べて、L2 の音韻や語用論の習得においては、学習者のモニターの影響がでにくいため、対照分析による説明が比較的しやすいことがわかっている。L2 を発音する際、とりわけコミュニケーション活動の中では、語彙や文法に注意が向けられ、一つ一つの音韻の発音や、リズム・イントネーションまでモニターするゆとりがなく、また調音器官も L1 を発音する動きに自動化されていて、主観が入り込む余地が少ないため、対照分析による予測が比較的あたりやすい。また、L2 語用論（→ Second language pragmatics 参照）においても、L1 の社会文化的規範が言語文化独自のものであるということに気づいていない場合が多く、L1 の語用論的な規範をそのまま L2 に転移させる傾向が強い。したがって、英語教育において対照分析を活かすのであれば、発音指導や語用論の指導においてより有効である。

　なお、対照分析は、L2 学習者の学習困難点を予測する強いバージョンについては、上記の限界が指摘され、SLA 研究において予測的には使用されなくなったが、記述言語学の一分野として、対照言語学（contrastive linguistics）の中では継承されている。

Control group / Treatment group
統制群 / 実験群

　ある条件の効果や影響を科学的に検証しようとする量的研究（→ Quantitative research 参照）では、その条件（＝独立変数）以外の他の側面を同一にした統制群（control group）と実験群（treatment group）を比較するのが一般的な研究デザインである。例えば、ある

指導法の効果を検証する場合、統制群に対しては通常の指導法を使い、実験群には実験対象となる指導法を実施して、その効果をテストスコアなどの従属変数の変化によって立証しようとする。

　時に実験群は複数になることもある。例えば、ライティングのフィードバックの方法について、2つの違う方法でフィードバックを行った2つの実験群と何もしなかった統制群を比較するような場合である。このような場合、2つの独立変数（異なるフィードバック方法）の間に関係性がないことをよく確認して統計処理をしなければならない。関係性、すなわち交互作用の可能性がある場合は分散分析によってそれを説明する必要が生じる。

　教育上の効果を立証するような場合、純粋な科学的実験のような完璧な統制はなかなかむずかしい。ある教育方法の効果を見る際には、それ以外の条件（クラスの能力レベルや自主学習に当てた時間など）を全く同一にするのは困難でも、できるだけ同一にするようにし（→ Moderator variable 参照）、もし違いがあるのであればそれを説明しておく必要がある。

Conventionally indirect strategy
慣習的な間接的ストラテジー

　慣習的な間接的ストラテジー（conventionally indirect strategy）とは、Blum-Kulka et al.（1989）による異文化間語用論およびL2語用論（→ Second language pragmatics 参照）の研究プロジェクトである異文化間発話行為実現プロジェクト（→ Cross-Cultural Speech Act Realization Project, CCSARP 参照）で開発された発話行為の分析・分類法（コーディング・マニュアルと言う）によって明らかとなっ

た発話行為のストラテジーの1つである。他に直接的ストラテジー（indirect strategy）と非慣習的な間接的ストラテジー（non-conventionally indirect strategy）がある。Blum-Kulka は、Searle（1975）が提唱した発話行為の理論に基づき、慣習性（conventionality）とは、「ある特定の言語形式が習慣的に発話行為を遂行する際に、L1話者間で恒常的に頻繁に使われ、慣習的となる」事象を指すと説明している（Blum-Kulka, 1982, p. 32）。また、間接的ストラテジーに分類される発話行為とは、表層的な言語形式と機能が一致していない（→ Form-function-context mapping 参照）場合を指す。したがって、例えば、"Can you pass me the salt?" は、文字通りの意味では発話者が聞き手に塩を手渡す能力があるかを尋ねる質問であるが、慣習的には塩を手渡してほしいという依頼表現として用いられる。慣習的な間接ストラテジーの他の例として、"How about cleaning up?" や "Could you clean up the kitchen, please?" などがある（Culpeper & Haugh, 2014; Ishihara & Cohen, 2022）。

　これに対して、直接的ストラテジーでは、発話行為の言語形式と機能が一致している。例として、"Pass me the salt." のような命令文や "I'm asking you to pass me the salt." のように、依頼を表す発話内動詞（illocutionary verb）である ask を使った依頼がある。一方、言語形式と機能が完全に不一致で、慣習的ではない依頼は非慣習的な間接的ストラテジーとして分類される。例えば、"This could do with a little salt." には、依頼を示す言語形式も機能も表層上は含まれていないが、話者と聞き手の相互行為（interaction）が伴うある特定の文脈の中で依頼の暗示（hint）として機能することがあり得る。

　L2学習者は、習得段階の初期では、レパートリーが少ないため短い定型表現などを使用せざるを得ず、状況や聞き手に応じてポライトネス（→ Politeness 参照）を意識した発話ができないが、習得段階

が上がると、慣習的な間接的ストラテジーを多様かつ複雑に組み合わせた発話が可能となる（Kasper & Rose, 2002; Rover, 2022）。慣習的な表現は、発話行為において同じような社会的な条件下で同じような言語形式で繰り返し使われる定型表現となるため、意味公式（→ Semantic formula 参照）として扱われることもある（Bardovi-Harlig, 2019; Roever, 2022）。そのため、頻度の高いものを明示的に指導することも、特に習熟度が十分達していない学習者に対して効果的である（Roever, 2022）。また、非慣習的な表現については、文脈の中で理解（→ Speech act 参照）する練習の機会を設けることで、気づきを促すことにつながる。

Conversation analysis (CA)

会話分析

会話分析（conversation analysis, CA）とは、自然発生会話（naturally occurring conversation）の録画・録音を詳細に記述し、会話の参与者の相互行為がどのような構造になっているかを詳細に分析する研究分野である（高木 他, 2016; Mori & Nguyen, 2019）。つまり、話し手と聞き手が相互依存的に会話を構築しているという考え方を基本にし、そのコミュニケーションのプロセスの様々なパターンを扱う分野である（高梨, 2016）。会話分析では、1つのまとまりを構成する会話の流れにおける一定の秩序のことを連鎖組織（sequential organization）と呼び、その成り立ちを詳細に探究する質的分析（→ Qualitative research 参照）を行うことが多い。会話分析は1960年代に Sacks や Schegloff、Jefferson が発表した論文を基点としている（Sacks et al., 1974）。分析対象には、話者の交替ないし継続がどのよ

111

うに行われるかを示す順番交替システム（turn-taking system）、隣接ペア（adjacency pair）や修復（repair）など、会話の基本的なメカニズムおよびあいづち（backchannel）（continuer とも言われる）、視線やジェスチャーなどマルチモーダル（multimodal）な非言語行動も含まれる（高梨, 2016 他）。また、会話分析では、会話の内側にいる参与者の視点から文脈や相互行為（interaction）を分析するエミック（emic）と呼ばれるアプローチを用いる（Culpeper et al., 2018; Firth & Wagner, 1997, 2007; Mori & Nguyen, 2019）。このアプローチは、第三者による外側の視点から事象を分析するエティック（etic）と呼ばれるアプローチと対照される。エティックなアプローチをとる研究としては、ポライトネス（→ Politeness 参照）を普遍的な概念として捉えた Brown & Levinson（1987）や、発話行為を会話全体から取り出し、社会的な行為の遂行と捉えて分析する発話行為理論（→ Speech act 参照）が挙げられる。

　会話分析における隣接ペアの研究として、ここでは Schegloff & Sacks（1973）を紹介する。隣接ペアは、2 つの発話からなり、その発話は隣接し、それぞれ別の話し手によって産出される。隣接ペアは、ペアの第 1 部分（first pair part: FPP）とペアの第 2 部分（second pair part: SPP）から成る。例えば、「挨拶—挨拶」（例：A: "Hello." B: "Hi."）や「要請—許可」（例：A: "Can I have some more coffee?" B: "Sure, help yourself."）や「感謝—承認」、「申し出—受諾」、「誘い—拒否」などがある（メイナード, 1993; 高梨, 2016）。隣接ペアは、基本的には、前述の「要請—許可」のように、発話者が FPP の後に発話を止め、次の話し手が SPP を発話するという規則に沿う（メイナード, 1993; 高木他, 2016）。例えば、FPP が「誘い」であった場合、SPP には「受諾」または「拒否」のいずれかが応答として現れる可能性がある。この現象を優先組織（preference organization）と呼ぶ。簡潔かつ即座

に「受諾」する応答は、相手の期待に沿っていることから、通常社会的に優先されるので「好まれる」(preferred) 応答と呼ばれる。一方、相手の期待に反する「拒否」等の応答は、「好まれない」(dispreferred) 応答と呼ばれ、誘ってくれたことへの感謝を述べたり、誘いに応じることができないことを釈明したりするため、好まれる応答よりも長くなる傾向がある（メイナード, 1993; 増田, 2018）。

　SPP は必ずしも FPP の直後に来るとは限らない。FPP と SPP の間に挿入拡張 (insert expansion) の発話が生じたり、発話の修復 (repair) が生じたりして、会話は複数の参与者によって共同構築 (co-construction) されていく (Roever, 2022; 高梨, 2016)。以下の下線部は挿入拡張の例である。A: "Can I borrow your computer?" B: "How long will you need it for?" A: "Maybe a couple of hours." B: "Yeah sure but…"(Roever, 2022, p. 25)。下線部の B の応答は、A の要請に対して答えていないため、SPP とはならず、挿入拡張となる。また、以下の下線部は、A が自らの発話を修復している。A: "So yesterday we went and saw a matinee." B: "What's a matinee?" A: "A theater performance during the day."(Roever, 2022, p. 29)

　会話分析の手法は、1990 年代より L2 語用論（→ Second language pragmatics 参照）の研究にも用いられ、現在は高い注目を集めている (Culpeper et al., 2018; Roever, 2022; Taguchi, 2019 他)。その背景に、発話行為の研究に多用されている談話完成タスク（→ Discourse completion task/test, DCT 参照）においては、分析対象の発話行為のみを抽出し、会話の流れには着目しないため、自然発生的な会話からかけ離れた事象を見ているという批判が強まっていることがある (Al-Gahtani & Roever, 2012 他)。一方で、会話分析の手法を用いた L2 語用論の研究は、学習者の語用論的能力の観察などを目的として変数を統制した実験的なロールプレイを実施することから、「応用会

話分析（applied CA）」と呼ばれ、純粋に自然発生会話のみを扱う元来の「会話分析（pure CA）」とは区別する必要がある（Culpeper et al., 2018, pp. 172–176）。

　Al-Gahtani & Roever（2012）は、応用会話分析として、サウジアラビア人英語学習者 26 名と対話者（著者の一人）の間のロールプレイに着目し、依頼とその前後に見られる発話の流れである連鎖組織を分析した。ロールプレイでは、社会的な力関係（relative power）や親密度を示す親疎距離（social distance）を複数設定した状況が用意され、検証対象とする依頼の発話が引き出されるよう対話者の発話も統制された。また、異なる習得段階にある学習者データを比較することで、語用論的能力の発達を推察した。結果、習熟度が高い学習者は、依頼の発話の前置きとして、挨拶などの先行拡張（pre-expansion）（例："How are you?"）や実際の依頼の前に一言許可を請うプレ・プレ（preliminaries to preliminaries, pre-pre）（例："Can you do me a favor?"）を産出できているが、習熟度が低い学習者はそれができていないことが観察された。このように、学習者による依頼の発話行為やその前後の発話を、連鎖組織の観点から分析することにより、習熟度の高い学習者ほどその場に応じて対話者と共同で会話を構築できることが示された。

　会話におけるあいづちの日英対照研究もなされている。あいづちの頻度や機能は言語によって異なり、会話の主たる発話ではないあいづちにおいても学習者の L1 による影響が大きいことが判明している（Ishihara & Cohen, 2022; メイナード, 1993）。あいづちには、音声による表現（例："uh-huh"）、相手の発話に付け加えて文として完成する表現、内容について確認する表現、短いメッセージの他、頭の動きも含まれる。

　日本人英語学習者を指導する際、対象言語である英語では、相手の

依頼を拒絶する際にいきなり SPP ではなく挿入拡張を用いたり、言い淀んだりすることで、相手との人間関係の調和を保つことが一般的であること（Roever, 2022）を明示的に説明すると良い。また、英語学習者の場合、L1 の日本語のコミュニケーションの影響で、相手の期待に沿わない応答をする場合に、はっきり意志を表現せずあいまいな表現を用いてしまう傾向があること（メイナード, 1993）なども認識しておくとよい。

　なお、Wong & Waring (2021) による会話分析の実践と指導の書は、英語学習者の相互行為能力を向上させるのに有用である。本書は会話分析の導入書であり（Roever, 2022）、順番交替システムや様々な隣接ペア、トピックの運び、会話の始まりと終わりなどの具体的な指導法がわかりやすく記述されている。また、近年の L2 語用論の研究では、会話分析をもとに学習者の相互行為能力（interactional competence）の指導や評価（Lam et al., 2022; Roever, 2022; Young, 2019）に焦点を置いたり、会話分析の質的分析と量的分析を統合した mixed methods の分析手法の可能性が論じられたりしている（Ross & Hong, 2019; Youn, 2015）。

Conversational implicature
会話の含意

　会話の含意（conversational implicature）とは、Grice (1975) によって提唱された概念で、字義通りの意味と発話者の意図が乖離することを指す言外の意味（non-literal meaning）を指す（→ Form-function-context mapping 参照）。Grice (1975) は、会話が成り立つ大前提として、協調の原則（cooperative principle）があると提唱した。この

原則は、4つの会話の公理（maxims of conversation）で説明できる。つまり、「今話している話題に関係があることについて（関係の公理）、真実だと思っていることを（質の公理）、聞き手の必要とする情報量に見合った分だけ（量の公理）、わかりやすく（様態の公理）話すこと」（清水, 2009, p. 21）が会話を円滑にするための協調的な行為といえる。しかし、実際の会話では協調の原則が必ずしも守られているわけではなく、公理に違反する場合もある。Levinson（1983, p. 102）は、以下の例を挙げている。

A: Where's Bill?

B: There's a yellow VW outside Sue's house.

　BのAに対する応答は、字義通りの意味では、関係と量の公理に違反している。そこで、聞き手は、公理は守られるものだという前提に立ち、公理に違反している発話には言外の意味があると推測し、実際には、黄色いVWはBillの車で、BillはSueの家にいるという含意を理解する。

　L2語用論の分野では、30年以上にわたって、学習者による会話の含意の理解について、Griceの公理に基づく対話（Bouton, 1999 他）、間接的な発話行為（indirect speech act）（→ Speech act 参照）（Cook & Liddicoat, 2002; Takahashi & Roitblat, 1994 他）や皮肉（irony/sarcasm）（Yamanaka, 2003 他）などの観点で研究がなされてきた（Taguchi & Yamaguchi, 2019）。これらの研究によると、概して、習熟度の低い学習者より高い学習者の方が含意の理解力が高い。例えば、Pope question（Pope Q）（例："Do you expect Sheila to be late for the party tonight?" に対して、相手の発言が自明のことであると同意を示す "Is the Pope Catholic?"）（Bouton, 1999, p. 67）や、「台所を片付けてほしい」という意図で "The kitchen is in a terrible mess." と間接的に伝える非慣習的な依頼（non-conventional indirect request）（→

Cross-Cultural Speech Act Realization Project, CCSARP 参照) のように、字義通りの意味と発話者の意図が大きく乖離するものは、対象言語の文化的背景に起因することも多く、上級学習者にとっても理解が難しいということがわかっている (Taguchi & Yamaguchi, 2019)。

Taguchi & Yamaguchi (2019) によると、過去の研究の多くが、紙に書かれた対話のやり取りを被験者に読ませ、多肢選択問題などを用いて理解度を測定する研究手法を用いている。しかし、実際のコミュニケーションにおいて、聞き手は、言語的な文脈、背景知識や状況に対する認識、そして対話の相手とのやり取りに応じて、複合的に会話の含意を推測するので、語用論の研究手法を様々な理論に基づいてデザインする必要がある。具体的には、Grice の協調の原理を発展させた Sperber & Wilson (1995) の関連性理論 (relevance theory) や Kesckes (2014) の社会認知的アプローチ (socio-cognitive approach) を基に、発話者の声の調子やジェスチャーなども含めたマルチモーダルな文脈情報を学習者がどのような認知プロセスで理解しているかを検証すべきとしている (Taguchi & Yamaguchi, 2019)。

Taguchi (2013) は、日本人英語学習者 160 人を対象に、慣習的な含意 (conventional implicature) と非慣習的な含意 (non-conventional implicature) の正答率と回答の速度を測定した。以下のやり取りにおける B の応答が慣習的な含意 (A: "I'm having a party this Saturday… I hope you can come." B: "… I already have plans on Saturday.") および非慣習的な含意 (A: "Did you like the movie last night?" B: "I was glad when it was over.") の例 (p. 27) である。結果、慣習的な含意は、述べられた理由が典型的であるため言語的にも認知的に理解処理に負荷がかからず、学習者にとって推測しやすいが、非慣習的な含意は、文化的文脈や状況に依存し、会話全体の理解が求められることが判明した。

Roever（2022）によると、CEFR B1 レベルに達した学習者でないと、含意、とりわけ非慣習的な含意の適切な解釈は難しい。表面的な字義通りの意味を比較的容易に理解できるレベルに達してからでないと、会話の公理の違反に気づき、本来意図された意味を推測できるようにはならないことから、皮肉を含めた様々な含意の指導は、中級以上の英語学習者により効果的となる。

Corpus

コーパス

コーパス（corpus）は、テキストや音声などの言語データの大規模な集合体を指し、コンピューターで検索できる電子化データとして提供され、その多くは言語的な情報（品詞、統語構造など）を付与されている。言語学や言語教育、自然言語処理（→ Natural language processing, NLP 参照）の分野で言語の研究や機械学習モデルの訓練に利用されている。また、コーパスを検索して言語の特徴やパターンを分析し、言語現象や文法のルールの理解を深めることができるため、コーパスを参照して帰納的に言語を学習するデータ駆動型学習（→ Data-driven learning, DDL 参照）の実践が少しずつ増えてきている。また学習者コーパスからは言語学習者の言語使用を調査することができる。

最初の電子化コーパスはブラウンコーパス（Brown Corpus）であり、1961 年から 1964 年にアメリカのブラウン大学で収集された、15 ジャンルの約百万語の均衡コーパスである。イギリス英語の大規模コーパスとしては大英国立コーパス（British National Corpus, BNC）があり、1980 年代から 1993 年に収集された。言語の多様性を反映す

るよう18ジャンルから収集された均衡コーパス（balanced corpus）で、書き言葉と話し言葉を含み総語数は約1億語以上ある。アメリカ英語の大規模コーパスとしては現代アメリカ英語コーパス（Corpus of Contemporary American English, COCA）があり、1990年から現在まで収集されている。8ジャンルの均衡コーパスで、書き言葉と話し言葉を含み総語数は2023年6月現在10億語以上である。書き言葉コーパスと比べ話し言葉コーパスの収集には手間がかかり発展が遅れている。発話書き起こしコーパスとしては、ミシガン学術英語発話コーパス（Michigan Corpus of Academic Spoken English, MICASE）がある。1997年から2001年に学術的な場で録音された英語音声データから成り、1571人による約200時間分（約180万語）の話し言葉の書き起こし文を収録する。音声コーパスとしては英語イントネーション変異コーパス（Intonational Variation in English Corpus, IViE）があり、1998年から2000年にイギリス・アイルランドの9都市の16歳の若者110名から収集された約9時間分の英語音声を収録する。以上はL1英語話者コーパスだが学習者コーパスも編纂されている。日本人英語学習者コーパス（Japanese EFL Learner Corpus, JEFLL）は日本の中高生約1万人の英作文を約67万語収集し、日本の英語学習者の英語使用の調査に役立つ。このようにコーパスの種類は様々であり、L1英語話者コーパスからはコロケーション（→ Collocation 参照）など特徴的な用法の、学習者コーパスからは学習者に特徴的な用法や典型的な誤りのパターンの情報を得ることができる。使用目的にあったコーパスを選択する必要がある。

Corrective feedback
訂正フィードバック

　訂正フィードバック（corrective feedback）とは、学習者の誤りを含む発話や不自然な発話に対して教師がそれを修正したり、あるいは学習者自身に修正を求めて与えるフィードバックのことである。Lyster & Ranta（1997）による分類では以下の6種類が挙げられている。筆者作成の例とともに説明する。

1. 明示的訂正（explicit correction）「誤りを明確に指摘し正用を提示する」

S: I study hard yesterday.

T: I studied hard yesterday.

2. リキャスト（recast）「会話のなかでさりげなく間違いを訂正し、正しい用法を伝える」

S: I saw a bad dream this morning.

T: Oh, you had a bad dream this morning!

　上記2つのフィードバックでは教師から正しい表現が与えられているが、以下は学習者自身に修正を求めるフィードバックであるので、プロンプト（prompt）といわれる。

3. 明確化要求（clarification request）「発話を明確にするために修正を求める」

S: Why does he taking a picture?
T: Pardon?

4. メタ言語フィードバック（metalinguistic feedback）「過ちに関する文法や語法の情報を与え、修正を促す」

S: Yesterday, I watch a movie.
T: 昨日、過去です。

5. 誘導（elicitation）「発話の途中までを繰り返すなどして、誤りに気づかせて修正を促す」

S: Yesterday, I watch a movie.
T: Yesterday, you…

6. 繰り返し（repetition）「誤りの部分を強調して学習者に聞かせ、修正を促す」

S: Yesterday, I watch a movie.
T: Yesterday, you watch a movie.

　その後、Loewen & Nabei（2007）が日本人大学生を対象として実証研究を行った際、訂正フィードバックを他者による訂正と、自己訂正に分け、双方をさらに明示的から暗示的の度合い順に並べ、以下の図を示した。Loewen & Nabei は学習者が知らない言語項目について訂正フィードバックを提供しても効果はないことを指摘したが、一般的に学習者自身による訂正を促すプロンプトの方が L2 習得を促すといわれている。

図1 訂正フィードバックのオプション（Loewen & Nabei, 2007, p. 362に基づく）

　SLA研究においては、教室での自然な談話を通じて最も頻繁に用いられるリキャストの効果検証が中心的になされてきた。その結果、さりげなく暗示的に与えられるがゆえに学習者に気づかれない（Long, 2007; Lyster & Ranta, 1997）、単にyesという承認（acknowledgement）を表す反応のみで修正に至らない（Sato, 2016）等の問題も明らかになっている。しかしながら、日本の高校生を対象に行われた研究（Sato, 2011）では、他の訂正フィードバックに比べリキャストでは、その後、沈黙が続いたり、会話の流れが止まってしまうコミュニケーションの断絶（communication breakdown）が起こる割合は極度に低かった。他のフィードバックが学習者を当惑させる可能性が高いのに対して、リキャストは学習者に優しい奨励的なフィードバックであるといえる。活動の主なねらいがコミュニケーションそのものである場合は、この暗示的なフィードバックであるリキャストを有効に活用すべきであろう。しかしながら、学習者に確実に誤りに気づき、修正してほしい場合は明示的な修正を行うことが必要である。さらに、プロンプトにより修正を求める場合は、学習者がすでに修正するための知識を習得しているか、あるいは習得過程にあることが前提になることも知っておく必要がある。状況や目的に応じ、柔軟かつ効果的に訂正フィードバックを用いていきたい。

Critical period hypothesis（CPH）
臨界期仮説

　臨界期仮説（critical period hypothesis, CPH）とは、言語を習得するには生物学的年齢の制限があるという仮説である。L1習得における臨界期がLenneberg（1967）によって唱えられてから、L2習得においても臨界期があるのではないかという仮説が提唱されるに至った。ある年齢を過ぎると言語習得が不可能になるとする強い仮説と、言語習得がしだいに難しくなっていくとする弱い仮説がある。臨界期の理由としては、大脳半球の一側化によって脳の可塑性がなくなるという神経生理学的理由、老化とともに記憶力を含む認知機能全般が減退するという生物学的理由、認知発達に伴い分析的能力が高まると暗示的学習（implicit learning）がしにくくなるという発達心理学的理由、生得主義で想定されている普遍文法（Universal Grammar）へのアクセスができなくなるという理論言語学的理由などが挙げられる（Ortega, 2026）。臨界期は思春期の頃だと考える場合が多いが、言語的な側面によって時期が異なることも指摘されており、音声面（とりわけ発音）の臨界期は2歳、5歳、8歳など諸説あるものの比較的早いと考えられている。

　臨界期後にL2学習を開始した場合は、L2の発達が未熟なままで止まってしまう化石化（fossilization）が起きやすいとかつては言われていた。化石化は、学習動機づけ（motivation）があり、言語学習を継続しているにもかかわらず、誤ったL2知識が定着してしまう現象のことである（Han, 2004）。しかしながら、実際には必ずしも観察可能ではないものの言語知識は常に変化しており、言語発達と言語衰退を繰り返しているため、厳密な意味で言語能力が化石のように固まってしまうことはありえないと近年では考えられている。発達が止まっ

ているかのように見える状態のL2学習者は、言語発達の安定期（stabilization）にあり、きっかけ（例えば新しい言語現象や自らの誤用への気づきなど）があれば、それまでの言語知識が揺らぐ不安定期（destabilization）を迎え、言語知識の再構築（reconstruction）が起こりうる。逆にL2の使用をやめてしまえば、安定していた言語知識もやがて衰退し、言語喪失（language attrition）が必ず起きる、という意味においても、化石化はありえない。

　一方で臨界期は存在しないとする立場もある。この立場をとる研究者によれば、言語的環境（言語使用機会）・言語学的条件（L1とL2の言語学的距離）・社会文化的環境（複言語能力を当たり前だと捉える社会的信念）・情意的条件（動機づけ・態度等）が揃えば、思春期後にL2の学習を開始しても、母語話者並み、あるいはそれに近いレベルまで言語能力は習得可能である（Hummel, 2021）。

　外国語教育では、学習者の年齢を踏まえた指導をすることが重要である。年少の学習者の場合は、明示的・分析的な指導よりも暗示的な学習を促す体験型学習を重視し、具体的な場面で役立つ定型表現（routine formula/multiword unit）を使う練習や、異文化コミュニケーションへの肯定的な態度を育むことを強調したい。定型表現をたくさん覚えていればいるほど流暢な言語使用が可能となり（Thomson et al., 2023）、自信にもつながる。また、定型表現は分析的思考ができる年齢になってから統語的なパターンが内包されていることに気づかせれば、文法規則に基づいた表現を自由に作り出せる力の基盤となりうる（Schulz et al., 2023）。

Cross-Cultural Speech Act Realization Project（CCSARP）

異文化間発話行為実現プロジェクト

　異文化間発話行為実現プロジェクト（Cross-Cultural Speech Act Realization Project, CCSARP）とは、Blum-Kulka et al.（1989）が実施した異文化間語用論（cross-cultural pragmatics）および L2 語用論（→ Second language pragmatics 参照）の研究プロジェクトである。このプロジェクトは、様々な言語間や L1 話者と L2 話者において、依頼（request）と謝罪（apology）の発話行為（→ Speech act 参照）で使用される文法や語彙が、同じ社会制約下や特定の言語共同体内でどのように異なるかを検証することを目的としている（清水, 2009）。調査対象となった被験者は、ドイツ語、デンマーク語、ヘブライ語、イギリス英語、アメリカ英語、カナダ英語およびオーストラリア英語の L1 話者の他、英語、ドイツ語およびヘブライ語の学習者で、1,088名に及ぶ。研究手法として、談話完成タスク（→ Discourse completion task/test, DCT 参照）を用いている。DCT では、聞き手との親密度を示す親疎距離（social distance）、社会的な力関係（relative power）、そして発話行為の目的や状況の組み合わせを変えることで、多様な社会語用論的（sociopragmatic）設定下で使用される依頼や謝罪の発話行為の言語表現を収集している。また、Blum-Kulka et al.（1989）の巻末には、プロジェクトの収集データを基に、文法や語彙の観点から語用言語的（pragmalinguistic）に依頼や謝罪を分類する手順が掲載されている。この分析・分類法（コーディング・マニュアルと言う）は、現在に至るまで、L1 話者だけでなく L2 学習者の発話行為の研究にも広く使用されおり、CCSARP とも呼ばれる。

　CCSARP に則ると、依頼は、発話行為の中核を成す「主要行為（head

act)」（例："Could you tidy up the kitchen soon?"）、その前後に登場する「呼びかけ（alerter）」（例："Excuse me."）や「補足（supportive moves）」（例："I'm having some friends over for dinner tonight."）に分類できる。さらに、依頼の主要行為は、使用される語彙や文法項目によって、「直接的ストラテジー（direct strategy）」（例：命令文や want の使用）、「慣習的な間接的ストラテジー（→ Conventionally indirect strategy 参照）」（例：can や could の助動詞や I am wondering if などを用いた定型表現）、そして字義通りの意味では発話行為が明示的に示されない「非慣習的な間接的ストラテジー（non-conventionally indirect strategy）」（例："The kitchen is in a terrible mess."）に分類される（→ Form-function-context mapping 参照）。発話者は、主要行為を「内的調整（internal modification）」や「外的調整（external modification）」（→ External modification/Internal modification 参照）によって修飾することができる。内的調整には、please などの緩和表現（downgrader）や certainly など副詞から成る増長表現（upgrader）がある。外的調整は、前置き、理由、脅しや約束などによる補足を指す。こうした表現によって、発話者は依頼の度合い（imposition）を調整し、聞き手のフェイスを脅かす行為（→ Face-threatening act, FTA 参照）を回避したり、意図したりする。フェイスとは、「自分の願望や行動が他人から好ましく思われたいという願望」（ポジティブ・フェイス）と「自分の行動を他人に邪魔されたくないという願望」（ネガティブ・フェイス）という、社会において人間誰しもが持つ普遍的な願望のことである（Brown & Levinson, 1987, p. 62; 清水 , 2009, p. 25）。

　近年になり、CCSARP の分類方法や定義については、分類の区別が曖昧であることや、発話者の言語行為をやり取りの流れから切り出して分析することに対して、多くの研究者から問題点が指摘されてい

る（Culpeper & Haugh, 2014; Leech, 2014; Taguchi & Roever, 2017）。よって、近年の L2 語用論の分野では、CCSARP を用いた研究方法に代わって、会話分析（→ Conversation analysis, CA 参照）などの手法を用い、対話者との会話がいかにして共同構築されるのかを研究対象として、やり取りや交渉を可能にする語用論的能力（→ Pragmatic competence 参照）の解明を試みる研究が増えている（Taguchi & Roever, 2017）。

Cross-sectional study

横断的研究

横断的研究（cross-sectional study）とは、研究者が 1 つ以上の集団から、ある時点または短期間で質問紙調査（→ Questionnaire research 参照）や面接法などによりデータを収集する研究で、量的研究（→ Quantitative research 参照）でよく用いられる。また、調査研究は、横断的研究デザインを採用することが多い。例えば、動機づけ研究で最もよく用いられる研究デザインは、質問紙調査による横断的研究である。横断的研究は、縦断的研究（→ Longitudinal study 参照）と比較されることがよくあるが、その区別はデータを収集する時期、データ収集にかかる時間の長さ、データの大きさに関するものである（Phakiti & Paltridge, 2015; Woodrow, 2015）。

横断的研究では、変数関の関係を調べることができ、サンプル数が大きくなればなるほど、統計処理によるデータ分析結果の信頼度も増すため、大規模で短期的な研究に使われることが多い。大規模データでなくても、参加者の属性のバランスを均等にすることで高い信頼性（→ Reliability 参照）が得られる。横断的研究の利点として、一度の

収集で多くのデータが集まるので、研究を比較的短期間に進められることが挙げられる。また、日頃の授業観察などでは十分に把握できない、学年、学校単位の学習者の全体像を把握することが可能である。一方、欠点は、長期的な言語発達や変化を捉えにくいことである。

　この欠点を補うために考えられたのが、認知や感情に関する変数が異なるグループから同時期にデータを収集する方法である。例えば、一定期間における言語習得の発達を調査したい場合、長期的なデータ収集の代わりに、学習期間、学習方法、学年などにより英語熟達度が異なると考えられるグループからデータを集めることで、英語のどの側面がどの要素の影響を受けて発達するかなどについて探究することができる。

　もちろん、このような短期間のデータ収集による研究は、純粋な比較ではないという批判もある。しかし、十分な人数の同一学習者から長期間にわたってデータを得ることは容易でないため、属性を統制した異なるグループから同時にデータを集める方法が用いられることもある。例として、2,600 名以上の日本人大学 1 年生を対象に、小学校における英語学習経験が、英語力および動機づけや感情に関する要因とどのような関係があるか質問紙調査をした研究（Nishida & Yashima, 2017）がある。

　欠点を補う他の方法として、横断的研究デザインと通時的研究デザインを組み合わせることにより、異なる習熟度の学習者間で、横断的かつ通時的な観察の両方を行う研究もある。例として、日本人高校 1 年生 108 名を対象に、動機づけ、感情、経験の違いに応じて、どのように自身の L2 発話を他者に理解しやすくしたか、3 か月間調査した研究が挙げられる（Saito et al., 2018）。

Cycle of assessment

アセスメントのサイクル

　アセスメントのサイクル（cycle of assessment）とは、十分な妥当性（→ Validity 参照）、信頼性（→ Reliability 参照）、実現可能性（→ Practicality 参照）を持つ言語テストを開発するために推奨される手順であり、「計画（テスト細目表の作成）→テスト項目作成→実施→事後分析による検証」というサイクルを継続的に回してテストを改善していくことである（Haladyna & Rodriguez, 2013）。それは他分野のテストや実験でも使われる、「Plan, Do, Check, Act」から成る PDCA サイクルの考え方を言語テストに適用したものである。

　大規模な標準テストでは、テスト項目作成後、専門家が十分それを吟味した上で、まずパイロット実験としての実施を行い、その結果分析を基にテスト項目を修正・改善して、その後に本格的実施を行う。そして、何度もこのサイクルを回しながら項目バンクを最良のものにしていく（ALTE, 2011; Fulcher, 2010）。

　学内や教室内のテストにおいては、大規模なテストほどの専門的で精緻な項目分析はできないが、教員同士で協力しながら同様のサイクルを回してより良いテストを作ることが求められている（Green, 2014; Hughes, 2003）。Green（2014）は、教室内テスト作成のサイクルとして、「Specification（テスト細目表の作成）→ Item writing（テスト項目作成）→ Item review（テスト項目の吟味）→ Piloting（パイロット実験実施）→ Pilot review（パイロット実験の検証）→ Operational assessment（テスト実施方法の評価）→ Assessment review（テスト実施全体の検証）」をモデルとして提唱し、このサイクルを経て本試験を実施することを推奨している。研究者によって使う表現は違っていても、最近では、このようなテスト作成のサイクル

に関する知識や能力は言語教師に必要な「言語アセスメント・リテラシー（Language assessment literacy, LAL）」の一部だと考えられ、教員研修に広く取り入れられている（Rossi, 2021, Taylor, 2009）。

Data-driven learning（DDL）

データ駆動型学習

　データ駆動型学習（data-driven learning, DDL）とは、学習者がコーパス（コンピューター検索できる言語データベース）を検索し、実際に使用されている多量の言語データを観察することによって文法・語彙や意味のパターンなどに気づき、言語の用法を帰納的に自律発見学習するアプローチであり、Johns（1991）によって提唱された。パターンの発見から学習者は検索・観察した語句がどのように使用されるかを知り、ライティングやスピーキングにその知識を生かすことができる。一般英語学習だけでなく、特定分野のコーパスを使用すれば特定の目的のための英語（English for specific purposes, ESP）学習にも役立つ。DDL の学習効果については様々な報告があり、近年メタ分析によりその有効性が統計的に示されている（Boulton & Cobb, 2017）。

　帰納的学習アプローチである DDL を、演繹的に文法・語彙のルールを教える日本の英語教育に効果的に取り入れるには、教師の十分な準備が必要であろう。コーパス検索結果の解釈にはある程度の英文読解力が必要であるため、読解力が十分でない学習者には、英語と日本語を併記するパラレルコーパス（例：教育用例文コーパス SCoRE, Chujo, 2014-2020）を使用したり、教師が学習者に見せたいパターンを検索しその結果を印刷して提示する紙ベースの DDL を行ったりす

る工夫が求められる。

　日本の英語教育においても近年 DDL の実践が報告されている。西垣他（2015）は中学2年生が動詞のコロケーションを学習する計8回の授業について、DDL を使用する処置群（51名）と使用しない対照群（29名）を比較した。DDL 処置群は学習対象語のコーパスの用例とコアイメージを印刷したワークシートで学習したところ、事後テストでは二群に有意差はなかったが遅延事後テストでは有意に処置群が高かった。また Satake（2020）は大学生が英語エッセイの誤り修正にコーパスを参照する効果について辞書参照、何も参照しない場合と比較検証した。55名の学生は、コーパス・辞書をそれぞれ1回以上参照する15分の誤り修正タスクを9–11週行ったところ、コーパスを参照した修正の正確性が最も高く、特に冠詞・前置詞の脱落の誤り修正に有効だった。いずれの実践でも DDL が学習者の理解を助けたと推定される。

　DDL は文法・語彙のパターンへの気づきを導き学習者の自律性を養成する点で英語教育に有用なアプローチであり、授業に取り入れることで学習者主体の能動的な学びを促進することができるだろう。

Deep learning

深層学習

　深層学習（deep learning）とは、機械学習の方法の1つである。コンピューターサイエンスと統計学を組み合わせて人間の脳の仕組みを模倣したニューラルネットワークを基にし、膨大なデータからパターンを抽出し、自動的に学習することで高度な認識精度を実現する手法である。画像認識、音声認識、人間が日常的に使っている言語を

コンピューターに処理させる一連の技術である自然言語処理（→ Natural language processing, NLP 参照）など多岐に渡って有用な手段とされている。

　深層学習を利用した教育上のプラットフォームやアプリケーションは、英語教育にとって有益なものである。英語教育で利用できる機械翻訳や音声認識や音声合成技術の開発などで活用され、英語学習においても、深層学習を用いた教材開発や、学習者の学習行動の予測・分析などに活用されている。深層学習による英語教育プログラムでは、学習者のニーズやレベルに合わせた学習支援を提供することができ、学習者の学習成果を高めることができるとされている。

　しかし、深層学習そのものを英語教育で活用するには高度な技術や専門知識が必要であること、また、学習者の個人情報を取り扱う場合には個人情報の保護などの問題があることが指摘されている。そのため、倫理的な問題や技術的な課題を解決するための研究や取り組みが必要とされている。

Demotivation
動機喪失

　動機喪失（demotivation）とは、動機づけのレベルを下げる様々な負の影響を指す（Dörnyei & Ushioda, 2011）。動機が失われた状態にあると、学習成果に負の影響をもたらし、教室での学習態度にも悪影響が出るため、グループワークを行う際は他の学習者や教師への負の影響もある。様々な要因が影響するが、自信の無さ、興味の無さなどが影響すると言われている。

　日本人大学生 900 名を対象に質問紙調査を行った Falout et al.

（2009）によると、英語を専攻していない大学生で英語力が低く英語学習の動機を失っている学生は、過去に出会った英語教師に近づきにくさを感じており、自信を喪失している科目に価値を見出していない、という特徴を示していた。同じく動機喪失の研究を精査した植田（2009）は、外国語学習に対して動機喪失している大学生は、外国語学習を日々の生活とは関係ないものと捉えており、自尊心あるいは自己効力感（self efficacy）が低い傾向がみられると報告している。特に日本では、高卒より大卒の方が就職の機会が安定し、その後の人生にも影響を及ぼすことは学習者自身も承知しているため、不得意科目である外国語（英語）を克服する機会がないまま大学に入っているという日本独特の社会的要因を指摘している。

　以上のような状況を解決することの重要性は Fallout et al. も植田も強調しているが、具体的な方法についての研究はまだ極めて限定的である。Wang & Littlewood（2021）は将来英語教師を目指している修士課程の学生にグループワークをさせて動機減退の原因について話し合わせたところ、興味がない、自信がないといった内的要因より、むしろ、EFL 学習環境にいて L1 話者と話す機会がない、英語を教室外で使う機会がないといった外的要因の方が影響が大きいことがわかった。また、修士課程にいる学生のほとんど（93.4%）は幼稚園から英語学習を始めているが、英語教師になりたいと動機づけられるまで動機づけは一定しておらず、動的な変化を経て、修士課程に所属する前に強く動機づけられて英語を教えることを志すに至ったことも明らかになった。このことから、再び動機づけられている状態（remotivation）へ持ってくることの重要性に言及している。

Dialogic / Monologic fluency
対話（ダイアログ）流暢性 / 独白（モノローグ）流暢性

　対話流暢性（dialogic fluency）と独白流暢性（monologic fluency）は、それぞれ対話と独白に基づくタスク（→ Task 参照）を利用して測定される流暢性の種類もしくはその度合いのことである。SLA 研究における L2 学習者の流暢さ測定（→ Fluency, Triadic models of fluency 参照）は、後者から始まった。タスクとしては、例えば、口頭による物語の説明（oral narratives: Foster & Skehan, 1996; Tavakoli, 2011）、与えられたテーマにそって話す短いトーク（short talk: de Jong & Perfetti, 2011）、相手が留守中であることを想定して作成する伝言メッセージ（answering-machine message leaving tasks: Mehnert, 1998）などが挙げられる。一方、対話は独白よりもコミュニケーションの基本を体現しているという理由から、近年では言語の本質は独白よりもむしろ対話（ダイアローグ）にあるのではないかという論調が強まり（Guillot, 1999; Van Lier, 2004）、その結果、対話に基づくタスクを利用する流暢さの測定も実施されるようになってきた。ただ、数としては多くない。対話に基づくタスク利用の流暢さ測定には、ある種の困難が伴うからである。例えば、対話には独白時には見られない語用論上の複雑さが絡むこと、対話の進行や結果の予測が困難で測定時のタスクコントロールも難しくなること、あるいはまた話者間で発話の出だしが重なってしまったりターン交替がうまくいかずポーズが生じてしまったりすること、などが挙げられる。

　次に、新たな研究対象となるのは、測定方法（タスク）の違いによって同じ L2 学習者の流暢さに違いが見られるのかどうかである。タスクが違えば、当然、学習者がそれを実行する際の難易度（→ Task complexity 参照）にも違いが生じるはずだからである（Skehan,

1998)。この疑問に対し、Michel（2011）は同一の L2 学習者を研究
対象とし、異なるタスク（電話を使った独白メッセージ課題と対話実
行課題）の下で流暢さの測定を行った。彼女の研究結果によると、流
暢さは対話形式によるタスクに基づく方が独白形式のときよりも有意
に高くなることが判明した。特に、言い直し（repair）とポーズ挿入
の点でより高い流暢さが認められたのである。ちなみに、絵を見て話
す独白タスクと 2 人参加の対話タスクを用いた Witton-Davies（2014）
の研究でも、同様の結果が報告されている。その理由として、Michel
（2011）は、対話形式の発話の方が独白形式と比べて容易だからとい
うのではなく、前者では話者が自分の認知処理を容易にする目的で
ターン交替を計画的に対話中に組み込み利用することができるからで
あるとしている。

Dictation

ディクテーション

　ディクテーション（dictation）とは、音声を聞いて書き取ることで、
元々試験の一種として始まり、後に学習者の音声認識の正確さと文生
成の際に要求される文法・語彙知識を教育する目的でも使われるよう
になった一教授方法のことである。これが試験として使われたときの
特徴として、受験者の音声上の知識が不完全なものであっても文法や
語彙の知識で（すなわち文脈把握で）カバーしうることが挙げられる。
よって、両者のスキル・知識を別個に評価することはできない。なお
この特徴により、この試験での読み上げは、必ずしも L1 話者に限ら
れるというわけではない。
　研究対象者は教師によって読み上げられた内容を一字一句間違えず

135

に、できるだけ正確に書き取ることが要求される。この点で、ディクトグロス（→ Dictogloss 参照）とは異なる。教師は通常、1回目にテキストを最後まで読み上げ、次に被験者に書き取るための時間を与える目的で句ごとにポーズを置く。一度に書き取る部分が長すぎると、短期記憶が得意な被験者ほど有利となる。採点方法は、多くの場合減点法である。ディクテーションは、1970年代にコミュニカティブな外国語教授法が台頭すると一時下火となるが、1980年代になって4技能を等しく捉え正確な知識の教授を重視する教師が増えると、再び脚光を浴びるようになった。他の試験問題と違って作問の手間が省けるという利点のあることも無視できないが、何よりも、試験のためだけでなく、日々の授業にも応用できるという点が再評価されたわけである。実際、教育用に聞き取りのスピード調整機能の付いた教材がすでに市販されている。現在、PC の普及によりキーボード入力の機会が増え、その分だけペンによる筆記の機会が減ってきている。一方、ペンによる L2 筆記能力の必要性が完全になくなっているわけではない。よって、外国語教育において学習者にペンを使って表記させるディクテーションの効用・評価は今後高まる可能性がある。

　時代とともに、ディクテーションには種類の上で変化が見られる。例えば、上で言及したディクトグロスが挙げられるが、これは L2 学習者の知識を評価するためではなく、むしろ学習活動の一環として行われる。学習者が教師の読み上げたテキストを書き取るところは、旧来のディクテーションと同じだが、学習者は自分が聞き取れなかったところを他の学習者と協同で完成させるという点で異なる（Wajnryb, 1990）。さらには、書き取る部分がテキスト全体ではなく、空所となっている部分のみというディクテーションもあり、クローズディクテーション（cloze dictation）と呼ばれる。ちなみに、教師が学習者に絵を見せないまま言葉による説明だけで作図させるという技法（picture

dictation）もあるが、これはディクテーションというよりもリスニン
グ練習の一種といえる。よって、picture dictation と絵描写タスク（→
Picture description task 参照）は作業内容で正反対の関係にある技法
ということになる。

Dictogloss

ディクトグロス

　ディクトグロス（dictogloss）とは、まとまった長さの英文を聞いて、
聞き取れた語句を書き止め、書き留めた語句を使って、ペアまたは小
グループで協力して元の文章を書き上げる活動である。ディクトグロ
スに使われる英文は、学習者の英語レベルより少し上のものを使うた
め、学習者は聞いた英文の全てを書きとることは難しく、かえって多
少の不明な点があることで、学習者同士の文法項目や語彙に関して疑
問点を話し合ったり文法規則を確認しあったりするために話す（→
Language related episodes, LREs 参照）機会が生まれる。

　ディクトグロスの目的は、学習者がもっている文法知識を使うこと、
学習者は何を知っていて何を知らないかに気づくこと、振り返りと訂
正を行って言語知識の更新を行うこと、の3点である。手順は、以下
の4段階である。

(1) 準備として、教師はトピックを示してウォームアップを行い、多
　　少の語彙（固有名詞など）を提供する。

(2) 教師が文章を自然な速さで2回読み上げ、学習者は聞き取れた語
　　句を書きとめる。

(3) ペアまたは小グループで元の文章を再構築するが、お互いがわか
　　らなかった箇所についてやり取りをして協力しながら文章完成を

試みる。

(4) 学習者たちが書き上げた文章が正しかったかクラスで検討する
（Wajnryb, 1990）。

　以上のプロセスにより、学習者には言語についてのやり取りと振り
返りによる気づきの機会が豊富にあり、L2習得が促進することが多
くの実証研究で示されている（Kowal & Swain, 1994; Swain, 1998;
Swain & Lapkin, 1995）。気づきの機会は2回あり、1回目は学習者
同士で言語の問題に関して交わされる会話（→ Language related
episodes, LREs 参照）を通してL2知識の更新が進む。聞き取った語
句の内容（語彙）と言語形式（綴りや文法）についてのやり取りがあっ
て問題解決が成功すれば、L2習得が進む。2回目は活動の最後に正
しい文章を教師が提示したり配布したりして、検討の機会を持つと気
づきと理解が生まれ、さらなるL2習得が進む。学習者は自分たちの「間
違い」に気づき、それがどのようなものであったかを理解できるので
ある。他のコミュニケーション・タスク、例えばジグソー・タスクの
ように、学習者の意識が内容に向けられる活動とは異なり、ディクト
グロスでは、内容と言語形式の両方に意識が当たるという意味で、
L2習得が促進される度合いが高いといえよう。

　ディクトグロスは、もともと文法をコミュニケーションのために使
う力の育成を目指して提唱された活動であり、教室では様々に活用で
きる。例えば、既習の文法項目や語彙の復習や定着として、高校なら
教科書本文の要約を、中学なら授業で使用していない他の出版社の教
科書で該当する1パラグラフを抜き出して、読み上げの材料とするこ
とができる。一般に、L2到達度が違い過ぎない学習者同士でペアを
組ませると、LREsがより多く起こりやすく、L2習得が進む機会が
多く持てるといわれている。

Digital device

デジタルデバイス

デジタルデバイス（digital device）とは、デジタル信号を使用して情報を処理、保存、伝送する電子機器や電子装置を指す。コンピューター、スマートフォン、タブレット、スマートウォッチ、ゲーム機、デジタルテレビなどを総称する意味として用いられる。現在、デジタルデバイスは私たちの生活の一部として欠かせない存在となっており、ビジネス、娯楽、学習、コミュニケーションなど様々な分野・場面で役立てられている。

英語教育においては、インターネットに接続可能なコンピューターやスマートフォン、タブレット端末、ゲーム機器などのデジタルデバイスが重要な役割を果たしている。学習者はデジタルデバイスを利用することで、多様な教材やコンテンツにアクセスし、英語学習の効率や効果を高めることができる。例えば、オンラインコースの授業やオンライン英会話へ参加するためのオンライン会議（→ Online meeting tools 参照）を利用するための機器、YouTube（→ YouTube 参照）などの動画サイトを視聴するための機器、英語学習アプリやオンライン辞書を活用するための機器など、多種多様なデジタルコンテンツを活用するための機器として活用できる。

デジタルデバイスを利用することによって広がる学習の世界は無限ともいえる。しかし、デジタルデバイスの利用には、適切なセキュリティ対策や個人情報の取り扱いや、過度に使いすぎることによる目や肩などへの負担に留意する必要がある。

Diphthong

二重母音

　二重母音（diphthong）は、現在、用語として明確な定義の下で使われているわけではないというのが現状である。これまで多くの音声学者が二重母音を定義しているが、どれも決定的な学説となるには至っていない。日本語の母音を取り上げてみても、「二重母音」と「連母音」もしくは「母音連鎖」の術語が常に明確に使い分けられているわけではない。そもそも日本語に二重母音はないと考える研究者も多い（小泉, 1996; 御園・平坂, 2013; 中野, 1972; 杉藤, 1996）。

　二重母音は、どの音声学者による場合も、音節構造と聞こえの2観点から定義されるのが普通である。例えば、「二重母音は1つの音節を形成する」（Jones, 1960）、「1つの音節内で途切れなく移行する1つの音」（Kenyon, 1951; 竹林, 1996）、「1音のように発音される2つの母音」（鳥居 & 兼子, 1969）、「音節核に現れる2つの要素からなる母音」（枡矢, 1976）、「母音連続の中で単一音節に収まるものを二重母音と呼ぶ」（窪薗, 2002）、「二重母音とは1つの母音とみなせるものである」（Ladefoged, 2006）などである。よって、例えば日本語によく見られる母音の連続（例：家 [ie]，声 [koe]）は、例外的に1音節に収まるとされる [ai] や [aɯ] を除けば、どれも二重母音ではなく連母音であるということになるわけである（窪薗, 2002; Vance, 2008）。一方、上述のような音節に基づく観点だけからでは二重母音をうまく定義することができない。英語においても日本語においても、二重母音として認めがたい母音連続があるからである（例：英語 [ia]，[ie]，[ua]，[oa]；日本語 [ie]，[ɯo]，[ea] など）。

　そこでこの瑕疵を補うために導入されたのが、もう1つの視点「聞こえ」である。つまり、二重母音の第一母音の聞こえは第二母音より

も大きいというものだが、これは「上向き二重母音」（[ai], [ou], [ei], [au], [ɔi]]）にはいえても「中向き二重母音」（[iə], [ɛə], [uə]）には当てはまらない。このように、説明と実状の間に齟齬が生じるのは、要は「音節」とは何かがまだ解明できていないからである（大高, 2016）。

英語には三重母音があるという意見もある。例えばイギリス英語の/aɪə/ ("fire")、/ɔɪə/ ("employer")、/aʊə/ ("shower")、/eɪə/ ("player")などである。ただ、Gimson, (1962) による類別のように、二重母音＋/ə/ と考えることもできる。

いずれにしろ、日本人英語学習者にとって英語の重母音習得はやさしくない。一方法としては、子音群を核の前後に持つ音節（例えばCCCVCCC: sixths, strings, strengths, glimpsed, exempts）の発音練習のときと同様に、2種の母音から成る二重母音を単音節として（つまり1拍で）生成する訓練が考えられる（例えば CCCVVCC: strikes, strange, brown, stones, blare → Rhythm 参照）。

Direct method

直接教授法

直接教授法（direct method）とは、文法訳読法への批判から、L1を介さず、直接目標言語の音声で意味を伝え、学習者に理解させ、目標言語を使用して習得してもらうことを意図して生まれた教授法のことである。背景には外国語習得過程も母語習得過程と同様であり、大人も幼児や子供と同じように外国語の音声から学ぶべきだという考えがある（白畑他, 2009）。この指導法の理念と実践方法を以下に示す。

1. 授業は目標言語のみで行われる。
2. 日常生活で使用される語彙と文のみが教えられる。
3. 口頭でのコミュニケーション技術は、教師と学習者の質問と回答というやり取りを中心として少人数の集中授業で行われる。
4. 文法は帰納的に教えられる。
5. 新たな教授項目は口頭で導入される。
6. 具体的な語彙は実演や実物、絵を利用して教えられ、抽象的な語彙は連想させることで教えられる。
7. 話すことと聴くことが教えられる。
8. 正確な発音と文法が重視される。

(Richards & Rogers, 2014, p. 12（著者一部修正））

　言語習得に不可欠な潤沢なインプットが学習者に与えられ、L1 を介さず理解し、実際に英語を使用することは非常に重要であり、この英語を用いて授業するという理念には筆者も賛成であるが、一方で、日本の EFL 学習環境において、英語のみで、日本語を介せず、帰納的な指導で文法を習得することができるかは疑問である。また、幼少期以降の外国語習得が L1 習得と同じ過程を経るという考えにも疑問を抱かずにはいられない。さらに、教師には相当に高度な英語運用能力が求められる点も考慮しなければいけない。目的と状況により、選択的にこの指導法を利用すべきであろう。

Discourse analysis
談話分析

　談話分析（discourse analysis）とは、質的研究（→ Qualitative

research 参照）の主要な方法論の 1 つであり、言語使用の社会的、文化的背景を視野に入れ、自然な環境で発現する話し言葉と書き言葉の構造や機能を分析することである。談話分析の目的は、言語が使用される社会的文脈、つまり日常生活における実際のコミュニケーション活動の中で、テキストの意味、形式、機能の関係を検討することである。談話分析には、様々な方法があり、例えば、文章の段落構成やテキスト全体の構成、会話における話者の発話の始めと終わりやターンテイキングなどのやり取りにおける典型的なパターンを調べる。また、テキスト全体の語彙や接続詞の使用、言語使用のより広い社会的背景やその背景が語られる内容や筆者や話者の語り方に影響を与える要因に焦点を当てることもできる。なお、談話分析における言語使用の多くの側面は、語用論の領域でも議論されている。

　談話という概念は学際的であり、談話分析は、応用言語学のみならず、社会学、人類学、コミュニケーション学など、様々な学問領域で使用されている。応用言語学分野でよく用いられる談話分析の枠組みは、会話分析（→ Conversation analysis, CA 参照）、特定の言語コミュニティで使用されるテキストの構造と機能を分析するジャンル分析（genre analysis）、オーセンティックなテキストを大量に収集し、言語の特徴を調べるコーパス言語学（corpus linguistics）である。また、言語と社会構造の関係を見出し、コミュニケーションへの影響を調べる相互行為の社会言語学（interactional sociolinguistics）、権力とイデオロギーの関係から談話を分析する批判的談話分析（critical discourse analysis）、教室内の談話、学習、社会的実践の関係について洞察を深める教室談話分析（classroom discourse analysis）も広く用いられている。

　最近注目されている枠組みとして、言語だけでなく、画像、音声、映像、ジェスチャー、行動などのコミュニケーションによる意味に焦

点を当てたマルチモーダル談話分析（multimodal discourse analysis）
がある（Çiftçi, 2022; Mahboob et al., 2016; Paltridge & Wang, 2015）。

　談話分析の研究例として、日本の公立中学校の英語科授業を5年間
観察し、社会文化理論（→ Sociocultural theory 参照）の枠組みから
文法指導とコミュニケーション活動における教室談話の様相を考察
し、教師と生徒による発話の特徴を捉えた教室談話研究（東條、
2018）や日本の学習指導要領で示された「英語の授業は基本的に英語
で行う」方針と訳読授業に関して、文部科学省発行の文書および文部
科学省と教育委員会の関係者や教員から得たインタビューやグループ
ディスカッションなどのデータを批判的に談話分析した研究（Noda
& O'Regan, 2020）がある。

Discourse completion task / test（DCT）
談話完成タスク / テスト

　談話完成タスク／テスト（discourse completion task / test, DCT）
とは、談話の状況が設定されている中で、どのような発言をするかを
回答するタスクやテストのことである。言語学・語用論・L2 語用論
（→ Second language pragmatics 参照）の研究などで回答者から発話
行為（→ Speech act 参照）を引き出すために使われるデータ収集法
である。筆記による回答を求める written DCT と、口頭で回答を求
める oral DCT、さらにはビデオによる状況設定の提示などが行われ
る場合もある。また、ある文脈の中での発言を1回だけ回答するもの
の他、対話者からの返答（rejoinder）が与えられており、発言を2
回以上回答する形式のものや、フェースを脅かすような行為（face-
threatening act）の場合には、発言しない（opt out）という選択肢

が設けられていることもある。

　以下の DCT は、友人関係にある人との待ち合わせに遅刻した場合の謝罪表現を引き出そうとした例（Ishihara & Cohen 2022, p. 274）である。

You arranged to meet a friend in order to study together for an exam. You arrive half an hour late for the meeting, and your cell phone battery was dead so you couldn't call to alert your friend.

Friend (annoyed): I've been waiting at least half an hour for you!

You: _____

［以下は rejoinder がある場合］

Friend:　　Well, I was standing here waiting. I could have been doing something else.

You: _____

　DCT は、話者間の社会的な力関係（power relation）・話者間の親密度を示す親疎距離（social distance）、および求められる発話行為の程度（imposition）を組み合わせた文脈を体系的に設定することで、こうした要因の違いがどのような言語表現の違いを引き起こすかを検証可能にする。DCT は、L2 学習者と母語話者の回答を比較することで、L2 学習者の語用論的知識（→ Pragmatic competence 参照）や発達過程等を調べることができるとして、Blum-Kulka et al.（1989）による異文化間語用論および L2 語用論の研究プロジェクト（→ Cross-Cultural Speech Act Realization Project, CCSARP 参照）を初め、多くの実証研究で採用されているが、自然会話とは異なる言語表現が使われるといった問題も指摘されている。一方で、英語教育においては、DCT をコミュニケーション活動、意識を高めるタスク（→ Awareness-raising task 参照）、言語能力評価などに用いることが考えられる。上の例では、相手が親しい友人ではなく家庭教師だった場合や、より軽い謝罪あるいはより深刻な謝罪が求められるような場面と比較して、どのように表現を変えれば良いかを考えたり、英語母語話者の回答例を見て、どのような意味公式（→ Semantic formula 参照）を使っているか分析する練習などができる。またテストでは、複数の文法的に正しい選択肢を並べ、どれが DCT の文脈に対してもっとも適切であるかを選ぶような出題が考えられる。

Discourse marker (DM)

談話標識

　談話標識（discourse marker, DM）とは、談話を構成するうえで発話者の意図を示す機能を持つ語句を指し、and、well や like など一語のものから you know や I mean などの複数語から成るものがある。似た意味の用語として、discourse particles、discourse operators、pragmatic markers、pragmatic expressions、stance markers などが挙げられる（Carter & McCarthy, 2006; Fung & Carter, 2007; Rühlemann, 2019; Staples & Fernández, 2019; Vyatkina & Cunningham, 2015）。談話標識に関して多様な用語や定義が存在するのは、話し言葉および書き言葉の両モードにて、広範囲かつ大規模な研究がなされてきたからである。

　Carter & McCarthy（2006）は、話し言葉における談話標識の種類とその機能を豊富に網羅している。談話標識は、統語的に分類することは難しく、その語句単体で複数の機能を持つことが多いという特徴を持つ。例えば、so や now は、要約、会話の切れ目、話題の転換、

結果の提示など様々な機能を持ち、その機能は文脈に依存する（Fung & Carter, 2007）。談話標識の語用論的機能としては、発話者が談話を構成する（例："Let's see." と前置きしてから見解を述べる）、発話者の態度や気持ちを示唆する（例：I guess を加えることで断定を避ける）、発話の丁寧さを調整する（例：perhaps を加えることで丁重にする）や対話者同士の力関係を示したりする（例：If I may と前置きすることで立場が上の人に配慮して発言を始める）ことなどが挙げられ、発話の一時的な短い中断（ポーズ）など非言語情報と共起することもある。また、学術英語など書き言葉では、surely や as a result など書き手の立場を表明したり談話を構成したりする表現を指すメタ談話（metadiscourse）の研究が進んでいる（Hyland, 2018; Hyland & Tse, 2004）。

　談話標識は、コーパス（→ Corpus 参照）から検索語として抽出することが容易なため、学習者コーパスを用いた語用論研究で最も盛んに扱われている（Staples & Fernández, 2019; Vyatkina & Cunningham, 2015）。英語学習者の指導の観点からは、教室活動の場面に着目し、L1 話者と L2 学習者のコーパスを比較した Fung & Carter（2007）による以下の分類が有用であろう（p. 418）。

1. 対人関係的機能：知識を共有する（例："see," "you see," "you know"）、態度を示す（例："well," "I think," "kind of"）、反応を示す（例："OK," "I see," "sure"）

2. 指示的機能：原因、結果、比較、対照や同格などを示す（例："because," "so," "however," "and," "similarly"）

3. 構造的機能：話題の始めと終わり、流れ、転換、存続やまとめなどを示す（例："now," "right," "first," "finally," "so," "well," "yeah," "and"）

4. 認知的機能：思考の過程を示す（例："I think," "and"）、自己訂正

をする（例："I mean," "in other words"）、詳細を説明する（例：
"like," "I mean"）、ためらいを示す（例："well," "sort of"）、聞き
手の理解を確認する（例："you know"）

　L1話者と学習者のコーパスを比較した様々な研究では、学習者が
使用する談話標識の種類の数や使用頻度がL1話者に比べて低いとい
う結果が出ている（Adolphs & Carter, 2013; Fung & Carter, 2007;
Gilquin, 2008; Hasselgren, 2002; Romero Trillo, 2002他）。また、学習
者が使用する談話標識の種類が限定されていることにより、wellや
soの使用頻度がL1話者に比べて高くなる傾向や使用の特徴が異なる
ことも観察されている（Aijmer, 2011; Müller, 2005; Shimada, 2014
他）。

　これらの先行研究を踏まえ、学習者コーパスを用いたHellermann
& Vergun（2007）やGilquin（2016）の研究結果は、教室活動におけ
る指導や対象言語の自然なインプットを享受できる環境に身を置くこ
との重要性を示唆している。Shimada（2022）は、初中級レベルの日
本人英語学習者に対し、15の談話標識について、オンライン授業に
て明示的および暗示的指導を施した（→ Explicit instruction / Implicit
instruction 参照）が、for example以外は、明示的指導の効果は限定
的であり、指導の効果の持続は観察できなかったとしている。談話標
識は、談話の中で意味的かつ文法的に任意に発生し、使用しなくても
発話の意図の真意を損なわない特徴がある（Fung & Carter, 2007）
ことも、指導の困難さの要因と考えられる。しかし、談話標識は、円
滑な対話を実現するうえで重要な役割を持つ（Carter & McCarthy,
2006）ことから、効果的な指導法についてさらなる研究と実践が求め
られる。

Dynamic assessment
ダイナミック・アセスメント（評価）

　ダイナミック・アセスメント（dynamic assessment）とは、教師（評価者）が、個々の学習者の反応や応答に対して学習者の変容を促すような介入をしながら継続的に評価をする方法である。

　個々の学習者のつまずきや課題を継続的に発見し対処していくという点では形成的アセスメント（→ Formative assessment 参照）と似ているが、大きな違いは、なぜつまずきが発生したのかについて学習者のメタ認知能力や思考に注目し、介入をする際には単に特定の課題への対処法を考えるのではなく、将来の可能性を視野に入れて助言や評価をする点である。

　ダイナミック・アセスメントは Vygotsky の「発達の最近接領域」の概念を発展させて生まれた評価方法で（Poehner, 2008）、彼は、子供の発達を静的なものと捉えず、大人の指導や仲間との協働などによる社会的相互作用によって常に変化するものと考えていた。つまり、ダイナミック・アセスメントにおいては、教師は学習者の現在の能力レベルを他者と比較して判断・助言するのではなく、各学習者自身の情報や応答に基づいて学習への障壁を明らかにし、それを乗り越える方法をその学習者の可能性・将来性を考慮しつつ共に考えていくプロセスが重要である（Haywood & Lidz, 2007）。それは自然な動機づけの喚起にもつながる。

　Lantolf & Thorne（2006）はこの考え方を英語教育者の立場から重視している。彼らによると、ダイナミック・アセスメントと形成的アセスメントの大きな違いは、後者は目の前の課題やタスクへの対処が中心になるため、方法論や評価が恣意的になりがちであるが、ダイナミック・アセスメントは個々の問題の解決よりも個人の発達自体を目

標とするため、手続きがより体系的なものとなる。また、指導と評価の一致という重要な教育目標が達成されやすくなる。

　最近の教室内評価（classroom-based assessment）への注目と連動して、国内外でダイナミック・アセスメントの実践研究が増えてきている（e.g., Safdari & Fathi, 2020; Sumi & Miyagawa, 2017）。

Elaboration
＼精緻化

　語彙学習における精緻化（elaboration）とは、語彙の記憶に際して語義だけでなく、その語に関する他の情報を付加して処理を深くし、その語の保持を促進しようという方略のことである。処理水準仮説（→ Level of processing theory 参照）における、深く処理した方がより長期的な保持につながるという考えが根拠になっている（Craik & Tulving, 1975）。一般的に語の意味を利用する意味的精緻化（semantic elaboration）が用いられることが多い（Lindstromberg, 2020）。具体的には母語における同族語と結び付けて覚える、すでに知っている同義語や反意語と結び付けて覚える、自分の経験と結び付けて覚える、などの方法がある。また、語の持つイメージとともに記憶すると、長期保持に効果的だとされる。これは言語的情報と視覚的情報が脳内の別の経路で処理されるという2重コーディング理論（dual coding theory; Paivio & Desrochers, 1979）が基盤となっている。単語を覚えるときには文字による意味提示に加え、絵や写真を提示すると記憶に残りやすい。目標語と音声的に近いL1語とイメージを利用して単語を覚えるキーワード法（→ Keyword technique 参照）もこうした方略の1つである。精緻化の効果は様々なL2語彙習得研

究において確認されている（Dang, et al., 2022; Yanagisawa & Webb, 2023）。

　意味的精緻化に加えて、音韻や書記素を深く処理させる構造的精緻化（structural elaboration）もある。Craik & Tulving（1975）は、こうした形式に注目させる精緻化は処理が浅いため、深い処理を要する意味的精緻化の方が効果的であるとした。しかし Barcroft（2002, 2015）は、学習者の認知資源は限られているため、語彙知識のある側面に注目するとその側面の知識獲得は促進されるが、他の側面の知識獲得は阻害されるという TOPRA モデル（→ The type of processing – resource allocation（TOPRA）model 参照）を提唱している。

　深い精緻化は単語の長期保持に効果的である。しかし、必ずしも覚えるのが難しい単語が深い精緻化につながり、より良い保持につながるわけではない（Nation, 2022）。覚えるのが簡単な単語でも、学習者の母語にその同族語が存在すれば長期的な保持につながる。既存の語彙ネットワークにうまく収まるためである。単語の難易度と学習状況は分けて考える必要がある。学習者の状況や熟達度に合った精緻化が行われたときに、単語の保持は促進されるのである。

e-learning

e ラーニング（イーラーニング）

　e ラーニング（e-learning）は electronic learning の略で、情報技術を活用して行う教育や学習のことで、主にインターネットを介して電子的に配信される教育コンテンツや教材を用いて行う教育や学習を指す。パソコンを使ってウェブブラウザ経由でオンラインコースの学習をしたり、スマートフォン上のアプリを介して学習したりすること

ができる。現在では多くの分野で教育や研修の手法として普及している。

　英語教育分野では、語彙・文法・発音などの学習からリスニング・スピーキング・リーディング・ライティングのトレーニングまで、動画や音声やテキストを使った様々なコンテンツが存在する。最近では生成 AI（→ Generative AI 参照）技術を活用した e ラーニングや、仮想現実（→ Virtual reality, VR 参照）を活用した e ラーニングも登場している。

　e ラーニングの利点として、時間や場所の制約を受けずに学習できること、教員の教え方に左右されずに学習できること、学習の進捗状況やフィードバックを教員も確認できることが挙げられる。課題としては、学習者の学習意欲の維持が難しい点、インターネット環境がないと学習できない点、e ラーニングの教育コンテンツを作成する手間や費用がかかりやすい点を挙げることができる。

　e ラーニングは、反転授業（→ Flipped classroom 参照）の授業外学習として利用したり、対面での学習と組み合わせてブレンド型学習（→ Blended learning 参照）として活用したりすることで、より効果的な学習が期待できる。

Elicited imitation

模倣発話

　模倣発話（elicited imitation）とは、英文を音声インプットとして与えて聞こえた通りに口頭で再生させることであり、再生されたアウトプットには学習者の言語知識が反映されると考えられている。よって、学習者の言語知識（意識していないものも含む）や熟達度の測定

手段として使用されてきた。測定目的だけでなく課題として実施した際の、学習者の統語や語彙習得に対する指導上の効果も報告されている（Campfield & Murphy, 2014 など）。広義では、シャドーイングもこの方法に含まれるであろう。

　模倣発話を使うと、学習者が持つ文法能力を「理解」と「産出」の両方の側面から測定でき、学習者の精神的負担も少ないことが利点である。また、調査・測定したい文法項目や表現が無ければ成立しないような文脈を設定できるので、成否の判断がしやすく、安定したデータ処理ができる。ただし、文法知識を測定したいときには、再生が丸暗記によるものではなく、学習者が自らの言語知識を使って英文を再構築したものである必要がある。よって、成人を対象にした研究では、課題文に非文を含めて誤りを修正させたり、課題文のインプットと再生の間に別の簡単なタスクを入れたりすることが一般的である（Erlam, 2006, Suzuki & DeKeyser, 2015a）。ただし、英語学習を始めたばかりの若年者に対しては認知的負荷をかけすぎて内容の理解に混乱を招くことは避けたい。1つの解決策として、音韻的作動記憶容量の観点から、課題文を学習者が丸暗記できないような長さにする方法が提案されている（Vinther, 2002）。

　模倣発話には個人のワーキングメモリー（作動記憶）の影響があることも注意すべき点である。音韻処理をするワーキングメモリーには、一般的な記憶容量と言語に関する音韻的作動記憶容量があり（Kormos & Sáfár, 2008）、文の処理を伴う作動記憶はリスニング理解力に影響し（Eguchi, 2015）、言語に関係しない記憶容量は熟達度との関連性が低いことが明らかとなっている（Call, 1985）。

Enjoyment

学ぶ喜び

　学ぶ喜び（enjoyment）とは、学習成果に影響を及ぼす学習者の心理的要因の1つで、学びそのものに興味と意義を感じ、自らの取り組み（engagement）を促進する、という概念である。学習成果に影響を及ぼす心理状態については、マイナス面を中心に研究が進み、不安（anxiety）を測定する尺度も開発された中、逆に、人の正しいまたは良い方向に向かう要素を研究する心理学であるポジティブ心理学（positive psychology）から、学ぶ喜びの概念が生まれた。MacIntyre & Gregersen（2012）は、学ぶ喜びとは、心地よく感じる感情を超えたものであり、学んでいることに対する肯定的な感情（emotion）の影響は、講義や教室で行う言語活動の中にも何かに気づく能力を高め、言語インプットに関するアウェアネスを強めると主張している。

　学習者がどのくらいの学ぶ喜びを感じているかを測定する尺度をDewaele & MacIntyre（2014）が開発した。21項目のリカートスケールから成り、学びの体験、教師やクラスメイトに対する肯定的な感情あるいは不安な気持ちを測定するものである。

　Dewaele et al.（2017）はイギリスでFL（ラテン語、ギリシャ語など）を学ぶ中学生・高校生を対象に、どのような学習条件が学ぶ喜びと不安に影響を与えるかを調査した。その結果、熟達度がやや上かそれ以上の学習者、授業で当該言語を多用する教師、言語活動が定型化せずに目新しさや新鮮さがある、といった条件が整うと、学習者の学ぶ喜びが大いに高まることがわかった。Dewaele, et al.（2022）はFL環境においてクウェート人大学生にも同様の結果が得られたと発表している。

　日本でも、英語でコミュニカティブな授業を行う高校の生徒を対象

に、上記の３つの条件を満たす環境で１学期間の状況の変化を測定したところ、学習者が話す英語のわかりやすさ（comprehensibility）が向上したという報告もある（Saito et al., 2018）。教師が英語を多用し、授業では学習者が興味深いと思うような材料を使って言語活動を用意し、インプットに含まれる何かに気づく機会を少しでも多くもたせることが必要であろう。

e-portfolio

ｅポートフォリオ（電子ポートフォリオ）

ｅポートフォリオ（e-portfolio）とは、「電子的な形式で扱われた全てのポートフォリオ」であり、自分の学習過程や成果、スキル、経験などを電子的な形式で記録・整理し、表示するためのツールを指す。通常はウェブページで表示されるが、紙のポートフォリオとは異なり、音声や写真や動画などを含めて多岐にわたるコンテンツを個人の進歩を示すためのデータとして含めることができる。

ｅポートフォリオを活用することで、いくつかの効果がある。学習者にとっては、自分の学びを記録し振り返ることで、自身の学びや成長を学習の結果だけでなくその過程を含めた学習エビデンスとして確認することができる。教師にとっては、データを元に評価や指導内容の見直し、迅速なフィードバック、個人のニーズに応じた指導ができるようになる。また、ｅポートフォリオは通常インターネットを通じてどこからでもアクセスできるウェブページの形式で表示できるため、学習者と教師の間で情報を簡単に共有でき、情報把握やフィードバックの効率を上げることができる。

外国語習得の観点では、学習過程や成果を音声やビデオで保存する

ことで、言語スキルや発表スキルの現状把握や向上の確認や更なる成長のための課題発見に活用することができる。例えば、音読の録音を蓄積しておき、過去の録音を聞くことで自身の改善点や上達を確認することができる。プレゼンテーションの動画を記録しておいて視聴すれば、客観的に振り返ることができ、声の大きさや発表時の姿勢などの改善点を見つけて次回のプレゼンテーションで役立てることができる。eポートフォリオではないが、英語学習ポートフォリオの理論と実践に関しては、清田（2017）が参考になる。

　eポートフォリオでは、入力したテスト等の結果をレーダーチャートなどのグラフでわかりやすく表示することも可能であり、学習者の成長と学習プロセスを支援する強力なツールであるといえる。また、教師、学習者だけでなく学習者の保護者と共有することも可能であり、それぞれのコミュニケーションを促進するツールとして利用することもできる。

Error analysis
誤用分析

　誤用分析（error analysis）とは、学習者が用いる目標言語（target language）の誤りを分析し、それをL2習得過程の研究や、指導に活かすことを目的とする言語分析法のことである。誤用分析では、次の5つの手順に従って学習者言語（learner language）の誤りを分析し、指導場面では6つ目の手順で誤用分析の結果を指導に応用する（Gass et al., 2020）。

(1) データ収集：学習者言語における誤りを収集し、ミス（mistake）と区別する。

(2) 何の誤りかを特定

(3) 誤りの分類

(4) 誤りの定量分析

(5) 誤りの原因の判断

(6) 指導への応用：誤り分析の結果を踏まえて、指導法を決定

　誤用分析は、その前の時代に多く行われていた対照分析（→ Contrastive analysis 参照）の「弱いバージョン」とも位置付けられる。対照分析は、学習者のL1と目標言語であるL2の言語構造を比較し、その差が大きければL1からの干渉（interference）によってL2の学習が難しく、その差が小さければ学習が易しいと予測する「強いバージョン」として始まった。しかし予測が外れることが実証研究から明らかになったため、予測的にではなく、事後的に対照分析を用い、誤りや学習困難が生じた場合に、L1からの影響の有無を検証する弱いバージョンが派生した。この結果、まず学習者言語データを収集し、そこに現れた誤りを検証するという誤用分析へとつながった。

　誤用分析によって、学習者の誤りには、L1が原因である言語間誤用（interlingual error）に加えて、目標言語構造そのものが原因である言語内誤用（intralingual error）もあることがわかった。言語内誤用は、目標言語の習得過程で見られる発達途上の言語特徴を反映しており、その言語をL1とする子供に見られる誤りと類似しているため、発達的誤用（developmental error）とも呼ばれ、L1にかかわらず同じ目標言語をL2とする学習者に共通してみられる誤りである。また対照分析では学習者の誤りは避けるべきものであるという否定的な捉え方しかされなかったのに対して、誤用分析を受けて、学習者の誤りに対してより肯定的な見方がされるに至った。これは、学習者が試行

錯誤の末に誤りを犯すのであって、その試行錯誤の過程は新しい言語体系を構築する積極的な認知活動であり、誤りを通して人間がどのような思考過程を経ているのかが見える（window of the mind）と考えられる（Corder, 1981）からである。L1 と L2 の規範的な言語体系を比較対照してから学習者言語データと照らし合わせる対照分析に対して、まず学習者言語データ自体に最初に着目するというきっかけとなった誤用分析は、SLA という研究分野の始まりを意味するとも考えられている。

　一方で、誤用分析には様々な限界があることも指摘されている。誤用分析の手順に即して見ていくと、まず手順１の誤りの収集に問題があった。誤用分析が全盛期だった頃の研究では、文脈から切り離して形式に誤りがある文をデータとして取り出す場合が多かったため、文の構造に誤りがないものの、文脈から判断して異なる意味を表現しようとしていたと思われる文を誤りとして特定できないことがあった。また抽出された誤りは、学習者の L2 知識の欠落から生じ、繰り返し現れる誤り（error）と、いわゆるケアレス・ミスのように学習者が自分で修正可能なミス（mistake）とを区別し、前者のみを分析対象とすべきだとされたが、実際の言語データではその区別が難しいこともあった。誤用分析の手順２・３である誤りの特定と分類では、誤りの正しい形を想定し、その形式の誤りであるという判断をするが、何を正しい形だと想定するかで、何の誤りであるかという分類が異なるため、結果として手順４の分類ごとの頻度の算定にも影響が及んだ。さらに手順５の誤りの原因についても、単純に L1 が原因であるとか、目標言語が原因であると断定できない場合が多く、両方が原因となっていたり、さらに他の要因（指導法や教材、コミュニケーション・ストラテジー（communication strategies）、過剰修正（hypercorrection）など）による複合的な誤りである場合もあることが判明した（James,

1998; Selinker & Lakshmanan, 1992)。

　Schachter（1974）の「誤用分析の誤り」（The error of error analysis）と題される論文では、誤用分析が表面上の誤りにだけ着目するため、学習者が自信のない難しい形式を回避（avoidance）することによって誤りが表出しない場合が見落とされるということが実証された。回避は、特定の表現の過少使用ともみなせるが、過剰使用も含めて、誤用分析はL2形式の分布の逸脱、例えば日本人の英語学習者は、There構文やIt is said that…といった表現を使いすぎる一方で、句動詞の使用頻度が低い傾向があるといったことを見落とすという問題も指摘された。さらに、誤った知識に基づいて偶然正用できた場合を見誤ることや、知識自体は進化しているにもかかわらず表層的に誤用が現れた際に知識の発達を捉えられないこと、例えば過去時制の知識が構築されて、過去形を表す-edが使えるようになったという発達がみられるにもかかわらず、規則動詞の過去形を不規則動詞にも過剰般化させた*goed/*eatedが誤った形式であるという点だけに注目してしまうといった問題も明らかにされた。こうした様々な限界を踏まえ、表層的な誤りだけを分析対象とする誤用分析に替わって、学習者言語知識がどのように組み立てられていくのか、そのプロセス全体を分析する中間言語分析（→ Interlanguage analysis 参照）が発展することとなった。

　誤用分析の功績と問題点から得られる指導への示唆は多い。誤りは試行錯誤の証であるため、学習者に誤ることを怖がるようなフィードバックを与えるのではなく、リスクを冒すこと（risk taking）を促し、L2産出を試してみる機会をたくさん与えることが望ましい。教師としては、学習者の誤りの見極めを文単位だけではなく、文脈も踏まえて行うようにし、誤りの原因が何であるのかを考えるとともに、誤った知識に基づく正用や、正しい知識に基づいているが過剰一般化した

結果の誤用が存在することも意識しておきたい。

　近年の英語教育学分野の研究では、誤用分析のみを中心に調査を行うものは少なく、特定の誤用に着目したフォーカス・オン・フォーム（→ Focus on form, FonF 参照）や特定の誤用のみに焦点を当てた修正フィードバック（focused corrective feedback → Corrective feedback 参照）の効果を検証する実証研究などが多い。コミュニケーション活動の中で一貫したパターンの誤りが生じた場合は、いったんその言語形式を取り出して明示的説明や基礎練習をした上で、もう一度その言語形式を文脈の中に戻して使用させるタスク活動をするなどして、改善を図ることが考えられる。

Error correction

エラーの訂正

　エラーの訂正（error correction）とは、学習者が発した、または書いた言語に含まれるエラーを訂正することである。主にライティング指導において使われる用語であるが、応用言語学や SLA では、訂正フィードバック（→　Corrective feedback 参照）として捉えることが多い。

　ちなみに、エラー（→ Interlanguage analysis 参照）とは学習者自身の中間言語体系に基づく誤りであるので、いつも同じエラーが発現する。それに対して、ミステイク（mistake）とは学習者が書いたり話したりしているときに、たまたまミスをしてしまった結果、発現した間違いであるので、常時、同じミステイクは起こりにくい。

Ethnography

エスノグラフィー

エスノグラフィー（ethnography）とは、文化人類学を起源とする質的研究（→ Qualitative research 参照）の主要な方法論の1つであり、研究者は、研究対象のコミュニティに身を置き、観察という行為を通じて、研究参加者と長期的な関わりをもち、コミュニティのメンバーの文化的慣習とメンバーにとってのその意味について、内部者の視点から深く理解する。特定の文化や環境における人間の行動を直接観察することで、観察された相互作用に関与する人々の視点から社会の現実を理解しようとする。

研究対象は、通常小規模で、1つの環境やグループに焦点を当てる。調査期間は決まっておらず、数か月の場合もあれば、数年の場合もある。社会変革を促すことを目的として、人種、民族、階級、ジェンダー、アイデンティティなどに関する問題意識を持って言語の学習や使用を理解する場合は、批判的エスノグラフィー（critical ethnography）と呼ばれる（De Costa, Randez, et al., 2022; Riazi, 2016; Starfield, 2020）。

応用言語学分野では、主に教室エスノグラフィー（classroom ethnography）が行われてきた。教室の文化について学ぶことが焦点となるため、一般化ではなく特殊性が重視される。参与観察、フィールドノーツ、やり取りの音声、映像記録、面接、文書など、複数のデータ収集法により、調査対象である教室について豊かに記述することで、研究の読み手は、自分の教室と比較し、研究結果から得られる洞察を自身の文脈に活かすことができる。

SLA の観点からは、社会的側面を持つ個人差要因の調査に適しており、トランスランゲージング（→ Translanguaging 参照）、学習者

や教師のアイデンティティ、動機づけ、学習不安などが、時間の流れ
や学年や教室などの空間の移動によって、どのように変化するかにつ
いての研究が行われている。エスノグラフィーは、教室におけるコミュ
ニケーションと、学習者や教師と彼らが位置するより広い社会的背景
との関連性に重点を置いているため、学習や教育のプロセスが、教室
（ミクロレベル）、学校（メゾレベル）、そして国家（マクロレベル）
の力によってどのように形成されているかを捉えることが可能である
（De Costa, Kessler, et al., 2022b）。

　教室エスノグラフィーの研究例として、日本人大学生 22 名が必修
の英語授業を受講する教室を対象に、27 時間の授業観察と刺激回想
法（→ Stimulated recall 参照）により、教室でのやり取りの発展中
に生じる対話の機会と、積極的な対話の発展に関する特性を明らかに
した研究（Sybing, 2021）がある。

　近年、応用言語学におけるエスノグラフィーの新たな方法論として、
オンラインコミュニテイにおけるエスノグラフィーであるネトノグラ
フィー（netnography）（Kozinets, 2010）や研究者の分析レンズを自
分自身に向け、教師や言語学習者としてのアイデンティティや実践に
焦点を当てるオートエスノグラフィー（autoethnography）（Mirhosseini,
2018）も注目されている。

Evidence-based pedagogy
エビデンスに基づく教育

　エビデンスに基づく教育（evidence-based pedagogy）とは、SLA
の理論と実証研究に裏打ちされたエビデンスに基づく教室における指
導のことである。特に、学びの場での SLA（→ Instructed second

language, ISLA 参照）研究では、教師がどのような指導を行えばよいかについて、教育的示唆を明示し、エビデンスに基づく教育の方法を教師に提供するように努めている（Loewen, 2019; Sato & Loewen, 2019a）。

言語教師を対象にした質問紙調査（Borg, 2009; Marsden & Kasprowicz, 2017）によると、時間と資源の不足により、教師による研究への関与は限定的であり、学会に参加したり、論文を読んだりしている教師は少ない。しかし、Sato & Loewen（2019a）の英語教師を対象とした面接調査によれば、研究者が実践者との研究の共有に対して壁を作っていると感じていた。一方で、研究が指導に自信を与え、教室における課題を解決するのに役立つため、研究の利用を望んでいることが示唆された。

別の観点からは、個々の研究が教育的実践に関する決定的な証拠を提供するわけではなく、複数の研究が矛盾した証拠を示すことがよくあるという事実が、教師がSLA研究に不満を抱く一因にもなっている（Loewen, 2019）。したがって、複数の研究結果を統合するメタ分析（→ Meta-analysis 参照）や再現研究も重要である（Sato & Loewen, 2022）。

Sato & Loewen（2019b）は、教師の指導の文脈や対象となる学習者の状況はそれぞれ異なることや、教師の経験知や教師同士の対話の重要性を認めている。その一方で、SLAの理論と研究は、教師がより効率的で効果的な授業を行うための有益なリソースとなり得るものであり、エビデンスに基づく教育のアイディアが授業に導入されることを望んでいる。同時に、Sato & Loewen（2019）は、研究者も研究を遂行するのみならず、例えば、教員向けのワークショップの開催、教員との実践共同体の構築、教員教育プログラムのカリキュラム開発などを行うことを推奨している。日本においても、教師の実践知を尊

重しながら、どのようにエビデンスに基づく教育を進めていくか、教師と教師教育者の両者が、対話をしながら考えていくことが望まれる。

Experimental design
実験デザイン

　実験デザイン（experimental design）は、変数間の因果関係を推論する量的研究（→ Quantitative research 参照）のデザインの１つである。実験では、変数に影響を与える要因を統制し、独立変数（例：指導の種類やフィードバック）と呼ばれる１つ以上の変数を操作し、対象となる独立変数の効果を阻害する可能性のある他の独立変数を制御した上で、その操作が従属変数と呼ばれる他の変数（例、テストのスコアや学習行動）に及ぼす影響を観察する（Gass, 2015; Riazi, 2016）。

　実験デザインでは、処置（介入）を行う実験群（experimental group）、または介入群と、処置を行わない統制群（→ Control group/Treatment group 参照）の２群を設定する。実験（介入）群と統制群は、母集団から無作為に抽出された参加者のサンプルから無作為に割り当てられる。しかし、SLA 研究では、無作為抽出や無作為割り当ては難しいため、実験デザインではなく準実験デザイン（quasi-experimental design）を採用することが多い。

　教室研究（classroom-based research）では、実験室とは異なり、全ての学習者に何らかの指導の影響があり、要因を統制することは難しい。したがって、厳密な意味で統制群を設定できないという考えから、比較群という用語を使うこともある。また、倫理的な面で、実験（介入）群だけに L2 学習に効果的な処置を行うことは問題があるため、

データ収集の終了後、統制群に実験（介入）群と同様の処置を行ったり、統制群を設定しない場合もある（Riazi, 2016; Rogers & Révész, 2020）。

　実験・準実験デザインの中で、最もよく使われる種類は、事前事後テストデザインである。1回または複数回の処置の前後に、実験（介入）群と統制群に事前テスト（pre-test）と事後テスト（post-test）を実施し、結果を比較することで、従属変数に対する介入の効果を推測する。事後テストには、介入後すぐに実施する直後事後テスト（immediate post-test）と、介入後少し時間を置いて実施する遅延事後テスト（delayed post-test）がある。例えば、介入から3か月後に特定の語彙が定着しているかなど、介入の長期的な効果を評価するために、遅延事後テストが行われる。遅延事後テストの実施時期は様々で、処置後1週間、1か月、あるいは数か月後などに実施される。（Rogers & Révész, 2020；Vandergrift, 2015）。

　その他のデザインには、介入の前後に複数回言語サンプルを収集することで、言語発達の時間的経過が洞察できる時系列デザイン、単一群の参加者全員に処置を行い、複数回テストを実施する反復測定デザイン、実験（介入）群と統制群で2つ以上の独立変数が従属変数に及ぼす影響を調査する要因デザインなどがある（Rogers & Révész, 2020）。

　事前事後テストデザインを用いた研究例として、日本人大学生63名を対象に授業の課題としてアプリによるL2語彙の自習をさせ、目標設定と確認活動をさせた介入群と統制群を比較した研究（He & Lowen, 2022）がある。また、統制群を設定していない研究例として、日本人中学生11名を対象に2週間オンライン学習サイトで行った発音学習の効果を検証した研究（Barcom & Cardoso, 2020）がある。遅延事後テストを実施した研究例として、Okayama（2020）は、日

本人大学生 80 名を対象に、2 種類の L2 指導がテキスト理解およびテキスト中の英語の名詞と動詞の形、意味、文法の学習に与える影響を比較している。

実験・準実験デザインの研究結果は、どの要因が指導に影響を与えるか明確なため、指導の参考になるが、教室内指導の様々な要因を厳密に統制することは難しいため、教育の文脈を考慮した上で知見を応用するとよいだろう。

Explicit instruction / Implicit instruction
明示的指導 / 暗示的指導

明示的指導（explicit instruction）とは、学習者の注意を目標とする言語項目（主に文法）に意図的に向けさせ、指導する方法である。代表的な例として、日本の英語教育においても伝統的に実践されているメタ言語を用いた教師による文法説明である明示的演繹的指導が挙げられるが、多くのインプットを与えて、学習者自身に特定の目標項目について気づかせる明示的帰納的指導もこれに含まれる（Ellis, 2012）。一方、学習者が特定の言語項目を意識することなく、あるいは意識的に学ぼうとすることなく、付随的に学んでくことを意図した指導が暗示的指導（implicit instruction）である（Ellis, 1994）。例えば、文法説明なしで意味重視のコミュニケーション活動を行う中、必要に応じて言語形式に学習者の注意が向き学びが起こったり、インタラクション中に暗示的なフィードバックであるリキャスト（→ Recast 参照）を与えるのもこの暗示的指導に当たる。暗示的指導と明示的指導の違いについて De Graaff & Housen（2009）を基に筆者が抜粋、加筆修正したものを以下に示す。

表1　明示的指導と暗示的指導の違い

	明示的指導	暗示的指導
言語形式への注意	意図的・明示的	偶発的・暗示的
言語観	学ぶ対象	コミュニケーションの道具
提示法	文脈から離れて	文脈の中で自然に
メタ言語	活用される	使用されない
理念	理解、練習し言語を使用する	言語を使用しながら学ぶ

　日本のような EFL 環境においては、意味重視のコミュニケーション活動中心の暗示的学習のみでは高い学習効果は期待できず、明示的文法指導を効果的に実践する必要があるが、対象とする言語形式や（白畑，2017）、説明のタイミング、学習者の個人差によりその効果に違いがあり、今後のさらなる研究成果が待たれる。

Explicit knowledge / Implicit knowledge
明示的知識 / 暗示的知識

　明示的知識（explicit knowledge）とは、文法規則について、意識的に説明できる知識である。例えば、英語の時制に関して、「一般動詞の現在形は現在の状態や習慣、習性を表し、過去形はすでに終えた過去のことを表す。過去形は基本的には一般動詞の原形に ed を付けるが、不規則に変化する動詞もある」と理解しており、そのように説明できれば時制の現在と過去についての明示的知識があるということになる。

　一方、暗示的知識（implicit knowledge）とは、文法の規則を説明できなくても、直感的にその文法が正しいかどうか判断できる知識、実際にある文法を使用できる知識である。例えば、日本人が文法規則

をうまく説明できなくても「私は東京へ行きました」と「私が東京へ行きました」を状況に応じて、瞬時に使い分けることができるのは暗示的知識によるものである。この暗示的知識は本質的に無意識であり、本人にも保持しているとの自覚はない。

インプット理論を提唱した Krashen（1982）（→ Input hypothesis 参照）は言語運用上において明示的知識はほぼ機能しないとしている。つまり、意識的に学んだ明示的知識はコミュニケーションを行う際は直接役に立つことはなく、あくまで補完的なものという主張である。また、Ellis（2019）は外国語学習も基本的に L1 習得と同様に暗示的知識が主要な役割を果たすと述べている。

このように SLA 研究においては暗示的学習（→ Explicit instruction / Implicit instruction 参照）による暗示的知識がより重要であるという考えが主流であるが（e.g., Ellis, 2005; White, 2003）、明示的知識の果たす役割や、2 つの知識が連続休なのかどうか、インタフェースは存在するのかについて（→ Non-interface position / Interface position 参照）議論は続いている。また日本での実践を考えた場合、日常的に英語に接する機会が限られている EFL 環境という点も大いに考慮しなければいけないであろう（Sato, 2010）。したがって、EFL 環境において指導されることが多い明示的知識をいかに暗示的知識に落とし込むか、という点を意識した指導と学習が望まれる。

Extensive listening

多聴

多聴（extensive listening）とは、たくさんのリスニング活動をする学習方法のことである。精聴（intensive listening）が、詳細な点

に及ぶまで丁寧に聞く活動であるのに対して、多聴では全体的な意味を把握することに重きが置かれる。多読（→ Extensive reading 参照）同様、付随的な語彙学習（→ Incidental vocabulary learning 参照）が期待されるが、多読に比べると効果がでにくい。これは多聴に効果がないのではなく、効果が出るのにより時間がかかることに起因する。多聴では、文字言語と違って単語の単位がわかりにくく、音声から語彙を取り出す作業をしなければならないことに加えて、音声の速度をコントロールしたり、聞き返したりすることが多読よりもやりにくいことも関係している。

　多読では読む文章の 95％以上の単語が既知語の材料を選ぶことが望ましいが、多聴では聴く文章の 98％以上の単語が既知語の材料を選ぶことが望ましいとされる（Webb & Nation, 2017）。既知語であっても音声言語では既知語であると認識できない場合も多い（Uchihara & Clenton, 2023）ことを考えれば、既知語のみからなる文章を聞く練習でも十分に効果が期待できる。また、多聴のみ、あるいは多読のみよりも、両者を組み合わせて行うのが最も効果的だとされる（Webb & Chang, 2022）。音声と文字という複数のモードからの情報はより記憶に残りやすいことに加え、読みながら聞くことで、文字情報が聴解を助ける。さらに、音声言語を聞きながら読むことで、読解中に生じるとされる内声（subvocalization/inner voice）、すなわち読んでいる内容の音声が頭の中で鳴っている状態を促すことにつながる。多くの人は L1 の読解では読みながら内声が生じており、内声が生じない場合でも文字言語がどのような音声であるかがわかっている。L2 の場合も、音声言語能力が高い学習者の方が L2 の読解能力も高いことが実証されている（Vilhauer, 2017）。

　初・中級英語学習者（高頻度語彙の上位 6000 語未満の語彙力の学習者）の場合は、語彙レベルが調整された読み物（graded readers）

を活用した多聴・多読が推奨される。短編の題材をたくさん聞いたり読んだりするよりも、長編のテキストや、同じ分野あるいはトピックに関する短編を多聴・多読することで、異なった文脈で同じ語彙に遭遇する回数が増え、累積的学習（cumulative learning）につながる可能性が高まる。多聴は多読同様、興味を持てる内容のものを題材にすることが重要である。音源が手元にある場合には、聞き取れなかった箇所を繰り返し聞く、あるいは速度を落として再生して聞くといったことも多聴の学習効果を上げることにつながる。

Extensive reading

多読

多読（extensive reading）とは、学習者が、自分に合ったレベルの教材を一人でたくさん黙読することである。多読は、テキストの内容と言語表現を詳細に分析的に読む精読（intensive reading）とは対照的に、全体の意味理解を目的とし、詳細にはこだわらない読み方である。多読の必須条件として、適切なレベルのテキストを読むこと、理解しながら読むこと、たくさん読むこと、1人で読むこと、黙読することが挙げられる（Nation & Waring, 2020）。また、学習者が読むことを楽しめることは、多読の重要な目的の1つである（Day & Bamford, 1998）。

多読は、授業時間内外で実施できる。日本の中学、高校で英語教育カリキュラムに取り入れるためには、適切なレベルのテキストの選択、学習者に読ませたい語彙数の目標設定、多読を促す言語活動の導入などを考慮する必要がある。

多読は、意味に焦点を当てたインプット（→ Input 参照）による

170

学習である。したがって98％以上の語彙が理解できるテキストを使用し、語彙テストで各学習者の語彙習得度を把握した上で、適切なレベルのテキストを選択するとよい（Nation & Macalister, 2021）。多読によく使われるテキストは、EFL学習者のために執筆されたレベル別のグレイデッド・リーダー（graded readers）で、語彙レベルが厳密に管理され、文法的な難しさ、文の複雑さなど、理解度を左右する他の要素も考慮されている（Nation & Waring, 2020)。

多読のための教材は、各学習者による自由選択が望ましいとされている。しかし、日本人大学生137名を対象とし、教師がクラス用に選択した6冊と、学生が自由に選択した6冊（計12冊）を使用した多読プログラム（Ramonda, 2019）では、予想に反して、多くの学習者が教師が選択した教材を好んだことが明らかになった。

多読に関する先行研究のレビュー（Nation & Waring, 2020）によると、多読は付随的語彙学習（→ Incidental vocabulary learning 参照）による語彙の増加、リーディングのスキル、流暢性、動機づけ（→ Motivation 参照）の向上のみならず、言語能力全般、文法知識、ライティングスキルの向上にも資することがわかっている。別の先行研究のレビュー（Nakanishi, 2015）でも、多読がリーディング力の向上につながり、年齢が高くなるにつれて、また、指導期間が長いほど効果があることが示唆された。

405名の高等専門学校の学生を対象にした研究（Aka, 2019）では、1年間の多読指導を行う実験群と統制群を比較した。多読指導前後に文法、語彙、読解のテストを実施したところ、実験群の英語力の低位群と中位群は、高位群と比較し、多読指導後に飛躍的に点数が向上した。

多読が学習者の情意面と言語面で様々な効果があることは先行研究で明らかになっているが、教師はこれらの向上にはかなりの時間と努

力が必要であることに留意し、多読を教室内外で実施する際に、学習者にとって適切な支援と足場架けを行うことが求められる。

Extensive viewing
多視聴

多視聴(extensive viewing)とは、L2学習者が自分の興味関心に従って、テレビ、映画、TED Talks、YouTube などの L2 動画を大量に視聴することである（Webb & Nation, 2017)。多読（→ Extensive reading 参照）と同様に、多視聴によって学習者が L2 語彙知識を付随的に獲得することがわかっている。

母語においては、子供は読み書きを覚える前に、話し言葉のインプットを通じて基本的な高頻度語を付随的に学習する。読み書きを覚えてからは、書き言葉が語彙知識を得るための中心的なインプットになると考えられている（Nagy & Herman, 1987)。特に低頻度語に関する知識は読書を通じて得られる場合が多い。しかし最近の研究では、テレビ番組や映画にもある程度低頻度語が含まれていることがわかっている（Rodgers & Webb, 2011)。また日常生活において一般に人は書き言葉よりも話し言葉のインプットを多く得ているため、視聴による付随的語彙学習の影響は無視できない。

L2 学習者も、繰り返し同じ語彙項目に出会うことで、映画やテレビの視聴から語彙知識を獲得する（Rodgers & Webb, 2011; Webb, 2010)。獲得する語彙数も多読の場合とそれほど変わらないとする研究もある（Rogers, 2013)。多読に比べると多視聴の効果を疑問視する教師もいるが、Webb & Nation（2017）は、利用可能な L2 動画は大量にあること、単語の発音学習に有効であること、学習者の意欲を

喚起しやすいこと、全ての学習者が多読を好むわけでないこと、などの理由を挙げて多視聴による付随的語彙学習の利用を勧めている。

　ただし、意図的語彙学習（→ Intentional vocabulary learning 参照）に比べて付随的語彙学習（→ Incidental vocabulary learning 参照）の効率は高いとはいえない。語彙学習の効率を高めるには、L2 字幕もしくは L1 字幕を付ける、あらかじめ目標語を教えておくなどの方法がある。Mazahery et al.（2021）では L1 よりも L2 字幕の方が語彙学習に効果があったことを報告している。また、あらかじめ目標語を教えておく方が、指導しないよりも学習効果は高くなる（Mazahery et al., 2021; Pujudas & Muñoz, 2019）。

External / Internal modification

外的調整 / 内的調整

　外的調整（external modification）および内的調整（internal modification）とは、依頼（request）や謝罪（apology）などの発話行為（→ Speech act 参照）を修飾する表現のことを指す。これらの表現は、Blum-Kulka et al.（1989）による異文化間語用論および L2 語用論（→ Second language pragmatics 参照）の研究プロジェクトである異文化間発話行為実現プロジェクト（→ Cross-Cultural Speech Act Realization Project, CCSARP 参照）の発話行為の分析・分類法に基づいている。発話行為には、発話が聞き手に及ぼす効力がある。例えば、依頼は、依頼に対して何らかの応答や行動を聞き手に起こさせる効力をもつ。外的調整および内的調整は、この発話行為の効力（illocutionary force）を調整することで、聞き手のフェイスを脅かす行為（→ Face-threatening act, FTA 参照）を回避したり、そ

の行為を意図的に行ったりする語用論的な機能を持つ。

　CCSARP の分析・分類法によると、発話行為は、主に「呼びかけ (alerter)」、「主要行為（head act）」、そして「補足（supportive move）」から構成される。主要行為は、発話行為の核となる部分である。呼びかけや補足は主要行為を外的に修飾し、内的調整表現は、主要行為を内側から修飾する。

　以下の例1および例2は外的調整を含んだ依頼である。下線部が依頼の核となる主要行為を示し、斜字部が外的調整の機能をもつ補足を示す。外的調整は、発話行為に必ずしも必要であるとは限らないが、より相手への負担感が大きい依頼の場合は用いる方が丁寧になる。補足は、前置きや理由などの機能を持ち、呼びかけには、聞き手の名前（例：“Judy”）や注意喚起（例：“Excuse me.”）などがある。

例1: “*Will you do me a favor?* Could you perhaps lend me your notes for a few days?” (Ishihara & Cohen, 2022, p. 77)

例2: “Could you clean up this mess? *I'm having some friends over for dinner tonight.*” (Blum-Kulka et al., 1989, p. 276)

　これに対して内的調整は、主要行為を内側から修飾する表現で、以下の例3～6の過去形などの時制や助動詞、if 節などの文法項目や please などの語彙項目のことを指す（Ishihara & Cohen, 2022, p. 76）。これらは緩和表現（downgrader/mitigator/softener）でもあり、依頼の発話行為の度合い（imposition）を軽減する機能を果たしている。

例3: “I *wanted* to ask for a postponement.”（過去形）

例4: “*Can* I use your pen for a minute, *please?*”（助動詞 can と please）

例5: I *would* appreciate it if you *left* me alone.”（仮定法）

例6: “*Do you think* I *could* borrow your lecture notes from yesterday?"（do you think と助動詞）

内的調整表現には、緩和表現に加えて増長表現（upgrader/ intensifier）も ある。例 え ば、"You should move your car *immediately*." では、immediately が増長表現として機能している（Blum-Kulka et al., 1989）。増長表現として機能するのは形容詞や副詞に限らず、感嘆符の使用や発話におけるポーズや強勢なども含まれる。L2 学習者に増長表現を指導する場合は、特に謝罪（apology）の発話行為の効力を最大限に引き出すストラテジーとして、"Oh, I'm *so* sorry." や "I *deeply* apologize." などに見られる so, really, terribly, deeply, awfully 等の副詞を取り上げることが効果的であろう（Ishihara & Cohen, 2022; Wilson, 2020）。

また、L2 学習者の指導においては、学習者が複雑な統語構造や語彙力を身に付けていたとしても、場面や対話者などの状況に応じて適切かつ適度な分量の緩和表現や増長表現を使いこなす語用言語的能力（pragmalinguistic competence）（→ Pragmatic competence 参照）を身に付けているとは限らないことを意識して、明示的な指導をすることが望まれる。さらに、指導では社会語用論的能力（sociopragmatic competence）（→ Pragmatic competence 参照）を伸ばすための気づきを促す言語活動も行うべきである（Roever, 2022, p. 13）。

CCSARP の分析・分類法は、これまで多くの L2 語用論の研究に用いられてきたが、問題があるという指摘も多い（Culpeper & Haugh, 2014; Leech, 2014; Taguchi & Roever, 2017）。特に、外的調整は、補足として機能するのか、発話行為の主要行為として機能するのかの見きわめが難しいと指摘されている（Culpeper et al., 2018）。そこで、発話行為のみを対話の流れから切り出して分析する CCSARP に代わって、発話者同士の相互行為を連続した流れで捉える会話分析（→ Conversation analysis, CA 参照）の手法で、学習者の相互行為能力

（interactional competence）を検証する傾向が近年高まってきている
（Culpeper et al., 2018; Roever, 2022）。

Eye-tracking

アイトラッキング

　アイトラッキング（eye-tracking）は、アイトラッカーという特殊
な機材（最近のものはスクリーンベースのPC搭載型）を使って、実
験参加者が実際にリーディングやライティング活動を行っている時
に、いつ、どこを、どのくらいの時間見ているかなどの視点の動きを
計測する方法である。

　利点としては、当然ながら、実際の目の動きに関する正確なデータ
を得られることであり、最新の装置を使えば、ほとんど実験参加者の
集中を妨げない形でリーディングやライティングのプロセスを自然に
再現するようなデータ収集が可能になる。

　アイトラッキングは、1970年代から主に認知心理学や心理言語学
の分野で学習者の認知プロセスを推測するために使われていたが
（Rayner, 1998）、2000年代になると、より実証的な形で第二言語習得
研究に使用されるようになり、2013年発行の*Studies in Second
Language Acquisition*第35号では特集が組まれた（Godfroid et al.,
2013）。特に、リーディング研究では、各実験参加者がどの部分や文
にどれくらい時間をかけ、どのような順序で読んでいるか、どこで止
まって考えたり、飛ばし読みをしたりしているかなどを詳細に追跡で
きるので、多くの研究がなされてきた。L2としての日本語習得研究
にも使われている（杉浦・山下，2011）。

　ライティングの場合は、実験参加者がそれぞれ別のテキストを産出

し、書き直しながら進むので、目の動きと認知プロセスの関係が特定しにくかったり、実験参加者同士の比較が難しかったりする問題がある。一方で、最近はオンライン上で与えられるフィードバックへの反応をアイトラッカーで測定したりする新しい展開もみられる（Smith, 2012）。

Face-threatening act（FTA）
フェイス侵害行為

　フェイス侵害行為（face-threatening act, FTA）とは、語用論の分野における Brown & Levinson（1987）のポライトネス理論（→ Politeness 参照）の中で提唱された概念で、聞き手のフェイスを脅かす行為のことを指す。Brown & Levinson は、Goffman（1967）に基づき、フェイスの概念は、ポジティブ・フェイス（positive face）とネガティブ・フェイス（negative face）の2つの側面があるとしている。ポジティブ・フェイスは、聞き手の「自分の願望や行動が他人から好ましく思われたいという願望」を指し、一方ネガティブ・フェイスは、「自分の行動を他人に邪魔されたくないという願望」を指し、両者は、否定的・肯定的という対立にはない（Brown & Levinson, 1987, p. 62; 清水 , 2009, p. 26）。前者を他者との連帯の願望とし、後者を他者から独立したいという願望に置き換えて考えることもできる（清水 , 2009）。

　例えば、話者が聞き手に依頼（request）をする場合、聞き手がその依頼を受けて何らかの対応することで聞き手の行動の自由が制限されることになり、聞き手のネガティブ・フェイスが侵害されることになる。それが、FTA である。実際の会話では、話者の発話が聞き手

に及ぼす影響の強さ（imposition）の度合いを緩和するために、間接的な依頼表現を用いて丁寧度を増すことで、FTA のリスクを軽減する。一方、聞き手のポジティブ・フェイスを維持するには、話者はより親密度を増した表現やくだけた表現を用いて、聞き手との社会的距離を縮める効果をねらう。

なお、Brown & Levinson のポライトネス理論は、英語圏を中心とした個人主義の概念を根底としたモデルであるとの批判を受けてきている。例えば、Ide（1989）は、Brown & Levinson のポライトネス理論が、英語を中心とした枠組みであると批判し、集団社会における「わきまえ」の概念を用いて日本語のポライトネスを論じている。また、ポライトネス理論におけるフェイスの概念は、英語文化では個人主義における「個人の縄張り」を基調とした考えであるのに対して、日本文化では集団における個人の社会的な位置付けや評判についての認識を指すとされている（林, 2005; Matsumoto, 1988）。フェイスは、「顔を立てる」や「面子をつぶす」にあるような、日本語の世間体や体裁を意味する「顔」や「面子」と同義ではないことにも注意すべきである。したがって、日本人英語学習者への指導を念頭においた場合、日本語や日本社会の視点からポライトネスやフェイスの概念を論じている研究（林, 2005; Ide, 1988; Matsumoto, 1988 他）を参照し、違いを踏まえることが望ましい。

Flipped classroom
反転授業

反転授業（flipped classroom）とは、授業前の予習でビデオ教材などを利用した知識の習得を行い、授業内では習得した知識を応用する

学習活動に取り組む形式の授業形態を指す。従来は、授業内に知識の習得を行って授業後に宿題として練習問題を解きながら知識を応用するという形式が多かった。授業内で扱う内容と授業外で扱う内容の役割が反転していることから、この名称が使われるようになった。

　反転授業は、コロラド州の高校で 2 名の教師が化学の授業で 2006 年から始めた実践から広まったとされる（Bergmann & Sams, 2012）。扱っていた新しい概念をビデオに録画し、それを学習者に事前に見てもらうという実践である。授業前に自分のペースで何度でもビデオを再生できるために、学習者は理解を深めることができた。授業内に、学習者は宿題や課題であった問題解決や実験などを行い、教師は従来よりも個々に対応した指導を行うことができた。

　このように、事前に習得すべき内容を個別学習で行い、授業内に習得した内容を使って応用することは、外国語習得と相性がよい。インプット活動を事前に行い、アウトプット活動を授業内に行うことで、従来型の授業形態では不十分とされていた発信型の内容を授業内に取り込むことができるようになる。

　この授業形態は、学習者の自律した自己学習、能動的な学習や活動の促進、授業内の協働学習（→ Collaborative learning 参照）や個別最適化学習へと結びつけやすく、学習者を「主体的・対話的で深い学び」（→ Active learning 参照）へと導くことができる形態といえる。また、情報通信技術の発展と普及、および初等・中等教育の現場における環境が整備されたことで（→ GIGA School Program 参照）、事前学習をオンラインで予習として行い、対面授業では学習した内容を使って児童生徒が集まっているからこそできる活動を行う学習方法（→ Blended learning 参照）とともに注目されている。なお、英語学習における技能別の反転授業レッスンプランの作成には、Cockrum（2014）が参考になる。

Fluency

流暢さ（流暢性）

　流暢さ（fluency）とは、言語学習の進度（mastery）を測る4指標
（→ Complexity, Accuracy, Lexis, Fluency, CALF 参照）の1つで、
狭義には、発話の生成（流れ）がよどみなく進行する状態（speaking
fluency）、もしくはそのレベルを示すための尺度を意味する（Bui &
Skehan, 2016）。ただ、流暢さの定義については現在も議論が続いて
おり、未だに合意の得られていない状況にある（Segalowitz, 2016）。
特にライティング能力の判定においては（→ Writing fluency 参照）、
スピーキングの流暢さ判定に使われる尺度をそのまま適用することは
できないと主張する者もいる（Abdel Latif, 2012）。

　1970年代にコミュニケーション能力を測る一環として流暢さの研
究が始まったが、当初はL1に関しての議論であった（Fillmore,
1977）。この動向の背景には当時急激に台頭しつつあった認知科学と
の協働があった。ただ、当時の流暢さの基準は話者による発話を総合
的に判断するものであった（例：少ないポーズで長い話ができる、意
味的に深い内容の文を順序良く話せる、幅広いトピックを扱うことが
できる、言語を創造・想像的に使用できるなど：Fillmore, 1977）。こ
の考えを最初にL2研究に応用したのは Brumfit（1984）である。彼は
流暢さを自然な言語使用の結果とみなし、その基準を目標言語（TL）
の母語話者（NS）のものに求めた。彼の考えは他の研究者に支持さ
れ（Oppenheim, 2000）、現在、語学教師や様々な語学試験におけるス
ピーキング評価法に影響を与えている。

　一方、変化も見られる。例えば、流暢さの基準（指標）をより体系
的にするために、Skehan（2003）や Tavakoli & Skehan（2005）で
は次の3種の観点を提案している。

（a）Speed fluency: 発話の生成スピード に関する観点

（b）Breakdown fluency: 発話の流れを遮るポーズと沈黙に関する観点

（c）Repair fluency: 躊躇やフィラー（"you know" や "umm" など）、繰り返しや言い換えによる発話再構築に関する観点

近年では、これらの観点に立つ指標は発話の生成・認知の際に互いに干渉し合うことがわかっており（Kormos, 2006; Skehan, 2014b）、下に示す Tavakoli & Wright（2020）で提案された指標（ここでは簡略化のため抜粋してある）に見られるように、より客観的で具体的なものとなっている。NS を基準とする要素がいっさい含まれていないのが特徴である。

＜テンポに関する指標＞

（1）1分間に生成される語もしくは音節の数、あるいは平均音節長（mean syllable duration＝全音節の長さの和 / 音節数）など

＜発話分断（breakdown）、繰り返し、自己訂正、ポーズに関する指標＞

（2）T-unit（主節1つを含む統語的単位 → T-unit 参照: Hunt, 1970）ごとに生じる繰り返し、自己訂正（repair fluency）、およびポーズの数（breakdown fluency）

（3）全発話時間に対する繰り返し、自己訂正およびポーズの時間的比率

（4）ポーズ間ごとに連続して生成される発話の平均長もしくは平均音節数

（5）ポーズの前に生成される全 T-unit の時間的比率

（6）T-unit 境界で生じる全てのポーズの時間的比率

（7）T-unit 境界ごとに生じるポーズの平均長

「流暢さ」は、通常、話し手側の発話能力（utterance fluency）を

評価するための用語であるが、広義の意味での流暢さは、読解流暢性（reading fluency: Grabe & Stroller, 2002）や知覚流暢性（perceived fluency; Préfontaine, 2010）のような用語が存在することからも窺えるように、聞き手の側で目標言語（TL）のインプット処理がスムーズに行える状態、もしくはその能力のレベルを示すための尺度としても使われる（→ Triadic models of fluency 参照）。

　流暢さに関連する用語として「正確さ」（accuracy）と「熟達度」（proficiency）がある。「正確さ」がTLの文法に沿って文を正しく生成できる能力やそのレベルを表すのに対し、「熟達度」はTLを正確に理解・生成できる状態もしくは言語運用能力のレベルを表すための用語である。ただ、これらはどれも互いに対立し合う概念ではなく、相互に補完し合う関係にある（岩城, 1991）。

　流暢さがある程度身に付くと、たとえ語彙・文法・発音などの能力不足に由来する表現の不正確さがまだ残るにしても、L2学習者はTLでのコミュニケーションに自信が持てるようになり、コミュニケーションへの参加が積極的になる。そしてその結果、学習意欲も刺激されることになる。よって、ISLAでも意味の伝達に主眼をおく授業を継続して行えば、流暢さを備えた学習者を育てることは十分可能といえる。

Focus on form（FonF）
フォーカス・オン・フォーム

　フォーカス・オン・フォーム（focus on form, FonF）とは、意味のやり取りに重きを置いたコミュニケーション活動の中で、特定の言語形式に一時的に焦点を当てることで、適切な文脈の中で正しい言語

形式が使えるようになることを促す指導法のことを指す。言語形式に焦点を置いた指導（→ Form-focused instruction, FFI 参照）の一種である。

　言語形式に焦点を当てることに重きを置く focus on forms（forms が複数形）に対して、意味に焦点を当てることに重きを置く focus on meaning があるが、FonF ではその両方の利点を組み合わせ、意味に重きを置きつつ、コミュニケーション活動の中から対象となる言語項目を1つ取り出し、明示的な指導や練習をした後に、再び意味に焦点を置いたコミュニケーション活動に戻ることで、対象項目の正確な使用を促そうとするのが特徴である。

　Loewen（2020）では、言語形式に焦点を置く程度によって指導法をより細かく分類しており、最も意味に重きを置く指導法としてコミュニカティブ・ランゲージ・ティーチング（→ Communicative language teaching, CLT 参照）、最も形式に重きを置く指導法として明示的・メタ言語的指導を挙げている。両者の間に、形式への焦点が少ないものから多いものの順で、タスク中心の教授法（→ Task-based language teaching 参照）、インプット洪水（→ Input flood 参照）、インプット強化（→ Input enhancement 参照）、修正フィードバック（→ Corrective feedback 参照）、意識を上げるタスク（→ Consciousness-raising tasks, CR tasks 参照）、言語処理指導（processing instruction）、提示・練習・産出（→ Presentation-practice-production, PPP 参照）があり、このうち意識を上げるタスク以降を FFI であると分類している。

　FonF は、言語産出活動だけでなく理解活動においても有効である（Shintani et al., 2013）。FonF のうち、アウトプット・ベースの指導（output-based instruction）では、特定の言語項目に焦点を当てて、コミュニケーションの文脈の中でその項目を使用するスピーキングや

ライティングに重きを置くのに対して、インプット・ベースの指導（input-based instruction）では、文脈の中で使用されている特定の言語形式に焦点を当ててその理解を促すリスニングやリーディングに重きを置く。上記の言語処理指導（→ Input processing theory 参照）は、インプット・ベースの指導法の代表例の1つである。

Shintani et al.（2013）では、インプット・ベースの FonF は新しく学ぶ言語項目の指導法として、アウトプット・ベースの FonF は既習の言語項目を定着させる指導法としてより効果的だとしている。とりわけ外国語学習環境においては、暗示的指導（→ Implicit instruction 参照）よりも明示的指導（→ Explicit instruction 参照）の方が学習効率が良いということがメタ分析（→ Meta-analysis 参照）によって示されている（Norris & Ortega, 2000; Spada & Tomita, 2010）が、長い目で見れば暗示的学習も重要で有効であるため、両方をうまく組み合わせた FonF が望ましい。明示的指導に重きを置きすぎると、コミュニケーション活動をやっても学習者がその活動を、言語形式を正確に使うドリル練習だとみなしてしまい、より複雑な構造の使用を試すことや、流暢さを上げるといったことに注力しない（Ellis, Li, & Zu, 2019）こともわかっているため、英語使用の目的はあくまでコミュニケーション能力全般の向上であることを指導では明確に示したい。

Focused essay technique
焦点化エッセイ手法

焦点化エッセイ手法（focused essay technique）とは、学習中のある瞬間に何を感じ、何を考えたかに的を絞って具体的に学習者に記述

してもらい、それを集めて質的データとする手法である。回答の書き方の指示を焦点化することで、学習者に簡潔に数行で回答してもらうことができ、教師が観察するだけでは知りえない学習者の心理面、心情面を直接的に知ることができる。学習者が状況によって話したり話さなくなったりといった他者と対話する意思（→ Willingness to communicate, WTC 参照）をリアルタイムで捉えることができるので、MacIntyre & Gardner（1991）や MacIntyre（2007）などのように、学習者がコミュニケーションしようという気が起こった瞬間を捉える WTC の研究手法としてしばしば使われる（Zarrinabadi, 2014, p. 291）。具体的には、何かの言語活動や言語使用の後で、最も話したくなった状況や、最も話したくなかった状況をそれぞれ3つ、数行ずつで書いてもらう。生徒の記憶が薄れないうちに書いてもらうのがよい。学習者の回答に頻出したキーワードから何らかの要因や原因を見つけることができる。

　日本の英語教育の場でも、WTC に限らず、コミュニカティブな言語活動に参加したいと思った瞬間はどのような状況であったかを調べる際に短時間で学習者の声を集めることができる。紙を使った質問紙形式、コンピューターを使ったチャット形式など、実施形態は柔軟である。Google Forms などのオンラインアンケートも活用できるであろう。

Focused task
言語焦点型タスク

　言語焦点型タスク（focused task）とは、特定の言語項目に学習者の意識を向けるためのタスクである。Ellis（2003）は、タスクを言語

非焦点型タスク（unfocused task）と言語焦点型タスク（focused task）に分けている。従来のタスク中心の指導法では、タスクは特定の言語項目をあらかじめ指定して行うのではなく、学習者自身がタスクを遂行する上で必要と考える文法や語彙を選んで行うという、言語非焦点型が基本とされてきた。しかし、近年では学習ニーズの観点から、言語に的を絞ったタスク、つまり言語焦点型タスクの重要性も認識されるようになってきた（e.g., Ellis et al., 2019; Van de Guchte et al., 2017）。言語焦点型タスクは、学習者の注意を特定の言語項目に向けさせ、その習得を促すことを狙いとしている。例えばLoewen（2020）は、未来の表現を引き出すタスクとして、バスのルートを説明する活動を紹介している。このタスクを行う中で、"The bus will arrive at 1 p.m." というような形で未来表現の産出を促すことができるとされる。

　言語焦点型タスクを考える際、言語非焦点型タスクと同様に、タスクの基準を満たす必要があることを忘れてはならない。つまり、意味重視で、埋めるべき何らかのギャップ（情報のギャップなど）があり、達成するコミュニケーションの目的があるといった条件を満たしていなければならない。そのうえで、目標とする言語項目の習得を促すものであれば、それは言語焦点型タスクと呼べるだろう。もしこういったタスクの基準を満たしていなければ、それはタスクではなく、エクササイズと言わねばならないだろう。

　言語焦点型タスクを授業に導入するにあたって、学習者の意識が目標である言語項目に向きすぎるあまり、不自然な言語使用となってしまう危険性が指摘されている（Ellis, 2003）。例えばEllis et al.（2019）は、学習者の意識が目標となる文法事項に向きすぎてしまうと、全体的な産出の複雑さ、正確さ、流暢さが低下してしまう可能性について報告している。また、本来は内容重視のタスクであるところを、言語

に注意するあまりに、いつの間にか機械的練習に変えてしまう危険性もある。これらの懸念から、言語焦点型タスクに対して否定的な意見も見られる（e.g., Long, 2016）。一方で、Ellis（2003）は、習熟度の高い学習者でも産出にとまどい、誤りが多い特定の文法事項に関しては（例えば、主語と動詞の一致、仮定法などの複雑な構文等）、習得を助ける観点から言語焦点型タスクを選択的に使用することを勧めている。

　学習者ニーズと言語項目の習得難易度に応じて、言語非焦点型タスクと並行的に、言語焦点型タスクを柔軟に織り交ぜて使っていくといいであろう。使用の際には、意味重視、学習者主体、体験的な学びといったタスクの特性が最大限に生かされるよう配慮したい。

Formative assessment
形成的アセスメント（評価）

　形成的アセスメント（formative assessment）とは、それぞれの学習者が課題や弱点を克服していけるように、学習目標達成に対する教育効果を継続的かつ集積的に把握する評価である。教師は、授業を進めていくプロセスの中で、観察、宿題のチェックや小テストなどを通じて、個々の学習者の学習進捗状況や課題を常に確認し、それに対処していく。そのような記録をポートフォリオとしてまとめることが推奨される。「アセスメント」と「評価」はほぼ同義で使われるが、アセスメントの方が「対象に及ぼす影響の評価やその予測」まで含んで広義である。

　形成的アセスメントはアメリカの教育心理学者 Bloom が提唱した「完全習得学習（マスタリー・ラーニング）」の考え方を発展させたも

ので、最近では教育活動において最も重要な評価とされている (Bloom et al., 1971)。そこでは、個々の学習者のつまずきや問題点に対処することで、指導を的確で効果的なものにすると同時に学習者の動機づけも高めることができる。また、評価を常に指導に反映できるという点で、指導と評価の一体化にも寄与する。

しかし、形成的アセスメントには手間がかかり、その方法が教師ごとに恣意的になってしまう危険性も持つ。よってこれを効果的に行うためには、しっかりとした手続きの確立と信頼性のある評価方法（特にルーブリック）の使用が必須である。言語テストの分野ではクラス内評価 (classroom-based assessment) が注目されるにつれ、形成的アセスメントの標準的手続き、評価方法の選択、改善についての著作や研究が増えている（代表的な著作は Green, 2014）。

形成的アセスメントの煩雑さや労力を軽減するために、最近は様々な学習管理システム (learning management system, LMS) が使用され、それぞれの学習者の学習の進捗度や問題点が可視化できるようになってきている。研究としては、ラーニング・アナリティクス (learning analytics) を用いて詳細な学習履歴分析も行われている（三好, 2020 など）。

Form-focused instruction（FFI）
言語形式に焦点を置いた指導

言語形式に焦点を置いた指導 (form-focused instruction, FFI) とは、あらかじめ計画して、または偶発的に行う言語指導で、学習者に言語形式に注意を向けるよう意図された活動である (Ellis, 2001)。したがって、言語形式に焦点を当てる様々な活動、例えば、フォーカス・オン・

フォーム（→ Focus on form, FonF 参照）、言語形式焦点化（focus on forms）、訂正フィードバック（→ Corrective feedback 参照）やエラーの訂正（→ Error correction 参照）、言語形式交渉などを包括する。

　Spada（1997）は、効果的な FFI の例として、訂正フィードバック、言語形式交渉と意味交渉（negotiation of meaning）と、プロセシング指導（→ Processing instruction 参照）を挙げ、FFI はコミュニカティブな授業の中で効果を発揮すると述べている。さらに、Kang et al. (2019) は 54 の実証研究を集め、学習者の年齢や L2 到達度が異なっても、明示的指導と暗示的指導に僅かな違いはあっても、全体として、FFI は効果が大きいことを統計的に示している。

　指導の効果については、Fotos & Nassaji（2007）は、FFI を行ったあとのアウトプットでライティングがどのようにしたら伸びるか、FFI に基づいた教材開発はいかにあるべきか、などの提言を行っている。さらに、Loewen（2020）は学習者が言語使用ができるようになるためには、意味中心の指導だけではなく、言語形式にも焦点を当てて理解を深めさせる指導が重要であると説き、様々なヒントや提言を示している。例えば、言語形式には明示的、暗示的の両方から注目させる、発音の指導目標は聞き手にとって理解可能であることを中心とする、L2 語用論的知識の指導には、EFL 環境にいる学習者はインプットに触れたりインタラクションの機会を持ったりすることが極めて限定的であるため、教室での指導が求められ、社会語用論的能力（sociopragmatics）と語用言語能力（pragmalinguistics）の両方の指導が求められるとしている。

Form-function-context mapping
言語形式・機能・状況の一致

　言語形式・機能・状況の一致（form-function-context mapping）とは、L2学習者が、語用論的能力（→ Pragmatic competence 参照）を身に付けるうえで、表層上の言語形式（form）が必ずしもその機能（function）と一致（mapping）しないことを認識する必要があることを示した概念である（Taguchi, 2011a, 2011b, 2015; Taguchi & Roever, 2017）。例えば、英語では、以下の依頼の発話行為（→ Speech act 参照）において、言語形式と機能が一致しているものと不一致のものがある（Culpeper & Haugh, 2014, p. 168）。

表1　依頼の発話行為の言語形式と機能

言語形式	例	機能との一致
命令文	Pass me the salt.	一致
疑問文	Can you give me the salt?	不一致
平叙文	This could do with a little salt.	不一致

　さらに、Blum-Kulka et al（1989）による異文化間語用論およびL2語用論の研究プロジェクトである異文化間発話行為実現プロジェクト（→ Cross-Cultural Speech Act Realization Project, CCSARP 参照）で開発された発話行為の分析・分類法に則ると、上記の表の命令文は「直接的ストラテジー（direct strategy）」、助動詞 can を使った質問文は、能力を問うているのではなく「慣習的な間接的ストラテジー（→ Conventionally indirect strategy 参照）」、そして平叙文は、表層的な文法や語彙と機能が完全に不一致な「非慣習的な間接的ストラテジー（non-conventionally indirect strategy）」の依頼と分類される。

　L2学習者が語用論的能力を身に付けるうえで障壁となるのがこの

言語形式と機能の不一致である（Taguchi, 2015）。学習者は、形式とその意味だけでなく、機能や文脈（context）、依頼や苦情など発話が聞き手に及ぼす力（illocutional force）（→ Speech act 参照）を包括的に学ぶ必要がある。また、発話の際には、話者が置かれている社会的な規範や慣習、文化についても知識を深めることが求められる。そして、学習者は、語用言語的な（pragmalinguistic）形式や社会語用論的な（sociopragmatic）知識を身に付けることによって、発話の状況に応じて、異なる丁寧さ（→ Politeness 参照）の度合いを調節できるようになる。Taguchi（2015）は、様々な発話行為や会話の含意（→ Conversational implicature 参照）などの明示的な指導研究を概観し、教室内における語用論的能力の指導の重要性を強調している。

　なお、学習者の言語形式・機能・状況の一致の習得を評価する手法として、適切性の判断テストが挙げられる（Culpeper et al., 2018）。例えば、Bardovi-Harlig & Dörnyei（1998）は、依頼の発話行為を含んだ対話を学習者に提示し、学習者が語用論的に不適切な表現を見つけることができるかを測定した。学習者は、語用論的には適切だが文法的に誤りがある発話、文法的に正しいが語用論的に不適切である発話、そして文法的にも語用論的にも適切である発話を与えられ、それぞれに問題があるかどうか、またある場合はどの程度問題があるのかをリカート尺度で判断した。判断テストを用いることで、学習者が、発話者間の力関係（relative power）や親密度を示す親疎距離（social distance）だけでなく、提示された言語形式が聞き手に及ぼす力（imposition）を理解したうえで、言語形式と状況を一致させてより適切な発話を選択する能力があるかを測定できる（Culpeper et al., 2018）。適切性の判断テストはL2語用論を指導する際の学習タスクとしても有効である。

Form-meaning-use mapping
形式・意味・使用のマッピング

　Form-meaning-use mapping（形式・意味・使用のマッピング）とは、文法指導において、形式、意味、使用の3つの側面が等しく重要であるという関係性を示す概念図（Celce-Murcia & Larsen-Freeman, 1999）のことである。

　文法は単に規則のある形式の集まりではなく、（言語学者が指す形態）統語論、意味論、語用論の3つの側面に関わるものとして認識されている（Larsen-Freeman & Celce-Murcia, 2015）。図1は、形式、意味、使用が等しく相互に関連しており、3つの側面が全て重要であることを説明している。この図は、形式的な正確さだけでなく、構造に意味があり、適切に使用する必要性があることも示しており、文法指導の概念的枠組みとして有用である（Larsen-Freeman & DeCarrico, 2020）。

　Larsen-Freeman（2015）は、多くの教師が、現在でも文法を文レベルでの言語の正確な形式を支配する規則とみなしていることを問題視し、形式と意味だけではなく、テキストレベルでどの文法構造を使うべきかという使用の側面について教える必要性を主張している。

図1　文法の相互に関連した側面（Larsen-Freeman & DeCarrico, 2020, p. 23）

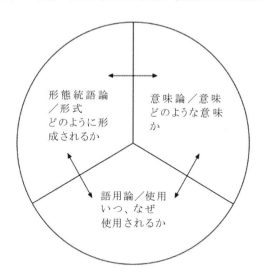

Four strands
4つのストランド

　4つのストランド（four strands）とは、Nation（2007, 2008）が提唱する、教師が学習プログラムを考える際に含めるべき4つの指針を指す。この4つの指針のバランスを考え、一つ一つが織り糸（strand）となって一本の太い縄となるようにカリキュラムを計画することで、効果的な語彙習得が進むと主張している。4つの指針は以下のとおりである。

1. 意味中心のインプット（meaning-focused input）
　リスニングやリーディングを通し、理解可能なインプットを得ることで新たな語彙を知ったり、既存の語彙知識を深めたりすることを指す。活動の中心はインプットの意味内容を理解することであり、語彙

は主に付随的に学習される。そのため、使用する教材における未知語の割合は2%を超えないことが望ましい（Hu & Nation, 2000, Laufer & Ravenhorst-Kalovski, 2010）。主な活動として、話や講義の聴講、会話への参加、多読や学習目標に沿った読書などが挙げられる。

2. 意味中心のアウトプット（meaning-focused output）

　スピーキングやライティングを通し、学習者が自身の語彙知識を確立したり、深めたりすることを指す。まだ身に付いていない語彙項目を多く使うように仕向けるより、すでに発表的語彙となった項目を積極的に使わせるようにすべきである。主な活動として、会話に参加する、準備したスピーチをする、聞いたり読んだりしたものについて討議したり書いたりする、ロールプレイやリテリングを行う、ランキング、問題解決、インフォメーションギャップなどのタスクを行う、などが挙げられる。

3. 言語中心の学習（language-focused learning）

　意図的に新たな語彙項目を学んだり、すでに知っている語をさらに深く学んだりすることを指す。教師は意図的に学習者の意識を学んでほしい語彙項目に向けたり、語彙学習のための方略を教えたりする。教えるべき主な方略としては、文脈からの類推、語彙カード（リスト）の利用、語根と接辞の知識、辞書使用などがある。

4. 流暢性の伸長（fluency development）

　4技能を通して、すでに知っている語彙項目をより速く使えるようにすることを指す。新しい語彙項目は用いず、意味中心の活動の中で既知の語彙項目をより速く取り出して使わせることを目的とする。主な活動としては、速読、やさしい読み物の多読、同じ活動をより厳しい時間制限を設けて行う、同じ教材を用いて複数技能を統合した活動を行う、などが挙げられる。こうした活動を行う上では、易しい教材を用いる、時間制限を加える、メッセージのやり取りを中心とする、

繰り返しを確保する、活動にバリエーションを持たせる、といったことが重要である。

　学習プログラムを組む上では、この4つの指針がほぼ同じような比率になるようにすること、各指針が成立する条件を整えることが肝要である。日本の英語教育では伝統的に3の比重が高く、4の比重が非常に低かった(佐藤他, 2022)。この4つのバランスを良くすることで、学習指導要領が示す知識・技能、思考力・判断力・表現力、学びに向かう力の伸長にも多いに貢献すると考えられる。

Framework for L2 pronunciation measurement

外国語発音能力診断法

　外国語発音能力診断法（framework for L2 pronunciation measurement）とは、Saito & Plonsky（2019）がL2学習者の発音能力をできるだけ正確に診断する目的で提唱した、3種の評価基準（パラミター）から成る理論的枠組みのことである（1：評価者としての「主観」対「客観」、2：評価対象としての「全体」対「部分」、3：評価方法としての「制御的」対「非制御的」）。つまり教師は、L2学習者の発音能力を評価しようとする際、上述の評価基準を個別に考慮しながら対処する必要があるということである。

　Saito & Plonsky（2019）は、SLA研究で過去に公表された多くのL2発音教育関連文献の成果を統計的にメタ分析（→ Meta-analysis 参照）し、結論として、評価に用いる基準次第で結果が大きく左右されることを示した。彼らの提唱する評価法指針の効用としては、L2学習者の発音能力が正確に（異なる目的・レベルに沿って）測れるよ

うになることで、授業で行う発音指導の有効性が判断できるようになることが挙げられる。その結果、教師はこの判定を基に自分の指導方法と使用する教材の選択や改良を効率よく行えるようになるのである。

　SLA の発音指導研究では、昔から発音をいかに評価するかという問題がある。L2 学習者の発音を正確に評価できるシステムが開発されれば、学習者は自分の発音の未熟な点を意識できるようになる。そしてその結果、自律的な学習が促され、ひいては明瞭性の高い（intelligible）発音を獲得すると期待できる。しかし、現実には評価法の構築は容易でないという問題がある。評価のための尺度と方法の設定が一筋縄ではいかないからである。例えば、まず評価を目標言語（TL）の母語話者（NS）に任せるか機械の音声認識に任せるかという「主観」対「客観」の問題がある。さらに、もしこれを NS に任せるとすると、L2 の専門家が良いか一般の NS でも良いかというような副次的な問題も生じる。次に、発話を全体（global 例：明瞭性）と部分（specific 例：分節・超分節音）のどちらのレベルで評価すべきかという問題もある。そしてさらには、被験者に課すタスクの与え方を制御的（controlled）方法（例：語や文を読ませる）と非制御的（spontaneous）方法（例：絵を見て自由に話させる）のどちらで行うべきかの問題などもある。これら全ての選択課題が合理的な根拠に基づいて統一されない限り、ISLA（→ Instructed second language acquisition, ISLA 参照）で今後多くの教師が使う発音能力診断法にはなりえない。これまでの主流は、NS の評価者が L2 学習者の発話を聞き、項目ごとに（例：子音・母音の音色上の正確さ、アクセント、リズム、抑揚）数段階の尺度で主観的に評価するものであった。しかし、この評価法は同じ音声であっても評価者によって、また文脈や状況、あるいは課されるタスクの違いによって評価値が一定しないこと

196

が報告されている（Norris & Ortega, 2012; Saito & Plonsky, 2019）。
ちなみに、近年になって音声の自動評価システムの必要性が叫ばれて
いるのは、音響学的技術の進歩と相まって、評価者の主観に左右され
ない（つまり信頼性の高い）発音能力評価方法が求められているから
といえる（→ Computer-aided pronunciation teaching, CAPT 参照）。

Frequency of encounter and use
遭遇頻度 / 使用頻度

　第二言語習得において遭遇頻度（frequency of encounter）とは、
学習者が対象言語の語句に接する頻度を、使用頻度（frequency of
use）とは対象言語の語句を使用する頻度を指す。言語習得に影響す
る要因の１つであり、対象言語との遭遇頻度およびその使用頻度が高
いほど、学習者は言語能力を向上させる機会が増える（e.g., Rott,
1999）。

　授業で新出語彙・文法を導入する際には、習得を促進するために、
学習者が学習対象語句・文法事項に繰り返し遭遇し使用するような学
習指導案を作成し、実践することが望ましい。また既出語彙・文法に
ついても、学習者に繰り返し遭遇・使用させるよう指導し、知識の定
着を図りたい。

　遭遇頻度の効果について、Rott（1999）は学習者が読解によって未
知語を偶発的に習得し保持するか検証しながら、評価している。アメ
リカの大学で外国語としてドイツ語を学ぶ 95 名（最終的なデータ分
析対象は 67 名）の中級学習者は、独文読解中に 2 回、4 回、6 回のい
ずれかの頻度で文脈から意味を推測できる状況で未知語に遭遇し、そ
れらの語彙の習得と保持について事後にテストを受けた。その結果、

いずれの頻度でも学習者の語彙増加に有意に影響し、2回または4回の遭遇の効果に有意差はなかったが、6回の遭遇では2回または4回の場合より有意に多くの語彙知識が獲得された。

　日本の英語教育における遭遇頻度の最近の効果検証研究に、聴解による語彙学習を扱った Uchihara et al.（2022）がある。80名の日本の大学生は、40の英単語について意味を表す画像を見ながら発話音声を聞いて学習した。参加者は4つの実験条件（同一発話者で3回遭遇、同一発話者で6回遭遇、発話者が毎回変わり3回遭遇、発話者が毎回変わり6回遭遇）のうちの1つを用いて対象語に遭遇した。事前・事後・遅延事後テストの結果、形と意味のつながりは遭遇頻度によって一貫して促進されるのに対し、ストレスの位置や母音の長さなど発音の正確性の促進には発話者が変わることがより密接に関連し、インプットの量（遭遇頻度）と質（発話者の変化）が語彙発達に異なる影響を及ぼすことを示唆した。

　遭遇頻度・使用頻度を高めることは読解においても聴解においても知識獲得を促進するため、学習を促したい語彙・文法については両頻度を高める指導が望ましい。

Functional load hypothesis（FLH）
機能負担量仮説

　機能負担量（functional load）とは、ある音韻が持つ弁別機能（語の意味を変えることに寄与できる機能）の高さのことで、機能負担量仮説（functional load hypothesis, FLH）では多くの弁別に役立っている音韻ほど機能負担量は高いとされる（Martinet, 1952）。この音韻論上の学説は、20世紀前半のヨーロッパに起こったプラーグ学派の

教義の中にすでに看取できる（Jakobson, 1931）。例えば、英語では音素 /p/‑/b/ や /t/‑/d/ の対立は、語彙に多くの最小対（→ Minimal pair 参照）が見つかることから（例：pay‑bay, ten‑den）、多くの語の弁別に用いられていることがわかる。よって、/p/ と /b/ や /t/ と /d/ の対立機能負担量は大きいといえる。一方、/ʃ/‑/ʒ/ や /θ/‑/ð/ の対立は、いくつかの最小対を生み出してはいるものの（例：mesher‑measure, wreath‑wreathe）、先の 2 例の対立ほどは量的に語の弁別に役立っていない。よって、これらの機能負担量は小さいと考えられる。なお、機能負担量は上述のような個別音素の対立にのみ当てはまる概念ではない。例えば、英語における声の有無(phonation: voiced‑devoiced）の対立は、全ての破裂音と /h/ 以外の摩擦音について見られ、頻繁に使われる（例：名詞 – 動詞の区別 cloth‑clothe、ちなみに日本語では連濁などにも看取できる tana‑kami.dana）。よって、日・英語に限っていえば、この対立の機能負担量は大きいといえる。

　FLH を SLA の音声教育研究に最初に取り入れたのは、Catford（1987）と Brown（1991）である。両者はこの仮説に基づいて、L2 学習者に教える音声対の順番を理論的に論じ唱導している。近年では、Munro & Derwing（2006）や Suzukida & Saito（2019）が再び FLH をプラーグ学派の分析方法とは異なる角度から取り上げている。前者の研究によると、FL の高い対立音間の誤用（例：/n/‑/l/）は、低い音韻間の誤用と比べ、訛り度（accentedness）と理解しやすさ（comprehensibility）の点で母語話者（NS）による聴解をより妨げる方向に作用するということがわかっている。これは FLH の有効性を再確認した結果といえる。また、後者による研究では異なる母音間と子音間の代用を利用する聞き取り実験が行われ、子音間の代用は母音間の代用よりも NS の理解をより妨げるということが明らかになっ

た。さらに、FL 値が高い音韻の代用（例：/r/-/l/, /v/-/b/）はそう
でないものの代用よりも影響が大きいこともわかった。一方、同じ
FLH の研究であっても、Kang & Moran（2014）では異なるアプロー
チが取られている。彼らは異なるレベルの L2 話者の犯したスピーチ
エラーのデータを使い、異なる FL 値を持つ音韻の誤使用頻度を分析
した。結果、レベルが上の L2 学習者は下の者よりも FL 値の高い音
韻を誤使用しない傾向が認められることがわかった。これは、L2 学
習者のレベルが上がるにつれて高い FL 値の音韻の誤使用が避けられ
る傾向にあることを意味し、間接的に FLH の有効性を認めるもので
ある。

　確かに、FLH の有効性を考慮して音声教育を行えば効率的な成果
が期待できるだろう。だが、これは L2 をマスターするまでの習得の
過程においていえることであって、ある音声の習得はある音声よりも
重要であるということを意味しているわけではない。目標言語の音韻
体系を構成する音声はどれも必ず習得すべき対象なのである。

Generative AI

生成 AI

　生成 AI（generative AI）とは、文章、コンピュータープログラム、
画像、音声、音楽、動画など様々なコンテンツを生成できる人口知能
システムを指す。ユーザーが生成 AI に入力する指示や質問文はプロ
ンプト（prompt）と呼ばれ、適切な応答結果を生成するためには明
確で具体的なプロンプトが必要とされる。ウェブ上に存在する情報か
ら条件に応じた内容を検索して表示するのではなく、情報を組み合わ
せて新しいものを生成できることが特徴である。また、様々なコンテ

ンツを生成しながら、生成するための学習をしていく能力があるという特徴があり、利用しながら精度を高めていくことができる。

　生成 AI 以前の AI（→ Artificial intelligence 参照）は、データを整理したり分類したりすることを学習し、その結果に基づいて予測し、最適な答えや結果を導き出すことに焦点を当てている。一方、生成 AI は、新しい独自のコンテンツやデータを生成することに特化しているといえる。

　生成 AI は、OpenAI により開発されたチャット GPT（ChatGPT）が 2022 年 11 月末に無料公開され、条件を入力してからそれに応じた内容が生成されて出力されるまでの時間が短いこと、出力結果の精度が高いこと、応用範囲が広いことで世界中に広まった。ChatGPT は、自然な対話、質問への回答、文章の生成、文章の要約、言語翻訳、コンピューターグログラム、創作物、詩、物語など、様々なテキストを生成することを得意としている。ほかに、代表的なものとして Microsoft Copilot（旧 Bing）や Google Gemini（旧 Bard）を挙げることができる。

　言語教育において、生成 AI の活用は大きな利点をもたらす。一例を挙げれば、機械翻訳（machine translation）はある言語から別の言語へと自動的に翻訳処理するものだが、生成 AI はある言語で指示したり状況を入力したりすることで、適した内容そのものを別の言語で出力することができる。道案内の英語を知りたければ、プロンプトで「道案内でよく使われる表現を使って英語の会話文を作成してください」と入力するだけで、その英会話文を出力することができる。「以下の英文で間違いがあれば訂正し、その理由を説明してください」と入力した後に自分の書いた英文を貼り付ければ、英文の添削結果が理由とともに出力される。言語の変換だけでなく、内容や理由も生成して出力されることから、ユーザーにとって教師やアドバイザーとして

活用することができる。生成 AI はスマートフォンのアプリとして利用できる段階であり、学習者にとっては日々持ち歩くツールに教師やアドバイザーが存在していることになる。また、教師が活用すれば、教材作成にかかる時間や労力を削減できる。ある文章を簡単な内容に書き換えたい場合、プロンプトとして「次の文章を CEFR A1 のレベルの英文にしてください」と入力して原文を貼り付けるだけで、レベルを修正した文章が出力される。「時制の違いを練習する英語の 4 択問題を作成してください」と入力すれば、時制に関する 4 択の問題が出力される。

　このように、生成 AI は新たな学習ツールとして、教材作成ツールとして活用できるが、留意すべき点もある。まず、いつも完全に正解を出力するとは限らないことに留意しなければならない。もっともらしい内容で出力された結果に誤りが含まれているリスクがあり、効果的に利用するためにはユーザーがその誤りに気がつくだけの能力を持っている必要がある。また、安易に使用することで、本来重要である学習過程の機会を失ってはいけない。さらに、入力した内容自体が生成 AI の学習対象となるため、個人情報保護の観点から流出しては困る情報は入力しないことを徹底することが重要である。

　とはいえ、今後も生成 AI の影響力は増していくと予想され、これから登場してくる実践例は注目に値するだろう。

Gesture
ジェスチャー

　ジェスチャー（gesture）とは、体の一部の動きを用いて意味や意思を伝達するもので、言語教師によるジェスチャーや顔の表情などの

非言語コミュニケーションは、言語授業において非常に重要な役割を果たすとされている（e.g., McCafferty, 2004）。その機能は大きく分けて2つあり、1つは教師（発話者）自らの発話生成を促進する機能、2つ目は視覚的手段により生徒（聞き手）に情報を伝達し、理解を促進させる機能である（e.g., McNeill, 1992）。

　Sato（2018）では、実際の日本の中高での授業で観察されたジェスチャーを先行研究（e.g., McCafferty, 2004）に基づき、以下のように分類している。

1. Hand gestures

a. Iconics. 具体的な事物や行動・動きを示す。

　例 教師 : After you put it in your file, please open the textbook.

　（発話時に、ファイルにプリントを入れる動作に続き、教科書を開くしぐさをみせる）

b. Metaphorics. 抽象的な事柄・概念を示す。

　例 教師：People help each other, when in trouble.

　（右手を前に差し出し、一人の生徒を指し、他の生徒へとその手を動かす）

c. Deictics. 指や手のひらで具体的な事物を指し示す。

　例 教師：Let's begin, so Question 3.

　（左手でプリントを持ち上にあげ、右手で第3問を指す）

　Deictics は抽象的な事物をも指すこともある。

　例 教師：I went to Shiga Prefecture the day before yesterday, so, Sunday.

("the day before yesterday" を発話するときに、手の親指を右上後方へ2度動かす)

d. Beats. 手や指をリズムを取りながら上下に振る。

例 教師：I didn't play volleyball.

(右の手の平を上下に素早く動かしながら "didn't play volleyball" と発話)

2. Head movements. 肯いたり、首を傾げたりする。

例 生徒：eat food .

　　教師：eats?

(発話と同時に首を傾げる)

3. Affect displays. 主に顔の表情で感情を表す。

例 生徒：Brothers' tie is strong.

　　教師：Wow, good sentence!

(大きなスマイルで感嘆の気持ちを示す)

4. Emblems. OK サインのように、社会的に認められ、所属する文化グループメンバーに共有されている動作。

例 教師：Not blank here.

(右手人差し指を立て、左右に素早く動かす)

　研究者によって様々な分類方法が存在するものの、これまでに見てきた通り、多様なジェスチャーが存在することがわかる。

　「英語での授業」に関して、教師は生徒の英語学習を促進させるために、$i+1$ のインプットを提供する必要がある（→ Input 参照）。そ

のために、生徒の反応を観察し、英語の難易度を柔軟に調整し、インタラクションと適切なフィードバックの機会を増やすなどの方法が考えられるが、ジェスチャーを含む非言語コミュニケーションも有効な手段の1つである。具体的な意味や情報を伝えるための Deictics や Iconics、抽象的な内容に対しては Metaphorics を意図的に授業で使用すると効果的である。また、生徒の不安が低い状況は、第二言語習得を促進する上で重要な要素であるので（Krashen, 1982）、生徒の不安を軽減し、協力的で奨励的な雰囲気を作り出すために、スマイルなどの Affect displays も有効である（Hsu, 2010 他）。

　教師が英語で瞬時に正確に伝えたいことが言えない状況に直面した場合、すぐに諦めず（日本語へのコードスイッチングではなく）、ジェスチャーで少し時間をかけて適切な表現を見つけ、英語での発話を続けていくという方略も考えられる。さらに、ジェスチャーをしながら考えを整理することも有益である。

　「英語での授業」を効果的に実施するためには、まず第一に、教師自身が高度な英語力を身に付けることが重要であるが、それに加えて、生徒の英語理解を促進し、教師の発話を助けるジェスチャーも有効に活用したい。

GIGA School Program

GIGA スクール構想

　GIGA スクール構想（GIGA School Program）とは、文部科学省が 2019 年 12 月に発表した教育改革案で、全国の児童生徒への 1 人 1 台可動式端末（タブレット型・ノート型）と高速大容量の通信ネットワークを一体的に整備する構想を指す。文部科学省（2019）は、目指すと

ころを「多様な子供たちを誰一人取り残すことなく、公正に個別最適化され、資質・能力が一層確実に育成できる教育 ICT 環境を実現する」「これまでの我が国の教育実践と最先端の ICT のベストミックスを図ることにより、教師・児童生徒の力を最大限に引き出す」と示している。GIGA は Global and Innovation Gateway for All の略で、全ての児童生徒のための世界につながる革新的な扉という意味が込められている。

　当初は 5 か年計画で進める予定だったが、2020 年初頭から新型コロナウィルスの影響で学校が一斉休校となったことを踏まえ、補正予算に端末整備等に関わる予算を計上することで 2020 年度内の実現へと前倒しされた。2020 年度末時点で、全自治体等の 96.5％で児童生徒の手元に端末が渡り、インターネットの整備を含めて学校での利用が可能となった（文部科学省，2021）。

　1 人 1 台端末の環境が整備されたことで、学習活動の一層の充実および主体的・対話的で深い学びの視点（→ Active learning 参照）からの授業改善が求められている（文部科学省，2019）。外国語での活用例としては、海外とつながる「本物のコミュニケーション」により、発信力を高めることが挙げられ、具体例としては「一人一人が海外の子供とつながり、英語で交流・議論を行う」ことや「ライティングの自動添削機能やスピーキングの音声認識機能を使い、アウトプットの質と量を大幅に高める」ことが示されている（文部科学省，2020a, p. 12）。現在、様々な自治体がウェブサイトで事例紹介をしているが、文部科学省（2020b）の「外国語の指導における ICT の活用について」では言語活動・練習、交流・遠隔授業、コンテンツ・授業運営に関する具体例が掲載されている。また、文部科学省のウェブサイト「教育 ICT 活用実践事例」でも多くの事例が紹介されていて参考になる。

Gloss

注釈

　注釈（gloss）とは、本文中の語句を取り上げて、その意味を解説することである。SLA の文脈では、L2 学習者が目標言語で書かれたテキストを読むときに、本文中の語句に対して L1 もしくは L2 を使って与える簡単な定義や同義語を指す。紙媒体のテキストなら本文の横や下、巻末などに提示される。電子媒体のテキストであれば、デバイス上で意味を知りたい語をクリックすると注釈が表れるようになっているものが多い。Nation（2022）は注釈を使う利点として、注釈なしでは学習者にとって難しいテキストも使用可能になること、文脈から類推が難しい語に対して正確な意味が与えられること、読みの流れを大きく中断しないこと、付随的語彙学習を促進することの 4 点を挙げている。Yanagisawa et al.（2020）のメタ分析では、注釈の付いている語は付いていない語に比べて付随的に学習される確率が 2 倍近く上がるとしている。

　どのような注釈が良いかについては学習者の熟達度や学習状況に左右されるので一概に言うことはできない。Nation（2022）では過去の研究から注釈の使用に関する以下のようなガイドラインを示している。

1. 注釈はすぐ参照できるようにする。紙媒体であれば、同ページの余白に示す（Jacobs et al., 1994）。電子媒体ならハイパーリングを付けてクリックしたらすぐ見られるようにする。

2. 初級者にはわかりやすくする。L1 で示すのが望ましい（Cheng & Good, 2009; Yanagisawa et al., 2020）。可能であれば文字に加えて絵でも示す（Ramezanali & Faez, 2019）。

3. 中級者以上であれば、選択式の注釈（複数の意味を与えて正しい

ものを選ばせる形式）も効果的である（Watanabe, 1997; Yoshii, 2013）。

4. 中級者以上であれば、注釈には語のコアミーニングを載せ、文脈に合った意味を考えさせるのも効果がある（Verspool & Lowie, 2003）。

5. 可能なら、低頻度語は高頻度語に置き換え、中頻度語(mid-frequency words）に注釈を付けると良い。

6. 複数回テキストに現れる語には現れるたびに注釈を付ける（Rott, 2007）。

Goodness of pronunciation（GOP）

\ 音声の正確性

　音声の正確性（goodness of pronunciation, GOP）とは、コンピューター支援型言語学習システム（→ Computer-assisted lauguage learning, CALL 参照）における自動発音評価法（automatic method of assessing pronunciation）の持つ発音の正確さのことである。この評価法の信頼性（→ Reliability 参照）は、人間（phoneticians）の耳による評価と比較することで判断可能となる。最初にこの自動発音評価のためのアルゴリズム（GOP Algorism, GOPA）を開発したのはWitt（1999）である。

　L2学習者が発音を向上させるには十分なインプット（→ Input 参照）とアウトプットの量が必要だが（Krashen, 1985a; Swan, 1985）、同時に自分の発音と母語話者（NS）のモデル発音との違いに気づくことも重要である（Schmidt, 1990)。しかし、この２つの条件が揃えば学習者の発音は自動的に上達するというものでもない。学習者に誤

りを気づかせ、修正させる刺激が必要なのである。訂正フィードバック（→ Corrective feedback 参照）の必要性が強調されるようになったのはそのためである（Hattie & Timperley, 2007; Shute, 2008）。そしてその結果、SLA の CALL 利用の音声教育では自動音声認識技術（automatic speech recognition）を基に自動音声評価技術（automatic pronunciation assessment）が開発され、これが GOPA の開発につながったのである。ただ、現行のアルゴリズムは性能的にまだ完成した状態に到達しているとは言い難く、研究者は学習者の犯した発音上の間違いを将来的にもっと高い確度で指摘・矯正できるように改良を重ねているところである。

全ての音声は分節音と超分節音という 2 つの異なるレベルを同時に持ち、両者とも発音の正確さに関与するが、GOP は基本的に前者、つまり L2 学習者による発音の正確さを分節音（→ Segmental/Suprasegmental 参照）のレベルで自動評価することを目的としている。この背景には、昔から発音の評価が多分に判定者の主観に依存しすぎてきたという事実がある。しかし一方、人間の耳に頼る評価も評価者間で一致する場合も多く、信頼できるものである。ゆえに、耳による評価は GOP で比較のベンチマークとして利用されるのである。

GOPA は学習者によって具現された音声がどの程度の確率で元の音素と対応しているかを尤度比（ゆうどひ：likelihood ratio ＝感度÷（1－特異度）、つまり感度と特異度の比 ）で表す。言い換えると、尤度比は条件付き確率のことで、それがゼロであれば発音上問題のない正確さを意味し、逆に大きくなるほど NS の発音から離れている（つまり intelligibility が下がる）ことを意味する。GOPA における斬新な理論的特徴は、比較する対象が音声と音韻であって、NS と non-NS の発音ではないという点である。

Grammar translation method

文法訳読法

　文法訳読法（grammar translation method）とは、文法と訳読指導を主眼とした、中世ヨーロッパのラテン語・ギリシャ語指導を起源とする伝統的指導法である。この教授法の理念として、Larsen-Freeman & Anderson（2011）は以下の12点を挙げている。

1. 言語を学ぶ基本的な目的は書き言葉を理解し文学を鑑賞することにある。
2. この教授法の重要な目的は1つの言語を他の言語に訳することである。
3. 目標言語でコミュニケーションができるようになることは目的ではない。
4. 伸ばすべき重要なスキルはリーディングとライティングであり、スピーキングとリスニングにはほとんど注意が向けられていない。
5. 教室では教師が生徒に正しい答えを与える権威者である。
6. 目標言語の単語全てを母語の単語に置き換えることは可能である。
7. 目標言語と母語の類似点に注目することで学習が促進される。
8. 文法形式について学ぶことが重要である。
9. 演繹的明示的文法指導が行われる。
10. 言語学習は効果的な知的活動である。
11. 生徒は目標言語の文法規則を常に意識していなければいけない。
12. 可能な限り、動詞の活用やその他の文法的パラダイムを記憶しておく必要がある。

以上のように、英語教育を通じて教養を高め、知的鍛錬を行うこと
が第一義であり、現在求められている実用的英語運用能力育成をそも
そもの目的としてはいないことがわかる。高度な内容の教材を扱い、
意味内容を正確に理解させ、文法を体系的に学べるという長所はある
ものの(白畑他, 2009)、ほとんど日本語で行われる。よって英語を使っ
たコミュニケーション活動のないこの教授法はあくまで、目的に応じ
て、選択的・限定的に活用していくべきであろう。

Grammaticality judgment test
文法性判断テスト

　文法性判断テスト（grammaticality judgement test）とは、学習者
に、ある文が文法的に正確かどうかを判断させる1つの測定方法であ
り、第二言語習得研究で広く使用されている。典型的な形式は、書か
れた正確な文と非文を判別させるものであるが、選択肢を与えて正確
なものを選ばせたり、問題を音声で提示することもある。

　Ellis（1994）によると、この方法は、特定の文法項目について学習
者の内在的な習得度に関する情報を収集するのに有効である。そこで
測定されるのは主に明示的知識（explicit knowledge）であり、Ellis
（2005）では、明示的知識と暗示的知識（implicit knowledge）を測定
するテスト群の1つにこの文法性判断テストが含まれている。

　上記の研究（2005）において、Ellis は、暗示的知識のテストは明
示的知識のテストよりも確実な反応を引き出す、そして、適格文
（grammatical sentences）は暗示的知識と相関し、不適格文
（ungrammatical sentences）は明示的知識と相関すると仮定したが、
それらの関係性は文法性判断テストに時間制限があるか（timed）無

いか（untimed）によって違っていた。それに対して Loewen（2009）
は、時間制限があるという条件が妥当性に影響した可能性を指摘し、
島田（2010）も時間制限が不適格文の判定に影響したと考えている。
このように、ある文の文法性を判断する場合、L2 学習者の使う知識（L1
の干渉を含む）や正誤判定プロセスが、L1 話者のものとは質的に異
なることが指摘されている（Kusanagi & Yamashita, 2013 など）。

　その後、英語習得研究だけでなく、日本語習得研究においても（例
えば簡, 2015）、文法性判定テストはそれぞれの研究に合うように形
式や時間制限の有無（timed vs. untimed）などの条件を調整しなが
ら頻繁に使用されている。

Guided practice

ガイド付き練習

　ガイド付き練習（guided practice）とは、学習者が自動性と正確性
を高めるために、意味のある制限された文脈で、言語の文法的特徴に
注意して、訂正的フィードバック（→ Corrective feedback 参照）を
受けながら練習することである。

　SLA 研究では、コミュニカティブな言語活動において、暗示的ま
たは明示的に学習者の注意を言語形式に向ける、言語形式に焦点を置
いた指導（→ Form-focused instruction, FFI 参照）の重要性が指摘
されてきた（Nassanji, 2000）。例えば、文法重視のフォーカス・オン・
フォーム（→ Focus on form, FonF 参照）では、機械的なドリルの
みを行うよりも、コミュニケーション活動を伴う統制された活動を併
用する方が、学習者にとって文法構造の定着や自動化に肯定的な影響
を与えることが示唆されている（Khatib & Nikouee, 2012）。

上記を踏まえ、Lyster（2017, 2018）は、内容中心指導法（→ Content-based instruction, CBI 参照）において言語形式に焦点を置いた指導のモデルを提唱した。本モデルには、4段階の指導手順がある。第1段階は、事前に計画された気づき（→ Noticing 参照）の段階で、言語形式を含む内容に注意を向けさせる。第2段階のアウェアネス（→ Awareness-raising task 参照）では、学習者の注意を特定の言語形式に向けさせる。第3段階では、内容に関するクイズへの回答、絵の描写、データの表についての質疑応答などの意味のある制限された文脈において、その言語形式を定着させるためのガイド付き練習をさせる。最後に、制限が少ない文脈での自律的練習（autonomous practice）の機会を設け、再び内容に焦点を当てる。

Lyster の指導のモデルは、日本の教室においても、コミュニカティブ・ランゲージ・ティーチング（→ Communicative language teaching, CLT 参照）における、文法指導のあり方に示唆を与えるものである。

High-variability phonetic training（HVPT）
高変動音素訓練

高変動音素訓練（high-variability phonetic training, HVPT）とは、L2 学習者に目標言語（TL）の多様な話者によって生成される音声（音素）を多様な音声環境の下で聞かせることで、音素判別能力を向上させようとする訓練法のことである。広義にはコンピューター利用発音学習（→ Computer-aided pronunciation teaching, CAPT 参照）で実践される外国語発音教育の1種である。

SLA 研究において、近年、音声教育の実践的研究が脚光を浴びて

きているが（Levis, 2016）、この背景には近年の英語の国際化という事情がある（「国際語としての英語」: EIL, EGL）。それに伴い、英語音声教育の達成目標は「ネイティブらしい発音」から「多様な英語使用者間でわかり合える明瞭性（→ Intelligibility 参照）と理解しやすさ（→ Comprehensibility 参照）を兼ね備えた発音」へと変わり、後者の研究の必要性が脚光を浴び出したのである。これにはもちろん、近年のコンピューターとインターネットの発達も影響している。コンピューター利用の音声研究は、分析方法が客観的で、実証研究としての確度を上げることができるからである。

　リスニング能力の最も基礎となるのは、正確な音素識別能力である（→ Phoneme 参照）。音素の識別では、学習者の L1 と L2 の間で異なる音素間の音響イメージが近いほど両者の判別は難しくなる（Flege, 1995）。そして、知覚を経て意味の理解に影響を及ぼす度合いが潜在的に高い音素群が最初の学習対象となる（Munro et al., 2006）。ただ、HVPT を教室での指導に長期にわたって実践した研究はまだ報告されていない（Thomson, 2012）。

　調音法の学習について、HVPT を推奨する研究者には 1 つの信念(仮説）がある。それは、音素の識別ができれば調音もうまくできるようになるという考えで、実際に成果が報告されている（Bradlow et al., 1997; Lively et al., 1993）。よって、母語と似て非なる音を正確に知覚できるようになるのが先決だということになる。いずれにしろ、今後は CAPT の調音方法をアニメ化して学習者に見せて HVPT を実践するというような複合的な研究もなされるであろう。確実に 1 ついえることは、調音方法の指導が中心であった英語音声教育は過去のものとなりつつあるということである。

　現在、HPVT は十分に完成されているというわけではない。研究手法のばらつきや教育方法の単調さを問題として指摘する者もいるの

である（Thomson, 2018）。しかし、今後は情報通信技術（→ Information and communication technology, ICT 参照）を駆使してゲームやクイズなどを映像と共に取り入れる次世代型のシステムが考案され、CAPT は将来的に広く使われる手段になる可能性がある。

Holistic rating / scale

総括的評価法 / 採点基準

　総括的評価法（holistic rating）とは、様々な観点を包括した評価を行い全体を代表する1つの総合点をつける評価方法で、主にパフォーマンス評価（スピーキングやライティング）に使用される。段階的な評価基準に基づいて判定がなされるが、分析的評価法（→ Analytic rating 参照）と違うところは、各評価段階に評価の観点全てがまとめて反映されている点である。

　この評価方法は TOEFL®、IELTS® などの海外の大学の入学基準となるテストに使われていることが知られているが、一まとまりの学習内容に関する成果や到達度を測定する際やスピーチ・コンテストなどの評価にも使われる。特に結果が受験者に重要な影響を与えるハイ・ステークスなテストにおいては、多くの受験者のパフォーマンスを短時間で公正に評価しなければならないため、厳密な評価基準の設定と周到な評価者トレーニングが必要になる。そのようなテストを扱う米国 Educational Testing Service（ETS）は、様々な外部テストの検証研究を最近では機械採点の結果を含めて公開している（https://www.ets.org/research/centers/）。

　TOEFL などの外部テストは厳格な評価トレーニングを受けた評価者によって判定されるため、高い評価者間信頼性を担保しており、受

験者は全体の中での自分の熟達度を客観的に把握できる。総括的評価は、教室内では最終評価として開示されることが多いが、弱点や改善点などに関する詳細なフィードバックを含まないため、学習者は自分の弱点が把握しづらい。また、総括的評価法を教室内や学内コンテストなどで使う場合は、適切な評価トレーニングがなされないと、恣意的・印象的な評価になる危険性がある。Ghalib & Al-Hattami（2015）、Bacha（2001）、Hamp-Lyons（1995）などに総括的評価法と分析的評価法の違いや問題点が詳細に説明されている。

　総括的評価法はそれ自体を研究するというより、分析的評価法との比較（Jönsson & Balan, 2018 など）や、形成的評価（→ Formative assessment 参照）や分析的評価の結果を外部試験が示す総括的評価の点数に照らして検証するために使われることが多い（石川，2017）。最近の学習指導要領における評価方法の重視を受けて、初等・中等教育での評価研究も増えているが、教室内評価に関する実践研究では、分析的評価基準に関するものが中心となる傾向がある。しかし、ライティングやスピーキングには多種のジャンルが存在し、総括的評価がよりなじむものもある。周到に準備された産出（prepared speech）かその場での即興的対話（impromptu conversation）かなどのコンテキストも考慮しつつ、2つの評価方法の比較・研究を更に進めて欲しい。

Immersion

イマージョン

　イマージョン（immersion）とは、目標言語（target language：学習の対象となっている言語）を使用する環境に「どっぷりつかって」

言語を習得することである。留学によって目標言語に囲まれながら過ごすこともイマージョンの一種ではあるが、多くの場合はイマージョン・プログラム、すなわちL2を使って様々な教科を指導するようなバイリンガル教育のことを指す。良く知られているのはカナダのモントリオール州で1965年に始まった英語／フランス語のイマージョン・プログラムや、米国カリフォルニア州で1971年に始まった英語／スペイン語のイマージョン・プログラムである。最近では日本のような外国語学習環境でもイマージョン・プログラムを提供している学校がある。イマージョンの種類としては、イマージョンを幼稚園あるいは小学校低学年で開始する早期イマージョン（early immersion）、小学校中学年から高学年で開始する中期イマージョン（delayed immersion）、中学校から開始する後期イマージョン（late immersion）、全ての教科をL2で指導する完全イマージョン（full immersion）と、一部の教科だけをL2で指導する部分イマージョン（partial immersion）、さらに2つの言語の母語話者が半分ずついる教室で、互いのL2を学び合う双方向イマージョン（two-way dual language immersion）が挙げられる。種類は何であれ、イマージョン教育の中で、きちんとL1での認知的／学術的言語能力（→ Cognitive/Academic language proficiency, CALP 参照）を伸ばす指導をすることが、L2習得の成功につながるとされている（Cummins 1979; Hummel, 2021）。

　イマージョンでは理解できるインプット（comprehensible input）が外国語教室と比べて3～7倍にあたる量を与えられる（Netten & German, 2004）ため、高いL2聴解・読解力が身につくが、一方でアウトプットは不十分になりがちであるため、正確な文法を使用したスピーキング・ライティング力の発達については限界がある。この限界に着目したSwain（1985）は、L2習得においてはアウトプットを強

制されること（pushed output）が産出能力の流暢さだけでなく正確さの向上にも貢献することを指摘した（→ Output hypothesis 参照）。

　外国語教育の場でも、ICT を活用してできるだけ多くの本物の L2 素材に学習者を触れさせて使用する場面を増やすことで、イマージョンに少しでも近い学習環境を整えることや、L1 の国語力を鍛え、読み書きの能力や論理的思考を高める読解・作文・口頭発表などに力を入れることが、L2 能力の伸長にも寄与する（Kim et al., 2022; Pae, 2019）。さらに、知識を固めてからアウトプットの練習をすると考えるのではなく、アウトプットを多く行うことこそが知識の定着につながることを踏まえた指導が望まれる。また特に高等教育では、教科や専門分野について L2 で学ぶ内容言語統合型学習（→ Content and language integrated learning, CLIL 参照）が、外国語教育環境においてはイマージョンと類似した学習状況だとみなす場合がある（Finnish National Board of Education, 2016）。

Incidental vocabulary learning
付随的語彙学習

　付随的語彙学習（incidental vocabulary learning）とは、(1) 語彙が意図的な学習以外の活動（例、読書）の副産物として学習されること（e.g., Brown et al., 2008）、(2) 学習者に語彙を学習する意図がなく語彙が学習されること（e.g., Barcroft, 2004）を指す。(1) と (2) の意味は完全に同じではなく（Gass, 1999）、付随的・意図的の違いは二元的ではなく段階的であるとする説もあり（Barcroft, 2004）、「付随的」という言葉の解釈は一様ではない。

　付随的語彙学習は実際に使用されている文脈での語彙理解を促進す

る効果が期待できる一方、未知語の学習には向かず、意図的語彙学習より時間がかかり効率が悪い。カリキュラムに取り入れる場合、長所と短所を理解して使用する必要がある。

　リーディングが付随的語彙学習に有効であるとする研究は多く（e.g., Ponniah, 2011）、多読指導において付随的語彙学習は期待される効果の１つである。Vidal（2011）はリーディングの方がリスニングよりも付随的語彙学習に効果的であることを示唆したが、リスニングの研究は比較的少ないため、効果検証にはさらなる研究が必要であろう。

　日本の英語教育における付随的語彙学習の実践研究例に Webb（2008）がある。50 名の大学生は学習対象語を知らされずに、対象語一語を含む二・三文程度の短い英文を、十語の対象語について授業中に読んだ。学生は 2 グループに分かれ、一方は対象語の意味を推測するための文脈的手がかりを多く含む英文を読み、もう一方は文脈的手がかりが少ない英文を読んだ。事前知識の影響を排するため、学習対象語は英語ではない人工語を用いた。抜打ちテストの結果、より多くの文脈的手がかりを含む文脈を読んだグループの方が対象語の意味の記憶・認識についてテストで有意に高いスコアを示したが、綴りのような形の記憶・認識については有意差がなかった。付随的語彙学習において、文脈的手がかりは意味の記憶・認識を促進するが、形の記憶・認識を促進しないことが示唆された。

　付随的語彙学習は実際の文脈における語彙理解を促進する有効な学習法であるが、授業で効果的に実践するためには意図的語彙学習とのバランスを取り、学習対象語の付随的語彙学習を行うのに十分な文脈的手がかりのある教材を使用することが望ましいであろう。

Individual differences
個人差要因

　個人差要因（individual differences）とは、個々の学習者がもっていて、L2の発達に異なった影響を及ぼす様々な要因である。同じ教員が同じ教材を使った授業を、同時に受けた学習者の学習成果においても個人差が生まれるのは個人差要因が影響しているためである。

　個人差要因の分類には様々な考え方があるが、多くの要因を包括的に示している Ellis（2015）は、個人差を生み出す主な要因を以下のように4つに大別し、それぞれに下位項目をたて、合計8つの個別要因を挙げている。

1. 認知的要因（cognitive factors）
   (1) 知性（intelligence）
   (2) 言語適性（language aptitude）
   (3) 学習者の信条（learner beliefs）
2. 意欲に関する要因（conative factors）
   (4) 動機づけ（motivation）
   (5) 他者と対話する意思（willingncss to communicatc）
3. 情意的要因（affective factors）
   (6) 不安（anxiety）
4. 統合的要因（mixed factors）
   (7) 性格（personality）
   (8) 学習スタイル（learning style）

中でも動機づけ、WTC、不安などは教師が直接関わることで大きく左右される要因であるので、よりよい学習成果をもたらすためには、教師が個人差要因について十分に理解しておく必要がある。さらに、上記8項目のほかに、年齢や言語学習環境を含める考え方もある。さらに言語学習ストラテジー（language learning strategies）も個人差に影響を与える要因であるともいわれている。

　近年、Dewaele を中心とする研究者から、学ぶ喜び（→ Enjoyment 参照）や学習者が持つ自分の将来像（future visions）がコミュニカティブな授業で力をつける要因になっているとの提案がなされ、研究成果が積みあがってきている。例えば、Dewaele et al.（2017）が、ロンドンのトップレベルの中学高校で外国語を学ぶイギリス人高校生189名（12歳〜18歳）を対象に質問紙調査を行ったところ、目標言語に対する態度、担当教師への態度がともに良好で、教師がFLを多く使用し、授業内の学習活動もマンネリ化せず目新しいものと、学ぶ喜びを増幅させるということが判明した。つまり、内的要因のみならず、外的要因も学ぶ喜びに大いに影響していることがわかる。また、日本の高校1年生を対象にした Saito et al.（2018）の実証研究では、英語を使って仕事をする自分の将来像を持てている学習者は1学期間でも英語の発音の聞き取りやすさが向上したと報告している。

　この結果を世界中のあらゆる年代のあらゆる環境にいる学習者に当てはめることは容易にはできないが、少なくとも、日本人学習者であっても、一定の英語力がついてきた学習者、担当教師とクラスとの関係が良好な関係で、英語を多用し、様々な言語活動を取り入れた授業を行うことが推奨されよう。

Information and communication technology（ICT）

情報通信技術

　情報通信技術（information and communication technology, ICT）とは、コンピューターやインターネット、デジタル技術を活用して情報を収集・処理・保存・伝送するための技術やシステムを指す。これは主にコンピューター技術と通信技術が組み合わさったものであり、デジタル形式で情報を取り扱い、伝送する手段や方法を包括している。

　ICT活用は、英語教育において重要な役割を果たす。コンピューターを活用すれば、テキスト、音声、動画などを劣化しないデジタルデータとして教材に利用できる（→ Computer-assisted language learning, CALL 参照）。スマートフォンのようなモバイル機器を活用すれば、いつでもどこでも学習者の都合に合わせて学習することができる（→ Mobile-assisted language learning, MALL 参照）。インターネットを活用すれば、無限の学習リソースにアクセスでき、学習者のニーズや興味に合わせてテキスト、音声、動画などを教材として利用できるだけでなく、オンライン上の学習プログラムを利用することもできる（→ Web-enhanced language learning, WELL 参照）。テクノロジーを活用した学習（→ Technology-enhanced language learning, TELL 参照）。

　しかし、ICT を効果的に活用するためには、ICT 利用の有無による学習効果の違いに目を向ける必要がある。ICT の活用方法を知ったうえで、あえて ICT を使わないことのメリットに目を向け、ICT を使うならどのように使うことによって学習効果を上げることができるのかという視点を忘れてはならない（→ SAMR model 参照）。また、学習効果を引き出すためには、ICT の導入計画、適切な教材の選定、

教師の活用のための研修なども必要である。

Inner speech
内言

　内言（inner speech）とは、社会文化理論（→ Sociocultural theory
参照）の中で使われる用語で、学習者が頭の中で語る言語のことを指
す。プライベート・スピーチ（private speech）が、声に出された独
り言を指すのに対して、内言は意味概念を中心とした思考言語であり、
必ずしも発話のように明確な言語表現の形を取らないことも多い。

　社会文化理論では、社会的やり取りを通して言語発達が起きると考
えており、自分とのやり取りも発達の上で重要であると考える。発達
は、人とのやり取りをする社会的なレベル（social tier）から、自分
とのやり取りをする独り言を経て、内言化され、知識が内在化されて
心理的なレベル（psychological tier）に至るという過程を経る。つま
り新しいことを学ぶ場では人とのやり取りを通して意味を協働的に構
築し、そこで得られた知識を使って自分で考えられるようになるが、
自律的に思考できるようになるまでは、声に出して考えたり、声に出
さないものの、頭の中で話をしながら意識的に考えることをして、や
がて無意識に答えが出せる自己調整（self-regulation）が可能となる。

　内在化済みの知識であっても、難しいタスクに出会うと、内言をし
たり、声に出して考えたりすることで問題解決できることがある。外
国語学習においても、例えば自分にとって難しい文章を読む際、一読
してもわからない場合は、もう一度ゆっくり読み直したり、わからな
い部分を声に出して読み上げたり、思考過程を声に出してみると理解
しやすくなることがある。これは一度内在化された能力を、いったん

223

自分との社会的やり取りの形に戻すことで、自己調整を促進している
からであり、同じ情報が文字情報として視覚的に入ってくるだけでな
く、声に出してみる調音の行為や、自分の声が聴覚的に入ってくるこ
とを通して、情報との関わりがより深くなることが貢献していると考
えられる。また、自分の力だけでは読解できなければ、辞書や参考書
を使うなど、物を介した調整（object regulation）や、人に質問する
といった他者調整（other regulation）などを行う。自律した思考ほ
ど無意識で心理的であり、難しい課題や学びの場では思考がより意識
的になり、より社会的になる、ということである（Lantolf & Thorne,
2006）。つまり内言は、最も高次元の意識的活動にあたる心理的なレ
ベルでの自己調整に至る直前の発達段階に相当する（Vygotsky,
1978）。

　内言については直接観察できないが、教室内で学習者にピンマイク
をつけて独り言を録音した研究（Ohta, 2001）では、学習者が授業中
に教師の発言を小さな声で繰り返したり、他の生徒が当てられて答え
ている際にも、当てられていない生徒が小さな声で解答している様子
などが観察されており、学びの際に自分とのやり取りが重要な認知的
機能を果たしていることが示されている（Winsler, 2009）。

Input
インプット

　インプット（input）とは、学習者が言語を習得するために使うこ
とができる言語材料である（Gass & Selinker, 1994）。したがって、
学習者の身の回りには利用することができない言語材料、つまり理解
できない言語材料もあるため、学習者は習得しようとする言語に多く

接触したり浸ったりすることがL2習得には効果的であると言われている（佐野・長崎，2011）。

　Krashen（1982）は理解できるインプット（comprehensible input）を大量に得ることの重要性を主張して広く認められたが、Long（1983）は、L1話者や上級話者との意味交渉（negotiation of meaning）があるとその学習者にとってはまさにピンポイントで習得のためのインプットが提供され、さらに効果的に言語習得が起こると唱え、学習者がわかるような表現に調整したインプット（modified input）の必要性を説いた。　したがって、理解できるインプットは教室で提供されることが多いが、教室外においても学習者は自ら得ることができる。興味がある内容の映像を繰り返し視聴したり、話したい人に積極的に話しかけたりすると、理解できるインプットの量を増やし、質を高めることができる。

　インプットは2種類に大別され、タイプ別のインプットについては、Long & Robinson（1998）が以下の図1のように示している。オーセンティックまたは学習者が理解できるような形に修正されたインプットはL2習得のための正しいデータまたはモデルとしての役割があり、肯定的証拠（positive evidence）と呼ばれている。もう一方の否定的証拠（negative evidence）は、規則や例を示して文法指導を行ったり、学習者が発した誤りについてその使い方は間違っているという否定的な内容を示すデータであるが、両方を合わせてインプットとして捉えた概念は、以降のエラーの訂正（→ Error correction 参照）や訂正フィードバック（→ Corrective feedback 参照）の研究の理論的後押しとなった。

　教師から見ても、インプットはL2習得を促進する最も大きな原動力であるということは理論的にも体験的にもよく理解できるものではあるが、実際に学習者に理解できるインプットを豊富に与えることが

できるか、というとそれは大きな困難を伴う。ESL 学習者と違って、EFL 学習者にとってはインプットの絶対量が少ないので、教室の中でインプットに触れさせなければ、教室外で自然にインプットに触れることはあまり期待できない。そのため、自らインプットを得たくなるよう動機づけを高める、自分でインプットを得る課題を出して教室内外における言語活動を行わせる、教室外でオーセンティックで理解可能なインプットを得られる方法を指導するなど、教師の工夫が必要である。

　また、インプットはただ大量に浴びているだけで習得に結びつくといった単純なものではなく、複雑なプロセスである。まず、学習者自らが積極的能動的にインプットに関わる行動をとることが前提であり、インプットに含まれている「何か」に気づくこと、気づいたことが何であるかを理解すること、理解できたことがらを自分の知識体系に組み込んで記憶として蓄えること、新しい知識を既存の知識と統合すること、言語を使うときは蓄えた知識を呼び起こして使うことが必要である。学習者に気づいてもらうための望ましいインプットの特徴として、(1) 新しい項目の期待度 (expectation)、(2) 頻度 (frequency)、(3) 際立ち度（salience)、(4) 学習者のスキルレベルによる言語形式と意味のつながりに関する規則の透明度（transparency）、(5) タスク遂行上の要求度(task demand)または意味伝達上の価値(communicative value）の 5 点を Schmidt (1995, 2001) が挙げている。さらにバトラー後藤（2015）は、文法のみならず全体的な L2 習得のためには、適切で、良質なインプットを継続的に与えることの重要性を強調している。

図1　Data for SLA（Long & Robinson, 1998, p.19）

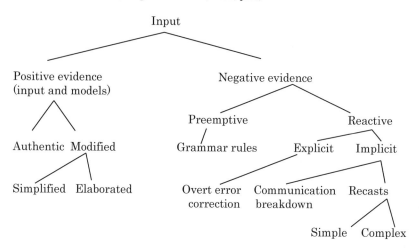

　日本のようなインプットが極端に不足している EFL 環境にいる学習者が自らインプットを得るための工夫として、多読、視聴覚教材の利用、web 上のコンテンツの活用などがあろう。また、教室や自宅でコンピューターを使える環境であれば、テキストを読み上げるアプリを使い、インプット不足を少しでも補う有効な手段とすることができるであろう。例えば、Matsuda（2017）は、テキストを読み上げる合成音声をリスニング指導に使った。上級者は音に焦点を当てると、合成音と人間の音声との違いを認識してしまうため、音声面の学習効果は少なかったが、意味に焦点を当てると学習効果が大きかった。

　語彙の付随的学習（→ Incidental learning 参照）においても、ビデオによる視聴覚教材を利用することでインプットを増やした実践例がある。Teng（2022）は語彙学習のインプット源として、ビデオ視聴に字幕を使うと語彙の学習にどう違いが出るかを検証し、ビデオ使用、字幕活用の効果を実証した。字幕なしでも語彙学習は起こるが、字幕を使った実験群の方が言語形式と意味の学習において有意な伸び

を示し、実験群の中でも L2 の熟達度が高い人、さらに言語学習適性（→ Language learning aptitude 参照）の高い人たちにはより語彙の付随的学習の効果が大きかった。

　さらに、言語使用の適切性に関するインプットについて Bardovi-Harlig & Hartford（1996）は、学校環境においては極めて限定的であると指摘している。適切な言葉のやり取りをするための語用論的知識を身に付けるためには、教室では教師と学習者という立場に限定されてしまい、場面や使われる発話行為（→ Speech act 参照）も限定的であると述べている。したがって日本の学校教育の場において、教師と学習者とが英語でやり取りする場面や状況はさらに限定的になるので、指導の場でロールプレイなどを行う際に、教師・学習者という立場以外の場面を設定して言語活動を行うことが重要である。

Input enhancement / Input flood
インプット強化 / インプット洪水

　インプット強化（input enhancement）とは、教師や教科書作成者が L2 のある特定の側面に学習者の注意を向けさせたいときに、太字にする、下線を引く、ハイライトするなどを行う操作である（Sharwood Smith, 1993）。学習者は有意味な自然なインプットにただ触れているだけでは、必ずしも高度な正確さを身に付けることはできない（Swain, 1985）。そのため、問題が起こりがちな言語の側面に学習者の注意を引き付けて、習得を促す必要がある。インプットのある側面に関する例を示して、構造の特性や規則を説明する、または、学習者に理解させる必要がある（Sharwood Smith, 1993）。この概念を Sharwood Smith（1980）は、意識化（consciousness-raising）と呼んでいたが、

その後インプット洪水という言い方に変更した。インプットを多く提供されることで学習者の意識が変化することを「意識化」と呼び、与えられたインプットを全て取り入れる（→ Intake 参照）ことを前提とした。一方でインプット強化は、インプットによって意識の状態が変化することのみを指してインプットが摂取（intake）されるところまでは言及しないとして、2つの概念を区別するようになった。

なぜインプット強化を行うかについて、White et al.（1991）は自然なインプットだけでは学習者は気づかないことがあり、誤って解釈していた言語規則を学びなおす機会となるからと説明している。

一方、インプット洪水（input flood）とは、意味中心の活動を行うなかで学習者に新たに学んでほしい項目を文中に人為的に増やした学習教材を与えて集中的に繰り返し当該項目に触れさせようとするものである。

Hernandez（2011）は英語を学ぶスペイン人大学生を対象に、明示的指導とインプット洪水を合わせたグループとインプット洪水のみのグループの学習成果を比較し、明示的指導とインプット洪水を併せた指導の効果が大きかったことを報告している。今後は明示的指導のみ、インプット洪水のみの比較研究が待たれる。

Fakher Ajabshir（2022）は学習者を（1）文字によるインプットを強化、（2）インプット洪水、（3）アウトプットの練習、（4）統制群に分けて、それぞれの効果を比較したところ、言語の使い方に関する理解についてはインプット強化群とアウトプット練習群が同様の効果があったが、アウトプットする力の伸びはアウトプット練習群が最上の効果を出したと報告している。この結果に基づき著者は、インプット中心の授業とアウトプット中心の授業を共に行うことを勧めている。

Hirakawa et al.（2019）は日本人大学生を対象に、明示的指導、イ

ンプット洪水、留学による現地校の英語による科目履修の3タイプの学習効果を比較し、得られた結果を基に、肯定的証拠だけでは文法の正確さは向上しないと主張している。つまり、インプットにただ触れているだけでは L2 習得は進まないことの裏付けを示した。

Input hypothesis
インプット仮説

　インプット仮説（input hypothesis）とは、Krashen（1981, 1982, 1985）が提唱した第二言語習得に関する5つの仮説（→ Monitor model 参照）の1つで、学習者がインプットを理解すると習得が起こるので、学習者には理解できるインプットを大量に提供するべきであると主張している。この仮説を重要視した教授法（→ Natural approach 参照）を提唱した Krashen & Terrell（1983）は、学習者が習得のために使うインプットの供給源は教師であるので、教師は常に学習者のニーズと興味と把握し、学習者にとって有意味なインプットの供給を強く勧めている。加えて、学習者は自分の現段階の習得度より少し上の i+1 レベルの言語項目が含まれていても、言語外の情報で意味を理解すると説明している。したがって、学習者が興味をもって意味理解を自ら行うような内容のインプットを大量に与え、その際に視覚情報、教師の身振り手振り、その場の状況などで提供したインプットが理解できるようにすることが教師に求められている。

　インプット仮説が生まれた経緯として、主に米国で広く取り入れられていたオーディオリンガル・メソッド（→ Audio-lingual method 参照）で使われていた教材は、豊富なインプットを理解させてコミュニケーションのために使うというより、言語形式を正確に使えるよう

に機械的な繰り返しによる学習が行われていた。そのため、Krashen
のインプット仮説は、学習者がインプットを理解すると習得が進むと
した当時としては斬新な考え方であったにもかかわらず、広く賛同を
得たという背景がある。インプットの重要性を否定する者はおらず、
一時は、Krashen の第二言語習得に関する仮説に基づくナチュラル・
アプローチも含めて、広く支持された。

　しかしながら、インプット仮説では意味理解を強調するあまり、提
供するインプットに含まれる新しい言語項目の言語形式に関する説明
や、*i*+1 レベルの明確な定義が十分ではなかったことや、L2 学習に
おける意識の役割を重視していなかったことなどから、次第に批判が
出るようになった。例えば、気づき仮説（→ Noticing hypothesis 参照）
を提唱した Schmidt（1990）は、習得が起こるためには学習者はイン
プットに含まれるある部分に気づく必要があると強調した。例えば、
可算名詞の単数形と複数形とでは -s が付く付かないの別に気づく必
要がある。英語を L1 として獲得する幼児であれば周りの人たちとの
対話の中で、おやつやおもちゃの単数複数の違いがすぐに理解できる。
しかし、EFL 学習者は言語形式に注意を向けて意識的に学習する必
要がある。Schmidt は気づき仮説の解説の中で、学習者が注意を向け
やすくするためには、新しい言語項目をインプットの中で学習者に
とっての新しい項目は（1）際立ち度（saliency）を高め、（2）頻度
（frequency）を高め、（3）規則性がすぐに理解できる透明性
（transparency）と、（4）意味伝達上の価値（communicative value）
に配慮する必要があると強調している。

　さらに Long（1981, 1983）はインプットだけでは L2 習得には不十
分であるとしてインタラクション仮説（→ Interaction hypothesis 参
照）を唱え、Swain（1985）は学習者が理解できるインプットだけで
はなく、コミュニケーションの相手が理解できるアウトプットができ

るようになることも重要であると主張（→ Output hypothesis 参照）
した。以上のように、インプット仮説は多くの批判も浴びたが、
Krashen の他の仮説（→ Monitor model 参照）とともに、以後の
SLA 研究の発展に大きく寄与し、現在においても SLA 研究の指針の
1つとなっている（佐野，2013）。

　インプット仮説から得られる実践的示唆として、教室では教師が生
徒に理解可能なインプットを十分に与える必要があり、学習者自らが
教室外においてもインプットを求める方法を教える必要がある。中で
も、特に現代に生きる教員たちに積極的に取り組んでもらいたいこと
は、(1) EFL 環境で指導・学習していることを意識すること、つまり、
インプットを理解するだけでは L2 習得には不十分であることを意識
し、明示的指導（→ Explicit instruction 参照）を取り入れて暗示的
指導（→ Implicit instruction 参照）とのバランスをとること、(2)
教材や学材として提供するインプットの絶対量を少しでも増やすため
に、教室で訂正フィードバック（→ Corrective feedback 参照）を実
践し、コーパス（→ Corpus 参照）を活用して真正なインプット（→
Authentic input 参照）を増やし、(3) インタラクションの機会を補
充するために、言語使用の場を提供する言語活動を積極的に取り入れ、
ICT の活用を教室で積極的に示し、可能なら言語体験を補うための
長期・短期の留学を積極的に支援し、(4) 言語を適切に使ってインプッ
トやインタラクションを増やすことにつながる語用論的能力（→
Pragmatic competence 参照）を育成し、(5) インプットの取得、処理、
取入れに学習者が積極的に関与（engagement）（→ Individual
differences 参照）するよう、学習者が L2 を学びたいと思わせるよう
な内側から起こるニーズと動機づけを高める工夫を試みる、などが挙
げられよう（佐野，2013）。

Input processing theory
インプット処理理論

　インプット処理理論（input processing theory）とは、学習者がインプットを受ける際にインプットの与えられたコンテクストにおいて、特定の項目・形式にも注意を払い、意味と形式を結び付け理解することにより言語習得が促進されるという VanPatten（1996）によって提唱された理論である。

　その後、VanPatten（2004）において、2つの大原理と下位原則が提示された。1つ目の原理は意味処理第一原理（the primacy of meaning principle）といわれ、学習者は、言語の形式よりも意味の理解を優先しインプットを処理するということである。例えば、Yesterday, I studied English for two hours. という英文を理解する際、Yesterday という語から過去の出来事であると理解し、study の過去形 studied にはほぼ注意が行かない現象を指す。2つ目の原理は最初の名詞原理（the first noun principle）で、これは学習者は最初の名詞や代名詞を主語として処理する傾向にあるということである。例えば、Tom was kicked by his brother. という英語を聞いて、Tom を行為者として理解してしまう現象がこれにあたる。

　VanPatten（2004）は英文を理解するためには、特定の形式が注目されるよう構造化されたインプットを与えることが有効な指導であると提案している。例えば、The movie "Drive my car" was boring. I was bored by the movie. と学習者に語りかけ、理解を確認したり、あるいは、Have you watched the movie? How about you? Was the movie boring? Were you bored by the movie ? とたずね、答えさせるような方法である。この際、学習者の注意は自然に bored、boring に向けられるようになる。

このインプット処理理論に基づく指導（processing instruction）では、文法規則の指導が先行することはなく、あくまで意味の処理による学習が期待されている。また、このインプット中心の指導が、学習者のアウトプット能力育成にも有益だとしている点についての異論もある。例えば、VanPatten & Uludag（2011）はトルコ人の英語学習者を2群に分け、インプット処理の指導を行った実験群と行わなかった統制群との学習成果を比較したところ、受身形の理解と産出において実験群の方が圧倒的な伸びを示したと報告している。しかし、英語を使用する機会の少ない日本のEFL環境において、インプット処理に頼りすぎることなく、アウトプットする機会をできるだけ多く設けてアウトプット能力の育成を図るなど、バランスを取ることが重要であろう。

Input-based task
インプット中心のタスク

インプット中心のタスク（input-based task）は、理解型タスク（comprehension task）とも呼ばれており、リスニングやリーディングのインプット情報を理解し、指示された課題を遂行することを目的としたタスクである。タスクは何かしらの産出ややり取りが必須と思われがちだが、インプット中心のタスクのように、必ずしも産出を伴わないタスクもある。インプット中心のタスクは、産出する段階にまだ至っていない初級レベルの学習者にとって特に有効である。例えばShintani（2016）は、日本の小学生を対象にインプット中心のタスクを用いて指導を試みている。動物が描かれた色つきのカードを用いて、教師が英語の指示を口頭で与え、その指示に従って動物カードを

動物園の所定の場所に置くというタスクである。このようなタスクは聞いて行動するタスク（listen-and-do task）とも呼ばれる。また、リーディングのインプットを使ってタスクを行うこともでき、内容や難易度を変えることによって、中・上級者向けのインプット中心のタスクを作成することも可能である。

　インプット中心のタスクは、語彙の理解が必須となることが多く、そのため特に語彙習得に一定の効果があると言われている（Ellis & Heimbach, 1997）。一方、文法事項の習得を意図した効果的なインプット中心のタスクを作ることは、より難しいと考えられる。具体的な研究として、Shintani（2015）は、be 動詞がインプット中に多く含まれたタスクを用いて、インプット中心のタスクの効果を検証している。対象となった小学生の学習者は be 動詞に意識を向けなくても、単語の意味がわかるだけでタスクを達成することができたため、文法事項の習得はうまく促されなかったことを報告している。

　別の研究として、語彙と文法の両方を目標言語項目として定めたインプット中心のタスクがどの程度効果があるかを探った研究として、Erland & Ellis（2019）がある。この研究では、フランス語初級レベルの学習者に対して、フランス語の単語（動物と洋服）と文法（複数形）の言語情報をリスニング教材に含めて、その効果を検証した。例えば、「1 枚のシャツ」や「複数のセーター」など単語＋単・複数形の情報がわかるような絵を使って、教師が読み上げた情報に合致したビンゴシートの箇所を塗りつぶすタスクが用いられた。事後テストの結果として、語彙に関しては単語の理解と産出の両方にタスクの効果が見られ、文法でも複数形の理解の促進に効果があったことが報告されている。こういった研究からわかることは、授業でタスクを作成あるいは選択する際には、目標とする言語項目がタスクを達成する上でどこまで必要となるかを見極めることが重要だということである。

従来の発想では、アウトプットができるようになるためには、まず教師主導の明示的な指導によって知識を与えなければならないと考えがちであるが、インプット中心のタスクを用いることで、意味中心かつ学習者主体で体験的にアウトプットにつながる学びを深めることができる。一般的な現実課題では必ずしも産出が求められていないことを考えると（例えば、空港や駅などのアナウンスから必要事項を聞き取るタスクなど）、無理にアウトプットにこだわり過ぎずに、インプット中心のタスクも含めて柔軟にタスクのあり方を考えていきたい。

Instructed second language acquisition (ISLA)

学びの場での第二言語習得

　学びの場での第二言語習得（instructed second language acquisition, ISLA）とは、教師からの指導を受けたり、自ら学んだりすることでL2を習得することであり、この習得過程を検証する研究は、理論と実証に基づき、学習メカニズムや学習が起こる条件を体系的に操作すると、L2発達がどのように促進されるかの理解を目標としている学問分野である（Loewen, 2020）。

　教員がISLA研究の知見を取り入れるためには、ISLAで効果が大きかった実証研究で行われた指導内容を十分に理解することが前提である。そのうえでISLAの研究成果を吟味すると、どのような指導を行うと、L2のどのような特性が伸びるのかに関する示唆が多く得られる。例えばSpada & Tomita（2010）は明示的指導と暗示的指導の効果をメタ分析し、明示的指導を行うと複雑なまたは単純な言語形式を使う力を効果的に伸ばすことができ、学習者の制御的知識の伸びだ

けではなく、複雑な言語形式を自発的に使う力の育成にも貢献し、明示的知識から暗示的知識へのインターフェイス（→ Interface position 参照）を起こすことができると述べている。ただし、日本の英語教育に取り入れる際は、どのような明示的指導が効果的であったか、原著にあたって確認する必要があると思われる。

　一般に効果を出すといわれている指導でも、学習者の意識が異なるため、どの学習環境で行うかで違う指導効果が出ると指摘した研究もある。例えば、EFL 環境にいる学習者は L2 を生活の中で使うという意識が十分ではないため、語用論的知識を身に付けることを重視していなかった（Bardovi-Harlig & Dörnyei, 1998）。さらに、EFL 環境とESL 環境の比較を行った研究では、小グループで意見を交換して合意をとるというコミュニカティブな言語活動の最中にも、EFL 学習者は言語形式が気になって言語の問題点に関して行われる会話（→ Language related episodes, LREs 参照）を盛んに発するという現象が起こったりすることが示されている。この研究の著者は、ESL 環境で学んでいる学習者は実生活で英語を使っているため、L2 学習のニーズと目的が EFL 学習者とは異なっていると指摘している（Sato & Storch, 2022）。実際の言語使用を重視する意識ができていて、教師が同様の指導を行っても得られる成果は異なることもある、との指摘である。

　ISLA の領域の研究で得られた成果によって、教師はどのような指導を行えばよいか、どのような教室外学習を促したらよいかを知ることができ、教師教育や研修プログラム作成にも貢献すると期待できよう。

Instructional design（ID）

インストラクショナルデザイン

　インストラクショナルナルデザイン（instructional design, ID）とは、学校や企業の研修のように何らかの教育が行われる現場で、勘や経験に基づくのではなく、理論やモデルなどを用いて「効果的」、「効率的」、「魅力的」な学習を企画、実施、評価していくためのシステム的な教育設計手法のことを指す。鈴木（2005）は「教育活動の効果・効率・魅力を高めるための手法を集大成したモデルや研究分野、またはそれらを応用して学習支援環境を実現するプロセスのことを指す」（p. 196）と説明している。

　IDには様々な理論やモデルが存在するが、何を学んで欲しいのか（学習目標）、学んだかどうかをどのように判断するのか（評価方法）、学びをどのように助けるのか（教育内容・方法）の3つを確認しながら、教育活動を改善・向上していくことを出発点としている（鈴木, 2016, 3-4）。IDの手法では、特定の学習目標に合わせて教材を開発、選択、配置する方法を明確化していくため、学習者の自由度を保ちつつ高い学習効果が生じるよう具体的な計画を立てることができる。また、課題や解決範囲を明確にしながら、教育の効果や問題点を把握し、改善策を考えることができる。（→ ADDIE model 参照）

　オンラインでの学習と対面での学習を組み合わせたブレンディッドラーニング（→ Blended learning 参照）では、個別学習と協働学習（→ Collaborative learning 参照）、インプット活動とアウトプット活動を考慮しながらオンラインとオフライン（対面）で扱うべき学習活動と指導形態の組み合わせを考える必要があるが、そのときにIDの考えが役に立つ。

Intake

インテイク

インテイク（intake）とは、学習者が触れたインプットの中でも、学習者の注意が向けられてその言語形式に気づき、既存の知識と照らし合わせて理解できたものであり、記憶のなかに組み込まれる段階を意味する（Corder, 1967）。図1で示すように、インプットをL2習得に利用するためには、まずは気づきが起こり、そこに理解が伴わなければならない（Schmidt, 1993）。一時的に記憶された新知識は、多くの場合、明示的知識（→ Explicit knowledge 参照）として蓄積され、コミュニカティブな場でその知識を使用することを通して暗示的知識（→ Implicit knowledge 参照）体系に移行すると言われている（→ Interface position 参照）。Ellis（2008）は、全ての明示的知識が暗示的知識に移行するわけではないが、明示的知識にも役割がある。明示的知識があると、新たな気づきが起こりやすくなり、気づきが起こったときには既存知識と新知識を照合して理解を促す働きがあり、話したり書いたりして言語を使う際は暗示的知識を支援して、言語使用を促進し、間接的にL2習得を促すと主張している。EFL環境にいる日本人学習者の場合は自然に無意識のうちにインテイクできるような理解できるインプットを生活の中で得る機会は極めて限定的である。そのため、EFL環境で教えている教師は明示的知識を教えるとともにその知識を使う機会の提供が期待される。

図1　L2習得のプロセスを研究する枠組み
　　　　Ellis（1994）を基に佐野他（2013, p. 5）

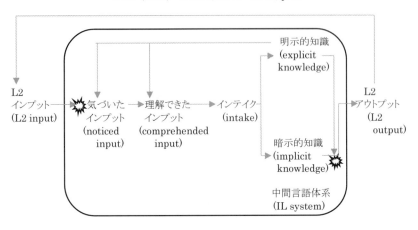

Intelligibility
（発話の）明瞭性

　発話の明瞭性（intelligibility）とは、L2学習者の話す目標言語（TL）を母語話者（NS）もしくは非母語話者（NNS）が聞いたときに、その発音がどのくらい正確に文字に書き取れるレベルのものであるかを示す尺度である。日本語への訳としては「発音の明瞭性」もしくは「わかりやすさ」などが該当する。一方、発音だけではなく、使用語彙の適正さ、文法の正確さを含めて、その意味内容をどのくらい正確に理解できるかの判定に使われる「理解しやすさ」（→ Comprehensibility参照）とは異なる概念なので注意を要する（Munro & Derwing, 1999）。

　L2学習者の話すTLを聞いて理解しようとするとき、その発音の明瞭性のレベルは様々な要因に左右される。まず生成される分節音（子

音・母音）の質（音色）が NS のモデルにどのくらい近いかはもちろんのこと、発話中に起こるポーズの頻度、アクセント、リズム、抑揚などの超分節音的情報なども重要な影響要因となる（Foss & Hakes, 1978）。さらに、TL が英語の場合には、音変化における声質変化なども要因の 1 つとなる（例：融合同化 /s/ + /j/ → [ʃ] miss you）。聞き手はこれらの音声上の情報に基づき、その発話者が NS か NNS かの判断も同時に行うのである（Munro et al., 2010）。

SLA における発音の「わかりやすさ」は 1950 年代から注目されていた。例えば Jones（1956）は、「良い発音」とは誰にでもわかりやすい（intelligible）発音のことで、逆に「悪い発音」とはほとんどの人に理解しにくい発音のことであると述べている。ただ、この時代の「わかりやすさ」は、あくまで NS の発音をモデルとみなした上での概念である。例えば、当時は学習者の発音上のエラーを分析する誤答分析（error analysis）の研究が盛んであったが、その目的の主眼はどのようにすれば L2 学習者のエラーを防いで英語の NS の発音に近づかせることができるかに置かれていた。コミュニケーションは話し手と聞き手の間で成立するわけだが、分析の対象は主に話し手である学習者側の発音にあったのである。

1980 年代に入ると「世界共通語としての英語」という考え方が現れ（Kachru, 1982, 1986）、さらにその後コミュニカティブな教授法（→ Communicative language teaching, CLT 参照）が注目を浴びると、コミュニケーション手段としての英語の必要性が叫ばれるようになる。この変化は、発音教育の目標設定にも影響し、その結果、スムーズなコミュニケーションのために支障をきたさないレベルの発音能力（intelligible pronunciation）が求められるようになったのである。

発話の明瞭性を上げるには、学習領域が母音・子音といった分節音レベルに止まるものであってはいけない。リズム、アクセント、音変

化、抑揚などの超分節音の領域にまで視野を広げ、多角的な視点で教授する必要があるのである。

Intensity / Loudness
（音の）物理的大きさ / 聴覚的大きさ（ラウドネス）

　音の物理的強さ（intensity）とは、簡単に言えば、振幅（amplitude）を形成する基本要素のことである。しかし、実際、音の強さを測定器で測るとき音源からの距離を無視することはできない。つまり、「氷」の定義が「水＋氷点下温度」と表現できるように、振幅の定義は「intensity + distance」と表現できる。言語学の音声研究では、通常、話者の口元から30センチ離れたところにマイクを置いて音の大きさを測ることになっており（Fletcher, 1953）、今も変わっていない。一方、聞き手に基づく聴覚上の音の大きさを聴覚的大きさ（loudness）という。両者は共に音響音声学で使われる用語であるが、意味的に必ずしも一致しない。その理由は、周波数（frequency）と音程（pitch）の関係がそうであるのと同じである（→ Pitch 参照）。物理的な音の強さは、音圧の2乗に比例する。音圧は音波が空中を伝わるときにできる気圧の周期的変動（1気圧からの乖離度）のことである。音の物理的強さは音圧との関係式で示せるが、実際にはある特定の強さを持った音を基準とし、それに対する比率をdB（デシベル）値として対数的に表す。ここで基準となる音とは人の最小可聴値（10−16W/cm2）のことで、ゼロ dB である。結果、基準値に対して10倍の強さの音は10dB、100倍の強さの音は30dBとなる。このように対数値が使われるのは、この方法が人間の聴覚の認知上の特性に合っているからである。つまり、我々の聴覚は物理的音強が10倍になれば2倍、

100 倍になれば 3 倍の大きさとして等差的に認知するということである。このことは、我々の聴覚が紙をめくるときの大きさから近くに雷が落ちたときの轟音まで極めて幅広く知覚できることを思えば首肯できよう。

近年の SLA 研究ではコンピューターと音響分析器を利用する音声教育が実践されており（→ Computer-aided pronunciation training, CAPT 参照）、この領域に関心のある者にとっては上述のような音響学用語に慣れておくことは有用である。

Intentional learning / Incidental learning
意図的学習 / 偶発的学習

意図的学習（intentional learning）とは、学びたいと思う言語項目の学習を直接の目的として、意図的に、例えば語彙であったら単語集を暗記したりして学習していく方法である。一方、偶発的学習（incidental learning）とは、英語学習過程で副産物として例えば、語彙や句などの言語項目を学習することをいう。例えば、リーディングやリスニング活動中や、英語でコミュニケーションしている時などにその文脈において語彙を身に付けるということである。意図的学習は、語彙のほかに、文法、論文を書くときに用いる修辞構造、丁寧さを表現する定型表現（pragmatic routine）、異なった地域で用いられる語彙や表現（socio-linguistic competence）などでも効果的に行われる。

しかしながら、意図的学習は効率的な反面、文脈から切り離された学習であるので、記憶に残りにくく、表面的な知識にとどまることが多いとの指摘がある（望月他, 2003）。対して、偶発的学習は深い学びを誘発し効果的だといわれるが、効率性に欠けるともいわれている

(Zahar et al., 2001)。日本の EFL 学習環境においては、両学習方法を補完的にうまく取り入れ、効果的かつ効率的に学んでいくことが重要であろう。

また、意図的学習の重要性については文法習得についてもたびたび議論になる。Krashen（1981）は努力して意図的に学んでも明示的知識が獲得されるだけであり、実際のコミュニケーションにはほとんど役に立たないとし、理解できるインプットを大量に与え、コミュニケーションのなかで無意識的な学習を促すべきと主張した。

しかしながら、1990 年代に入ってからは、学習者が形式に注意（attention）を向けてそれに気づく（→ Noticing 参照）ことの重要さが指摘され（Schmidt, 1990 他）、言語習得には意識を伴う気づきが必要とする気づき仮説が広く受け入れられるようになったといえる。日本のインプットや実際のコミュニケーションの機会が限られた英語学習環境においては、意図的学習の必然性を強調しておきたい。

Intentional / Deliberate vocabulary learning

意図的語彙学習

意図的語彙学習（intentional vocabulary learning / deliberate vocabulary learning）とは語彙知識の獲得を目標として、学習者が語彙項目に明示的な注意を向け、意図的に行う学習のことである（Schmitt & Schmitt, 2020）。主な形態として、フラッシュ・カードや単語カード、単語リストなどを使い、綴りと意味を結び付けるペア結合学習（paired-associate learning）が挙げられる。形式と意味が同時に提示される単語リストより、綴りから意味もしくは意味から綴り

を想起させるフラッシュ・カードや単語カードの方が、長期記憶には有効とされる（Nation, 2022）。

　コミュニケーション中心の指導法（→ Communicative language teaching, CLT 参照）が全盛であった時代には、意図的語彙学習は不自然な学習方法であると否定され、文脈の中でコミュニケーションの副産物として語彙知識を身に付ける付随的語彙学習（→ Incidental vocabulary learning 参照）が推奨される傾向にあった（Judd, 1978; Oxford & Crookall, 1990）。単語カードなどの意図的語彙学習で得た知識はすぐ忘れ去られるので非効率的であるとされたこと、実際のコミュニケーションでは使えないため非効果的であるとされたことが主な理由であった。しかし 90 年代以降の語彙研究の成果により、意図的語彙学習は短時間で効率よく語彙知識が得られ、かつ簡単に忘れ去られないこと（de Groot, 2006 など）、繰り返し学習すればコミュニケーションでも即座に使える知識になること（Elgort, 2011）が実証的に明らかになっている。

　現在では意図的語彙学習と付随的語彙学習は相互補完的なものと考えられ、語学の授業には両者をバランスよく取り入れることが良いとされる（Nation, 2022）。特に日常で英語を使用することが少ない EFL 環境においては、単語カードなどによる意図的語彙学習で効率的に高頻度語の意味を学習させることが肝要である（笠原, 2022）。それによって学習者が付随的に語彙知識を獲得する可能性が高まるからである。

Interaction hypothesis
インタラクション（相互交渉）仮説

インタラクション（相互交渉）仮説（interaction hypothesis）とは、Krashen のインプット仮説における「理解可能なインプット」という概念を基盤に置きながらも、インプットが与えられるだけではなく、L2 を用いて学習者が他者とコミュニケーションを試みる際に言語習得が可能になるという Long（1983）が提唱した仮説である。学習者がコミュニケーションにおいて、相手に言いたいことがうまく伝えられないとか、相手の言うことが理解できないという問題が生じた際に、自分の発話を修正したり、相手に繰り返しや明確化を求めることによって問題を解決し、コミュニケーションを成功させることができる。このやり取りは「意味交渉（negotiation of meaning）」と呼ばれる。

以下に例を示す。

表1　意味交渉の分類

	機能／・目的	例
「理解チェック（comprehension check）」	相手の理解を確認する	Do you understand? Do you know what I mean?
「明確化要求（clarification request）」	相手の発言の明確化を要求する	Could you repeat that again? Pardon?
「確認チェック（confirmation check）」	自分の理解を確認する	You mean ～ You think ～

Long（1996）は改訂版インタラクション（相互交渉）仮説において、学習者が特定の形式に注意を向けることが必要であるとし、インプットとアウトプットを結び付けた L2 習得プロセスを主張した。

以上から、授業においては学習者に理解可能なインプットを潤沢に

与えるだけではなく、生徒と実際に英語でやり取りをし、意味交渉の機会を設けることが重要であるといえる。例えば、授業導入の際のsmall talk において、生徒に質問を投げかけ、生徒の発話を促し、教師からは「理解チェック」「明確化要求」「確認チェック」を与えると良いであろう。また、事前に意味交渉で使用できる表現を練習させたうえで、生徒同士でのペアワークやグループ活動を行うことも効果的であると考えられる。

Interdependence hypothesis
相互依存仮説

　相互依存仮説(interdependence hypothesis)とは、Cummins (1981b, 1991) によって提唱された考えで、氷山の理論（the iceberg theory）とも呼ばれる。L1 の認知的 / 学術的言語能力（→ Cognitive/Academic language proficiency, CALP 参照）は、L2に転用されうる。つまりL1で読み書き能力や、物事を論理的・分析的・批判的・抽象的に考えたり表現したりすることができるような、しっかりとした国語能力が身についていれば、それはL2の能力を伸ばす上で肯定的な影響を及ぼすとする仮説である。これはL1とL2の能力をそれぞれ氷山にたとえ、氷山が見える部分は2つの言語で表層的に異なる基本的対人コミュニケーション技能（→ Basic interpersonal communication skills, BICS 参照）であるのに対して、氷山の見えない部分、すなわちそれぞれの言語のCALPには、共通の基底能力（common underlying proficiency）があり、それが言語間で共有されるとする考えに基づく。

図1 Cummins の相互依存仮説

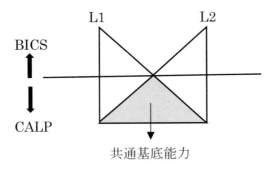

近年の複言語主義（plurilingualism）の考えでは、二言語を使用する人の言語能力が Cummins の仮説のように独立していて分かれていると捉える考えに替わって、複数の言語を知っている人の言語能力は複合的・統合的な1つの体系を成しており、人はコミュニケーションの目的に応じてどの言語を使うか選択し、機能的に切り替えている（translanguaging）と捉える考えが広まっている（García & Kleyn, 2016）。とはいえ、言語能力の根底にある汎用的な認知能力の存在は否定されていない。近年の考えを当てはめると、CALP は必ずしも L1 で身に付けたものが L2 に転用されるばかりでなく、L2 で身に付けた CALP が L1 の CALP に良い影響を及ぼす、あるいはそれぞれの CALP を含む言語能力が統合されて、柔軟で効果的な言語習得や使用につながりうる、と考えられる。また、複数の言語を通してそれぞれの CALP が身についた場合、思考の柔軟性・問題解決能力・注意力・メタ言語的意識（metalinguistic awareness）の向上など、認知発達の上でも好ましい効果があることが実証されている（Poarch, 2022）。

国語教育できちんと L1 の CALP を指導することが、英語教育に貢献するということである。

Interlanguage（IL）

中間言語

　中間言語（interlanguage, IL）とは目標言語（target language, TL）とL1の中間に位置する学習者独自の言語体系であり、学習者が何とかして意味を伝えようとする際に創りだす言語である（Selinker, 1972）。Selinkerが主張した概念により、ILはTLから逸脱した間違いというよりも、学習者がL2にどう取り組んでどう学習するのかを示し、独自の体系を持つ創造的構築（creative construction）としての学習者言語であるという共通理解が広まった。また、ILの研究では、研究者が用意した絵などを使って引き出す発話ではなく、学習者が自発的に発したことば（spontaneous speech）を分析する研究が増加した。ILは学習者が自分の限られたL2知識やコミュニケーション・ストラテジー（→ Communication strategy, CS 参照）を使って伝えるときに発せられる言葉であるので、単純化されたり、変化したりといった特徴を持つ。また、学習者独自の規則性に沿ったエラーを発するなど、ILは組織だっており（systematic）、言語のシャワーを浴びて徐々にL1話者の文法へと浸透する（permeable）するように発達、つまり更新される特質を持つ（Adjémian, 1976）。

　SelinkerのSLAへの功績は極めて大きく、ILを分析することがSLA研究の中核を成すようになり、現代においてもILは研究課題として非常に重要であると高く評価されている（Larsen-Freeman, 2014; Tarone, 2014）。また、ILの概念は文法、発音、語彙だけではなく、言語の語用面の研究にも広まり、バランスの取れたコミュニケーション能力を育成することに貢献するIL研究が発達している（Bardovi-Harlig, 2014）。

　日本の英語教育にILの概念を取り入れるには、ILはL2習得が進

んできている証拠であるとの共通理解をもつところから始めることになるだろう。そのうえで、CS指導やタスクを取り入れた授業を行って、学習者のILで行う言語伝達の場でのパフォーマンスをサンプルとして使い、授業成果を検証することが求められる。例えば、Garcia Mayo（2005）はスペインのバスク地方にある大学の学生を対象に中間言語でディスカッションさせる指導を行った。その結果、学習者は自己訂正（self-repair）など、インタラクションを進めるストラテジーを使って対話相手とのインタラクションを進め、授業の効果はあったとことを報告している。しかし、文法的な誤りは減らなかったので、言語形式に焦点をおいた指導（→ Form-focused instruction, FFI 参照）が必要であると結論付けている。またFFIの効果については Norris & Ortega（2000）がL2指導の効果に関するメタ分析の結果、FonF も FonFS も指導の効果が得られたが、詳細に検討すると、明示的 FonF ＞ 明示的 FonFS ＞ 暗示的 FonF ＞ 暗示的 FonFS の順が確認された。さらに、指導の効果は持続性があり、暗示的より明示的指導の方がより大きな効果を生んだことが明らかになった。また文法指導も 0 ～ 1 時間、1 － 2 時間程度が効果的であり、それより長く時間をかけても文法の理解は進まなかったことを示唆している。

　また、日本人を対象に、ILを使ったコミュニケーションを成立させるための CS 指導を行って効果を実証した中谷（2005）と Nakatani（2010）は、教室内外でコミュニケーションする意欲と機会の増加、および L2 オーラル・コミュニケーション能力が向上したと報告している。また、様々な L1 の学生が短期留学して受けた影響をメタ分析した Xu（2019）は、語彙の多様性が中程度ではあるが伸びたと報告している。

　IL の発達を確認するには、Bley-Vroman（1983）が指摘したように、TL と比較するだけでは不十分で、IL の言語システムを理解したうえ

で、過剰般化（overgeneralization）や回避（avoidance）の行動がみられないか等に注意してサンプル収集を行うとよいとされている。

Interlanguage analysis
中間言語分析

　中間言語分析（interlanguage analysis）、別称、頻度分析（frequency analysis）とは、Corder（1967）によるエラー（error）は学習者がL2を発達させている何よりの証拠であるとの主張を受け、不完全な形でもなにがしかの発達があれば、それをL2発達の証拠と捉えるとした分析方法である。中間言語分析が盛んになる以前に盛んに行われた誤答分析（error analysis）や義務的生起分析（obligatory occasion anlysis）では、L1話者が使う英語の形式と一致しているものだけが正解で、それ以外は間違いであると捉えられていた。その考え方を覆したのが頻度分析あるいは中間言語分析であり、学習者言語の分析にパラダイムシフトが起こった（Ellis & Barkhuizen, 2005）。例えば、否定形の習得には、(1) no + V, (2) don't + V, (3) 助動詞否定形, (4) don't のほか使い分けた助動詞、のような経過を辿り、習得の発達とともに、学習者は第1段階から次第に次へ進み、進むにつれて前の段階の形は消えていく。

　この考え方を理解すると、教室で学習者が不完全な言語形式を使っていても、発達途上の言語体系から出た学習者言語であり、習得に向かって進んでいることが理解できる。言語使用の場で問題を起こしそうな項目を見つけた場合は、何らかの言語形式に焦点を置いた指導（→ Form-focused instruction, FFI 参照）を行う根拠となる。

　1990年代以降、中間言語分析では学習者が使う言語形式や構造が

正しいかどうかを分析する形式分析（form analysis）だけでなく、学習者が言いたい意味を実現するためにどのような表現を使うかを分析する機能分析（function analysis）も行われるようになった。例えば形式分析では、動詞の過去形が正しく使えているかどうかに着目するのに対して、機能分析では過去の意味を表現したいときに学習者がどのような言語手段を使うのかに着目する。機能分析によって、学習者は過去時制で質問してきた対話者に対して現在形で返答しても、文脈によって過去の意味を伝達できたり、現在形の動詞を使っていてもyesterday といった語彙を一緒に使うことで過去の意味を表せていることなどがわかり、まだ文法形式が使えない段階でも、文脈や語彙に依存して過去の意味を表現できることが示された。指導においても、言語形式から入るのではなく、学習者にどのような意味を表現できるようにさせたいのか、意味を出発点として指導する視座をとることも重要である。

Interlanguage speech intelligibility benefit (ISIB)

発話明瞭性中間言語効果

発話明瞭性中間言語効果（interlanguage speech intelligibility benefit, ISIB）とは、以前から SLA 研究の分野で一部の研究者の間で支持されている仮説の１つで、「L2 学習者が目標言語（TL）でのスピーチを聞くとき、母語話者（NS）によるものよりも非母語話者（NNS）によるものの方が理解しやすい」というものである。これが信じられている背景には、古くからこのことを報告する L2 学習者が少なからずいるということがある。Bent & Bradlow（2003）はこの

ISIB に関する論点を次の 2 つの仮説に集約し、結論としてどちらも
正しいとしている。

(1) 話者と聴者がどちらも NNS の場合、話者と聴者が母語を共有
する場合の方が共有しない場合よりも聴き取りが容易である
（matched or shared inter-language benefit）。この仮説を支持
する論考としては Imai et al.（2003）、Smith & Rafiqzad（1979）、
Van Wijngaarden（2001）、Van Wijngaarden et al.（2002）、
Wang & Van Heuven（2003, 2004, 2006, 2015）などが挙げら
れる。

(2) 上述の ISIB は母語を異にする話者と聴者の間でも認められる
（non-matched or mixed interlanguage speech intelligibility
benefit）。この仮説を証拠と共に最初に支持したのは Nash
（1969）である。

NS 同士によるスピーチの聴解は、一般的に、NNS 同士による場合
よりも理解が容易で正確であることは疑いがない（Bent & Bradlow,
2003）。このことは、これまでの研究が示すとおり、聴解が騒音の混
じるような状況下でなされる場合や（Lane, 1967; Munro & Derwing,
1995; Munro, 1998）、電話音や合成音のように音質が悪化する状況下
でなされる場合などには（Nooteboom & Truin, 1980）、特に顕著で
ある。では、話者と聴者がどちらも NNS である場合の聴解はどうだ
ろうか。これは Bent & Bradlow（2003）によって上述の研究がなさ
れるまで見過ごされていた疑問であった。

上掲の仮説がたとえ真実だとしても、その理由を単に中間言語の介
在に帰するのは早計であろう（→ Interlanguage 参照）。なぜなら、
一般的に NNS によるスピーチは産出時に脳内での情報処理に時間が
かかるために、NS による場合と比べ、テンポが遅くポーズも多くな
る傾向があるし（Derwing & Munro, 2001）、使われる語彙や文法の

種類も限定的なものとなりやすいからである（Cervatiuc, 2008）。

Internalization
内在化（内化）

　内在化（internalization）とは、認知的 SLA 研究において用いられる用語で、インプットや他者とのインタラクションを通じて、学習者が対象言語の独自の特徴や規則に気づき（→ Noticing 参照）、それを分析することで、その言語の構造やパターンを把握し、理解を深めるプロセスを指す。この過程において、学習者は語彙や文法、発音等の新しい言語知識を既存の知識と照らし合わせて組み込み、記憶に定着させていくことになる（Long, 1981 他）。内在化という用語は情報処理的意味合いが強い概念である。一方、「内化」は、社会文化理論において用いられる用語で、他者とのかかわり、社会的交流などにより認知的発達が促進され、その結果、知識の習得が起こるとされる（Vygotsky, 1978）、この過程を指している（吉田，2001）。

　実践・研究において internalization という用語を用いる場合、「内在化」「内在」のどちらの立場での internalization を指すのか明確にしておく必要がある。

International phonetic alphabets（IPA）
国際音標文字

　国際音標文字（international phonetic alphabets, IPA）とは、国際音声学協会（International Phonetic Association, IPA）が制定する発

音記号のことである。国際音標文字も国際音声学協会も共に同じ頭語（IPA）で認知されているので紛らわしい。なお、前者は日本語で「国際音声記号」とも訳される。世界中の言語で使われる音声を表記することを目的に考え出された記号体系で、ローマ字を基本とした記号と補助記号および音調記号から成る。この記号体系の強みは音声の1対1対応にある。Passy & Jones（1912）はすでに完成度が高かったが、その後も何回か改訂され現在に至っている。下は子音（肺気流）の調音点と調音法に基づく分類表である。

表1　国際音声記号（子音：改訂 2020 年）

	両唇音	唇歯音	歯音		歯茎音	後部歯茎音	そり舌音	硬口蓋音	軟口蓋音	口蓋垂音	咽頭音	声門音
破裂音	p b				t d		ʈ ɖ	c ɟ	k g	q ɢ		ʔ
鼻音	m	ɱ			n		ɳ	ɲ	ŋ	N		
ふるえ音	ʙ				r					R		
たたき音		ⱱ			ɾ		ɽ					
摩擦音	ɸ β	f v	θ ð		s z	ʃ ʒ	ʂ ʐ	ç ʝ	x ɣ	χ ʁ	ħ ʕ	h ɦ
側面摩擦音					ɬ ɮ							
接近音		ʋ			ɹ		ɻ	j	ɰ			
側面接近音					l		ɭ	ʎ	ʟ			

　縦（行）に調音法、横（列）に調音点（声道の前から奥が左から右への配列となっている）が表示され、同じ位置でペア表示されている2音は左が無声音で右が有声音を示す。なお、黒く塗りつぶされている部分は、人による言語では使われない音声であることを示している。一方、母音表記に関しては、Jones（1917）が母音四角形をベースに提唱した基本母音（cardinal vowels）が後に改良され、現在は下図に示すとおりとなっている。同位置を占める母音対（12種）は左が平唇母音で右が円唇母音であることを表わしている。

図1 基本母音

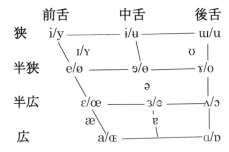

　音声教育の観点からいえば、初級レベルの教育を除けば、IPA 使用の効用は認められる。記号としての違いが音声上の違いの気づきにつながるからである。ただ、日本の英語音声教育の現状では、IPA の利用は限定的である（杉野，1999；太田，2013）。現行の学習指導要領の中では、中学校段階から「音声指導の補助として、必要に応じて発音記号を用いて指導することもできる（2－2－3－(2)－イ，2019：91）」と明記されている。しかし、英語学習のどの段階において、どのように発音記号の指導を行うことが望ましいかについては言及されておらず、指導者の裁量に任されているのが現状である（太田，2013）。杉野（1999）による大学生を対象とした調査によると、高校時代に IPA を学習したと答える学生は毎年60％前後であるという。IPA の学習程度に関しては、体系的に学習した者は稀で、ほとんどが受験問題を通して自分で学習したと答えるとのことである。結果、結論として、日本の高等学校では IPA が体系的に教えられていないと推察している。一方、高校卒業後の IPA 学習に関しては、毎年20％前後の学生が「学習した」と答え、英語の学習が進むにつれて IPA リテラシーの必要性は高まるという傾向が看取でき、事実として興味深い。

Intonation

イントネーション（抑揚）

　イントネーション（intonation）とは、話者が自分の意図する意味を聞き手に伝達するときに使う音の高低変化のことをいう。この現象は文を対象として起こり（1語文も含まれる）、中国語などの声調言語で語の意味を弁別するために使われる音節内高低変化（声調 tone）とは異なる。イントネーションにおける音の高低変化には言語ごとに固有の規則が見られ、変化の核となる部分（トニック音節）には強さと長さの概念も同時に適用されるのが普通である。音調核（nucleus）は強く長めに発音され、ピッチは話者の意図する意味によって決まった動き（パターン）を見せる。英語の場合、大きくは（1）上昇［／］、（2）下降［＼］、（3）上昇下降［∧］、（4）下降上昇［∨］の4種のパターンがあり、（1）と（2）はそれぞれさらに2種ずつ下位分類が可能である。調子符号を使って表すと、（1）高上昇［＇］と低上昇［／］、（2）高下降［＼］と低下降［＼］である。

　上昇調は聞き手に何かを期待する未完結の調子で、一般疑問（yes-no question）や返事を要求する付加疑問（tag question）の末尾で使われる。あるいはまた、主節に先行する従属節の末尾でも使われるが、これも発話が未完結であることを示すためである。下降調は断定を意図する音調で、陳述（statement）や命令（command）あるいは特殊疑問（Wh-疑問）の際に使われる。一方、上昇下降調は感心や驚きを表現するときに、そして下降上昇調は典型的には皮肉（「確かにそうではあるが、しかし〜」のような全面的には賛成しがたい意図・不満）を伝えたいときに使われる。なお、新情報を担う語は、通常、音調核を持つ。

　1つの音調パターンが間を置かずに一息で表されるとき、この語群

257

を音調グループ（intonation group）もしくはトーングループ（tone group）と呼ぶ。発された文をどのように音調グループに分けるかは、研究者によって異なるが、O'Connor & Arnold（1973）によれば、音調グループはグループごとに必ず 1 つの音調核を持ち、それ以外に前頭部（pre-head）、頭部（head）、尾部（tail）も随意の要素として加えうる。

音調グループ ＝ 前頭部＋頭部＋音調核＋尾部

例文：I ＋ met a kind ＋ gentleman ＋ yesterday.

上の文では、新情報を担う内容語 "gentleman" の語頭音節がトニック音節で、これが音調核となってピッチはピークを迎える（"gen" 以降は文末に向けて自然下降）。一方、"Did you meet a kind gentleman yesterday?" のような一般疑問文では、ピッチは "gen" で上昇してそのまま文末まで続き、文末でさらに一段上昇する。

音声教育の観点からいえば、イントネーションは語用論における言外の意味（→ Second language pragmatics 参照）と深く関わるので、SLA においてその教育は重要である。コミュニケーションの場で抑揚が正しく使われないと、話者の意図が正しく伝わらなかったり誤解を生んでしまう可能性すらある（例：Say it again, **will you?**［／］－依頼、［＼］＝命令）。このような理由から、抑揚教育はできるだけ初級レベルの早い時期から実践するのがよい。Saito & Saito（2017）では、TOEIC スコアが 420 から 435 の初級レベルにある日本人大学生（1 年生）を実験群と統制群に分け、前者に 6 週間（計 3 時間）超分節音素学習（多音節語における語強勢、強母音と弱母音の質と長さ、抑揚における音調パターンなど）に焦点を合わせた音声教育を施した。結果、音声教育を受けたグループは、受けなかったグループと比べ、音声習得に著しい成果が認められたことを報告している。抑揚に関していえば、Yes-No 疑問文と WH 疑問文を発する際に使われる上昇調と

下降調の音変化のパターンがより鮮明化したという。さらに、近年では、L2学習者の抑揚の音高変化を音声分析器の助けを借りて視覚化し、それを抑揚教育に活かすという斬新な手法も実践されている (Levis & Pickering, 2004)。

Involvement load hypothesis
関与負荷仮説

　関与負荷仮説 (involvement load hypothesis) とは、L2の学習対象語の記憶保持には単語を処理する際の関与 (involvement) の量が影響し、タスクによる関与の構成要素は、必要性 (need)、検索 (search)、評価 (evaluation) である、とする仮説である (Laufer & Hulstijn, 2001)。必要性とは対象語に注意を向ける必要性、検索とは未知語の意味やある概念を表す第二言語の単語を探すこと、評価とは文脈上の適切さやコロケーションなどの統語的な結びつきの評価を指す。この仮説により語彙の指導方法・学習活動を評価でき、それぞれが –, +, ++ の3段階で評価され、得点が高いほどその指導方法の効果が高いとされる。この仮説は処理の深さ (→ Depth of processing 参照) 仮説 (Craik & Lockhart, 1972) に基づき、処理の深さを関与の量として捉えている。

　Hulstijn & Laufer (2001) は関与負荷仮説を検証した。オランダとイスラエルの上級英語学習者をそれぞれ3グループに分け、評価の関与負荷が異なるタスクを10の語句について課し、オランダの87名の学生とイスラエルの99名の学生について事後・遅延事後テストで比較検証した結果、両国の学生とも最も関与負荷の大きいタスクを行ったグループの受容語彙記憶保持率が有意に最も高かったため、評価に

ついては関与負荷仮説がおおむね支持された。

　一方、関与負荷仮説を支持しない研究もある。Folse（2006）は、アメリカの大学で英語集中講座を受講する初中級から上級の英語学習者154名を3グループに分け、関与負荷と対象語接触回数が異なるタスクを18の語句について課し事前・事後テストで比較した結果、関与負荷が低いが接触回数が多いグループの語彙記憶保持が有意に最も高かったため、語彙記憶保持には関与負荷ではなく接触回数が影響することが示唆された。

　アジアでの関与負荷仮説検証研究としては、単語に焦点を当てた活動の効果について検証したYang et al.（2017）がある。上級英語学習者である85名の中国の英語専攻の大学1年生を4グループに分け、実験群3グループに必要性と評価の関与負荷が異なるタスクを8語について課し、1グループをテストのみ受ける対照群として、事前・事後・遅延事後テストで比較検証した。結果は、単語に焦点を当てた関与負荷の大きい活動が事後・遅延事後テスト共に有意に点数が高く、関与負荷仮説がおおむね支持された。

　語彙記憶保持率にはタスクによる影響が考えられるため、関与負荷をはじめ語彙記憶に影響し得る様々な要素を考慮に入れ、効果的なタスクを設計することが望ましい。

Item response theory

項目応答理論

　項目応答理論（item response theory）は、現在最も新しく精緻なテスト理論であり、コンピューター適応型テスト（→ Computer adaptive testing, CAT 参照）を含む多くの標準テストで利用されて

いる。受検者のテスト項目への回答（応答）に対していくつかのパラメータ（能力値、難易度、弁別力など）を設定して確率に基づく分析を行い、母集団や個別のテストに依存しない不変的な測定を可能にする。古典的テスト理論（→ Classical test theory 参照）の持つ、運による要素の介在や評価の相対性という問題点を解消し、被験者の実力やテスト項目の特徴をより正確に示すことができる。

　具体的には、個々のテスト項目に対して、素点や正答率を使うのではなく、能力値（間隔尺度を使う）や難易度などのパラメータの推定値を算定して評価を行う。例えば、弁別度が非常に低い問題の正答率は受検者の真の能力（項目反応理論が推定する能力値）を知るためにはほとんど意味がないとか、素点が同じ点数の受験者でも、真の能力は違うというようなことが明確に示される。

　項目応答理論では、能力値や難易度などのパラメータを推定し、分析対象のデータが適正モデルにどれくらい適合しているかを確かめることによって、テスト全般や個々のテスト項目の適切さを検証する。そういうデータを蓄積し、項目バンクを作ることで、テスト作成を効率化することが可能になる。また、異なるテストの結果に対して、「等化」（推定値の不変性を生かして、共通の尺度に変換する）をして、より正確な比較をすることもできるため、パラレル・テストやコンピューター適応型テストの開発が容易になった。

　ただ、この理論の統計手法は難解なので、英語教育に携わり、テストを作成したり利用したりする教師は、概観と統計ソフトなどによって算出されるパラメータや推定値の意味が理解できるぐらいの知識を持てば十分であろう。テスト受検者の能力値を表すパラメータは θ（シータ）であるが、それと関連付けられるのが、弁別力、難易度、当て推量を表すパラメータである。最近では、ラッシュ・モデル（Rasch, 1960）という、人の能力値と難易度のみを基にした判定の厳格なモデ

261

ルが最も使われている。Facet や IRTPRO などのソフトウェアは比較的廉価で購入できるので、研究のためのテスト分析や標準化した学内プレースメント・テストや熟達度判定テストの開発が可能になってきている。

Keyword technique
キーワード法

キーワード法（keyword technique）とは、L2単語を覚える際に、音韻もしくは形式が似ているL1単語と付随するイメージを利用して、L2単語の形式と意味のつながりを形成しようとする学習方法である（Barcroft, 2009; Nation, 2001）。まず学習者は、覚えたいL2単語と音声的または形態的に似たL1単語を見つける。次にそのL2単語とL1単語を結び付ける強烈なイメージを作りあげることで、目標語の保持と再生を容易にする。例えば、英語のconspicuous（目立つ）という単語を覚えたい場合、日本人学習者であれば「こんなピアス」という表現をキーワードとして用いる。さらに、ものすごく大きなピアスをしている人の姿を思い浮かべ、「こんなピアスは目立つ」と何回も唱えてみる。再生時にこの人物のイメージをまた思い浮かべることで、conspicuousの意味は「目立つ」であることが容易に想起される。

キーワード法の有効性はいくつかの研究で証明されている（Ellis & Beaton, 1993）。Lindstromberg（2020）はキーワード法が有効であることの理由を以下の4点にまとめている。(a) 単語の意味をイメージで深く処理している、(b) 処理された情報が他と差異化される、(c) 古い情報と新しい情報が結び付けられる、(d) 想起のための手掛かりがあるため、学習者の努力を促す。しかし、覚えたいL2語と音声

的もしくは形態的に共通点のある L1 語を見つけるのは容易ではない
ため、応用できる単語が限られているという欠点がある。

　英語と日本語では、覚えたい英単語に対する適切なキーワードを日
本語から見つけるのは容易ではないが、うまく見つけた場合はその英
単語の保持と再生に大きな効果がある。中級以上の学習者に対して、
学習ストラテジーの 1 つとして紹介するのが良いであろう。

L2 pronunciation proficiency
外国語発音習熟度

　外国語発音習熟度（L2 pronunciation proficiency）とは、聞き手が
L2 話者の発音能力（主に明瞭性と理解しやすさの 2 領域から成る→
Intelligibility, Comprehensibility 参照）の良し悪しを判定する際に用
いる尺度、もしくはそれによって表される発音能力のことである。話
し手の発音習熟度を聞き手の理解しやすさの観点からレベル分け（数
値化）して評価する手法は、現在、様々な L2 スピーキング能力判定
テスト（例：TOEFL-iBT® や IELTS のスピーキングテスト）の中
で応用されている。では、具体的に音声部門のどの能力上の違い（言
い換えれば発音上のエラー）が判定者の主観に影響を与えるのであろ
うか。分節音（子音・母音）だろうか、それとも超分節音（語ストレ
ス・抑揚など→ Stress, Intonation, Segmental/Suprasegmental 参照）
だろうか。また、影響力の度合いという観点に立つと、両者に違いは
みられるのだろうか。

　L2 の発話能力（speaking proficiency）判定は、音声部門における
能力だけに基づいてなされるわけではない。発話能力は様々な言語領
域の要素が関わる総合的な能力（例：語彙・文法、流暢性、話法、テ

ンポ、ポーズの頻度など）であって、発音の良し悪しはあくまで発話能力の一部でしかないからである。よって、これまでの SLA 研究ではこの発話能力をどのように定義し正確に判定するかが主要な研究テーマの1つとなってきた。例えば、話者がコミュニケーション時に使う表現の妥当性（communicative adequacy: De Jong et al., 2012）、語彙の豊富さ（lexical proficiency: Crossley et al., 2015）、文法の正確さと多様性の度合い（grammatical accuracy and complexity: Révész et al., 2016）などが判定者（聞き手）の主観にどのように影響するかが研究されてきた。逆をいえば、発音そのものの習熟度(pronunciation proficiency）の高低を何に基づいて判定するのかについては、研究がなおざりにされてきた。よって、冒頭で掲げた問いは不問に付されていたといえる。それというのも、話者の発音そのものの習熟度を客観的に判定するための方法がなかなかみつからなかったからである（→ Framework for L2 pronunciation measurement 参照）。

しかし、近年では Kang（2012）や Suzukida & Saito（2022）のように、上の問いに対処しようとする研究もみられるようになり、結果、音声部門の生成能力が領域ごとに（分節音・超分節音）どのように判定者の主観に影響するかがわかってきた。研究手法に TOEFL-iBT® スピーキングテストのレベル判定で使われる基準を利用した Kang（2012）では、テンポ、ポーズ、ストレスおよびピッチなどの超分節音的要素が L2 発音習熟度の判定において判定者の主観に最も影響を与えると報告している。一方、Suzukida & Saito（2022）による研究では、様々なレベルから成る L2 被験者（日本語を母語とする英語学習者 40 名）から音声サンプルを集め、それを経験豊かな判定者（NS5名）が IELTS スピーキングテストのレベル判定で用いられる基準（high-mid-low）に沿って評価し、最後に被験者ごとに出された判定結果と、研究当事者らが自分の聴解能力で音声サンプルを分析した結

果を照らし合わせて互いの関連性を調べた。結果、結論として、主に以下の3点を報告している。

（1）L2発音習熟度のレベルをlowとmidに分ける判定では、「機能負担量の高い分節音（→ Functional load hypothesis 参照）のエラー率」が有意に判定者の主観に影響する。（2）一方、highレベルの判定では、「低機能負担量を担う分節音のエラー率」と「母音の前後に複数子音を従える音節の発音で不必要な母音（schwa）を挿入してしまうエラー（例：it → ito)」、および「ストレスなしで語を発音してしまうエラー」が判定に強く影響する。（3）抑揚はそれほど大きな影響力を持たない。

英語音声教育の観点からみると、Suzukida & Saito（2022）による研究成果は示唆に富んでいる。学びの場でのSLA（→ Instructed second language acquisition, ISLA 参照）の音声教育において力を入れて指導すべき内容とその順番、あるいはまた設定すべき目標などが間接的に教示されているからである。例えば、教育の重要性という観点からいえば、分節音は超分節音に勝るということになるし、また語の発音ではストレスの位置を間違えないことがストレス付与を忘れるよりも肝要であるといえる。

Language learning aptitude
言語学習適性

言語学習適性（language learning aptitude）とは、言語を学べば上達することが見込まれる人が持つ特性である。第二次世界大戦において外国語を短期間で習得できる人材を選出するため、米国では多くの研究とテスト開発が行われ、それを受けて、民間用の言語学習適性

を測るテストも開発された。Carroll & Sapon（1959）による The Modern Language Aptitude Test（MLAT）と Pimsleur（1966）による the Pimsleur Language Aptitude Battery（PLAB）である。MLAT は言語学習適性は 4 つの構成要素（音声符号化能力：phonetic coding ability、文法的敏感性：grammatical sensitivity、機能的言語分析能力：inductive language learning ability、連合記憶：associative memory）から成るとの研究結果に基づいた適性を測定するテストである（Skehan, 2002）。学習者や応募者の選別のために広く使われた時期があった。主に、記憶力、分析力といった認知力が測定された。一方、PLAB が測定する要素は少し異なり、音声符号化能力、文法的敏捷性、機能的言語分析能力であり、連合記憶は測定項目には無く、知能（全教科得点の平均）が加味された。

　しかし、1970 年代になると、固定された概念での測定に対して次第に批判が出るようになり、学習者の努力の方が学習結果に大きな影響を及ぼすのではないか、との説が出るようになった（Skehan, 2002）。次いで、認知力だけが L2 学習に対する適性ではないとの指摘が相次いだ（Robinson, 2005）。さらに、SLA の立場から Dörnyei & Skehan（2003）は、注意を払う、分析するといった適性がある学習者には、フォーカス・オン・フォーム（→ Focus on form, FonF 参照）が適していると述べている。こうして様々な意見が出る中、Li（2015）は、文法習得に関する 33 の研究（参加者数合計 3,106 名）をメタ分析（→ Meta-analysis 参照）し、参加者たちは明示的指導を受け、意識的に学習している状況であり、年齢が若い学習者は大学生より学習者の認知力の影響を受けやすいことが明らかになった。ところが、他者とのやり取りをする L2 学習を行っていることが多い大学生や成人は学習適性の影響は受けにくかった。学習適性が文法学習に影響を及ぼす効果量（effect size）は小であり、唯一、効果量が中程度であっ

たのは、高校生で言語分析能力のある人たちのみであった。このこと
から、Li は、学習適性の効果はかなり誇張されたものである、とい
う結論に至った。

Language-related episodes（LREs）
言語の問題点に関して行われる会話

　言語の問題点に関して行われる会話（language-related episodes,
LREs）とは、学習者が言語を産出する際に、その使用法や形式等の
問題について、他者に質問したり、様々なやり取りをして修正してい
く会話のことをいう（Swain & Lapkin, 1998）。Swain のアウトプッ
ト仮説（→ Output hypothesis 参照）ではアウトプットの役割として
メタ言語機能（metalinguistic function）が挙げられている。自分の
アウトプットを内省し、問題点を特定して検討することにより、言語
の形式、意味、機能の関係を理解することができ、知識の発達が期待
できるとされている。LREs にはこのメタ言語機能が働いていると考
えられる。以下は筆者の授業で記録された LREs である。

S1: I don't have confi… 自信ってなんだっけ？

S2: confident?

S1: ああ、I don't have confident…名詞、形容詞？

S2: have だから名詞？

S1: そうだね、じゃぁ、confidence?

S2: うん

S1: I don't have confidence to speak English…

267

このLREsにおいては、S1に問題が発生した時点で、話の焦点が内容から離れ形式に移っている。続いて、2人でやり取りしながら言語使用を振り返り、メタ言語知識を働かせてやり取りすることにより、最終的にはS1は正しい発話に成功している。このようにコミュニケーション中にある形式が必要となったときにそれに気づいて必要な修正を加えながら使用していくことは、学習者にとって有益であると考えられる（Loewen & Reinders, 2011）。

　実践においては、このようなLREsの起こりうるペア活動やグループワーク活動を取り入れることが必要であるが、特に初級者の場合、LREsにより常に問題を解決できるとは限らないということも念頭におかなければならない。したがって、初級クラスでLREsによる問題解決がなされなかった場合は、グループワークのあと、明示的な指導を行って、知識の提供を行うことも必要であろう。

　また、米国の大学で英語を学ぶというESL環境の中級学習者の場合ではあるが、協働ライティング（→ Collaborative writing　参照）においてはLREsの働きが欠かせないことを十分に理解させてからライティングに取り組ませたところ、LREsの発生率も問題解決率も高まったとの報告がある（Chen & Hapgood, 2021）。

Languaging

> ランゲージング

　ランゲージング（languaging）とは、Swain（2006）が提唱した、学習者がL2使用中に、言語的な観点から考えたことや理解できたことを自分の言葉で書いたり、発話したりすること、つまり言語化する行為である。Swainは言語と思考は深く結び付いているので、このラ

ンゲージングにより L2 習得が促進されるとしている。

学習者が個人で行う場合もあるが、ペアやグループでの協働的対話における言語の問題点に関して行われる会話（→ Language related episodes, LREs 参照）もランゲージングと考えることができる。この背景には社会文化理論の「内化」という概念も深くかかわっている（→ Internalization 参照）。

日本人大学生を対象としてランゲージングの効果を検証した研究（鈴木，2008）を紹介する。参加者は自身の書いた英作文に、英語の母語話者から筆記でのフィードバック（直接訂正）を受け、筆記でのランゲージングを行い、その後、元の英作文を見ながら書き直しを行った。分析の結果、日本人英語学習者が英作文のフィードバックを理解する際のランゲージングは理由を伴った深いレベルのものが多いこと、また、ランゲージングの深さのレベルにかかわらず、学習効果があることが明らかになった。

その後行われた自由英作文課題を材料とした Suzuki（2017）や、文法書を材料とした Ishikawa & Suzuki（2017）などにおいてもランゲージングの学習効果が確認された。

実践においては、日本語と英語のどちらでランゲージングを行うべきか、また、学習者のどのような英文にランゲージングを行うべきか等について、トピックや課題の難易度、学習者の特性や熟達度に応じて臨機応変に対応すべきであろう。

Learning style
学習スタイル

学習スタイル（learning style）とは、学習者自身が好む学習方法

のスタイルである。様々なスタイルがあり、(1) 場独立型・場依存型、(2) 分析型・全体型、(3) 熟慮型・直感型、(4) 思考型・感情型、(5) 知覚学習スタイルなどに分類される。一人の学習者が完全にどちらかのスタイルを常にとるということではなく、課題や活動が何であるかによっても、学習者は異なる学習スタイルを選択することがある (Reid, 1995)。また普段使っていない学習スタイルを教えて、選択肢を広げさせることもできる (Oxford, 2011; Reid, 1987).

SLA 研究では、近年、学習スタイルに興味をもっておらず、研究が大きく発展しているとはいえない。むしろ様々な意見が出て統一見解をもつに至っていない。理由は学習スタイルはある学習者に生涯固定しているものではなく、その時々に取り組むタスクによっても、学習スタイルが異なるし、学習スタイルの傾向が異なるからと言って、L2 習得度に大きく影響しているかという疑問も未だに解決されていないからである。

教師としては、1 つのクラスに様々な学習スタイルの学習者がいるので、いずれかのタイプに合わせた授業を行うことはできない。様々な学習スタイルに合った様々な課題や言語活動を提供するとよい。

Lexical complexity
語彙的複雑性

語彙的複雑性 (lexical complexity) は、テキストの語彙の複雑さを指し、産出されたテキスト内で完結する指標である語彙的多様性(→Lexical diversity 参照)、語彙密度 (lexical density: テキストにおける名詞、動詞、形容詞、副詞などの内容語の割合で、情報の密度を表す) や、外的基準を参照するテキスト外指標に基づく語彙的洗練性 (→

Lexical sophistication 参照) など多くの下位概念が存在する (Eguchi & Kyle, 2020)。語彙的複雑性には語彙知識の広さだけでなく深さ、つまり単語の意味、用法、派生形などの理解度も含まれる (Schmitt, 2014)。

　語彙的複雑性は学習者が産出する語彙の豊かさ (lexical richness) の重要な観点であるが、学習者が低頻度の語彙を含む多様な語彙を用いて情報密度の高い産出ができるように語彙的複雑性を高めるための指導は容易ではない。知っている単語の数を増やす量的指導にとどまらない質的な産出指導が必要となるだろう。

　Johnson (2017) はタスクの認知的複雑性に関するメタ分析 (→ Meta-analysis 参照) で、トピックに精通していることは語彙的複雑性に対し中程度の正の効果を、タスクに精通していることは高い正の効果を持つことを示した。また語彙的複雑性を測る指標として多くの研究では語彙的多様性 (特に TTR) が使用されており、語彙密度を使用した研究は少なかった。語彙的洗練性を使用した研究においては、GSL (→ Word list 参照)、BNC (→ Corpus 参照)、COBUILD corpus の頻度情報が使用されていた。

　日本における語彙的複雑性に関する研究に Fellner & Apple (2006) がある。21 名の大学生で初級英語学習者に、1 日 5 時間半 7 日間の集中授業を行い、活動の 1 つとして英語でブログを書かせた。結果、総語数の平均は 1 日目 31.5 語であったのが 7 日目には 121.9 語に増加した。また、2 日目と 6 日目の使用語彙頻度を比較すると高頻度語だけでなくアカデミックな語彙や低頻度語についても使用が増加したため、語彙的複雑性の指標の 1 つである語彙的洗練性の促進が示唆された。一方、小野・石塚 (2020) は中学 3 年生 38 名のデータ提供者を対象に 2 週間延べ 7 時間の英語授業でライティングのピアレビューの効果を検証したが、実験群は統制群より流暢性と正確性は有意に向上

したが、語彙的複雑性は有意に向上しなかった。

語彙的複雑性を高めるために何をどのように教えるべきかについてはまだ不明点が多く、さらなる研究が必要であるといえる。

Lexical diversity
語彙的多様性

語彙的多様性（lexical diversity）とは、学習者がどの程度多種多様な語彙を利用するかを数値化する指標で、テキスト中の総語数（token）と異なり語数（type）に基づいて計算される。よく使用される指標に異なり語数を総語数で割るタイプ－トークン比（type-token ratio, TTR）がある。TTR は学習者が単語の反復を避けて多様な表現を使用する能力を評価するのに役立ち、学習者の言語能力の成熟度や流暢さを測るためにも用いられる（Malvern et al., 2004）。

語彙的多様性は英語教育における重要な課題の１つである。学習者が単語を反復するだけでなく異なる表現を使う能力は、学習者の英語能力全体に影響する（Nation, 2001）。しかし、教材や教育・学習方法が適切でないと語彙的多様性の十分な発達につながらない可能性がある。

近年、語彙的多様性に関する研究は増加傾向にある。語彙的多様性を高める教育方略の効果や、異なる文化背景や年齢層の学習者間での語彙的多様性の違いなどについての研究は（e.g., Crossley et al., 2012）、学習者の語彙の成熟度やその影響についての理解を深めるのに役立つ。

語彙的多様性を分析・評価する指標について、その仕組みや特徴、信頼性や妥当性の問題点を検討した論文に小島（2012）がある。論文

では、代表的な指標として、TTR、標準化 TTR（分割されたテキスト各部分の TTR 平均値）、Guiraud index（異なり語数を総語数の平方根で割った値）、Herdan index（TTR の分子と分母を対数変換した値）、D（TTR 曲線全体の位置を決定するパラメータ）、HD-D（各異なり語数の出現確率の和に基づく指標）、MTLD（一定レベルの語彙的多様性維持に必要なテキストの平均的な長さに基づく指標）などを取り上げている。これらの指標はテキストの長さに依存するという問題を克服できていない。語彙的多様性の指標として、総語数と異なり語数だけでなく、単語の頻度や意味、文脈的適切性など他の要素も考慮する必要がある。語彙的多様性の指標は主に語彙知識の広さを扱うが、語彙知識の深さについても扱える指標の開発が求められる。

　語彙的多様性は L2 習得における重要な要素である。教師が語彙的多様性を高める教育方略を理解・実践することで、学習者の語彙力向上に寄与できるだろう。語彙的多様性の指標や有効な教育方略について、さらなる研究が求められる。

Lexical frequency profile（LFP）
語彙頻度プロファイル

　語彙頻度プロファイル（lexical frequency profile, LFP）とは、学習者の産出語彙についてどのレベルの語彙をどの程度使用しているかを示す指標である（Laufer & Nation, 1995）。LFP は、学習者の使用語彙を 4 つの頻度レベルに分け、それぞれのレベルに該当するワードファミリー（→ Word list 参照）の比率を算出する手法で、各レベルの単語がどれほど相対的に使用されているかが測定される。4 つのレベルとは、使用頻度が最も高い 1000 語、次に使用頻度が高い 1000 語、

AWL（→ Word list 参照）の単語、これら以外の単語である。

　頻繁に出現・遭遇する単語の理解と使用が言語習得の初期段階で重要となるため、語彙頻度は英語教育において考慮すべき要素である。日本の英語教育で語彙教育は重視されており高頻度語については指導されているが、AWL やこれら以外の単語の指導は必ずしも十分とはいえない。学習者の英語力のレベルが上がるにつれて重要になる語彙なので、学習者のレベルを考慮して何を教えるか決定し、適切な語彙指導を行うべきであろう。

　Laufer & Nation（1995）は、学習者の英語力の違いが、特定の語彙レベルでの単語使用率の差として LFP に反映されたことから、LFP は学習者の語彙の豊かさを評価する指標になると主張しているが、その妥当性を問題視する意見もある（Meara, 2005）。

　日本における LFP の研究に杉森（2009）がある。40 人の理系学部の日本人大学 1 年生を英語力に基づき上位クラスと下位クラスに分け、2 つ異なるトピックの 250-300 語の記述的なエッセイを、辞書使用を許可し宿題として書かせた。分析結果は次の通りである：(1) トピックが異なると、2000 語レベル以上の語彙の使用割合が変動する。(2) 英語力の高い学習者は、Academic Word List（AWL）レベルの語彙を有意に多く使用する。(3) 辞書使用は、2000 語レベルまでの発表語彙に影響するが、AWL レベル以上の語彙には限界がある。辞書を使用しても AWL および低頻度語の使用にはクラス間で差があることから、LFP はエッセイライティングにおける使用語彙から学習者の英語力を判定する指標として妥当である可能性が示された。

　LFP は日本の英語教育においてあまり活用されていない指標だが、適切に活用することで学習者の語彙力向上に寄与する可能性があるだろう。

Lexical item characteristics
語彙の項目特性

　語彙の項目特性（lexical item characteristics）とは、語彙項目に内在する形式や意味などに関わる特性のことで、発音のしやすさ、正書法、語の長さ、形態的要素、形式の類似性、品詞、意味的特徴などを含む（Laufer, 1997）。こうした特性の一つ一つが語彙項目学習の難易度に影響を与える。

　発音のしやすさ（pronounceability）は学習のしやすさに大きな影響を与える。ある単語が発音しやすいかどうかは学習者の母語が大きく関係する。母語にない音素を含む語の習得や、母語では区別できない音素を含む語同士の判別は難しくなる。また、音声的規則性（phonotactic regularity）から逸脱する語も習得が遅れる。

　正書法（正しい綴り字、orthography）に関しては、発音と綴り字に一定の規則性がみられる語の方が習得しやすくなる。イタリア語やフランス語などのラテン系言語に比べ、綴りと発音の関係が複雑な英語は、学習者には負担がかかりやすい。

　語の長さ（length）に関しては、直感的に長い語の方が短い語よりも習得しづらいと考えられる。確かに語の認識や綴りを再生する場合、学習者は長い単語で間違うことが多い（Coles, 1982）。英語では従来から存在するアングロサクソン系の単語の方が、後から取り入れられたラテン系の単語よりも短く、出現頻度も高いため、一般に短い語の方が習得しやすくなる傾向にある。しかしこうした語の長さと頻度の関係は、必ずしも他の言語に当てはまるわけではない。また、学習者に形態素の知識があれば、長い単語であっても形態素的に明らかな意味を持つ単語（例: mismanagement, unavailable など）は学習がしやすくなる。

275

形態的要素（morphology）で学習に影響を与えるものの 1 つに、屈折的複雑さ（inflexional complexity）がある。一般に、単数形と複数形、無生物名詞の性、名詞の格などが不規則な単語は習得が難しくなる。英語はその発達過程で多くの名詞の性や格が消失してきたため、この点では名詞の性や格が残っている言語よりも単語学習がしやすいといえるであろう。もう 1 つは派生的複雑さ（derivational complexity）である。学習者に接辞や語根の知識があり、そうした接辞や語根の組み合わせから意味が明らか（transparent）である語は習得がしやすい。しかし、見かけ上は形態素的に意味が取りやすそうだが、実際はその組み合わせとは異なる意味を持つ語（例：outline, discourse, priceless など）は習得が難しくなる（Bensoussan & Laufer, 1984）。こうした形態素を合わせた意味が実際の意味と異なる現象を、見せかけの透明性（deceptive transparency）と言う。

　形式の類似性（synformy）も単語学習を難しくする。すなわち、音声や綴りの似ている語同士は干渉が起こって習得が難しくなる。学習者はすでに習った語と形式が似ている新語を取り違えてしまう場合がよくある（例：comprehensive/comprehensible, cancel/conceal など）。このように似た単語同士を類似形式（synforms）と言う。類似形式には様々な型がある（Laufer, 1997 などを参照）が、特に学習者が混乱するのは接辞だけが異なるもの（industrial/industrious）や、母音だけが異なるもの（adapt/adopt）などである。

　品詞（part of speech）に関して Rogers（1969）は、名詞が一番習得しやすく、副詞が一番難しく、その中間に形容詞と動詞があるとした。しかし様々な他の要素も関係するので、それほど明確ではないとする研究者もいる（Laufer, 1997）。ただし一般に L1 および L2 学習において、学習者は動詞よりも名詞を先に習得する傾向は見られる（Milton, 2009; Tomasello, 2003）。この理由として Peters（2020）は、

動詞は名詞に比べて語形がより様々に変化すること、名詞よりも多義的で曖昧性が高く、状況に応じて意味が変化することを挙げている。

　意味的特徴でまず学習に影響を与えるのは語の抽象性（abstractness）であろう。一般に概念を捉えるのが難しい抽象語の方が、具体語よりも習得は難しいとされる（Allen & Vallete, 1972）。確かに学習者の発達段階とともに進む母語学習では具体語から抽象語へと習得が進むが、すでに母語で抽象概念を習得しているL2学習者にはこの順が当てはまらないこともある。また、限定性（specificity）も学習に影響を与える特性である。学習者は概念的により広い部分を包括する上位語（superordinate）を先に、より限定的な下位語（subordinate）を後に習得する傾向がある。関連する特徴に使用域（register）もある。広い場面で使える一般的な語がある特定の場面では使用できないことや、ある特定の場面だけで通用する語を不適切な場面で使うことが、学習者にはよく起こる。イディオム性（idiomaticity）も学習に影響を与える。慣用的表現はその構成要素の語系から意味を推測しにくい（opaque）ため、非慣用表現よりも習得が難しくなる。さらに語の持つ多義性（polysemy）も学習に影響を及ぼす。高頻度語は中心的な語義から様々な拡張された意味を生み出す傾向にあり、学習者がこうした周辺的な意味を獲得するには時間がかかる。同義性（homonymy）も学習に混乱をもたらす。例として同音異義語（pail/pale）、同綴同音異義語（pole「さお」 / pole「極」）、同綴異義語（lead [li:d]「導く」 / lead [led]「鉛」）などがある。その他に、L1と同じ語源を持つ同族語（cognate）がL2にある場合は習得がしやすくなる傾向にある（Peters, 2020）。

　指導に関しては、こうした全ての項目について一度に教えることは不可能である。まずは高頻度語の中心的な意味を教えることから始めることが肝要であろう。教師が学習者の躓きやすい項目特性を理解す

ることも大切である。これにより発音のしにくい語、不規則な綴りの語は丁寧に指導する、類似性のある語同士は同時に提示するのを避ける、などの配慮ができる。また、学習が進むにつれて多義語の周辺的な意味や、形態素の知識、限定性、使用域などについて学習者に注意を向けさせていくと良いであろう。

Lexical knowledge
語彙知識

語彙知識（lexical knowledge）とは、単語や表現の意味、使い方、文脈における適用を理解し、これを活用できる能力を指す（Nation, 2001）。L2習得における語彙知識は、言語能力の重要な側面であり、リーディング、ライティング、リスニング、スピーキングの全てに影響を与え（Schmitt, 2010a）、意味や構文の理解などに必要とされる（Laufer & Nation, 1995）。

日本の英語教育における語彙知識の問題点として、学習者が十分な語彙を獲得するのが困難であるという点が挙げられる。書き言葉の十分な理解には8,000〜9,000のワードファミリー（語族）（→ Word counting unit 参照）が、話し言葉の理解には6,000〜7,000のワードファミリー（語族）の語彙が必要になるとされているが（Nation, 2006）、日本の一般的な英語教科書がカバーする語彙は2000語台で（長谷川他, 2008）、それほど多くの語彙をカバーしていない。

語彙知識の分野では様々な研究が行われている（→ Collocation, Lexical complexity, Lexical diversity, Lexical frequency profile; LFP, Lexical processing, Lexical sophistication, Vocabulary learning strategy 参照）。特に、単語やフレーズの暗記に関連する研究や、語

彙習得に関する教材開発の研究は、教育現場に直接的な影響を与えている。

Kanayama et al.（2022）の研究は、新旧の語彙項目を対象としたランダム選択テスト（RST）という累積テストの改良版が第二言語の語彙学習に与える影響を日本の大学生を対象に調査した。英語初中級レベル以上の大学1年生26名は事前テストを受け、授業外で50組の単語ペアを覚えるよう指示された後、5週間にわたってランダムな小テストを受け、最後に全単語を対象とする事後テストを受けた。結果は、事後テストのスコアは事前テストよりはるかに高く、間隔をあけて行うRSTの効果が示された。学習時間の総量と小テストに現れる単語の回数の増加が事後テストのスコアに直接影響することも確認された。

語彙知識はL2習得における極めて重要な要素である。語彙知識に関する様々な研究の知見を活用することは語彙指導の質を高め、学習者の語彙力の向上に寄与し得るだろう。

Lexical processing
語彙処理

語彙処理（lexical processing）とは、言葉を認識し理解するための処理で、単語が表象する書字・音韻・意味へのアクセス、文法的な役割の決定、周囲の単語との関連付けなどの認知的処理が含まれる。脳は語彙処理の際に、知っている全ての語句の情報を持つデータベースであるメンタルレキシコンから、語句に関する情報を取り出す（Aitchison, 2012）。この情報は、言葉の意味を理解し適切に対応するために使われる。語彙の長期記憶は語彙処理の深さの影響を受け、処

理水準としては表記形態に関する形態的処理、音韻的処理、意味的処理が考えられ、この順に処理が深くなり記憶の保持率が高くなると仮定された（Craik & Lockhart, 1972, Craik & Tulving, 1975）。語彙処理は、文脈の中で素早く正確に単語の意味を理解し使用すること、およびその単語を記憶することに関わる重要な要素である。

　授業中の語彙指導の際は、語彙処理が深い学習になるよう、形・音・意味・文法・文脈などに関して多様な認知的処理をする学習活動が、語彙習得を促進する可能性がある。一方、初級学習者は自動化が進んでおらず、処理できる情報に限りがあるのであまり負荷をかけ過ぎるのは良くないとする見解もあり（Barcroft, 2002, 2015）、一般に深い処理は長期記憶には有効だが、初級学習者には必ずしも当てはまるわけではないことを考慮する必要があるだろう。

　第二言語習得における語彙処理研究に、De Bot et al. (1997) がある。カナダの大学で、L1 が様々で授業では主にフランス語を使用する英語中級レベルの学生 10 名を対象に、未知語を含むテキストに基づく読解タスクを実施し、Levelt (1993) の語彙処理モデルを援用し未知語処理方略を調べた。タスクは要約課題と読解課題であり、データ収集は全て思考発話法（think-aloud protocol）で行われた。結果は、主な未知語処理方略は未知語の意味の推測で処理方略の約 80% を占め、意味を持つ最小単位である形態素や、句や文の構造に関する統語論などの形態統語的（morphosyntactic）情報が推測に使用されることを示した。

　語彙処理に関する日本の実践研究に、語彙処理の回数と量の効果検証をした鬼田（2016）がある。日本の大学 1 年生 42 人を 2 グループに分け、未知語であると予測される低頻度の英単語 24 語とその日本語訳をパソコン画面で見る学習の効果を、2 回（1 回 8 秒、計 16 秒）と 4 回（1 回 4 秒、計 16 秒）の 2 条件で検証した。事後・遅延事後

テストの結果どちらのグループにも大きな差はなく、語彙処理の回数が違っても総時間が同じであれば、同じような学習成果が得られることを示し、語彙習得において、語彙処理する学習の総時間を確保することが重要であることが示唆された。

　教室における語彙指導においては、語彙処理の質・量ともに考慮した学習タスクを考案し実施することが、学習効果を高めるためには望ましいであろう。

Lexical sophistication
語彙的洗練性

　語彙的洗練性（lexical sophistication）とは、学習者の産出語彙にどの程度低頻度語彙が含まれ洗練されているかを表す指標である。基本語彙リストを作成してリストにない語句を洗練された語彙とみなし、その洗練語がテキスト全体に占める比率で表される。産出語彙が発達すると、学習者は基本的語彙に加え専門的な技術用語も使いこなし文脈に適切な語彙を選択できるため、低頻度のより洗練された語彙を産出できるとされている（Read, 2000）。

　語彙的洗練性を測定するツールに、語彙洗練性自動分析ツール（tool for the automatic analysis of lexical sophistication, TAALES）がある（Kyle & Crossley, 2015）。単語の頻度、長さ、稀少性、多様性などの要素を考慮して、語彙の洗練度を数値スコアや統計的な指標で示す。

　語彙的洗練性とライティングの関係を調査した Kyle & Crossley（2016）は、延べ480名の TOEFL のエッセイを収集し、ライティング力のみを測る独立型課題のエッセイコーパスと、リーディング・リ

スニング・ライティングの三技能の力を複合的に測る統合型課題の
エッセイコーパスを作成し、TAALES を用いて TOEFL スコアに影
響する要素について分析した。結果は、語彙的洗練性、特に範囲（あ
る単語が参照コーパス内の何個のテキストに出現するかを測定。値が
低いほど洗練性が高い）やバイグラム（bigram: 連続する二つの単語）
頻度は独立型課題のエッセイのスコアの重要な予測要素である一方、
統合型課題のエッセイに対してはあまり重要な予測要素ではないこと
を示した。学習者が広範な領域・ジャンルの語彙に触れ、語彙学習時
に単独の単語だけでなく頻出する共起表現を学習する必要性が示唆さ
れた。

　日本における語彙的洗練性に関する研究に小室（2020）がある。英
検のモデル英作文を分析した結果、英検2級以下のレベルでは洗練性
に有意差はなかったことから、英検2級以下の学習者に対しては英作
文の正確さと流暢さを重視して指導する必要があることが示された。
一方洗練性は、英検準1級から1級レベルの学習者の評価に特に有効
であるといえる。

　上記の結果は、学習者の英語力が上がるにつれて、特に中上級以上
の学習者に対して、低頻度のより洗練された語彙を学習・使用させる
指導の重要性を示唆している。学習者が身に付けるべき語彙力は何か
を考慮した語彙指導の必要がある。

Liaison

リエゾン（連結）

　リエゾン（liaison）とは、元々フランス語に顕著に見られる音声変
化である連音を指したものであったが、現在では英語に対しても使わ

れ、「連結」（linking）と併用される。フランス語のリエゾンは、単独で読む場合は発音されない語尾の子音が、次の語が母音で始まるときにその音と一緒に発音される現象のことであり、英語のリエゾンの起こり方とはやや異なる。前者は文法上の規則の１つでもある。一方、英語のリエゾンは、通常の発話速度の下で先行する語の末尾子音と後続する語の出だしの母音がつながって切れ目なく発音される現象のことで、生起する理由に文法は関与しない。意味的に１つにまとまる音群の中にある音声は連結して生成する方が発音しやすいから起こるのである。例えば "Nice to meet you." で、"meet" の語末子音 /t/ は後続の接近音 /j/（共鳴性が高く音質的に母音に近いので半母音とも呼ばれる）と連結して融合し、これら２音は破擦音 [tʃ] に変化する。よって、連結とは発音に際し尾子音を頭子音として機能させる音韻規則であると考えることもできる（再音節化 re-syllabification）。次の例 "in an hour" でも同様である。この前置詞句は副詞として意味的に１つの概念を持ち一息で発されるのが普通で、その結果、/ɪ.nə.naʊɹ/ のように再分節化されて発音されることになる。

　この項目で１つ注意しておきたいのは、アメリカ英語とイギリス英語の違いである。イギリス英語では "far" や "after" など語末の [r] は発音されないが（non-rhotic）、後続語が母音で始まるときには [r] が発音されるので連結現象が起こる（例：Far away, After all）。

　音声教育の観点からいえば、リエゾンの教育は重要性が高い。英語学習者の自然な発話を可能にするだけでなく、英語母語話者（NS）の発する英語の聞き取りを助ける効用があるからである。音素の一つ一つは確かに分節音として体系中に互いに独立して存在するが、通常は意味をベースに線状につなげられて発され、語の認知にはその分節音群に自律分節的（autosegmental）な単位である「音節」が知覚される必要があるのである（→ Syllable 参照）。

283

日本語を母語とする英語学習者はリエゾンの習得が苦手である。日本語は基本的に母音で終わる音節（開音節）が主体の言語で、尾子音の後に存在しない母音を挿入してしまう傾向があるからである。例えば "hold on" では、誤って "holudo on" となってしまうので、結果、尾子音 /d/ と語頭母音 /o/ にリエゾンが起こりにくくなってしまう。したがって、まず子音で終わる音節（閉音節）を生成する練習が肝要で、次に母音で始まる語を後続させ上述の再音節化に習熟させるのが効果的である。

Listening process
聴解過程

　聴解過程（listening process）とは、言語の4技能の1つであるリスニングをしている際の認知過程のことを指す。聴解は、聴力を指すヒアリングとは区別される。聴解は受容技能の1つであることから、受動的なスキルだと捉えられがちだが、実際には能動的な活動である。
　聴解過程がどのようなものであるかを説明する理論はいろいろとあるが、中でも重要なモデルは、ボトム・アップの聴解処理（bottom-up listening process）モデル、トップ・ダウンの聴解処理（top-down listening process）モデル、およびインタラクティブな聴解処理（interactive listening process）モデルである（Flowerdew & Miller, 2005）。ボトム・アップの聴解処理では、個別の音声・音韻の聴き取り、その組み合わせである単語の理解、単語を組み合わせた句や節の理解、そして文の理解というように、言語のより小さな単位の情報を積み上げて全体の理解に辿りつく。逆にトップ・ダウンの聴解処理では、背景知識や文脈といった大きな単位の情報を参照して個別の語や音韻の

解釈をする。この際、談話の構成や話の流れのパターンに関する知識、すなわちスキーマ（schema）も大きな役割を果たしており、過去の経験に基づく期待値に基づいて次の情報を予測しながら聴解が行われていると考えられる。Rumelhart (1975) は、理解過程にはボトム・アップとトップ・ダウンの両方の情報処理が必要に応じて交互に行われていることを指摘し、インタラクティブな理解処理モデルを提唱した。このモデルは当初読解モデルとして提唱されたが、聴解モデルとしても成立するとされている。

　聴解の目的や学習者のレベルなどによってどの聴解処理過程に重きが置かれるかが異なる。聴解過程は常にインタラクティブではあるが、特定の細かい情報の把握が目的の場合にはボトム・アップ、概要の把握が目的の場合はトップ・ダウンの情報処理が優先される場合が考えられる。また、英語力が比較的低い場合は、まず基本的な言語単位の聴解を重視したボトム・アップの情報処理能力を上げること、対して英語力が比較的高く、基本的な語彙や文法の理解に問題がない場合には、トップ・ダウンの情報処理能力を活用することに重きを置いた活動にすると良い。基礎的なボトム・アップ処理ができない学習者にトップ・ダウン処理を奨励しすぎると、憶測に基づく誤った聴解に結びつきやすいので、注意したい。L2 リスニングでは、文字言語では既知語彙であっても音声だと認識できない語彙があるため、単語認識を促進するための音声語彙能力を上げる基礎訓練が重要である。また、聴解の際には、学習者の持っているスキーマを活かした聴き取りや、談話構成・談話標識・話者交替規則などに関する談話知識（discourse knowledge）を指導した上で情報の流れを予測しながらリスニングをすること、トピックについて事前に背景知識を確認したりリサーチしたり、そのトピックに関わる語彙を事前学習するといったトピックに応じた準備（topic preparation）をしてからリスニングをすること、

あるいは特定の情報だけを拾ったり、概要だけ把握したりするなど、目的の異なるリスニング活動をすること、そして様々なジャンルのものを聞くようにすることなども有効である。このような事前準備やブレーン・ストーミングをしてからのリスニング活動は、学習者の言語不安（→ Anxiety 参照）を軽減するとともに、聴解に有効なストラテジー（→ Listening strategy 参照）の活用にもつながる。

マルチメディアを利用したリスニング活動も推奨される。情報は音声だけでなく、映像や文字（L2 での字幕・L1 での翻訳字幕）、あるいは同じトピックに対する興味を共有する他の視聴者とのやり取りなど、より多くのモード（mode）を通してインプットされることで、より深く理解され記憶に残りやすくなる（Paivio, 1986）ため、目的に応じて複数のモードを組み合わせたリスニングをすると学習効果が高く（Mayer, 2001）、学習者の動機づけも向上しやすい。

聴解を左右する最も大きな要因の1つに語彙力が挙げられる。語彙力が高いほど聴解力も高い（Noreillie et. al, 2018）ことが示されており、最低でも最頻出語彙 3000 語レベルの語彙力を持っていれば、テレビや映画の視聴を通した付随的語彙学習（→ Incidental vocabulary learning 参照）が可能である（Webb & Rodgers, 2009a; 2009b; Schmitt & Schmitt, 2014）。

Listening strategy

リスニング方略

リスニング方略（listening strategy）とは、学習方略（learning strategy）あるいはコミュニケーション方略（→ Communication strategy 参照）の一種であり、L2 を聞いて理解する上で使用する創

意工夫やテクニックのことである。リスニング方略を効果的に使うと、リスニング能力が上がり、コミュニケーション能力の向上にも貢献する。

　学習方略は、「新しい情報を理解・学習・保持することを助けるために使われる考えや行動」（O'Malley & Chamot, 1990, p. 1）のことであり、メタ認知的方略（metacognitive strategies）・認知的方略（cognitive strategies）・社会情意的方略（socio-affective strategies）に分類されることが多い。メタ認知的方略とは、学習者が言語学習プロセスについて考え、学習の計画を立てたり、学習過程を確認したり、学習成果を評価したりすることに関わる方略全般を指す。認知的方略とは、言語学習目的の達成や問題解決の際に思考や対象となる内容を調整するために意識的に適用される方略、すなわち具体的な学習方法の工夫を指す。社会情意的方略とは、学習に対する感情・動機づけ・態度をコントロールする方略や他人とのやり取りを通して問題解決を図ろうとする方略を指す。

　L2リスニング方略も同様に3つの種類の方略に大別できる。White（2008）によれば、リスニングにおけるメタ認知的方略としては、学習計画を立てる（planning）、リスニングタスクの目的を事前に決める（advanced organization）、注意を向ける対象を意識する（focusing attention）、理解を確認する（checking comprehension）、ノートを取る（taking notes）、問題点を特定する（identifying problems）などが挙げられる。認知的方略としては、予測する（predicting）、推測する（inferencing）、スキーマを活用する（using schemata）、視覚化する（visualizing）などが挙げられる。社会情意的方略としては明確化を要求する（asking for clarification）、リスニングの機会を探す（seeking listening opportunities）、不安を軽減する（lowering anxiety）、話者と共感する（empathizing with the speaker）などが

挙げられる。

　L2学習方略の訓練効果のメタ分析（Plonsky, 2019）によれば、学習方略を明示的に指導することはある程度効果的であることが示されてはいるが、タスクの性質や文脈、あるいは学習者の学習スタイルの好みやL2能力レベルによって有効な方略が異なることがあるため、訓練が全ての学習者・学習環境・言語技能に対して常に効果的であるとは限らない。ただし、具体的なリスニング方略を紹介し、様々な学習法があることを示したり、タスクに応じた方略を学習者に試させることは指導効果があると考えられている。また一般的にいわゆる成功する学習者はメタ認知的方略を使う傾向（Goh, 2008）や、目的に応じて学習方略を柔軟に使い分けたり組み合わせたりして使用する傾向（Vandergrift, 2003）があり、方略使用について意識していることは、L2のリスニング学習に良い影響があるとされている（Griffiths, 2018）。

　コミュニケーション方略としてのリスニング方略については、話者の発話を繰り返す・明確化要求をする等の聴解中の意味交渉方略（negotiation for meaning while listening strategies）と、発話のリズム・イントネーション・発音を通して話者の意図を理解しようとする、理解を示す合図を送る、理解を深めるために例示を求める等の会話の流れを保持する方略（fluency-maintaining strategies）が有効であるとされている（Nakatani, 2010）。

Longitudinal study

> 縦断的研究

　縦断的研究（longitudinal study）とは、一定の期間にわたり継続

して、ある学習者あるいは集団のデータを収集し、研究対象とする事象や要素の変化を探究する方法である。縦断的研究の研究期間の長さについて、合意された期間はないものの、3～4か月から6年以内の研究が一般的である。縦断的研究では、研究期間中に複数回データ収集を行い、研究の文脈を考慮したデータの理解を重視し、L2習得に関わる要因が一定の期間の間にどのように変化や発達を示すかを解明する（Ortega & Iberri-Shea, 2005）。一方、研究者が1つ以上の集団から、ある時点または短期間で質問紙調査（→ Questionnaire research 参照）や面接法などによりデータを収集する研究は、横断的研究（→ Cross-sectional study 参照）と呼ばれる。

縦断的研究による先行研究から学習者に対して、教師がどのような指導をどれくらいの期間行えば、どのような成果が期待できるかわかっていると、教師は、自分の学校や学級の状況を検討した上で、より効果的な指導計画を立てることができる。

縦断的研究は、大きく分けて、同一の参加者から複数回データを収集する記述的量的研究（→ Quantitative research 参照）、学校などにおけるL2プログラムの効果を検証する研究、L2指導の効果を検証する介入研究、社会文化理論（→ Sociocultural theory 参照）の枠組みで行われる質的研究（→ Qualitative research 参照）および研究者が研究対象のコミュニティに身を置き、長期的に研究参加者を観察するエスノグラフィー研究（→ Ethnography 参照）の4つのタイプがある（Ortega & Iberri-Shea, 2005）。

縦断的研究の例として、動機づけ（→ Motivation 参照）や英語学習に対する態度が、一定以上の期間を経るとどのように変化するのかを追跡した研究（Dörnyei & Csizér, 2002）や、留学プログラムに参加する学生がどのくらいのL2発達を見せるのかについて、留学前、中、後の3回の熟達度測定によって調査した研究（McManus et al., 2021）

がある。また、インプット（→ Input 参照）が極めて限定的である
と言われている EFL 環境であっても、リーディングの流暢さを高め
るために、繰り返し読むこと（repeated reading）を長期的に行って
効果を確認した研究（Gorsuch & Taguchi, 2010）や、教室で与える
インプットの役割を探究した研究（Saito & Hanzawa, 2018）なども
縦断的な研究の好例である。

　縦断的研究の結果は、教師にとって長期的な実践の効果の見通しを
立てることができるため有用であるが、文脈の違いにより異なった結
果になりうることに留意したい。

Markedness
有標性

　有標性（markedness）とは、主に言語類型論で使われる概念で、
言語特性が相対的に珍しいもの、頻度が低いもの、不規則なもの、複
雑なもの、あるいは意味が捉えにくいものである場合、その言語特性
が有標（marked）であると言う。対立概念は無標（unmarked）な
言語特性で、こちらは相対的に一般的なもの、頻度が高いもの、規則
的なもの、単純なもの、意味が捉えやすいものである。有標性は絶対
的な概念ではなく、あくまで相対的な概念なので、どの言語特性とど
の言語特性を比較するかによって、より有標なのがどちらかであるか
が変わる。L2 習得では、有標性が高い言語項目の方がより学習が難
しいと考えられている。

　Eckman（1977）は、有標性示唆仮説（markedness differential
hypothesis）を唱え、対照分析仮説（→ Contrastive analysis 参照）
に有標性という概念を加えることで、その予測可能性が高められると

した。この仮説によればL1と構造が異なるL2の項目であっても、それが無標な特性ならば学習は難しくなく、L1とL2の構造が似ている言語項目であっても、それが有標な特性ならば学習は難しいと予測した。二言語の違いが少なく、かつ無標な言語特性の学習が最も易しく、二言語の違いが大きく、かつL2がより有標な言語特性の学習が最も難しい。この仮説は特にL2音韻習得において実証された。

　言語類型論と有標性に基づいて学習難易度を予測した仮説としては、関係節の名詞句検索階層性（noun phrase accessibility hierarchy）がよく知られている（Keenan & Comrie, 1977）。英語には6種類の関係節構造があるが、これは世界の言語の中でもありうる構造の全てが揃っている有標な特徴である。また、6種類の関係節は、無標なものから有標なものの順に並べると、先行詞が名詞句内の主格（SU: e.g. The girl who was sick went home.）、直接目的格（DO: e.g. The story that I read was long.）、間接目的格（IO: e.g. The man who(m) Susan gave the present to was happy.）、前置詞の目的格（OPREP: e.g. The book that John was talking about is expensive.）、所有格（GEN: e.g. The boy whose mother is a doctor was waiting there.）、比較級の目的格（OCOMP: e.g. The person that Susan is taller than is Mary.）であるものの順序となる（Doughty, 1991）。仮説によれば、英語の関係節構造は、最も無標なSU構造が最も易しく、最も有標なOCOMP構造が最も難しい。また、より有標な構造を習得済みの学習者は、それよりも無標な構造も習得済みである（その逆は真ならず）と予測される。実証研究によれば、おおむね予測どおりの結果が得られているものの、L1が日本語の英語学習者の場合はGEN構造の関係節の習得が相対的に早い（Gass, 1979）ことがわかっており、完全に仮説通りの順序にはならないことが示されている。また、日本語や韓国語のように英語とはかなり異なる関係節構造を持つ言語が目標言語

である場合、あるいは先行詞の有生性（生物であるか無生物であるか）によっても学習難易度が異なることが示されている（Ozeki & Shirai, 2007）。

英語教育で言語特性の有標性を踏まえた指導としては、学びやすさを配慮して、より無標な特性から教えること、有標な特性の頻度が低い場合にはインプットが際立つ工夫（頻度を高くする input flooding や情報が視覚的に目立つようボールド体で示すといった input enhancement）をして気づきを促すこと、複雑な特性ならば明示的な説明や修正フィードバック（→ Corrective feedback 参照）、あるいはフォーカス・オン・フォーム（→ Focus on form 参照）の対象とする、といったことが考えられる（Loewen, 2020）。

Massed learning / Spaced learning
集中学習 / 分散学習

集中学習（massed learning）とは、ある学習項目を間隔をおかずに複数回繰り返して学習することである。これに対し分散学習（spaced learning）とは、ある学習項目について間隔を空けて複数回学習することを意味する（中田，2019 など）。例えば「democracy ＝ 民主主義」といった形式と意味のマッピングを休みなしに 5 回繰り返して学習すれば集中学習となり、各学習後にそれぞれ 5 分間の休みを入れれば分散学習となる。またはそうした「形式−意味」の組み合わせが 20 個載っているリストを学習したらすぐに 2 回目以降を連続して学習すれば集中学習となり、1 回の学習が終わればまた翌日に 2 回目、その翌日に 3 回目、と繰り返していけば分散学習となる。学習中や学習直後のテストでは集中学習が分散学習を上回る結果となるが、

最後の学習から間をおいた遅延テストでは逆の結果になる。長期的には分散学習の効果が集中学習を上回ることが多くの研究で示されており（Carpenter, 2020; Rogers, 2022）、語彙学習においても同様の結果が出ている（Kornell, 2009; Nakata, 2015）。分散学習が長期保持に対して持つ有効性を分散効果（spacing effect）もしくは分散練習（distributed practice）と言う。

　分散学習が長期保持に有効である理由としては、(1)「不完全な処理（deficient processing）」、(2)「学習状況の多様性（encoding variability）」、(3)「学習時の想起（study-based retrieval）」、(4)「記憶の強化（consolidation）」が考えられる（Carpenter, 2020; Rogers, 2022）。(1)は連続した学習を行う集中学習は後半に行くほど疲れが生じやすいのに対し、分散学習は1回の学習時間が短く、質の高い注意資源を学習項目に向けられるという考えである。(2)は分散学習の方が多様な環境で学習することになるので、覚えた項目を取り出すための手掛かりが集中学習よりも多くなるという考えである。(3)は連続して行う集中学習に比べ、時間をおいてから次の学習を行う分散学習の方が、想起するために毎回より強い認知負荷がかかるという考えである。(4)は特に学習間隔を長くして日をまたいだ場合に、睡眠などの休息が記憶保持に有効に働くという考えである。

　学習間隔をどの程度空けたら効果的になるかについては様々な議論がある。一般的には、ある事柄を短期間覚えていたければ短い間隔で、長期間覚えていたいのなら長い間隔で復習するのが良いとされる。このような現象を「遅延効果（lag effect）」と言う（中田, 2019）。覚えていたい期間の10%から30%程度の間隔で繰り返すと、保持率は最も高くなるという説（Bird, 2010）もあるが、様々な要因が絡むためそれほど明確ではない。また、エビングハウスの忘却曲線以来、学習の間隔を次第に広げていく拡張分散学習（expanding spacing）が、

同じ間隔で繰り返す均等分散学習（equal spacing）や、次第に間隔を短くする縮小分散学習（contracting spacing）よりも効果的であると考えられてきた。しかしL1-L2のマッピングのような語彙学習においては、必ずしも拡張分散学習が有効であるとの一致した結果は出ていない。ある程度の学習回数が確保されれば、どのような間隔であっても最終的に学習者は学習項目を覚えてしまうようである（Kanayama & Kasahara, 2016）。

　語彙指導においては、間隔の空け方にはあまりこだわる必要はないが、分散学習の考え方を積極的に取り入るべきである（笠原, 2022）。日本の中高の教科書は1つのレッスンが3、4のセクションから構成されている場合が多い。これに合わせて、1時間目の授業ではセクション1の単語だけを学習させ、2時間目にはセクション2の単語だけを、3時間目にはセクション3の単語だけを学習させる。これは繰り返しのない集中学習であり、長期的な記憶保持が見込めない。覚えてもらいたい単語はまとめて1つの「日本語訳－英単語」のリストにして1時間目に配布し、その後はその課を扱う授業で5分くらいとってペアなどで学習させ、毎時間短時間で繰り返す分散学習にするべきである。一般に生徒はすぐに効果が感じられる集中学習を好む傾向にあるので、教師が分散学習の考えを授業に取り入れ、その効果を生徒に実感させる必要がある。

Meaning-focused orientation
意味中心志向

　意味中心志向（meaning-focused orientation）とは、L2学習において、意味のやり取りを中心にして指導や活動を組み立てていく考え

のことを指す。1970年代から台頭してきたコミュニケーション中心の言語指導（→ Communicative language teaching, CLT 参照）とそこから発展してきたタスク・ベースの言語指導（→ Task-based language teaching, TBLT 参照）における中心的な考えとなる。それ以前の教えるべき文法事項が明確に定められ、文法シラバスに基づいて一つ一つ積み上げていく考えを形式中心志向（form-focused orientation）とし、これとは明確に差別化している。

　TBLT における「タスク」とは、(1) 意味中心である、(2) 参加者の間に情報格差（information gap）がある、(3) 学習者自らが使える言語資源を活用する、(4) 明確な成果（outcome）がある、等の条件を満たしたものとされる（Ellis, 2003, 2017）。相手の伝えたい意図を理解し、こちらから伝えたい意図を伝える、といった意味中心の活動が基盤となっている。しかし TBLT を提唱する研究者たちにも様々な考えがあり、従来型の形式中心志向を否定する研究者もいれば（Long, 2015a; Skehan, 1998; Willis & Willis, 2007）、状況に応じて従来型とタスク・ベース型の比率を発達段階や単元によって変えて用いるモジュール形式で併存して使ってもよいとする研究者（Ellis, 2017）もいる。いずれにせよ、TBLT だけでは学習者はなかなか形式には注意が向かないため、タスク後に形式にも注意を向けさせるフォーカス・オン・フォーム（→ Focus on form, FonF 参照）を取り入れることの重要性が指摘されている。

　中学校・高等学校のほとんどの教科書が文法シラバスで作成されている日本の現状では、全てを TBLT で進めるのは難しいであろう。学習者にはあくまでコミュニケーション中心の自然なやり取りを伴う学習活動を取り入れながらも、従来からの明示的な文法や語彙の指導も効果的に組み合わせていくことが大切であると思われる。

Meaning-oriented instruction / Form-oriented instruction

意味中心の指導 / 言語形式中心の指導

　意味中心の指導（meaning-oriented instruction）とは、コミュニケーションのための言語使用に重点を置いてL2習得を目指すコミュニカティブな言語指導法である。L2習得を目指した意味に焦点を置いた指導である（Bardovi-Harlig, 2000）。研究のためのデータ収集には、縦断的な方法が用いられ、言語サンプルを集めるためには中間言語（→ Interlanguage 参照）を引き出すため、会話のように行うインタビュー、映画の内容を自分の言葉で要約を述べるタスクなどが使われる（Dietrich et al., 1995）。ライティングによるサンプルも同様で、日々の記録（journal entry）や映画の内容を自分の言葉で書くタスクなどがある（Bardovi-Harlig, 1992a, 1994）。

　一方で言語形式中心の指導（form-oriented instruction）とは、言語形式の学習に重点を置いた指導である。似た概念に言語形式に焦点をおいた指導（form-focused instruction, FFI）があり、しばしば混同して用いられたり、交換可能な用語として捉えられたりすることがある。後者はコミュニカティブな指導を行いながらも、学習者が理解やアウトプットに問題を起こした、または起こしそうな項目に焦点を当てて指導する方法である。

　教師がこれらの概念を知っていると、自分の授業で学習者の英語力のどの側面が伸びたかを測定するなどの目的に応じた言語サンプルを収集することができ、学習者がどこまで言語を発達させているかを具体的に知ることができる。

Measuring vocabulary

語彙の測定

　語彙の測定（measuring vocabulary）とは、学習者が持つ語彙項目の様々な側面に対する知識を測定することを意味する。L2学習者の語彙知識測定、および測定に関わる研究はこれまで様々な形で行われてきた。第二言語習得に語彙知識の習得は欠かせないこと、語彙知識がL2熟達度や4技能と深い正の相関があることが理由である（Schmitt, 2010b）。語彙のテストは、L2学習者の熟達度測定、学習診断、クラス分け、短期・長期の到達度測定などに利用されてきた（Nation, 2022）。測定には主にリスニングやリーディングにおいて音声や綴りからその語彙項目の意味がわかる受容的語彙知識（receptive knowledge）の測定と、スピーキングやライティングにおいて自分でその語彙が産出できる発表的語彙知識（productive vocabulary）の測定がある。

　受容的語彙知識の測定は、学習者がどれだけ多くの数の語を知っているかという語彙の広さ（breadth of knowledge）もしくは語彙サイズと、それぞれの語をどれだけ深く知っているかという語彙の深さ（depth of knowledge）に大きく分類される。語彙の広さを測定する語彙サイズテストは特に初中級学習者のL2熟達度をよく反映すること（Meara, 1996）、実施が簡単なことから様々なテストが考案されてきた。目標語を提示して知っているかいないかを選ばせるYes-Noテストや選択肢から意味の合うものを選ぶ意味認識テスト（meaning recognition）で行われることが多い。テストの多くは信頼できる語彙の頻度リストに基づき、各頻度帯（たいていは1,000語単位）からランダムにテストする語を抽出し、正答率で学習者の語彙サイズを推定するという方法をとっている。出題数が多い方が信頼性は高くなるが、

逆に実用性は下がる。1,000 語につき 30 語程度が信頼性を保つ下限であるとされる（Beglar & Hunt, 1999）。語彙サイズの推定値は目標語とその屈折形を 1 語とするレマ（lemma）や、目標語と屈折形および派生形までを 1 語とする語族（word family）で示される。一般に派生形の知識に乏しい初中級の学習者には、レマ換算が良いとされる（Schmitt & Schmitt, 2020）。レマに同形の派生語（例えば名詞の access と動詞の access など）を含めて 1 語とするフレマ（flemma）が良いとする研究者もいる（McLean, 2018）。

　語彙サイズテストとして広く使用されてきたものに Nation（1983）が開発した the Vocabulary Levels Test（VLT）がある。もともとは学習者の大まかな語彙レベルを診断するために作成され、3 つの英語による定義に合う英単語を 6 つの選択肢から選ぶマッチング形式になっている。その後、様々な研究者が改良を加え、最新版は各レベル 30 問で 1,000 語レベルから 5,000 語レベルまでが測定可能である（Webb et al., 2017）。初中級者のおおよその語彙レベルを判定するのに適している。5,000 語以上知っている学習者には the Vocabulary Size Test（VST）が利用できる（Nation & Beglar, 2007）。BNC と COCA をベースとし、各 1,000 語レベル 10 問で 14,000 語レベルまで測定できる版と、各 1,000 語レベルにつき 5 問で 20,000 語レベルまで測定できる版がある。日本語など選択肢が学習者の母語になっている版も存在する。VLT と VST は Paul Nation 氏のウエブサイトで公開されている。また、リスニング版の VLT として the Listening Vocabulary Levels Test（MacLean et al., 2015）もある。以上のような語彙サイズテストは、学習者の大まかな習熟度を判定したり、クラス分けに使ったり、その授業コースでどのような語彙を扱うべきかについて重要な情報を与えてくれる。

　語彙の深さ測定に関しては、様々な要素が関連するため広さに比べ

てより複雑である。大別すると、学習者の発達段階（ある語をどこまで使える段階に達しているか）を測定するもの、その語を含むネットワークをどれだけ知っているかを測定するもの、語彙知識における特定の側面をどれだけ知っているかを測定するもの、がある（Yanagisawa & Webb, 2020）。語彙知識の発達段階を測定するものとしてよく知られるのが the Vocabulary Knowledge Scale（Paribakht & Wesche, 1997）である。目標語を「見たことがない」から「文の中で使うことができる」までの5段階で自己評価させる形式を用いる。Schmitt & Zimmerman（2002）は4段階で判定させるテストを開発している。語彙のネットワークを測定するものとしてよく知られているものには the Word Associate Format（Read, 2000）がある。目標語に対し、パラディグマティックな関係のある語（同義語など意味的に関連がある語）、シンタグマティックな関係のある語（コロケーションとして成立する語）、を4つの選択肢から2つずつ選ばせるテストになっている。特定の知識側面を測定するテストには、コロケーション知識を測定する the Discriminating Collocation Test（Eychmans, 2009）、COLLEX, COLLMATCH（Gyllstad, 2009）、語根や接辞の知識を問う the Word Part Levels Test（Sasao & Webb, 2017）、文脈から未知語の意味を類推する力を問う the Guessing From Context Test（Sasao & Webb, 2018）などがある。

　こうした語彙知識の深さを測定する場合、どれくらい様々な側面を知っているかということと、各側面をどのくらい良く知っているかは分けて考える必要がある（Yanagisawa & Webb, 2020）。この、各側面の知識がどれだけ深いかは「知識の強さ（strength of knowledge）」と呼ばれる。例えば、意味と形式のつながりで言えば、「意味認識」、「意味再生」、「形式認識」、「形式再生」の順に知識の強さは大きくなる。また、深さのテストで一度に測定できる項目数は限られるため、その

解釈には慎重になる必要がある。主に短期の到達度テストとして、測定したいものが測定できるテストを選ぶ必要があるだろう。

受容的語彙知識の測定に比べ、発表的語彙知識の測定は進んでいない。限られた項目による発表知識の推定は受容知識よりも困難なためである。発表語彙サイズを測定するテストとしては、the Productive Levels Test（Laufer & Nation, 1999）がある。例文中に空所があり、単語の最初数文字が示されている。文脈に合う単語を解答者が書き入れる形式となっている。単語のネットワークを調べるテストとしてはLex30（Meara & Fitzpatrick, 2000）がある。高頻度100語から選ばれた30の刺激語に対し、受験者がそれぞれその語から連想する3語を書く形式となっている。

L2学習者の発表語彙知識を測定する別の方法として、タスクにおいて産出したスピーチや作文を、特定の語彙指標で分析する方法がある。よく使用される指標に、どの程度様々な種類の語を使用しているかを示す語彙的多様性（lexical variation, TTRなど）、どの程度洗練された語（低頻度語など）を使用しているかを示す語彙的洗練性（→ Lexical sophistication 参照）、どのくらい内容語の割合があるかを示す語彙的密度（Lexical density）がある。このような指標は学習の伸びを示す効果的なフィードバックとして用いることが可能である。

Mental representation
心的表象

心的表象（mental representation）とは、学習者がテキストを読んで理解したものを基に頭の中に構築するイメージのことである。テキ

ストを理解するとは、「テキストが伝える状況に対して、首尾一貫した（矛盾のない）心的表象を構築すること（細田，2023, p. 44)」と言うことができる。

Kintsch（1994）は心的表象には「表層的記憶」、「テキストベース」、「状況モデル」の3段階があるとしている。「表層的記憶」とはテキスト中の語句や文そのものの記憶のことである。意味理解は関与しておらず、字面そのものの記憶のことを意味する。「テキストベース」とは、テキストそのものの理解によって生まれる心的表象である。テキストの明示的な意味を理解し、どこにどのような情報があるかをつかむ段階である。英文の明示的な意味をつかむために行う訳読は、この段階にあるといえる。「状況モデル」とはテキストの情報と読み手の知識が統合され、テキストの言いたいことを深く理解したときに構築される心的表象である。テキストベースの理解に留まらず、読み手が持つ背景知識と結びついて、より鮮明なイメージを頭の中に構築した段階であり、最も深いレベルの心的表象なのである。

リーディングの指導においては、テキストベースの理解に留まらず、状況モデルの構築ができるように学習者を導いていくことが望ましい。まず事実確認（facts-finding）のための設問でテキストベースの理解をさせる。さらにテキストが暗示的に言っていることを推論させる（inference）設問を与えたり、テキストの主張に対してどう思うかなどの意見を述べさせる（personal opinions）設問を与えたり、さらにテキスト理解を基に問題解決をさせる（Hosoda, 2017）ことで、学習者が状況モデルを構築するのを助けることができるだろう。

Meta-analysis

メタ分析

　メタ分析（meta-analysis）とは、多数の研究の結果を統合し、総合的な見地から比較しながら分析する手法であり、ある分野の研究が集積され、異なる分析方法や結果が混在しているような場合に、全体を俯瞰して傾向を把握するのに有効である。

　メタ分析の中には、様々な論文を収集し検討や分析を行うシステマティック・レビューを含むこともあるが、厳密に定義すれば、メタ分析はデータ解析の部分を中心とした比較・統合を指す（メタ分析とシステマティック・レビューをまとめてリサーチ・シンセシスということもある）。

　メタ分析の手法は分野によって、特に量的統計処理に注目するか、コーディングのような質的分析を扱うかなどが違ってくるが、一般的には、まず対象となるテーマに関する研究をバイアスなく抽出し、データを統合して解析を試みたり、比較分析をしてカテゴリーに分けたりする。

　SLA 分野においては、海外ではメタ分析を扱う論文が増えており（Johnson & Tabari, 2022; Qureshi, 2016 など）、その対象も発音指導、タスク、評価など多岐に渡り、特に Plonsky の貢献が顕著である。Oswald & Plonsky（2010）や Vuogan & Li（2023）では、これまでに行われてきたメタ分析を概観し、問題点を挙げている。国内でもこの分析法は注目され始めており、方法論自体の議論や適用は進んでいるが（In'nami & Koizumi, 2010 など）、論文として出てきているものはまだ少ない。一方でメタ分析と銘打ってはいないが、同様の概観を試みている論文はかなりある（平川，2017 など）。

　日々多忙でなかなか研究に割く時間がない現職の先生方にとって、

自分が新しい方法や視点を取り入れたいと思う領域のメタ分析論文を読むことは、非常に効率的に新しい知見を得る手段である。

Metalinguistic knowledge test
メタ言語能力テスト

メタ言語能力テスト（metalinguistic knowledge test）とは、自身の言語使用を対象化してモニタリングしたりコントロールしたりするメタ言語能力を測定するテストである。主に、文法や統語的知識を把握して意識的に適用できるか、その使用を調整・制御できるかを測る。

Ellis（2005）は、明示的知識（explicit knowledge）と暗示的知識（implicit knowledge）を測定するテスト群の1つに、前者を測定する目的でメタ言語能力テストを含めた。そこで使用されたメタ言語能力テストはAldersonたち（1997）によって開発されたテストを改変したものであったが、その後様々な研究においてその目的に合わせたメタ言語能力テストが使用されている（e.g., Roehr, 2008; Tokunaga, 2014）。英語だけでなく、日本語習得研究のために開発されたテストもある（Suzuki & DeKeyser, 2015b）。

自分の研究のためにメタ言語能力テストを開発する場合は必ず妥当性や信頼性の検証が必要であり、Elder（2009）にその方法が詳しく説明されている。

Metapragmatic awareness

メタ語用論的意識

　メタ語用論的意識（metapragmatic awareness）とは、社会的なやり取りの場で言語がどのように使われるかを理解し、語用論の仕組みを俯瞰して捉えられる意識を指す。この能力には、言語の機能（function）を認識し、文脈内で意味機能がどのように表現されるか、例えばどのようにポライトネス（→ Politeness 参照）が実現されるか、いつどの発話行為（→ Speech act 参照）がどのような表現で表わされることが適切なのか、などに関する明示的な意識を持っていることを指す。これに対して語用論的意識（pragmatic awareness）とは、コミュニケーションの参与者がどのような語用論的特性を使うのか、また文脈内でその語用論的特性はどのような潜在的な意味を持ちうるのかについて意識していることを指し、語用論的内省意識（pragmatic reflexive awareness）とも呼ばれる（Culpeper et al., 2018）。

　メタ語用論的意識と語用論的意識は厳格に区別せずに使われることも多いが、区別する場合には、メタ語用論的意識の方がより抽象的な上位概念であり、自らの言語使用を内省したり、特定の発話が他人に与える影響などを認識した上で、語用論的言語使用について交渉したり分析できたりすることにつながるような、より高次の意識を指すのに対して、語用論的意識は文脈内の適切な言語使用に関して意識していることを指す。実際には研究者によって定義が様々であり、両者を連続体として捉えることもできる。

　英語教育において、L2 語用論（→ Second language pragmatics 参照）の能力を伸ばすには、明示的指導（→ Explicit instruction 参照）を行い、言語形式とそれが実現する機能およびそれらが使われる文脈的要素の関係性への気づき（→ Noticing 参照）を促すことが重要だ

とされる（Schmidt, 1990）。McCarthy（1998）は、語用論的能力（→
Pragmatic competence 参照）を伸ばすための効果的なアプローチと
して、例示・やり取り・帰納（illustration-interaction-induction）によっ
て語用論的意識を上げる活動を挙げており、真正性のあるやり取りの
具体例を使って議論や分析を行い、言語が文脈内でどのように使われ
ているかについて帰納することを薦めている。また、Roever（2022）
では、L2 語用論の受容技能（receptive skills）を向上させる方法と
して、メタ語用論的判断タスク（metapragmatic judgment task）を
挙げている。このタスクで問われているのは厳密にはメタ語用論的意
識よりも語用論的意識に近い意識であるが、ここでいうメタ語用論的
判断タスクでは、学習者に様々な言語使用例を示して、それが語用論
的規範に則っているか、適切さ（appropriateness）の程度を考えさ
せるというものである。例えば依頼をするような文脈の状況説明が示
され、その場面で使用されている表現のポライトネスの程度を学習者
に考えさせ、それについて議論するといった活動である。

　McConachy（2018）では、語用論的意識およびメタ語用論意識を
促進する活動を紹介している。これは、EFL 環境で学ぶ 4 名の中級
レベルの日本人大学生を対象に、英国への留学準備として異文化間能
力（intercultural competence）を伸ばすことを目的とした講座の中
で実施されたものである。語用論的意識を促す演習としては、L2 語
用論における定型表現やよく用いられる発話行為の実例を見ながら、
どのような状況でどのような表現が用いられるかを、議論を通して分
析した。さらに、メタ語用論的意識を促す演習として、文脈内で使用
される言語表現に対する認知的・情意的内省を行い、やり取りの内容
分析を行った。McConachy（2018）によれば、社会的やり取りには
文化的機微が織り込まれており、語用論的意識を持つことで異文化的
視座をもち、L1 と L2 の間の語用言語的・社会語用論的違いに気づき

やすくなる（→ Pragmatic competence 参照）。さらに異文化でのやり取りを記述・評価・説明し、L1 では当然だとみなされている社会文化的規範に基づく想定や前提を捨て、L1 自己を脱した（decentralization）分析を行うような議論をすること（metapragmatic discussion）でメタ語用論的意識が育成される。重要なのは自分の経験と照らし合わせて、その経験を言語化（verbalization）することで「メタ」すなわち語用論「について」一歩離れて捉える目を養うことである（Culpeper et al., 2018）。

Metaverse

メタバース

　メタバース（metaverse）とは、仮想現実（VR）や拡張現実（AR）（→ Virtual reality, VR 参照）の技術を使って人工的に構築され、インターネット上で様々な人々と共有される仮想の世界を指す。メタバースでは、自分自身をアバター（主にコンピューターネットワーク上の仮想空間でユーザーの分身として表示させるキャラクター）として登場させ、現実世界と同様に、自分を表現したり自分の意思で自由に動き回ったりすることができる。また、他のユーザーと交流したりコンテンツを共有したりすることで、様々な活動や体験を楽しむことができる。すでにエンターテインメント、仕事、教育などの分野で利用され始めている。

　メタバースでは、設定する場面によって様々な使い方が期待できる。学校のシチュエーションを設定すれば、その場面に自分の分身であるアバターとして参加し、他のユーザーもアバターとして参加する。本人ではなくアバター同士であるため、実際の対面世界では恥ずかしく

て躊躇してしまう他者との交流でも、メタバースでは恥ずかしい思い
をせずに自然にできるというメリットが考えられる。また、インター
ネットを利用しているために海外の人々の参加も容易で、世界中の学
習者たちが集まるようなイベント空間を設定すれば、その人たちとの
交流を通して言語を使用する体験を重ね、文化的な理解を深めること
もできる。メタバースを利用した英語教育は、従来の教育方法に比べ
てより興味深く、刺激的なものになり、外国語に対する恐怖感を軽減
する手助けになる。

　Satake et al.（2021）では、100名を対象に、VRを利用した英会話
の授業を10か月間実施した結果が報告されている。継続して最後ま
で参加していた学生は、TOEICやOPIC Speaking Testの事前テス
トと事後テストを比較すると、英語スピーキング力の向上が認められ、
VR利用の効果が判明した。特にアバターを利用することで、外国語
学習に対する恐れがなくなり、楽しんで英会話をすることが観察され
た、とのことである。

　このような活用例を通じて、メタバースを利用した英語教育は、よ
りリアルな英語の環境を提供し、学習者たちが自然な英語表現を身に
付ける手助けとなることが期待される。ただし、技術的な課題や倫理
的な配慮も重要であり、これらを解決するための取り組みも同時に求
められるだろう。

Minimal pair

最小対語（ミニマルペア）

　最小対語（minimal pair）とは、"bear-pear, bid-sit, cup-cap" のよ
うに、1つの音韻だけが異なる単音節語の対のことである。該当する

語が３つ以上の場合はミニマルセット（minimal set）と呼ばれる。音声訓練によく使われるのはこのタイプのものだが、音素以外の最小対語もある。アクセントにおける "insult"（名詞）– "insult"（動詞）や文の種類（語順）における "He is nice–Is he nice?" あるいはスペル上での "desert（見捨てる：動詞）–dessert（デザート：名詞）" などの対である。このコントラストを使う技法は、アメリカ構造言語学（Structural Linguistics）と行動主義心理学（Behaviorist Psychology）から影響を受けて提唱されたオーラル・オーラル・メソッド（Aural-oral method）もしくはオーディオリンガル・メソッド（→ Audio-lingual method 参照）で発展した。構造言語学の主要研究目標は、言語の状態を共時的に記述してその構造や機能を明らかにすることにあり、そのために実証すべき仮説が立てられた。主要なものを下に挙げる。

1. 言語は構造休である。
2. 言語は科学的に分析・記述できる。
3. 言語の本質は音声である。
4. 言語には型がある。
5. 言語の構造は対立（contrast）から成る。
6. 言語は習慣形成の一過程である。

「言語の構造は対立（contrast）から成る」があることからもわかるように、この仮説がオーラル・オーラル・メソッドの理論的支柱となり、最小対語の利用につながったのである（最小対立練習：minimal pair practice）。ちなみに、オーラルメソッドの特徴にパターン練習のあることがよく知られているが、これは上の５番目の仮説「言語には型がある」に基づき教育で構造を重視した結果である。

音声教育の観点からいえば、最小対語を利用して音節単位で行う発音・聴解練習は確かにターゲット言語の音素を学習者に体系的に教授

する上で効果がある（Nur & Rahman, 2018）。しかしこれで十分なわけではない。音素は常に音節中で単独で使われるわけではないし、リズムから影響を受けて音質が変わるからである（→ Voice quality 参照）。さらに、分節音の音質は異化（dissimilation）や同化（assimilation）からの影響も受ける。ただ発話内容の理解は文脈に依存しているので、個々の発音を過度に強調する必要もない。なぜなら、コミュニケーションの場では発話は一定の速度で流れ、理解は前後の言葉（単語）や使われ方から影響を受け（→ Pragmatics 参照）、話者が伝えたい内容が強く発音される（prominence）など、個々の発音だけでは説明しきれない様々な特徴がみられるからである。

Mixed methods research

混合研究

　混合研究（mixed methods research）とは、量的または質的アプローチだけでは明らかにできない複雑な研究課題を多角的な視点で分析するために、1つの研究で量的および質的データの両方を収集、分析し、研究結果を統合して、推論を行う研究方法である（Ivankova & Greene, 2015; Riazi, 2016）。質の高い混合研究では、研究課題の設定、サンプリング、データ収集、分析、解釈、結論の導出など、研究の様々な段階における統合が必要である（Hashemi & Babaii, 2013）。

　混合研究の目的は、(1) 量的、質的データの分析結果が収斂するか確認する（トライアンギュレーション→ Triangulation 参照）、(2) 一方のデータから得られた分析結果をもう一方のデータの分析結果で補完する（補完）、(3) 質的データ分析結果に基づき、開発した量的尺度の妥当性・信頼性を検証する（発展）、(4) 質的・量的データの分析結

果の矛盾を明らかにし、一方のデータ分析結果から得られた疑問や結果を、もう一方のデータ分析結果に照らして捉え直す（手引き）、(5) 異なる探究の要素に対して異なる方法を用いて、探究の幅を広げる（拡張）の 5 種類がある（Ivankova et al., 2015）。

　研究を行う際、量的研究者は、客観的真実の追求を目的とするポスト実証主義の哲学的前提や世界観（パラダイム）に立脚する。一方、質的研究者は、多元的真実の理解を目的とする構築主義や社会構成主義などのパラダイムに立脚する。混合研究では、これらとは異なり、研究課題によりよく答えることを重視する実用的な立場であるプラグマティズムが、主要なパラダイムとみなされている。混合研究には、その他に様々なパラダイムがあるが、応用言語学者の多くはプラグマティズムの立場をとっている（Riazi & Candin, 2014）。

　混合研究には多様なデザインがあるが、基本デザインとして、量的、質的データをそれぞれ独立して収集する収斂（並列）デザイン（convergent design）と、どちらか一方のデータ分析の結果に基づいて、もう一方のデータ収集と分析が行われる順次デザイン（sequential design）の 2 種類がある。順次デザインはさらに 2 種類に分類でき、最初に量的データの収集と分析を行い、次にその結果の説明をするために質的データの収集と分析を行う、説明的順次デザイン（explanatory sequential design）と、最初に質的データ収集と分析を行い、その結果を踏まえて、尺度や介入プログラムを開発し、その妥当性と信頼性や効果を量的に検証する、探索的順次デザイン（exploratory sequential design）がある（Creswell & Plano Clark, 2018; Mackey & Bryfonski, 2022）。

　SLA の混合研究論文 273 編の分析（Hashemi & Babaii, 2012）によると、約 66% の研究が収斂（並列）デザイン、約 16% の研究が説明的順次デザインを用いており、課題として、研究の様々な段階での統

合が不十分であることが明らかになった。

　近年、応用言語学分野では、国際学術誌で特集が組まれるなど混合研究の重要性に対する認識は高まっている。多様な知識と背景を持つ研究者や実践者が共同し、異なるパラダイムを理解した上で、混合研究を実施することで、複雑な文脈における SLA の認知的・社会的な要因を明らかにすることが可能となるだろう。

Mobile-assisted language learning（MALL）
モバイル支援言語学習

　モバイル支援言語学習（mobile-assisted language learning, MALL）は、携帯電話やスマートフォンなどのモバイル機器を使用して言語学習を支援する学習・指導方法である。学習者が個別に持ち歩く機器を利用するため、学習者はいつでもどこでも自分のスケジュールに合わせて学習できる。インストールしたアプリケーション（アプリ）を活用したり、インターネットに接続してオンライン学習プラットフォームを活用したりすることで、個別に学習を進めることができる。

　言語学習に利用できるアプリは、多種多様である。英語のリスニングやリーディング、単語の習得、発音の練習のような個別学習に適したものがあり、これらの多くで、学習者が自分の学習の進捗状況や学習成果を確認したりすることが可能である。また、英語を話す相手を見つけるアプリや英語のチャットボットを利用したり、オンライン英会話のレッスンを受講したり、遠隔地にいる相手と音声や動画を使って対話できるコミュニケーションツールまでも利用できる。最近では生成 AI（→ Generative AI 参照）用のアプリもあり、その恩恵を日々

311

持ち歩くことのできるモバイル機器で活用できる。

　MALL を活用した英語教育は、学習者が自己のペースで学習することができるという点では効果的である。しかし、教師の指導やフィードバックが欠ける場合、学習者は自らの誤りに気づかず、学習効果が低下する可能性がある。そのため、教師がサポートすることが重要な場合もある。対面授業やブレンディッドラーニング（→ Blended learning 参照）による英語教育では、教師が直接指導し、学習者に個別のフィードバックを提供することができる。MALL は言語学習において重要な役割を果たす教育方法であるが、MALL そのものだけで全ての学習者を支援できるとは限らず、あくまでも学習支援の道具としての役割と捉えることが無難といえよう。

Mode of input
インプットのモード

　インプットのモード（mode of input）とは、学習者が言語情報を受け取るための方法を指し、視覚的、聴覚的、あるいはその両方の組み合わせ、直訳や同時通訳、意味的関連性など、情報の取得と解釈の様々な手段を含む。インプットのモードは、学習者の理解と次に続くアウトプットに影響を与える可能性がある。

　インプットのモードは言語学習の効果に影響する。読み書き中心の学習は視覚的なインプットを強調し、音声言語の学習は聴覚的なインプットを必要とするが、これらのインプットのバランスが不均衡であると、学習者の言語能力の発達が不均衡になる可能性がある。日本の英語教育は読解中心の傾向があり、インプットのモードのバランスが不均衡になりがちであることは、読解より会話を苦手とする学習者を

生むことに影響していると考えられる。

　インプットのモードに関する研究は、様々な理論的・実用的洞察を示している。例えば、多感覚的インプット（視覚的および聴覚的インプットの組み合わせ）が語彙学習を促進することや（Yoshii & Flaitz, 2002）、学習者の語彙知識の深さとインプットのモードとの関連性が指摘されている（Webb & Nation, 2017）。

　日本におけるインプットの意味的関連性のモードに関する研究に佐藤・田中（2021）がある。英語絵本の 10 のストーリーをもとに、意味的関連性の強い L1 の単語同士の結びつきを利用した英語絵本を作成して小学 3 年生 30 人に読み聞かせを行い、英語の語彙習得の効果を検証した。絵本で目標語と共に提示されていた意味的関連性の強い単語の絵をヒントに目標語を聴解する課題で記憶・理解度を検証した結果、パラディグマティック（同義語や上位・下位語の関係）な関連性を利用した絵本が最も語彙習得に効果的であることが示された。シンタグマティックな関連性（ある語がどの語と一緒に使われるか）よりもパラディグマティックな関連性は言語間の違いが少なく、L1 の知識を援用して学ぶことができることが影響したと考えられる。L1 の知識、特にパラディグマティックな関連性を活用してインプットを行い、新しい言語を学ぶことの有効性が示唆された。

　インプットのモードは言語習得の効果に影響する重要な要素であるといえる。小学校段階では音声中心のインプット、それから次第に文字によるインプット量を増やしていくことが望ましい。教師は学習者の学習を最適化するために、様々なインプットのモードを効果的に組み合わせることが求められるだろう。

Moderator variable

調整変数

　調整変数（moderator variable）とは、従属変数と独立変数の関係性に影響し、その影響力の強弱を変化させる周辺的な条件や要素のことである。例えば、オンライン指導の効果を統制群と実験群（→ Control group / Treatment group 参照）を比較して検証するような場合、独立変数（＝指導法）と従属変数（＝テストスコア）の関係を変化させるような要因として、生徒の学力差、教師のオンライン指導の熟達度、生徒のオンライン授業経験、授業環境や端末の違いなどの様々な調整変数が考えられる。

　できるだけ厳密で公平な比較をするためには上記のような周辺的な条件を調整したいため、2つのグループの学力やオンライン授業経験回数の分布を近いものにしたり、授業環境をコンピューター教室でパソコンを使用したものに限定することなどが考えられる。ただ、物理的にクラス替えをしたりすることが不可能なことも多いので、そういう場合は、統計分析をする際に重み付け（→ Weighted score 参照）を行ったり、結論を導く際にそれらの影響を共変量として考慮したりする。明確な数値データが十分ある場合は、回帰分析のプロセスで因果関係に基づいた推定値を計算して統計的な調整を加えることもできる。

Modified output

訂正アウトプット

　訂正アウトプット（modified output）とは、学習者が訂正フィー

ドバック（→ Corrective feedback 参照）を受けて、自らの誤りに気づき、それを訂正して産出する正しい発話をいう。以下に例を示す。

S: Why does he taking the flowers?
T: Pardon?（明確化要求）
S: Why does he take flowers?（Loewen & Nabei, 2007, p. 364）.

　学習者は教師の訂正フィードバックの1つである Pardon? という明確化要求により、発話の誤りに気づき、Why does he take flowers? という正しい表現を発話している。訂正アウトプットは会話を継続させ、学習者の目標言語との接触の機会をより増やすことになるので、SLA において非常に有益であると考えられている（Loewen & Reinders, 2011）。しかしながら、訂正フィードバックを受けても、学習者が誤りに気づかなかったり、気づいても正しく修正できないアップテイク（uptake）もある。

S: I go to the movie yesterday.
T: Oh, you went to the movie yesterday!（リキャスト）
S: Yes, it was fun.（英文は筆者作成）

　授業でのやり取りにおいて、学習者が訂正フィードバックに気づかず、誤りを繰り返し、訂正アウトプットを産出できない場合は、誤りを明示的に指摘するか、正しい表現を示すことも必要であろう。また、Sato & Lyster（2007）ではネイティブスピーカーよりも日本人学習者同士のやり取りにおいて、高い割合で訂正アウトプットが行われていた。その理由の1つとして、相手が同じ学習者の場合は、プレッシャーを感じず、自信をもって発話できることが挙げられているが、

315

このことは教室内での生徒同士のコミュニケーション活動の有効性を示唆している。同様の現象がスウェーデンでドイツ語を学ぶ学習者間でも見られ、CEFR A1 レベル、つまりドイツ語を学び始めて間もない初級者同士の会話の中で、何らかの言語形式の不具合があったときに相手の反応として訂正フィードバックがあり、それに対して話者自身が正しく訂正アウトプットし、L2 習得につながったとの報告がある（Salomonsson, 2020）。

Monitor hypothesis

モニター仮説

モニター仮説（monitor hypothesis）とは、Krashen（1981, 1982）が主張した第二言語習得に関する 5 つの仮説の 1 つで、意識的に学んだ文法知識の役割は限定的であり、モニターの役割しか果たさない、と主張するものである（Krashen, 1981, p. 2）。Krashen のモニター・モデル（→ Monitor model 参照）の基調をなす仮説であり、モニターが働く時に使っている言語能力は学習によって得た能力であり、習得による能力ではないと主張している。しかも、モニターが使われるのは、意識的に言語規則を検討する時間（time）があること、言語形式に注意を向けていること（focus on form）、言語規則を知っていること（know the rule）の 3 つの条件が満たされる限られた状況においてのみであると述べている（Krashen, 1982, p. 16）。

学習された文法知識を軽視する主張には多くの反論が寄せられ、言語形式への焦点の当て方の研究が盛んになった。Norris & Ortega（2000）はフォーカス・オン・フォーム（→ Focus on form, FonF 参照）とフォーカス・オン・フォームズ（focus on forms）のどちらを取り

入れた指導が有効であるのか、メタ分析を行っている。さらにその後も言語形式に焦点を当てることの有効性を実証する研究が多く行われ、今では、ただ意味内容を理解するだけではなく、必要を感じた瞬間に言語形式（form）に意識を向けて言語知識の更新を図ることの重要性が広く認められている。

　また、モニターが働く条件としてKrashenが挙げた3点については、その後の研究において議論を触発したことがいくつかの研究から読み取ることができる。例えば、Ellis（2005）は、暗示的知識と明示的知識を見分ける基準として、(1) 意識の程度、(2) 使える時間、(3) 注意を向ける対象項目、(4) 体系性、(5) 確実性、(6) メタ言語知識、(7) 学習可能性の7点を挙げており、Krashenが示した3点がここに含まれている。

　今では、モニターを使うことについては、学習者が作成した文章を自己訂正するときの有用性や、意味伝達のコミュニケーション活動の最中であっても不明確な点に遭遇した場合には言語形式に焦点を当ててインタラクションを行うことの有効性について広く合意されている。したがって、日本の英語教育の場においても、必要に応じてモニターすることや、言語形式に焦点を当てた言語活動を取り入れることが望まれる。

Monitor model

モニター・モデル

　モニター・モデル（monitor model）とは、第二言語習得に関してKrashen（1977b, 1981, 1982）が主張したL2習得モデルである。モニター仮説を中心とする以下の5つの仮説で構成され、L2習得のプロ

317

セスにおいて、意味のある文脈の中で、理解できる目標言語に多く触れることで、無意識的に言語能力が身につくような言語発達の重要性を主張し、1970 年代以前の言語形式の正確な産出を目指す外国語指導とは大きく異なる内容の SLA に関する 5 つの仮説を提唱した。主張の中心は、大量の理解できるインプットを得て、情意フィルターが十分に下がっていると L2 習得が起こる、というものである。この説は、賛同と批判を受けながら、1980 年代にかけ、Krashen 自身が解説と修正を続けた。また批判以上に多くの議論を巻き起こし、第二言語習得論を中心とする応用言語学の発展に寄与し、現代の SLA 研究の多くは、元を辿ると Krashen の 5 つの仮説に行きつくものが多い。

1. 習得－学習仮説（→ Acquisition-learning hypothesis 参照）
2. 自然習得順序仮説（→ Natural order hypothesis 参照）
3. モニター仮説（→ Monitor hypothesis 参照）
4. インプット仮説（→ Input hypothesis 参照）
5. 情意フィルター仮説（→ Affective filter hypothesis 参照）

　　Krashen はモニター・モデルに基づいた L2 指導法として、ナチュラル・アプローチを提唱した（Krashen & Terrell, 1983）。従前の文法シラバスに則った外国語指導ではなく、内容理解、理解できるインプットの提供、インタラクションする機会の提供となる言語活動、動機づけを高めて学習者の情意面を整えることなどを重視した外国語指導法である。Krashen（1985a）は言語活動の例として、ゲーム、タスクなどの言語活動を例示して薦めている（p. 55）。したがって、モニター・モデルは、TBLT の基盤作りに貢献したといえる。また、ナチュラル・アプローチは L2 でのコミュニケーション能力育成を目標としたため、コミュニカティブな言語指導の発展にも寄与した。

Krashen（1985b）では、イマージョン教育、バイリンガル教育、多読を強く薦めている。それが後に内容重視の言語指導法（→ Content-based language teaching, CBLT 参照）など言語形式より言語で伝達される意味内容の理解に重点をおく指導法の発達へとつながった。

　多くの批判も浴びたものの、インプットと動機づけの重要性については、異論を唱える者はいない。教師の役割としては、理解できるインプットをできうる限り大量に提供すること、授業では学習者が言語形式に注意を向けずに行う内容中心の言語活動も必要であるということ、学習者の動機づけと維持に努力すること、などが中心といえよう。

Motivation
動機づけ

　動機づけ（motivation）とは人が何かの行動を起こす着火点（きっかけ）とその行動を維持するエネルギーである。特にL2学習の場合は、動機づけはL2習得や学習成果の個人差をもたらす大きな要因の1つであり、得られるインプットが極めて限られた言語学習環境で大人がL2を学ぶには、言語学習適性（→ Language learning aptitude 参照）よりむしろ動機づけの方が大きな影響を及ぼすとさえいわれている。動機づけに基づく言語学習行為は、外国語学習の価値を見出し、目標を設定し、興味・関心を持ち続け、努力を継続し、学習活動へ積極的に参加し、教室外においても積極的に英語のインプットを求め、L1話者や他のL2話者へ積極的に話しかける、などであり、これらが学習成果へ影響を及ぼすと考えられているからである。

　L2学習やL2指導の成果を上げるためにどのような動機づけが効果的であるかについての研究は古くから行われていた。例えば、カナダ

ではイギリス系カナダ人とフランス系カナダ人が互いの言語を学ぶ機会が多いという社会的状況を踏まえ、Gardner & Lambert（1959）はフランス語を学ぶイギリス系高校生を対象に、学習成果を様々に測定した。その結果、L2を使いこなせるようになるためには動機づけ、特にL2が使われている社会で生活したいという統合的動機づけ（integrative motivation）が大きな役割を果たすと結論付けている。さらにGardner & Lambert（1972）は、就職のためにL2を身に付けたいという道具的動機づけ（instrumental motivation）という概念を紹介し、カナダ人のフランス語学習においては、いずれのタイプの動機づけも有効であると述べている。

　しかし、カナダのバイリンガル環境における動機づけだけでは他の言語学習環境にいる学習者のL2習得への影響を説明しきれないため、さらに研究を進めたClément（1980）は民族間の交流と社会的環境を顧慮した動機づけがあるのではないかと提案した。そして、Clément & Noels（1992）でL2を使う自信が学習の伸びに大きな役割を果たすと主張し、それがやがてMacIntyre et al.(1998)のコミュニケーションしたい気持ち（→ Willingness to communicate, WTC 参照）という概念図の提唱へとつながり、学習成果を高める役割を持つのは動機づけだけではない、という方向に向かった。

　この流れで外国語学習の動機づけについて研究を深めたのがDörnyei（1994）で、外国語を学ぶ教室でいかに動機づけを高めるかを中心とした研究を進め、L2動機づけ自己システム（L2 motivational self system, L2MSS）（Dörnyei, 2015）という概念を提唱した。L2学習の動機づけがなされるためには、L2理想自己（ideal L2 self）、L2義務自己（L2 ought-to self）、およびL2学習経験（L2 learning experience）の3要素が必要であるとの主張である。L2理想自己とは、学習者としては、自分は将来どういった人間になりたい

かと考えた際にL2を使う仕事に就いたりL2を使う人生を送りたいと思う自己像である。 L2義務自己とは、自分が目指す職業に就いたり、理想とする生活を送るためには、客観的、または外からみてL2がこのくらいのレベルにまで達していなくてはならないと判断する義務的なレベルである。さらにL2学習経験とは、その場に合せた学習行動や学習経験であり、その場の状況次第で動機づけられたり、学習行動の価値を見出さずに動機を失ったりする。

この流れをさらに発達させた動機づけ研究に、やる気を起こさせる方向性（directed motivational currents, DMCs）という概念が生まれ（Dörnyei et al., 2016）、やる気を起こさせ継続させるための教師の取り組みのあり方が探求された。

一方、Noels et al.（2003）は動機づけとは何から構成されるのかを明確にするため、Deci & Ryan（1985）の自己決定理論（self-determination theory, SDT）の信頼性と妥当性を確認する質問紙調査の結果を統計処理した。SDTで唱えている動機づけには、学習活動に加わると楽しくしやりがいがあると感じる内発的動機づけ（intrinsic motivation）と、報酬を得たり罰を避けたりするために学習活動に参加する外発的動機づけ（extrinsic motivation）の２種類がある。この２つは無動機づけ（amotivation）も含めた連続体であると考えられている。学習者は自分にとって重要で価値のある学習であると考えた場合、学習活動に自ら参加し、学習成果を得る。SDTでは学習者が積極的に学習活動を行う内発的動機づけを高めるには、次の３要素が必要であると説いている。

・自己の行動を選択し、制御する自己決定（self-determination）
・他の人とのつながりや社会的な関係を重要だと認識する関係性（relatedness）
・自分はこの学習活動に取り組めば成果を出すことができそうであ

ると感じさせる有能性（competence）

　日本の英語教育の場でも、SDT に基づいた質問紙調査を行って、効果を報告している研究がある。例えば、日本の大学生の動機づけと学習成果との関連を調査した Harris & Leeming（2024）は、内発的動機づけと学習成果との関連が強く、教師は内発的動機づけを高めるような指導を行うべきであると結論づけている。また、日本人の動機づけを測定するには、ヨーロッパや北米で効果を上げている動機づけ理論より、SDT が適しているとしている。また、廣森（2003）は日本人高校生の英語学習において、どのような要因が動機づけを高めるかを SDT の枠組みを使って調査したところ、学習者は学習活動に対して有能感を持つと動機づけが高まり、教員が学習者の自律性を重んじると学習者は有能感を感じやすいとの結論に至った。

Narrative inquiry

ナラティブ探究

　ナラティブ探究（narrative inquiry）とは、質的研究（→ Qualitative research 参照）の主要な方法論の1つで、心理学や社会学を起源とし、参加者の視点から語られた、研究参加者の経験や人生に関する知識を得ることを目的とする。語られた物語（story）には、事実のみならず、事象に対する研究参加者の理解や感情も含まれる。ナラティブ探究では、人々は社会的、対話的主体として捉えられており、研究参加者によって口頭または文章で共有されたナラティブ（語り）を、研究者が広い社会的文脈の中に位置づける。つまり、ナラティブ生成の方法は、研究者が研究対象に関する情報にアクセスするための手段であるのみならず、研究者と研究参加者によってナラティブが

共同構築される場やプロセスを提供する。したがって、ナラティブ探究は、研究者と語り手の双方にとって、意味づけや知識構築をする活動といえる。

　ナラティブ探究では、ナラティブを方法として捉え、何について、何が語られたか、そしてなぜ、いつ、どこで、誰が語ったかを探ることに関心がある。一方、関連用語のナラティブ研究では、ナラティブを研究対象と捉え、テキストとしてのナラティブの言語的および組織的な構造を把握することに関心があり、2つの用語を区別する必要がある。しかし、この2つの研究および方法は、含まれる要素と実際に行う分析が重複することも多く、1つの連続体と捉えられる。

　近年の社会科学や医学などの研究で、語りを重視するナラティブ・ターン（物語的転換）により、科学的かつ客観的なエビデンスを重視する姿勢に対して、語り手の主観的視点の重要性が再評価されている。この影響により、応用言語学においても、言語教師や学習者の経験を理解するために語りをどのように活用するかが着目されている。ナラティブ探究は、特に、個人的、専門的な経験を語る教師や学習者の視点から、教室での実践やプロセスを理解する教室研究に適用されている。

　ナラティブ探究におけるデータは、インタビュー、個人の人生や生活に焦点を当てた経験の語りであるライフストーリー、教師や学習者の日誌、学習者の言語学習史の記述、研究者が自身を研究対象として自己の体験を記述するオートエスノグラフィーなどの方法で収集される（Barkhuizen, 2015, 2020; De Costa et al., 2022; Gao, 2022）。

　Benson（2018）は、応用言語学研究でよく用いられるナラティブ探究における分析方法を3つに分類している。1つ目は、物語（story）を調査対象やデータ源とし、それを何らかの形で内容分析やテーマ（主題）分析の対象として、語りのパターンを明らかにする「ナラティブ

323

の内容分析」である。2つ目は、ナラティブの談話、特にやり取りの文脈におけるナラティブの意味に焦点を当てた「ナラティブの談話分析」、3つ目は、データの中からナラティブを識別し、物語として再分析・再構築して報告する「ナラティブ分析」である。

ナラティブ探究の研究例として、日本人大学生と留学生21名を対象に、デジタルで制作されたマルチモーダルな言語学習史を4つの観点から、L2学習経験や信念に関して内容分析した研究（Umino, 2023）や、日本の小中高で教える外国語指導助手10名を対象に、インタビューにより彼らが有する複数のアイデンティティを明らかにした研究（Hiratsuka, 2022）がある。

Nativeness principle / Intelligibility principle

（発音の）母語原則 / 明瞭性原則

発音の母語原則（nativeness principle）とは、SLA の音声教育に関する1つの考え方で、目標言語（TL）の母語話者（NS）に近い発音を習得することは可能なので NS による発音をモデルとして目標にすべきであるという主張のことである。これに対し、発音の明瞭性原則（intelligibility principle）と呼ばれる異なる考え方もある。それは、基本的に L2 の発音習得は困難を伴うものだが（Bongaerts et al., 1997; Scovel, 2000）、発音に外国語訛り（accentedness）が混じっていたとしても明瞭でわかりやすければ国際英語としては十分であり、このような発音が習得目標として設定されるべきであるという主張である（Levis, 2005）。

1960年代以前の英語教育界においては、行動主義心理学に基盤を

置くオーディオリンガリズム（audiolingualism）が主流を占め、NSの発音を習得すべきと考える母語発音原則が優勢であった。しかし近年の社会の国際化に伴う英語の多様化と使用人口の増加に伴って（Crystal, 1997）、習得上目標とすべき発音の基準が徐々に変化してきている。まず Gimson（1978）が、国際語としての英語は人工的に、あるいは既存の諸変種を混合したものを基にして作られるべきと主張し、非母語話者（NNS）のための発音として次の 3 つの条件を挙げた。

(1) 現存の変種と比べて習得のしやすさで劣らないこと
(2) NS のほとんどに通じること
(3) この発音の習得が主要な変種の発音を聴き取るための基盤となること

さらに、音素数の削減などは認める一方で（例：Luke /u/ vs. look /ʊ/ の単一化）、英語での情報伝達に不可欠な要素は維持しなければならないとし、例として語強勢や文強勢の配置あるいはそれに伴う母音弱化を挙げている。

Jenkins（2000, 2007）では、NNS にとってさらに一歩進んだ主張がなされる。リンガフランカとしての英語（ELF）においては、大多数の NNS の英語話者が用いて互いに理解できるような発音であれば、それは間違いではなく、むしろ NS の方がそのような発音を聴き取れるようになるべきであるとまで言い切っているのである。そしてそのうえで、NNS が英語発音習得で目標とすべき Lingua franca core（LFC）という概念を提示している。さらに Walker（2010）では上述の動向に新しい視点が追加される。SLA の発音教育においては L1 にある音を禁じるよりもむしろ積極的に利用する指導の方が推奨されるべきと主張し、日本語 NS のためのガイドラインまで示している。

Natural approach
ナチュラル・アプローチ

　ナチュラル・アプローチ（natural approach）とは、Terrell による L2 指導の実践の成果（Terrell, 1977, 1982）と、Krashen の第二言語習得に関する 5 つの仮説（Krashen, 1981, 1982）（→ Monitor model 参照）を基に、Krashen & Terrell（1983）が提唱した L2 教授法である。言語の第一義的な役割はコミュニケーションであるとの考え方に基づいているため、指導の目的はコミュニケーション能力の育成にある。　そのため、従前の教授法と比しての最大の独自性は、理解可能なインプットを豊富に与え、有意味な言語活動を行うことにある（Richards & Rodgers, 2014b）。

　Krashen & Terrell（1983）は Krashen の 5 つの仮説を基に、ナチュラル・アプローチを実践するためのガイドラインを次のように示している。

(1) ナチュラル・アプローチの目標はコミュニケーションのためのスキルを身に付けさせることである。文法的正確さに無関心なわけではないが、コミュニケーションのためのメッセージを理解すると習得を進むので、学習者が理解できるインプットを担保することが重要である。

(2) 発話より理解が先行する。コミュニケーション能力は習得した知識に基づくので、学習者はインプットを理解することをまず学ぶべきである。特に初期の学習者には口頭での発話は求めることはせず、インプットの理解を中心とする。

(3) 話したり書いたりする力は習得が進むと自然に現れてくる。特に初級の学習者には L2 で応答することは要求せず、L1 で反応して

いても自然に L2 で応答するようになるのを待つ。

(4) 習得のための言語活動を中心とすべきである。言語活動を通して
多くのインプットを供給するので、授業時間のほぼ全てをコミュ
ニケーションのための言語活動にあてるべきである。一方で、意
識的な学習（conscious learning）による知識が役立つ学習者には、
授業以外の時間で補助的な練習問題をさせるとよいだろう。

(5) 学習者の情意フィルター（→ Affective filter hypothesis 参照）
を薄くすることが重要である。情意フィルターが厚いと、大人は
インプットを習得のために活用しない。そのため、授業で用いる
言語活動の価値は、理解できるインプットの量の多さと同様に、
いかに情意フィルターを薄く保っていられるか、にかかっている。

　以上のように、ナチュラル・アプローチでは教師の役割は重視され
ており、教室において理解できるインプットを供給し、クラスの雰囲
気を楽しく友好的に保ち、学習者のニーズと興味に合った教材や活動
を組み合わせて授業を行い、動機づけ（motivation）を高く維持し、
自信（self-confidence）を持たせ、不安（anxiety）を持たせないよう
に配慮することが求められている（Richards & Rodgers, 2014b）。

Natural language processing（NLP）
自然言語処理

　自然言語処理（natural language processing, NLP）とは、人間が
自然に使用する多様な形式の言語（自然言語）をコンピューターで処
理し、それぞれの言語形式が持つ意味や機能を様々な方法で解析する
処理技術のことである。

　まず文字情報を機械が読める形に変換した機械可読目録（machine-readable catalog, MARC）を作成し、それを解析するためにコーパス（→ Corpus 参照）を構築する。コーパスとは、文章などにおける自然言語の様々な使用方法を構造化して大規模に収集・記録したものであり、それを構造化した後に、言語情報（名詞、形容詞などの品詞・統語構造など）をタグ付けしていく。その後、形態素解析、構文解析、意味解析、文脈解析を順番に行って精緻化・調整をする。n-gram とは連続する n 個の単語や文字のまとまりを表し、それを使って文脈を捉えた素性（ある単語や表現がどのような文脈で使われるか）を明らかにすることであいまいさの解消に使われる。

　自然言語にはあいまいさや意味の重複がどうしても生じるが、最近は統計や確率を使用した数理的な言語解析手法と同時にコンピューター処理の精度と速度が飛躍的に発展した為、深層学習（→ Deep learning 参照）による推論的意味分析によって語義のあいまい性や文脈依存性もかなり解決できるようになってきた。その結果、DeepL 翻訳や Google 翻訳のように相当正確で実用性の高い翻訳ツールが生まれている。

Natural order hypothesis
自然習得順序仮説

　自然習得順序仮説（natural order hypothesis）とは、英語を習得する際に、L1 が何であれ同じ順序で文法形態素（grammatical morphemes）を習得すると主張する Krashen の第二言語習得に関する 5 つの仮説の 1 つである。Dulay & Burt（1973, 1974）や Krashen（1977b, 1981）は、Brown（1973）が示した L1 の習得順序と同じ順序で L2 の習得が起こると主張した。その根拠は、二言語統語能力テ

スト（Bilingual syntax measure）（→ Interlanguage analysis 参照）と呼ばれる、提示した絵を英語で説明するよう学習者に指示する方法で抽出したデータの分析結果にある。使わなくてはいけない文脈で学習者が文法形態素を正しく使えていたら習得したとみなす方法である。以下の図1に示すように、9つの文法形態素はL1が何であれ、子供でも大人でも、ESLでもEFLでも、同じ順序で習得が起こるとされた。

図1 The natural order of L2 acquisition proposed by Krashen（1977）

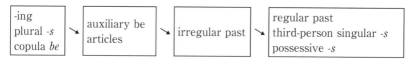

L1の影響はほぼないと主張するこの仮説は多くの関心を集め、SLA研究の急速な発展のきっかけの1つにもなったが、この順序に異論や疑問も出るようになった。Luk & Shirai（2009）は、異なるL1グループの英語の習得順序を調べた研究を精査し、やはりL1の影響が存在するとの結論に至った。さらにMurakami & Alexopoulou（2016）は、7つのL1グループを5つの習熟度レベル別に学習者コーパスを活用して分析したところ、同じL1グループ内では習得順序にほとんど差がみられなかったが、異なるL1グループではL1の影響による差があることを指摘した。

習得学習仮説から日本の英語教育に携わる教師が学ぶことは、日本語のように冠詞や複数形-sが無いL1の学習者はそれらの習得順序が他の文法項目より遅くなるということ、つまり学習済みの項目であっても瞬時に言語処理されるスピーキングなどに含まれる際は誤りが出現して習得の遅れがみられ、3単現の-sなどは学習の初期に習うものの、世界中の英語学習者にとって習得が遅い文法形態素であり、文法

ドリルでは正解できても自発的な発話（spontaneous speech）では正確率が低い。つまり、絵など使って学習者の言語を引き出したりテストしたりするだけではなく、学習者が何かを伝達するための言語使用を促すことの大切さを改めて認識することであろう。さらに、学習者が発した言語をある文脈である文法形態素を使えたか否か、という観点でみるのではなく、学習者がL2をどのくらい、どのような形で使うことができるようになったかに注目してL2習得のプロセスを観察し、習得を促す言語使用の場を提供することが重要であろう。

Non-interface position / Interface position
非インターフェイスの立場 / インターフェイスの立場

　非インターフェイスの立場（non-interface position）とは、学習によって得られた明示的知識は暗示的知識に変容することはないとする立場を指す。つまり、2つの知識は全く性質が異なり（VanPatten, 2016）、実際のコミュニケーションで活用できるのは後者の暗示的知識で、明示的文法知識にはせいぜい自身のアウトプットをモニターする役割しかなく、コミュニケーションにはほとんど役に立たないとしている（Krashen, 1982）。

　一方、インターフェイスの立場（interface position）とは、学習によって得られた明示的知識が、練習や使用を繰り返すことによって、暗示的知識に変容するという立場を指す。主に宣言的知識が手続き的知識に移行するとするスキル習得理論（→ Skill acquisition theory 参照）（Dekeyser, 2007, 2015）を理論的根拠にしているが、この理論においては練習により知識の処理が高速化し、負担が少なくなる、つまり、知識が自動化していくことが主張されている。

さらには２つの知識は関連しており、同時に機能することもあるとする２つの立場の中間に位置する弱いインターフェイスの立場もある（Ellis, 2007）。この立場では、明示的知識と暗示的知識が、同時に作用、お互いに関連しながら言語学習や使用の過程で働くとしており、例えば、会話において、明示的知識が使用すべき文法構造を思い出すのを助け、暗示的知識がそれを自然に適用するのを助けるように、両知識が連携して機能する（→ Intake の図 参照）としている。

　学校で教科として限られた時間で英語を学ぶ日本の EFL 環境では、英語との接触が限定的で、日常生活での恒常的な英語使用も充分には期待できないので、暗示的知識の獲得は容易ではない。したがって、インターフェイスの立場に立つことが現実的で、整合性があるといえるが、DeKeyser（2015）は機械的練習だけではなく、意味に焦点を当てた有意味な練習の必要性を説いており、教師としては練習の内容、質に気を配る必要があるといえよう。

Noticing

気づき

　気づき（noticing）とは、学習者の周りにある言語材料（いわゆるインプット）を処理して既存知識の中に取り入れる際、インプット（→ Input 参照）に含まれた「何か」を検知し、それが何であるか理解し、インプットに含まれた新しい事項を学習者の既存知識の中に摂取（インテイク）（→ Intake 参照）する際に起こる意識レベルの認知プロセスである。つまり、インプットには気づきが起こったインプットと気づきが起こらないインプットとがあり、インプットの中の新しい項目に気づくことが L2 習得に欠かせない。Schmidt（1990, 2001, 2010）

は学習者が言語に含まれる何かに注意（attention）を向けること、すなわち気づきを起こすことは SLA にきわめて重要な概念であると繰り返し強調している。L1 と違って、L2 をある程度以上のレベルまで上達させたい場合は、学習者はインプットとして利用したい言語材料に注意を向け、新たに取り込みたい項目に気づき、既存の知識と照合して気づいた項目がどのようなものであるかを理解する必要があるからである。

　L2 習得の促進には気づきの働きが大きいことは広く認められており、佐野他(2011)は気づきの重要性を次の3種類に大別している。(1)インプットに含まれる言語形式へ気づくこと（Schmidt, 1990）、(2)ギャップ（gap）の気づき、すなわち学習者が表現する言語形式とインプットに含まれる言語形式を比較して違いに気づくこと（Schmidt & Frota, 1986）、(3)学習者が中間言語で発話しようとする際に自分の中間言語の穴（hole）に気づくこと（Swain, 1995, 1998）。

　教育実践の場で気づきを起こさせるには、インプットに含まれる新しい言語形式に気づきやすくなるよう、意識化タスク（→ Consciousness-raising tasks, CR tasks 参照）、インプット強化（→ Input enhancement 参照）、インプット処理指導（input processing instruction）などを取り入れた指導が有効である。また、ギャップに気づかせるためには、ディクトグロス（→ Dictogloss 参照）のような文章復元活動を行わせたり、教師と学習者とのインタラクションの中で、学習者が発した誤りに教師が訂正フィードバック（→ Corrective feedback 参照）を与えたり、言語形式に焦点（→ Focus on form, FonF 参照）を当てたりするとよい。さらに、中間言語の穴に気づかせるには学習した言語形式をアウトプットする場を提供すると、学習者は語彙、文法などあらゆる面で気づきを起こす。

　また、ライティング活動は ギャップや中間言語知識の穴に気づく

機会が多いという意味で、L2習得を促す気づきの機会が多いと言われている（Hanaoka & Izumi, 2012; 佐野他, 2011）。Hanaoka & Izumi（2012）では、学習者が書いた英文をL1話者の教員の協力を得て、同じ意味で言語形式を正しく適切に再構築した文章またはモデル文を、ライティング活動終了後に提供して学習者に気づきを促したところ、再構築タイプのフィードバックでは文章の表面に出た言語上の問題は解決された。モデル文提示型のフィードバックでは文章の表面に出る出ないにかかわらず、等しく効果が表れた。結論として、学習者がアウトプットするためのインプットの提供の重要性と、学習者が自ら気づきの機会を持つことの重要性を強調している。

　以上の理論的および実証的研究の成果から得られる実践の場への示唆は、学習者にいかに気づきの機会を提供できるか、教師には工夫が求められる、という点であろう。コミュニカティブな対話練習をしたあとに、言語形式にも注意を払わせる方法の1つとして、学習者自身が発したことばを書き起こしてもらい、互いに協議して細部を自己訂正する機会を設け、それを教師が回収して、訂正フィードバックを加えたり言い換え表現（reformulation）を提示したりして返却すると、学習者の気づきの機会を増やすことができる（Lynch, 2001）。

Noticing hypothesis
気づき仮説

　気づき仮説（noticing hypothesis）とは、インプットをインテイク（→ Intake 参照）に変換するために気づき（noticing）が必要であると主張する仮説であり、SLAにきわめて重要な概念である（Schmidt, 1990, 2001, 2010）。Schmidt 自身がポルトガル語を学習したところ、

教室内外で気づいた項目は発話に結び付いたが、教室で教わっても誤りの訂正を受けても気づかなかった項目は、アウトプットすることがなかったという日誌の分析に基づいた主張である（Schmidt & Frota, 1986）。さらに Schmidt（1990）は、理解できるインプットに浸っていれば L2 習得が起こるとの Krashen（1981）の主張に反駁し、L2 習得が進むためには無意識ではなく、意識レベルの処理が必要であり、学習者は、（1）インプットに含まれる「何か」を知覚し、（2）知覚した項目には意識的に注意を払って気づき、（3）意識的に項目の本質を理解する必要があると主張している。

　日本のような EFL 環境における英語教育に気づき仮説を取り入れる場合は、インプットに含まれる項目に対する気づきが確実に起こる指導や学習が望まれ、どのようにしたら気づきを起こすことができるか工夫が必要となる。Schmidt（1990）が気づきの起こりやすい条件として（1）期待値（expectation）、（2）頻度（frequency）、（3）際立ち度（salience）、（4）学習者のスキル・レベル、（5）タスクによる要求、の 5 条件を挙げているので参考になる。教科書を選定し、教材、言語学習活動などを提供する際に、上記の条件をできるだけ多く含めるような工夫が求められる。

　学習者のスキル・レベルに応じたタスクを作成して気づき活動を行って理解を促し、教師による文法や用法の解説を加えれば、より一層の理解が進むであろう。この例として、Bardovi-Harlig et al.（2017）は英語の語用論的定型表現（pragmatic routines）を使う力が伸びるかについて、3 種類の気づき活動と教師による語用論的メタ知識解説という気づき仮説で提唱されている段階を踏んで語用論指導を行い、成果として語用論的定型表現の大きな伸びを計測している。この実証実験では、コーパスを利用して作成した教材を用いているので、オーセンティックなインプットを得ることが難しい EFL 環境で積極的に

取り入れれば、語用論的能力の育成に成果が期待できよう。

　気づき仮説が提唱されたことにより、その後、アウトプット仮説（→ Output hypothesis 参照）が生まれ、インタラクション仮説（→ Interaction hypothesis 参照）の精緻化が進み、アウェアネスや意識化タスク（→ Awareness-raising task 参照）などに関する研究が進んだ。

Online meeting tools

オンライン会議ツール

　オンライン会議ツール（online meeting tools）とは、インターネットを介してビデオや音声やテキストを用いた双方向型のコミュニケーションを可能にするツールを指す。ビデオ会議、音声通話、チャット、画面共有、ファイル共有、ホワイトボード機能、録画・録音などが機能として含まれていることが多い。会議に必要な機能を十分に備えているため、遠隔地にいても同じ場所に集まることなく会議を行うことができる。近年のリモートワークの普及とともにオンライン会議ツールの利用は増加している。また、代表的なものとしては、Zoom、Microsoft Teams、Google Meet、Webex Meetings がある。これらのツールは、ビジネス場面だけでなく、教育分野、個人のコミュニケーション、オンライン学習、ウェビナー（ウェブ上で行うセミナー）など、様々な目的で利用されている。

　教育分野では、COVID-19 パンデミックのために学校に集まって学ぶことができなかったときに、学びを止めないために普及したといえる。オンライン会議ツールに備わっている機能は、対面授業の代わりに行うリアルタイムのオンライン授業でも活用できる。学習者がカメ

ラをオンにしておけば、オンライン会議システムで参加者の様子を分割画面として表示させておくことができる。板書はホワイトボード機能で、資料の提示は画面共有で、配付物はファイル共有で、グループワークやグループディスカッションは参加者を複数グループの小部屋に分けてやり取りできるブレイクアウトルーム設定で、行うことができる。プレゼンテーションは、発表者が発表資料を参加者に画面共有することで実現できる。ビデオの録画や音声の録音機能を活用すれば、発表者へのフィードバックとして活用することもできる。

　また、オンライン会議ツールを活用すれば地理的な制約を受けずに人が集まりコミュニケーション活動を行うことができるため、オンライン英会話や国際協働オンライン学習（→ Collaborative online international learning, COIL 参照）でも必須のツールとして利用されている。参加者が移動することなく地域や国を超えた会話練習や異文化交流ができるというのは大きな魅力といえるだろう。

　オンライン会議ツールは、活用すれば対面の会議や教室授業で行うほとんどのことを網羅できる。しかし、活用しても対面の会議や授業で感じることができる臨場感や雑談を通しての人間同士のふれあいなど、伝えることが難しいものもある。とはいえ、従来型の教室授業だけでは得られない、世界とつながることができるような様々な利点や可能性を引き出せるツールであり、対面授業内でも活用するなど今後のさらなる展開が期待できる。

Online testing

オンラインテスト

　オンラインテスト（online testing）は、インターネットを通じて

行われるテストのことで、コンピューターやスマートフォンなどのデジタルデバイス（→ Digital device 参照）を使用して、特定のウェブサイトやアプリケーション上で行われる。オンラインテストは、定期試験、入学試験、認定試験、技能認定試験、企業内試験、教育評価など、様々な分野で使用されている。

　主な利点の1つは、学習者が自宅や好きな場所で受験できることであり、特定のテスト会場に行く必要がない。これにより、遠隔地にいる学習者や仕事や家事などで忙しい学習者でもテストを受けることができる。また、自動採点ができることも利点といえる。教師にとっては採点の時間を節約することができ、テスト結果を受験後すぐに受験者に示すことができる。さらに、受験者の回答やテスト結果をデータベースに保存できるため、正解不正解の結果をグラフで表示したり、前回受験した結果と比較した結果を受験者にフィードバックしたりすることもできる。

　このように多くの利点がある一方で、インターネット接続環境のトラブルやシステムの不具合など技術的な障害が発生する可能性がある点、自宅など監督者のいないプライベートの場での受験の場合には不正行為を防ぐことが難しい点など、公平性を保つために考慮すべきことがあることを忘れてはならない。

　オンラインテストは教育分野で重要な役割を果たしており、インターネット上での学習が一般的な現代では、その需要が高まっている。英語教育でも重要な役割を果たしており、オンライン英語学習プログラムの一部として組み込まれ、教師が学習者の理解度を評価したり、学習の進捗状況や達成度を確認したりするためにも活用されている。

Oral narrative test

口頭物語テスト

　口頭物語テスト（oral narrative test）は、学習者に短い物語を読ませたり、聞かせたりした後にその内容を口頭で再現させて、そこに含まれる様々な文法事項の正確さを測定するテストである。あらかじめ、物語の中に測定対象とする文法項目を含めておいて、再生の中でできるだけそれらが使われるような問題にする。

　Ellis（2005）は、明示的知識（explicit knowledge）と暗示的知識（implicit knowledge）を測定するテスト群の1つにこの口頭物語テストを含めた。しかし、この方法は、測定対象が文法中心（暗示的知識）であるため、教育現場における運用では物語を自分なりに再創出するリテリングによって、内容理解に基づく産出能力を総合的に伸ばし測定する試みが多い（e.g., Gambrell et al., 1991, 鷲見, 2015）。最近では産出をオンラインで行うことも増えてきた（Gillon et al., 2023）。

　オーラル（スピーキング）テストには様々な形式があり、測定している観点も違うが、絵を描写する問題などが口頭物語テストと似ている。TOEFL-iBT® の統合スキル問題などは、複雑な形のリテリングであるともいえよう。

Oral proficiency interview（OPI）

外国語口頭運用能力試験

　外国語口頭運用能力試験（oral proficiency interview, OPI）とは、元々全米外国語教育協会（The American Council on the Teaching of Foreign Languages, ACTFL）によって開発されたインタビュー形

式の外国語会話能力判定試験のことである。しかし今では必ずしも ACTFL による試験を指すわけではなく、字義通りの意味を持つ普通名詞としても使われる。受験者が特定の外国語を使ってどんなことをどこまでできるかを判定するのが目的で、上から超上級、上級（3 レベル）、中級（3 レベル）、初級（3 レベル）の 10 段階にレベル分けされる。1 対 1 でなされるインタビューの内容は録音され、判定は資格を持つ 2 人の試験官によってなされる。もし判定の結果が一致しない場合は、3 人目の試験官が最終判定に加わるので、判定方法は厳重といえる。インタビューの時間は上限 30 分だが、初級と中級では 15 分から 20 分程度である。

質問の内容はあらかじめ決まっているものが使われるのではなく、受験者の会話能力の下限（対象者が維持できる最高のレベル）と上限（運用能力的にこれ以上は無理というレベル）を特定することを目的に、試験官は臨機応変に質問内容を決めることができる。具体的な判定手段としては、受験者のタスク能力を判定するためにロールプレイ（role play）の手法が採られる。試験の流れは 4 局面（Introduction/Warm up/Interview/Cool down）から成り、試験官は自分の発話を最小限に抑え、極力、受験者に話す時間を与えるよう努めることになっている。

OPI にはコンピューター（インターネット）使用のものもあり、OPIc と呼ばれる。ACTFL と Language Testing International (LTI) によって共同開発され、内容はあらかじめ録音された質問に答える形式で、時間は 1 時間である。録音された内容は、後から ACTFL の試験官によって 7 レベルで判定される。日本で受験可能なのは英語のみだが、アメリカではほとんどの外国語で受験可能である。書く力を判定する試験も実施されており、こちらは Writing Proficiency Test (WPT) と呼ばれる。

ACTFL の試験官になるには、理論と実践方法を学ぶために協会の主催するワークショップに参加し、その後、自分でインタビューテープを作成して協会のトレーナーに送り、インタビューの構成、質問内容、判定の正確さなどについてフィードバックを受ける。最終的には認定試験用テープを再度トレーナーに送り、高評価を受けることができれば試験官として推薦されることになる。なお、OPI に関しては、受験料が高い、インタビュー質問が試験官の主観で決まり受験者の経験が返答に活かされにくい、緊張しやすい、などの否定的な意見も散見される（Fulcher, 1996）。

Output hypothesis
アウトプット仮説

　アウトプット仮説（output hypothesis）とは、L2 習得におけるアウトプットの重要性を主張した仮説である（Swain, 1985）。学習者は理解できるインプットを得ると意味処理を行うが、それだけでは統語処理は行われないので、意味分析から統語分析へと動かすアウトプットも必要であると Swain は述べている。さらに Swain（1998）はアウトプットの機能として、気づき機能（noticing function）、仮説検証機能（hypothesis-testing function）、メタ言語機能（metalinguistic function）の 3 点を挙げている。気づき機能には、学習者が持つ知識の中で不確かな部分に気づき、意識化する役割がある。仮説検証機能には、学習者が多くのインプットの中から抽出した言語項目に関する知識を使ってそれが正しいか否かを確認しようと試みる役割がある。メタ言語機能には、学習者がアウトプットした言語表現が正確であったかを振り返る役割がある。ただ話したり書いたりするだけではなく、

気づき、仮説を検証し、振り返るという認知プロセスがL2習得には
きわめて重要であるとの主張である。

　アウトプット仮説に基づいた指導を行うためには、アウトプットと
はどのような言語使用であるかを理解する必要がある。学習者は自分
の伝えたいことをなんとか相手に伝えようとL2を使うときに、自分
の知識の穴に気づき、仮説検証を行い、振り返りの機会をもつので、
L2習得のためのアウトプットは、機械的な繰り返し口頭ドリルとは
全く様相が異なる。Swain（1998）は気づきを起こすアウトプット活
動の代表例として、ディクトグロス（→ Dictogloss 参照）を紹介し
ている。学習者同士が自分たちにとって不確かな言語項目について話
し合って問題を解決しながら文章を構築するインタラクティブな言語
活動であるので、気づき、仮説検証、振り返りが起こる。

　また、アウトプットは口頭だけではないので、ライティングの授業
にも取り入れることができる。テーマに沿って自由に書く課題を出す
と、学習者は書いている最中に自分にとって不確かな文法規則や語彙
があることに気づき、調べて正しいと思われる項目を使って仮説検証
を行い、書き上げると自分で読み返して振り返りを行うので、文字に
よるアウトプットも3つの機能を果たすことができる。さらに、修正
した文章の再提出が求められれば、教師からの訂正フィードバック（→
Corrective feedback 参照）やコメントを受け取り、さらなる振り返
りを行い、様々な気づきが起こり、加筆修正して仮説検証を行うこと
ができる。

　最近の実践例として、Zalbidea（2021）は、文法項目で際立ち度
（salience）が高いものと低いものを比較対象に取り上げ、口頭による
タスクとライティングによるタスクとで気づきとその後の学びの効果
を検証した。その結果、際立ち度が高い項目は口頭タスクでは効果が
出たが、際立ち度が低い項目はライティング・タスクでのみ効果が見

られた。この研究を日本の英語教育の場で応用しようと考えるならば、音声的に目立つ文法項目、例えば依頼表現は "Please 〜." ではなく "Could you please 〜?" を使いたいことを学ばせたい時であれば口頭タスクで、目立たない項目、例えば完了形の語尾は一般動詞であれば -ed を付けることを確認・定着させたいのであれば、時間をかけて言語処理できるライティング・タスクで学ばせることで効果が期待できそうである。

Pair work / Group work
ペア活動 / グループ活動

　ペア活動（pair work）とは、2 人 1 組で行う活動で、グループ活動（group work）とは、3 人以上の小グループで行う活動を指す。ペア活動とグループ活動は、当初、教室における言語学習の利点として、教育学的な観点から、言語練習の機会を増やすこと、学習者同士の会話の質を高めること、指導が個別化できること、教室に肯定的な感情風土を作り出すこと、学習者の動機づけを高めることなどがあると考えられていた。その後、L2 習得の観点から、ペア活動とグループ活動の有効性について論じられるようになった（Long & Porter, 1985）。

　認知的な側面では、ペアやグループによる学習者同士のインタラクションは、言語インプット（→ Input 参照）を通じた交渉の機会を与え、相手からフィードバックを受けることが可能となる。一方、社会文化理論（→ Sociocultrual theory 参照）的な側面では、全ての学習は適切な形の援助を伴う社会的相互作用の中で起こると考えられており（Lantolf & Thorne, 2006）、ペアおよびグループ活動では、学習

者が意味に焦点を当てた言語タスクに取り組み、言語的な問題に遭遇したとき、その考察を言語化する（languaging）ことが可能となる（Storch & Aldosari, 2012）。これら2つの側面から、ペアやグループによる相互作用がどのように、どのような点で学習に影響を与えるかについて、実証研究が行われてきた（Chen, 2018）。

　サウジアラビアの大学生30名を対象にした研究（Storch & Aldosari, 2012）では、ペアの組み合わせが、やり取りの質に与える影響について、学生の英語力だけではなく、タスクに取り組む際のペアの関係性が重要であることが示された。具体的には、英語力が高い学生は、どの英語力の学生と組んでも、発話の量は変わらなかった。一方、英語力が低い学生は、同レベルの学生と組むと協働的な関係で対話を長く継続できたが、英語力が高い学生と組んだ場合、専門家と初心者（expert/novice）または支配的と受動的（dominant/passive）という非対称的な関係になり、発話の量が少なかった。初中級レベルの日本人大学生1年生を対象とした研究（Hiromori, 2021）では、ライティングタスクにおけるペア活動（50名）と個人活動（50名）の効果を比較した。その結果、全体では、タスクに取り組んだ時間、単語数、パフォーマンス評価としてのライティングの点数は、両グループで違いはなかったが、ペアで取り組んだ学生の方が、タスクに対してより肯定的な態度を示した。ペアごとの比較では、長時間タスクに取り組み、タスクに高い満足度を持つペアは、ペア活動の利益を感じていることが明らかになった。一方で、タスクに対する満足度が低いペアは、ライティングテストの点数が高い場合でも、自分の英語力の不足やタスクの難しさをより強く感じる傾向があった。本研究結果から、活動の目的と利点を十分に理解させ、学習者が間違いをしても良いという雰囲気づくりをすることで、協働的なペア活動が促されることが示唆された。

教室でペア活動やグループ活動を行っただけでは、必ずしも言語習得につながらないことに留意したい。教師は、ペアやグループの組み合わせや活動内容を考慮し、活動において学習者たちがどのようなやり取りを行っているのか注意深く観察する必要がある。

Pedagogic task
教育用タスク

　教育用タスク（pedagogic task）とは、教育目的のために作られた授業活動に適したタスクのことを指す（Ellis, 2003）。教育用タスクには、現実課題に則した状況的真正性（situational authenticity：買い物やホテル等の予約など）に合致したものだけではない。状況としては不自然かもしれないが、そこで起こるやり取りは教室外の世界でもあり得るやり取りの真正性（interactional authenticity）を満たしたタスクも教育用タスクとして考えられる。例えば、学習者同士でそれぞれが与えられた絵の相違点をお互いに絵を見せ合うことなく探すといった間違い探しタスク（spot-the-difference task）は、実際に日常生活で行うことは考えにくい。しかし、タスク達成の過程で「描写」や「比較」など日頃のやり取りでもよく使われる言語使用が課されるため、やり取りの真正性に則ったタスクといえる。以下は、そのやり取りの一例である。

A: The boy in my picture is holding a camera. What about yours?

B: In my picture, he's holding a toy.

A: Ah, I see. So the difference is that the boy is holding something different in each of our pictures.

このように違いを見つけて指摘するという行為は、電話越しの相手にお互いが持っている別々の資料を説明して伝え合うといった日常課題でも十分に考えられるタスクであろう。

状況的真正性とやり取りの真正性の考え方は、教師が授業でタスクを行う上で、より広い選択肢を与えてくれるものである。しかし、状況的真正性のみを本来のタスクのあり方として考える研究者もいる。例えばLong（2015a）は、学習者が外の世界で出会うであろう現実課題を見極めて教育用タスクを考えるべきだと主張している。目標とする課題が対象とする学習者にとって複雑で難しすぎるような場合は、教育用タスクを現実性を踏まえて段階的に作り、徐々に負荷を増して目標タスクに近づけていくように指導・支援することを主張している。

他方、学習者のニーズが明確な場合は、そのニーズに合わせたタスクデザインが考えやすい。例えば、航空業界で働くことを目指した学習者を対象とした授業では、どういった場面で、どのような課題に直面し、どういった言語使用が求められるのかを調べることで、学習者ニーズにかなった教育用タスクの作成と選択が可能となる。それに対して日本の小中高の学校現場のように、特定のニーズがうまく絞り込めない一般的な学習者を対象とする場合は、整理、分類、理由づけ、比較等の様々な言語機能に着目して教育用タスクを考えることができる（Ellis et al., 2019）。

Peer review
ピアレビュー

ピアレビュー（peer review）とは、プロセスを重視するライティング指導で取り入れられる手法の１つで、最終原稿に至るプロセスの

いずれかの段階で、学習者間でコメントや批評を交換し、互いの原稿完成に向けて貢献しあう活動である。学習者が慣れないうちは、チェックポイントを教師が説明してチェックリストを渡してから行うことが多い。学習者間でコメントを交換すると、互いの文章を読んで様々なアイディアに触れることができるだけではなく、自分が文章を書くときの注意点を意識できるようになり、何を言わんとしているかをはっきりさせる、提案をしたらその理由を添えるなど、書くストラテジー（writing strategies）とライティングの内容と言語形式の両面の質の向上につながる（Lundstrom & Baker, 2009; Min, 2006）。また、ピアレビューを授業に取り入れる際は、学習者にレビューする方法を指導する必要がある（Min, 2006, 2016）。また、ピアとしてはほぼ同じようなL2の力を持つ学習者同士、または上位と中位の組み合わせであると、コメント交換の効果が比較的大きいと言われている。

Perception-production connection

▌（音声の）知覚と生成の関係論

SLA研究には、1970年代頃から音声の知覚と生成に対して習得上関連性があるか（どのように影響し合うか）、あるとしたらその方向性はどうなっているか（どちらが先か）についての議論がある。この議論の展開に最も拍車をかけたのは、Flege（2003）やMcAllister et al.（2002）などが提唱したスピーチ習得モデルである。このモデルによれば、L2学習者は目標となる音声の調音法を習得する前に、まず耳を通して新しい音声の音響シグナルを脳中に記憶する。つまり、初めて聞く音声は調音に使われる感覚運動スキルを間接的に活性化させるので、最終的に発音能力の習得につながるという主張である。実際、

この知見を支持する研究成果がいくつか公表されている（Baker & Trofimovich, 2006; Bradlow et al., schirru 1997; Cardoso, 2011; Flege, 1993; Flege, Bohn, et al., 1997; Flege, Schirru, et al., 2003）。これらの研究は、L2 学習者の音韻知覚能力は総じて発音能力より高いことも併せて報告している。

　例えば上の Bradlow et al.（1997）では、日本語を母語とする英語の L2 学習者（NJS）が /l/-/r/ の対比知覚訓練を集中して受けたところ、知覚上の成果が調音（発音）能力の習得に転移したことが報告されている。また、同じく英語の /l/-/r/ の知覚と生成を扱う研究は Saito & van Poeteren（2018）によっても実験され、知覚能力の高い者と生成能力の高い者の間に相関がみられることが報告されている。その理由として、Zhang et al.（2009）では、脳磁図を用いる同様の実験を通して得た結果を基に、耳からの音声入力は L2 学習者の脳内（ブローカ野）で知覚と運動（調音器官）を司る 2 種の神経を連結させるからに他ならないと説明している。この後に続く知見としては、Liberman & Whalen（2000）によるモーター理論（motor theory）や Best & Tyler（2007）によるディレクト・リアリスト理論（direct-realist theory）があるが、両者に共通していえるのは、音声情報が脳内で音響シグナルだけでなく調音器官の運動とも連動して記憶されているという考え方である。こうすることで、音声の知覚が調音器官の運動感覚を刺激し、この刺激を介して知覚が生成につながる（換言すると、知覚能力と生成能力は同時に発達する）ということが理解できるようになる。

　一方、知覚と生成は必ずしもつながってはいないとする考え方もある。例えば Goto（1971）や Sheldon & Strange（1982）の研究は、NJS の L2 英語学習者による /l/-/r/ の分別能力判定テストで知覚よりも生成の方の成績が上回ったと報告している。さらに、実験音の対

347

象や方法（タスク）の違いによって異なる結果が出ることも知られている（→ Pronunciation knowledge, Framework for L2 pronunciation measurement 参照）。いずれにしろ、本学説の真偽においては今後のさらなる研究結果が待たれるところである。

Phoneme

音素

　音素（phoneme）とは、20世紀初頭のヨーロッパ（現在のチェコのプラハ：英語読みはプラーグ）で構造主義音韻論（プラーグ学派）を広めた中心的言語学者の一人ヤコブソン（Jakobson）が最初に唱えた言語音声の最小単位である。彼が最初に唱えた「音素は弁別的素性の束であり、音素の対立は二項対立の組み合わせで表現できる」という知見は、盟友トルベツコイ（Trubetzkoy）から影響を受けたもので、後にアメリカ構造主義音韻論にも影響を与えた。その代表的人物であるブルームフィールド（Bloomfield）は、著書『言語』（*Language*: 1935）の中で音素を「弁別的音特徴の最小単位」と定義し、その後 Pike（1947）以降の音素論（Phonemics）興隆のきっかけとなった。音素を意味の弁別に関与する機能的単位とみるこのアイディアは、現代音韻論においても受け継がれている。

　ヨーロッパの構造主義音韻論の下では、音素になりうるのは母音と子音のみであるが、アメリカ構造主義においては母音と子音を分節音素（segmental phoneme）、強勢・連接・高さをかぶせ音素もしくは超分節音素（suprasegmental phoneme）と呼んで区別する（→ Segmental/Suprasegmental 参照）。ブルームフィールド自身は、母音と子音を一次音素（primary phonemes）、強勢と高さを二次音素

（secondary phonemes）と呼んだが、現在、用語として使われるのは
分節・超分節音素の方である。

　音素の設定は、fat-bat, dead-did, hug-hum などの、1 音のみの違い
によって語義の違いが生じる最小対語（→ Minimal pair 参照）を見
つけることでなされる。例えば fat-bat では意味が異なることから、
語頭子音の位置で /f/ と /b/ の対立が生じていることがわかる。よっ
て、/f/ と /b/ は英語における音素だと設定されることになる。この
ような音声資料に基づく分析方法を、Block & Trager（1942）は音
素分析（phonemic analysis）と呼んだ。

　音素は言語使用者にとって抽象的な単位として存在するので、物理
音に具現化された音声（phone）とは区別される。前者は /p/、後者
は ［p］のように異なる記号で囲って表示される。

　音声教育の観点から言えば、発音教育とは学習者の頭の中に目標言
語の音素体系を築かせることであるともいえる。ある 2 音が物理的に
近い音であっても互いに異なる単位として習得できれば、語を識別す
る学習者の能力は上がり、発音の際にも自ずとそれらを区別して発音
するようになる「自動化」が期待できるからである。発音指導の際は、
学習者が困難を感じる音素の対立（例：she-sea, ban-van, sin-thin,
cars-cards, hat-hot-hut, cout-caught）や配列（例：CV-CVC）にも注
意を払う必要がある。ただし L2 音声教育は分節音レベルの指導だけ
で終わってはいけない（→ Rhythm, Accent, Intonation 参照）。

Phonological complexity

音韻の複雑性

　音韻の複雑性（phonological complexity）とは、スピーキングやラ

イティングのような言語知識のアウトプットを研究する際に、学習者がどのくらい発達（洗練）した言語運用をしているかを見るために使う概念である。広義には言語システムの持つ複雑性（構成要素同士が互いに影響し合いながら協働する機能）を意味する。

　物理学や数学で使われるカオス・コンプレキシティー理論（C/CT）を SLA の分野で最初に応用したのは Larsen-Freeman（1997）である。元々、C/CT は多様な変化を根本的な観点から扱う学際的な理論で、ポスト構造主義的知見ともみなされている。彼女は、この理論が外国語の習得にみられる学習プロセスの不定性の説明にも役立つと主張している。この理論で想定される「複雑なシステム」（Complex System: CS）は非線状につながる複数の構成要素から成り、その要素は機能的に内に閉じたものではなく、環境によって変化する。そしてその変化はしばしばダイナミックに起こり、要素同士が影響し合って新たなパターンが生じることもある。この理論におけるカオスは、無規則性ではなく予測不可能性に起因するとされる。CS は Dynamic Systems Theory（DST）とも称され、この知見に基づいて SLA を眺めると、なぜ習得のプロセスが必ずしも梯子を上るように進まないのか（例：退行現象がみられるときもある）、なぜ習得の結果得られた知識が多次元にわたるのか（例：cascade 現象）などが理解できるようになる。言語習得のプロセスを比喩的に表すと、昔から伝統的に引用されてきた「梯子」ではなく、状態が本人次第で常に変わりうる「蜘蛛の巣」ということになる（Larsen-Freeman, 1997）。

　学習者が言語活動を行うときには、習得済みの言語知識を総動員し、それらを目的ごとに発話や理解のために利用する。よって、学習者の学びの軌跡は一人ひとり異なるということになる。学びの経験（例：言語種、社会環境、どの言語機能をどのように使ったか）が皆それぞれ異なるからである。言い換えると、SLA における学びは画一的に

決められたゴールに向かうプロセスではないということである。

　Rescher（1994）では音韻の複雑性を（1）認識論、(2) 存在論、(3) 機能論の3観点から定義している。（1）は音韻システムの全般的記述に基づく定義、(2) はシステムを構成する要素間のハイアラキー（例：音節構造）に基づく定義、そして (3) はシステムを稼働させる原理（各要素の機能上の自由度）に基づく定義となっている。

Phonology
音韻論

　音韻論（phonology）は、音声の機能や体系あるいは体系中の音声間の相互関係を、言語ごとにあるいは普遍的な見地から明らかにしようとする学問分野である。これに対して、音声を物理的・生理的・客観的に研究する分野が音声学である。音韻論には、全ての言語における音声は体系を成すという前提があるが、この考え方は20世紀中頃よりヨーロッパで始まった構造主義音韻論の主義・思潮に基づくものである。つまり、ある現象を分析・研究しようとする際に、現象の生起に関わる個体を一つ一つ個別に調べるよりも、個体と個体がどのような相互関係にあり、全体から眺めるとどのような立場に置かれているかを考察することの方が大切であると説く主義・思潮のことである。

　音韻論という用語は、歴史的に見れば、上述のプラーグ学派音韻論によって一般化され、後にChomsky & Halle（1968）による生成音韻論（generative phonology）が誕生することで独特の概念を持つに至る。初期の生成音韻論はまだ線状音韻論（linear phonology）の時期で、主な主張は、音素不要論、弁別素性の有効性、音韻論の非自立性、音韻規則における順序づけの必要性、などから成る（島岡他

351

1999)。

1970 年代以降は生成音韻論に代わって様々な理論が台頭する。例えば Donegan & Stampe（1979）などによって提唱された自然音韻論（natural phonology）では、言語にかかわらず、その習得には生得的プロセスが普遍的に存在することが主張された。

1980 年代に入ると、それ以前の線状音韻論に代わって、自律分節音韻論（auto-segmental phonology: Goldsmith, 1976）のような非線状音韻論（non-linear phonology）が台頭する。音調や鼻音化のように、分節音の素性から自律して振る舞う現象が注目されるようになったからである。さらには、形態論と音韻論の関係を認めた語彙音韻論（Lexical Phonology）や、1990 年代から急激に発展してきている最適性理論（McCarthy & Prince, 1993; Prince & Smolensky, 1993）などもある。

L2 音声教育の観点からいえば、授業で音韻論を適宜扱うことは学習者にとって有益である。この知識を得ることで、目標言語（TL）の生成に際し語中で各音声がどのように関わり（→ Consonant cluster 参照）、文レベルで話者の感情や意向がどのように発音に織り込まれるかが理解できるようになるからである（→ Prosody, Phonological complexity 参照）。

Picture description task

絵描写タスク

絵描写タスク（picture description task）とは、与えられた絵について目標言語を用いて描写する教育用タスク（→ Pedagogic task 参照）である。絵や写真の情報を伝える行為は、日常のコミュニケーショ

352

ンでも頻繁に見られることである。例えば、旅行先で撮った写真を説明するときには、絵描写タスクのように人物や場所について説明したり、旅先での行動については時系列に沿って伝えたりするであろう。その意味で、絵描写タスクは実際に起こりうるコミュニケーションに即した実践的なタスクだと考えられる。絵描写タスクに用いられる絵には、いくつかのバリエーションがある。Bygate（2001）は、1つの絵を描写するパターン、2つの対照的な内容を比較するパターン、複数コマから構成される絵のストーリーを描写するストーリーテリングの3つを紹介している。

　多くの英語熟達度テストで用いられる絵描写タスクは、スピーキング力を測るために使用されることが多く、英語教師にも馴染み深いタスクではないだろうか。スピーキングでの使用例が多いが、ライティングでも活用できるタスクであり、Son（2022）では、6コマの絵を用いたストーリーテリング時の産出の質を、スピーキングとライティングの場合とで比較している。そこでは、ライティングで絵描写タスクを行った方が、より難易度の高い語彙を使用し、統語的により複雑な文を産出していたことが報告されている。一方、スピーキングでは、学習者は多様な語彙を使用していた。ライティングでは学習者は高度で複雑な文を作ることに集中するが、スピーキングでは完璧な英語を使わなければならないというプレッシャーが弱まり、多様な表現に挑戦しようとするからではないかと Son は主張している。一般的に、スピーキングは時間的制約があり、即興性が求められるが、ライティングは即興性がない分、より丁寧な産出を促すことができる。授業で絵描写タスクを行う際は、スピーキングとライティングのどちらで行うかは、こういったそれぞれのモードの特徴を勘案した上で判断すべきであろう。

　さらに、絵が表している内容やストーリーを変えることによって、

タスクの複雑性（→ Task complexity 参照）を調整することもできる。Sánchez & Sunesson（2023）は、絵の複雑性が学習者のライティングの質にどのような影響を与えるか調査した。単純なタスクは single-story line（1つの出来事のみで構成されるストーリー）と呼ばれ、複雑なタスクは double-story line（人物の行動の背景で並行して起きている事象があるストーリー）と呼ばれる。具体的には、single-story line では、登場人物が旅をしている様子を書くことが求められ、double-story line では音楽を聴きながら歩いている男性の背景で、男性が気づかないうちに車の事故など様々な事象が起きている様子を書く必要があるというものだった（図1参照）。産出の質を比較した結果、double-story line の条件で書いた学習者の方が、single-story line の場合と比べて、より複雑な文を産出していた。特に、double-story line では学習者は従属節を含む文を多く産出しており、その理由として背景の情報を付け加える必要があったためと説明されている。授業で与える絵の複雑性の程度を決める際は、学習者の英語習熟度はもちろんのこと、どのような言語の使用を促したいかということも同時に考慮すべきであろう。

　絵描写タスクは、タスクの繰り返し（→ Task repetition 参照）などのタスク研究の実験で使用されることが多いが、今後は使われる絵の特徴が学習者のパフォーマンスにどのような影響を与えるかなどについて、さらなる実証研究が期待される。

図1　左 single-story line／右 double-story line（Tavakoli & Foster, 2011）

Pitch
音高（音の高さ）

　音高（pitch）とは、聴者の主観的知覚判断によって決まる音の相対的な高さのことで、厳密には、客観的に定義される「周波数」（frequency：1秒間に同じ位相が何回繰り返されるか）とは異なる（→Intensity 参照）。周波数とピッチは、人工的な純音の場合は一致するが、倍音（ハーモニクス）を含む自然音（音声も含まれる）の場合は差別化して使われる。後者では、倍音のうち最も低い周波数のもの（基本振動数 F_0）がその音のピッチとして知覚される。ピッチは、厳密には F_0 と同義ではないものの、通常、音声の周波数とピッチの間には相関関係が成り立つので、F_0 と同義的に使われる場合が多い（Gussenhoven, 2004; Ladefoged, 2001; Roach, 2000）。生理学的には、喉頭内の声帯（vocal chords）が肺からの流気を受けて振動することで生じる現象である。単位は1秒当たりの振動数を表すヘルツ（周波数：Hz）である。速く振動するほどピッチは高くなるが、1,000Hz 以上の高域になると、聴覚上の主観に左右されるピッチは感度が下がる。
　人が利用する音域（pitch range）は、生理的に決まるものと言語

種や文化・社会・感情によって決まるものに分けられる。前者は、男女間もしくは大人と子供の間に見られる音域の違いが挙げられる（女性と子供の声帯は男性と大人のものよりも短く細い）。Laver（1994）によれば、F_0の平均値はおおよそ男性で120Hz、女性で225Hz、子供で250Hz である。一方、後者の例としては、オーストラリア人の英語が使用音域でイギリス人のものより狭いこと、言語にかかわらず話者の使用音域が感情（怒りや気分の落ち込みなど）に左右されることなどが挙げられる（Brazil et al., 1980）。英語のピッチ設定は通常4段階でなされる（低・普通・高・特高）。

　ピッチは、音の大きさ（→ Intensity/Loudness 参照）、長さ（length）、音色（quality）と並んで、強勢音節の卓立（prominence）に関与する要素でもある。少なくとも英語においては、最も影響力を持つ要因だと主張する研究者は少なくない（Cruttenden, 2001; Ladefoged, 2001; Laver, 1994; Roach, 1983）。ちなみに、英語の強勢に見られるこの音声学的特徴は、日本語を母語とする英語学習者の発音習得を妨げる要因の1つとなっている。つまり、日本人の話す英語は音の高低だけによって具現される「強勢」に陥りやすいということである。ピッチアクセントに聞き慣れた日本語話者の耳には、英語の強勢も無意識の内に音高次元での卓立とみなされてしまうのである（→ Accent 参照）。

　ピッチの変動が言語学的に最も深く関与しているのは、イントネーションと声調である（→ Intonation 参照）。特に前者は、言語外的（extralinguistic）・周辺言語的（paralinguistic）情報も伝達できる。例えば、"Do you want to see my wife?" と聞かれ、"Yes" と返答するとき、音域の広い高下降の抑揚が使われればより前向きの意欲が感じられる。声帯振動により多くのエネルギーを費やしたことが意欲の評価につながるからである。同様に、相槌（back-channel feedback）

を打つ際の抑揚効果（Yes: 高上昇 ＞ 低上昇）なども同じ原理の下で説明できる。

Plagiarism

剽窃

剽窃（plagiarism）とは、単に他人の文章を無断で使うことだけではなく、（1）他人の文章、アイディア、情報をそのまま抜き取り、あたかも自分の作品や文章であるかのごとくに取り込んでしまうこと、（2）情報源は示すが、要約する言語が元の言語にあまりにも近く引用符も使わないため、言葉を借りてきたことが示していないこと、の2点が含まれ、倫理規範に違反する行為である。

なぜ剽窃してしまうのか、という疑問に対して、Flowerdew & Li（2007）は、文化の影響、学習者の習熟度の影響、学習者の専門分野の影響、学習者の信条と普段の行動、指導に当たる教師の受け止め方について歴史的、文化的観点から考察した。剽窃に関する意識が高いアングロサクソンの文化においては、印刷技術が発達したことを受けて15-16世紀には著者の権利に対する意識が高まり、17-18世紀には米国や英国で著作権法が定められ、広く啓蒙されていた。ところがアジアではそのような意識は高まっておらず、ICTの発達により電子化された情報の入手が容易になった時代背景を受け、上記のFlowerdew & Liはアジアにおいても剽窃防止の指導を提言している。

剽窃は本当に文化の影響だけだろうかという疑問をもち、調査した研究がある。日本人大学1年生を対象に質問紙調査を行ったWheeler（2009）は、日本人大学生は剽窃を容認していないと報告している。

学生による剽窃の根本的原因は、東洋の文化というよりも、むしろ、剽窃という行為に対する理解が不足していることであるとの結論を出している。

　また、文化と専門分野の比較を行った Rinnert & Kobayashi（2005）は日本人大学生が日本語（L1）で文章を書くとき、剽窃についてどのような認識を持っているのかを調査し、アメリカ人大学生の回答と比較したところ、日本人大学生は引用部分を示すための明確な知識をもっていないことがわかった。一方、学部生と大学院生の認識の差は小さく、むしろ専門科目による影響が大きく、理系の学生より、文系の学生の方が、引用の必要性に関する意識が高かった。

　ICT の発達により、オンラインで他の人が書いた文章を容易に入手できる時代になったので、様々なサイトから得た文章を切り貼りする行為も含め、剽窃を厳に戒めるとともに、原文を自分の言葉で要約したり、表現したりする訓練を積み重ねたい。また教師は、アカデミックな文章を L1 で書く機会がある中学生・高校生のときから、引用する方法を具体的に指導することが必要であろう。

Politeness

ポライトネス

　ポライトネス（politeness）とは、円滑なコミュニケーションを実現するために、対話の相手に敬意や配慮を示す語用論的な言動を指す。例えば、相手に何かを依頼する際に、"please" を使用して、より丁寧に発話しようとする行為が例として挙げられる。しかし、日本語の「丁寧さ」とは同義語ではないため、「ポライトネス」と記述される（清水，2009）。

Brown & Levinson（1978, 1987）のポライトネス理論は、これまで多くの研究者によってその西洋文化的な個人主義の発想に基づく枠組みの問題点が指摘され、それに代わる様々な理論が提唱されている一方で、どの言語にも共通する普遍性を持つと評価されることも多く、ポライトネス理論の主流とされることから、本稿では彼らの理論を記述する。

　Brown & Levinson（1978, 1987）は、ポライトネスを説明するにあたり、フェイス（face）という概念を挙げている。フェイスは、好ましいとされる前向きな自己像や人格の容認を求めるポジティブ・フェイス（positive face）と縄張りや個人の権利などに対する侵害を拒否するネガティブ・フェイス（negative face）から成り（林, 2005）、いずれかのフェイスを脅かす行為をフェイス侵害行為（FTA）（→ Face-threatening act, FTA 参照）と呼ぶ。また、ポライトネスを決定づける社会的要因として、話者間の力関係（relative power）、親密度を示す親疎距離（social distance）および話者の発話が聞き手に及ぼす力（imposition）が挙げられる。

　Brown & Levinson（1987）は、聞き手のフェイスを満たすためのポライトネスの様々なストラテジーを提案し、以下のような図に示している。

図1　Brown & Levinsonによるフェイス侵害行為(FTA)のストラテジー (Brown & Levinson, 1987, p. 69; 清水, 2009, p. 26)

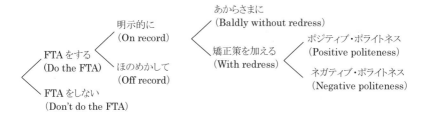

まず、話者は、状況の判断によって FTA をするかしないかを決定する。頼み事があってもそれが大きすぎる場合は、結局依頼をしないという選択をし、FTA をしない（清水, 2009）。フェイスを侵害するリスクについて、Leech（2014, pp. 33-34）が提示した依頼の発話行為（→ Speech act 参照）の例を引用すると、"Give me a lift to the station." は、明示的な FTA となる。"Give me a lift to the station — there's a dear." は矯正策として "there's a dear" を付け加えることによって、話者は聞き手の親疎距離を縮め、より親密度を増した表現でポジティブ・フェイスを維持し、ポジティブ・ポライトネスとなる（O'Keefe et al., 2020）。"Could you possibly give me a lift to the station?" は、ネガティブ・ポライトネスの例である。話者の発話が聞き手に及ぼす強さの度合いを緩和することによって、フェイス侵害のリスクを軽減している。依頼であることは明らかであるが、可能性があるかどうかを疑問文の形で聞くことによって、矯正策を施している。矯正策には、依頼における慣習的に間接的な依頼表現（→ Conventionally indirect strategy 参照）の使用の他、不同意や批判、助言などの発話行為における緩和表現（hedges）の使用などが挙げられる（O'Keefe et al., 2020）。一方、"Oh dear, I'm late for my train again." や "Are you driving to the station, by any chance?" は、発話の意図をほのめかすことで、あらゆるフェイス侵害のリスクを軽減している。

L2 語用論の分野で、様々なポライトネスの理論に言及して論じているものとして、Culpeper et al.（2018）、Ishihara & Cohen（2022）、Leech（2014）、Taguchi & Roever（2017）などを参照にすると良い。Ishihara & Cohen（2022）は、ポライトネスや FTA の指導について、学生同士で取り組むピアフィードバックやディスカッションなどの教室活動が有効だとしている。また、教師と学生の日常的なやり取りな

どで偶発的に指導するだけでなく、留学を控えた学生に対し現地での異文化コミュニケーションを念頭においた授業やワークショップを実施する効果についても言及している。学習者の対象言語の文化圏における社会規範(social norms)にも触れた発話の適切性(appropriateness)の指導も必須となる（Culpeper et al., 2018; Leech, 2014）。

Practicality
実現可能性

　実現可能性（practicality）とは、良いテストを作成するための3つの要件の1つであり、作成・実施・採点を含め、あるテストが実際に実行可能かどうかの度合いである。より重要な要件である妥当性(→Validity 参照)と信頼性（→ Reliability 参照）を追求することが優先されるが、それぞれのテスト環境には常に制限や制約があるので、実現可能性の考慮が必要になる。そこには当然経済性（economicality）も含まれる。よって厳格に信頼性、妥当性を高めようとすると実現可能性は低くなる傾向があるといえる。

　例えば、大学入試共通テストのような結果が受験者に重要な影響を与えるハイ・ステークスなテストでは、本来は一次試験と二次試験は項目分析を先に行って、妥当性と信頼性を担保し、難易度やテスト項目の質を同等にすべきである。しかし、現在の日本におけるこのテストの位置づけと環境においては、事前検証はできないので、試験実施後に点数調整が行われている。同様に、学内期末テストや授業内テストで、必要以上に採点が複雑であったり、評価者間信頼性を確保するために多大な評価者トレーニングを必要とするような問題は避けた方がいいであろう。また、作問や採点に多大な労力や資金が必要な場合

も、妥当性と信頼性をできるだけ確保できる、より実現可能なテスト項目に変更すべきであろう。

Practice

練習

練習（practice）とは、歴史的に様々な変遷を経て、現代では、意図的あるいは組織だって繰り返す活動であり、L2 知識や技能を発達させることを目的としたものである(Suzuki, 2022, p. 309)。繰り返し、表現や対話を声に出して言うなどして滑らかに正確に安定して自然に何の努力もなく自然に L2 を使えるようになる（automatization）ための行為を指すと考えられている。特に初級レベルの学習者は L2 を発音すること自体、容易ではないからである。練習の効果を高めるには、段階的に少しずつ範囲や分量を広げていく学習プロセスが必須であることが最近の研究で明らかになっている（Suzuki, 2022）。また、語彙習得に関しては一定の時間的感覚をおいた spaced practice が効果的であることが明らかになっている（Kim & Webb, 2022）。

何をもって練習かという点を歴史的観点で見てみると、オーディオリンガル・メソッド（→ Audio-lingual method 参照）が盛んな時代には、コンテクストから切り離した英文を繰り返すことが練習といわれていた。その後、1970 年代半ばになって、オーディオリンガル・メソッドや行動主義とは全く別の背景、つまり、英国におけるコミュニカティブ・ランゲージ・ティーチング（→ Communicative language teaching, CLT 参照）の初期に様々な教え方が試みられ、その中の 1 つとして、自由な発話ができることを目指して、教師が情報提供者として提示（presentation）し、教師が指揮をとり学習者が制

限のある状況の中でより正確に使えるように練習（practice）し、教師のガイドのもと学習者はL2をより自由に産出する（production）するという手順を踏む提示・練習・産出（→ Presentation-practice-production, PPP 参照）と言われる指導法が試みられるようになった（Anderson, 2017）。その後、CLTへと発展を遂げた。さらに、現代では、言語運用の自動化（automatization）を目指す活動である（DeKeyser, 2007; Ortega, 2007）。応用言語学の場でも、様々な意味合いで使われることがあるので、定義が一定していないが、練習だけでは十分な言語の発達は期待できないとの共通認識はあると言ってよい。

Pragmatic competence
語用論的能力

語用論的能力（pragmatic competence）とは、語用言語的能力（pragmalinguistic competence）と社会語用論的能力（sociopragmatic competence）で構成される能力である（Leech, 1983, 2014 他）（→ Second language pragmatics 参照）。語用言語的能力は、依頼（request）や提案（suggestion）などの発話行為（→ Speech act 参照）をはじめ、語用論的な目的をもった発話において使用される語彙や文法などの言語表現を理解および産出できる能力を指す（Roever, 2022）。社会語用論的能力とは、依頼などの発話で使用される言語表現が、文脈に応じて適切かどうかを社会文化的規範の知識に基づいて判断ができる能力を指す（Roever, 2022）。

例えば、語用言語的能力は、命令文の形式が直接的（direct）依頼になること（例："Pass me the salt."）や、助動詞 can を用いた疑問

文（例："Can you give me the salt?"）が、聞き手の能力を尋ねているのではなく依頼の発話行為であること（→ Conventionally indirect strategy 参照）を理解し産出できる能力である。一方で、社会語用論的能力の例は、家族のような近しい関係の相手には、直接的でくだけた表現が好まれるが、目上の人にはより丁寧な表現を使うことが求められるといった社会文化的な規範がわかる能力である。具体的には、目上の人に依頼をする場合、"I am wondering if…." や "Would you mind…?" など、話者が聞き手へ及ぼす依頼の度合い（imposition）を緩和する表現（downgrader）を用いるような慣習的な間接的ストラテジー（conventionally indirect strategy）を適切に使えることである。特に、状況や場面に応じて適切な発話をしているかどうかが重要になるポライトネス（→ Politeness 参照）などの側面においては、語用言語的能力と社会語用論的能力を切り離して考えることはできない（Leech, 2014）。

　L1 話者は、自身の置かれた社会における規範に基づき、話者間の力関係（relative power）や親密度を示す親疎距離（social distance）に応じて、直観的に発話行為を遂行できるが、L2 学習者にとっては、語用言語的な選択は、L1 と学習中の言語に内包された文化的差異にも影響されるため、習得のハードルが高い（Roever, 2022）。また、社会文化的な規範は言語によって異なる場合があり、場面にふさわしい言語使用ができていないために誤解が生じることもある。例えば日本文化では、身内や家族について褒められた際、それを認めたい気持ちがあっても相手の褒めの言葉を否定して謙遜することで、身内を低くする姿勢を取ることがよくある。これに対して、英語文化では、身内に対する褒め言葉を喜んで受け入れ、「誇りに思っている」などと答えることが一般的である。このため、日本文化式の応答を英語でした場合、話者が文字通り褒め言葉を否定していると誤解される可能性

がある。このようにL1と異なるL2社会語用論については明示的な指導をしないと不適切な発話や理解につながる可能性がある。

Kasper & Rose（2002）によると、習得段階の高い学習者は、幅広い語用言語的知識を社会語用論的なルールに合致させて自らの発話を微調整することができているが、習得段階の低い学習者は、そもそも語用論的能力だけではなく、言語構成能力（organizational competence）（→ Communicative competence 参照）にも限界があるため、多様な語用言語的知識が身に付けられるような指導をする必要がある（Roever, 2022）。発話行為、意味公式（→ Semantic formula 参照）や語用論的定型表現（pragmatic routines）、会話の含意（→ Conversational implicature および Form-function-context-mapping 参照）、相互行為能力（interactional competence）（→ Conversation analysis, CA 参照）、ポライトネスなどに関する習得段階に応じた具体的な明示的指導（→ Explicit instruction / Implicit instruction 参照）については Roever（2022）を参照にすると良い。また、McConachy（2018）ではメタ語用論的意識（→ Metapragmatic awareness 参照）を促進する活動を通して学習者の社会語用論的能力を高める指導をする例が紹介されている。

Presentation-practice-production（PPP）
提示・練習・産出

提示・練習・産出（presentation-practice-production, PPP）とは、新出語彙・文法の文脈に応じた明示的な提示（presentation）、制限のある中で、目標とする言語の特徴の正確さに焦点を当てた練習（practice）、より自然なやり取りの中で、意味に焦点を当てた言語活

動（production）の 3 段階の指導手順を指す（Anderson, 2016）。

　PPP は 1970 年代半ばに、コミュニカティブ・ランゲージ・ティーチング（→ Communicative language teaching, CLT 参照）が広まってきた流れの中で、Byrne（1976）の外国語教師向けの図書で初めて登場した。1980 年代前半には、この図書が、英語教師の初任者研修で最もよく使われ、同様の指導モデルが、別の図書（Halmer,1983）でも紹介されたことで、PPP は広く知られるようになった。Howatt（1984）は、PPP を CLT の弱いバージョンと呼んでいる（Anderson, 2017）。

　1990 年代になると、PPP は、教師中心で、教師は学習者のニーズを無視しており、学習者が授業中に直面する個々の課題に対応できないという批判（Scrivener, 1996）が出てきた。また、明示的指導（→ Explicit instruction 参照）に関して懐疑的な立場をとる SLA 研究者（c.g., Ellis, 1993）やこの立場を支持するタスク中心の指導法（→ Task-based language teaching, TBLT 参照）の推進者（e.g., Willis & Willis, 1996）からも批判されるようになった。しかしながら、2000 年代に実施された明示的指導（→ Explicit instruction 参照）と暗示的指導（→ Implicit instruction 参照）の有効性に関する 2 つのメタ分析（→ Meta-analysis 参照）（Norris & Ortega 2000; Spada & Tomita, 2010）では、明示的指導の有効性が強く支持され、PPP の有効性も確認されることとなった。

　Sato（2010a）は、TBLT と比較しながら、日本の英語学習環境やスキル習得理論（→ Skill acquisition theory 参照）の観点から PPP の効果の有効性を論じている。同時に、練習段階における文脈の重要性と産出段階におけるコミュニケーションの質を向上させるために十分な時間の確保の必要性も指摘している。一方で、日本人大学 1 年生を対象とした教室研究では、PPP による明示的指導は、指導直後の

タスクパフォーマンスを向上させたが、3か月後のフォローアップタスクの分析結果から、TBLTによる指導の方が、長期的言語の保持に資することが示唆された。教師は、PPTの利点と課題を考慮に入れながら、対象となる学習者や指導の文脈に合わせて、適切な指導の足場架けを行うことが望まれる。

Pre-task planning
タスク前のプランニング

タスク前のプランニング（pre-task planning）とは、タスク前の準備時間を設けるかどうかに関するタスクの条件の1つである（→ Task condition 参照）。プランニングの際に、学習者はタスク遂行に必要な内容や言語について考えることができ、これによりタスクを行う際の認知負荷を下げる効果が期待できる。これまでの研究では、事前にプランニングを行うことで、学習者の産出の流暢さと言葉の複雑さが向上するという結果がおおむね得られている。しかし、正確さに関しては研究結果が一致していない（Ellis, 2009）。学習者はまず発する内容について優先的に考えるため、タスク遂行時にはすでにアイディアの発想と構造化ができており、そのため流暢さと複雑さが増すと考えられる（Sangarun, 2005）。一方、産出の正確さの向上のためには、タスク前のプランニングよりも、タスク中のプランニング（online planning）が有効とされる。タスク遂行の時間を十分に与えることで、自身の言語知識と能力を最大限に活用することが許され、かつ自らの産出を振り返る（monitoring）余裕も生まれ、発話後に間違いを自己訂正することで、正確さの向上につながると考えられる（e.g., Ahmadian & Tavakoli, 2014）。

タスク前のプランニングの時間については、タスクにもよるが、Ellis et al.（2019）は約1分から3分（最大で5分）程度が実用的かつ効果的であると述べている。Li et al.（2015）の研究では、3分から5分を超えると、プランニングの効果はほぼ変わらず頭打ちになることが報告されている。授業実施の際は、時間配分を考慮して、適度な長さのタスク前のプランニングを考えたい。

時間条件の設定の他にも、プランニングの際にメモを取ることを許すのか、準備の際の言語は母語とするか目標言語とするか、あるいは具体的なプランニングの内容を指示するかどうか（例えば、プランニングシートを用いて言語的な補助や誘導をするか、全て学習者の自由選択に委ねるか）、一人で行うか他者と協働的に行うかなど、様々な調整が可能である。実施の際は、タスクの特徴や難易度、および学習者の習熟度などを考慮して、プランニングの有無、時間、条件を計画することが求められる（Ellis, 2022）。

Priming effect
プライミング効果

プライミング効果（priming effect）とは、ある刺激に晒されることで、その刺激に関連する事象に対する認知的・情動的・運動的反応が促進あるいは抑制される現象を指す。言語では、特定の言語情報（例えばある語彙や統語構造）に触れることで、その直後の言語情報の知覚・処理・使用（産出と理解）が左右されることである。

例えば語彙のプライミング効果の例としては、nurse という単語を聞いた後であれば、hospital, doctor といった nurse と意味概念上のつながりが強い語彙に対する反応が速くなるのに対して、つながりの

弱い語彙に対する反応は速くならない（Phillips et al., 2004）。統語構造のプライミング効果の例としては、SVOO の文型（e.g. She gave me the book.）を話者が使えば、それを聞いた対話者がその次の発言で同じ文型を使う確率が、同様の意味を表すことのできる SVO の文型（e.g. She gave the book to me.）よりも高くなることが実証されている（McDonough, 2006）。これは語彙の意味概念や統語パターンが表象されているネットワークが脳内で活性化され、反応しやすい、使いやすい状態になっているためだと考えられる。

　会話では、話者が用いる語彙や統語構造を対話者も使用することがしばしばあるが、これによって、話者は言語形式を選択する認知的作業が減るため言語産出の負荷が軽減され、かつお互いにとって意味解釈の手間も軽減されるというメリットがある。こうしたプライミング効果は母語話者や上級外国語学習者の場合には無意識に生じることが多く、流暢なやり取りの特性の 1 つである。語彙や統語構造のみでなく、話速や話し方の特徴などにおいてもプライミング効果は観察されており、コミュニケーションにおいて話者が互いに歩み寄ろうとする意志が言語的な適応化（accommodation）という形で表面化しているともいえる。文字言語におけるプラインミング効果もあり、例えば、読んだ言語の文字や形態素がその後の読解過程（→ Reading process 参照）に影響を及ぼすことや、既知の定型表現の最初の部分を読む、または聞くと、その定型表現の残りの部分がプラインミングにより想起される、すなわち理解が促進されることも示されている（Jiang, 2018）。

　英語教育では、プライミング効果を活かして、対話者の表現の中から自分が再利用できる語彙や文法を発掘すること（mining）を意識した練習をすると、コミュニケーションを円滑に進めるストラテジーの学習を促せる。語彙指導では、個別語彙の明示的指導の後、その語

彙が使われているテキストの読解や聴解、あるいはその語彙を使った
スピーキングやライティングの活動をすることで、あらかじめ活性化
されている語彙への注意が向きやすくなり、学習が促進される。また、
与えるインプットが文字言語・音声言語であるかに関わりなく、統語
的なプライミング効果が長期的なL2習得を促すことも実証されてい
る（Coumel et al., 2023）。単純な反復練習も反復する言語項目へのプ
ライミング効果を上げるが、特定の言語構造や機能に焦点を当てた明
示的な指導のプラインミング効果を、文脈の中で言語を使用する活動
を通じて活かすことが望ましい。

Processability theory / Teachability hypothesis

処理可能性理論 / 教授可能性仮説

　処理可能性理論（processability theory）とは、学習者が処理でき
る言語情報は学習者の位置する発達段階により心理的・認知的に規定
されており、その適切な段階を超えて先の段階へ進むことは困難とす
るPienemann（1998）によって提唱された理論である。つまり、文
法構造などの習得にはある程度決まった順序があり、その順番を無視
して学ぼうとしても難しいということになる。例えば、複数語尾や所
有格のsなどの語形態を習得していない学習者には、句中の文法情報
交換処理（例：this book と these books など）は困難であることが
挙げられる（Pienemann, 1998）。

　教授可能性仮説（teachability hypothesis）とは、Pienemann（1998）
が処理可能性理論を基盤として、学習者の発達段階を理解した上で処
理可能な文法構造を教えることにより、無理なく適切に習得が進むと

提唱した仮説である。

　これらの理論・仮説からいえるのは、学習者の準備のできていない段階のターゲット項目は、いくら教えても指導の効果がでないということになり、日本のような多人数室での英語熟達度の違う生徒への一斉指導で期待できる効果は限定的であるといえる。また、検定教科書における文法項目の学習順序が、果たして発達段階の順序にどの程度整合した自然なものなのか、今後の研究が必要であろう。しかしながら、ある項目を教えて練習させても、必ずしも学習者がうまく使用できるわけではないということを教師としては知っておくべきであり、また、学習者の発達段階に応じた個別指導の重要さも気に留めておきたい。

Professional development
専門性の向上

　専門性の向上（professional development）とは、様々な活動を通じて、教師の専門的な知識、技能、態度を改善することであり、教師の知識や信念、授業中の教育実践、学習者の学習成果などとのの相互作用に関わる過程である（Sancar et al., 2019）。教師が、専門性の向上を目指す理由として、自身の長所と短所の自覚を高める、新しい知識を得る、特定の問題を解決する、社会や分野の変化に応じたスキルアップをする、キャリアアップをする、燃え尽き症候群を防ぐために仕事にやりがいを見出す、の6つが挙げられる（Wong, 2010）。

　Mann（2005）は、教師の成長に関わる 3 つの用語、「専門性の向上（professional development）」、「継続的な専門性の向上（continuing professional development）」、「教師の成長（teacher development）」

の区別を試みている。「専門性の向上」は、キャリア志向的で、道具的かつ功利的な意味合いがある。「継続的な専門性の向上」は、教育機関レベルで用いられ、ある組織に勤務する教師全員に求められることが一般的である。一方、「教師の成長」は、個人的、道徳的側面も含み、組織、学校などの支援のもとで行われることが望ましいが、通常は組織や学校の支援とは切り離されており、教師の自由意思に基づくとされる。

専門性の向上の形態は、非公式で短期間の個人的な活動から、公的機関や組織が主催する大規模で長期的なプロジェクトへの参加まで、様々なものがある。具体的な活動としては、ワークショップやセミナーの参加、日誌の記述、ティーチング・ポートフォリオの作成、ピア・コーチングなどが挙げられる（Richards & Farrell, 2005）。これらの活動に加えて、英語教育に関する知識とスキルの向上、他の教師とのネットワークの構築、教師としての自信や動機づけの促進という理由で、学会参加も重要な活動である（Borg, 2015a）。

継続的な専門性の向上においては、従来、教師を外部から得た知識の消費者とみなしていたが、知識の生成者としての教師の役割の重要性が認識されるようになってきた。知識の生成者の観点から、教師の専門性を向上させるアプローチとしては、アクションリサーチ（→Action research 参照）、省察的実践（reflective practice）、授業の相互観察、教師の支援グループなどがある（Borg, 2015b）。

教師が生涯学び続け、専門性を向上していくことは、時代に対応して、英語教育に関する知識を革新し、授業改善につながるため、学習者にも良い影響を与える。知識の生成者として、教師が主体的に専門性の向上に取り組むことが望ましい。

Pronunciation knowledge

発音処理知識

　発音処理知識（pronunciation knowledge）とは、L2学習者が目標言語（TL）で発話する際に利用する発音関連知識（pronunciation knowledge）のことであるが、ここでの "knowledge" はむしろ「発音処理能力」の意味に近い。この能力には2つの種類があり、これらは異なるタイプの処理を経て習得されると考えられている（Saito & Plonsky, 2019）。1つは統制発音処理知識（controlled pronunciation knowledge）で、もう1つは自発発音処理知識（spontaneous pronunciation knowledge）である。前者は発音に関する宣言的知識（→ Declarative knowledge 参照：事実や出来事あるいは規則などに関する知識や情報）を処理するための能力で、学習者は統制タスク（controlled task: 例えば決められた語や文を発音するタスク）を通して習得する。一方、後者は目標となる音声を生成するために具体的にどうすればよいかについての手続き的知識（→ Procedural knowledge 参照）を処理するための能力である。この処理能力は自発タスク（spontaneous task: 例えば絵を見ながらの口頭記述やオーラルインタビューによるタスクで、意味の伝達に主眼が置かれる）を通して習得される。なお、これら2つの知識には習得の順序がある。スキル習得理論（→ Skill acquisition theory 参照）では、人は学習に際し宣言的知識の段階から手続き的知識の段階に進むと考えられているからである（Dekeyser, 2015）。ただし、Paradis（2009）のように、手続き的知識は暗示的（implicit）に習得される場合もありうるとして、異を唱える研究者もいる。

　学びの場でのSLA（→ Instructed second language acquisition, ISLA 参照）における音声教育の目標は、必ずしも母語話者（NS）の

発音をモデルにして学習者に習得させることではない（Saito & Plonsky, 2019）。この背景には、幼少期を過ぎて学び出した L2 学習者に NS と同レベルの発音能力に到達した者がほとんどいない（Flege et al., 1995）という事実がある。では何を目標とすべきかといえば、L2 学習者の発音の明瞭性（→ Intelligibility 参照）と理解しやすさ（→ Comprehensibility 参照）のレベルを上げることである（Derwing & Munro, 2005; Saito & Plonsky, 2019）。発音の良し悪しを判断する総合的な尺度である習熟度（→ Pronunciation proficiency 参照）は、これら 2 つの能力と密接に連関するからである。

　上述の知見からいえることは、授業においては統制タスクだけでなく、自発タスクをも有効に使って学習者に発音関連の手続き的知識を習得させることが肝要ということである。タスクへの反応を何度も繰り返すことで、学習者は上手に発音するための認知処理を自動的に行えるようになる（automatization）と期待できるからである。

Prosody

韻律（論）

　韻律（prosody）とは、発話中に現れる音声学的要素（リズム、アクセント、ポーズ、テンポ、あるいはイントネーションなど）全体を指す言葉で、話者の感情や文脈からの影響で言語の一般的な書記記録（文法）から予測できないものを研究する分野を韻律論と呼ぶ。一言でいえば、分節音素である母音と子音の枠を超えて発話に被さるように付加される超分節音素（suprasegments）がこの研究分野の対象である。この用語の意味を広めたのは、20 世紀中頃より始まったアメリカ構造主義言語学である。この学派による言語学では、音素という

374

概念をもって分節音と韻律素性が一元化して扱われた（→ Phoneme, Segmental 参照）。

どの言語においても、抑揚を始めとする様々な韻律的要素が発話中に変動することで意味に変化がもたらされる（para-linguistic meaning）。韻律的要素はほとんどの場合、母音や子音の分節音よりも方言的・階層的であり、個人差による変動が大きい。結果、比較・対照による研究が困難であると同時に、授業で教材に取り上げるのも簡単ではない。教師側に専門知識と指導スキルが要求されるからである。ただ、L2 音声教育の一環として韻律指導を行うことは、学習者の発音を明瞭なものにする上で（→ Intelligibility 参照）有用である。何より、学習者にとって興味深い（目からうろこの）テーマを扱うのであるからなおさらである。以下に英語韻律教育のための発展材料の例として具体的指導法を1つ紹介しておく。教授するテーマは英語のリズム（→ Rhythm 参照）で、英語には日本語のモーラとは異なる方法で発話に等時性をもたせる単位「フット」（等間隔で刻まれる時間的単位）が存在することを学習者に自覚させるのが目的である。対象は中級レベル以上の学習者を想定している。

1. 次の文をポーズを置かずに強勢を意識して声に出して読みなさい。

(a) Sue told Bill three bad lies.

(b) Susie told Bernard three terrible lies.

(c) Did you know Mary kept a little lamb?

(d) Did you know Sue kept a little lamb?

(e) Did you know Margaret kept a little lamb?

2. 次に、先生（もしくは NS）による同じ発話を聞き、自分のものとリズム上どこが違うか比べなさい。

＜解説＞

最初の文（a）は、使われている内容語の数とフット数が一致するので人工的な響きを持っている。全て単音節語からできていて、結果、音節拍に近いリズムを作っているからである。次の文（b）は2音節語が3つ使われ、フット構造を音節数で表すと2・1・2・1・2・1となる。指導上ここで指摘すべき点は、フット内の音節数が増えると、その音節は押し込められて長さが短くなるという英語に特徴的な現象である。文（c），（d），（e）も狙いは同じである。"Mary/Sue/Margaret" はそれぞれ音節数で異なるが、フット長では大きく違わない。（"Sue" は単音節語なので母音長の伸びが著しい点に注意）

3. **次に先生（もしくはNS）の読み上げる2つの英文を聞き、全体の時間長を比べてみなさい（ストップウォッチを利用するとよい）。**

（a）The beautiful mountain appeared transfixed in the distance.（14音節）

（b）He can come on Sundays as long as he doesn't have to do any homework in the evening.（22音節）

＜解説＞

上の2文は、視覚的には長さに大きな違いがあるように見える。しかし、実はフット数が同じなので、発話にかかる時間長はさほど大きく変わらない。よって、以上の授業を通して次の結論（3点）を導くことができる。

1. 英語のリズムは日本語のものと大きく異なる（モーラ対フット）。

2. 英語のリズムでは等時性（フット）を表すのに強勢が使われる。

3. 英語の音節はフット中で伸縮する。言い換えると、フットをベースに調音器官を動かす速度（つまり発話速度）が変化する。

Qualitative research

質的研究

　質的研究（qualitative research）とは、人々の相互作用や視点に焦点を当てて、心理的、感情的、社会的、文化的側面などから、人々の行動や現象、それらのプロセスを理解するために、文脈を重視し、面接、観察、質問紙などで収集した言語データを集約し、分析と解釈を行う研究方法である。質的研究では、社会現象を自然な環境で操作や統制をせずにデータ収集や分析を行う。質的研究者は、単一の客観的真実の追求を目的とする量的研究（→ Quantitative research 参照）と異なり、多元的真実の理解を目的とする構築主義や社会構成主義などの哲学的前提や世界観（パラダイム）に立脚する（De Costa et al., 2022; Lew et al., 2022; Mirhosseini, 2021; Riazi, 2016）。

　外国語教育学、応用言語学分野における質的研究の使用は、他の社会科学分野よりもかなり遅れて始まり、主要な国際学術誌が質的研究論文を掲載し始めたのは 1990 年代初頭であった。しかし、SLA の社会的転換（→ Social turn in SLA 参照）以降、SLA の社会的側面への関心の高まりとともに、認知的側面と社会的側面の溝を埋める試みも行われるようになり（The Douglas Fir Group, 2016）、質的研究が増えてきている（Lew et al., 2022）。

　質的研究では、方法論と方法の区別を明確にする必要がある。方法論とは、質的研究者が、現実をよりよく理解するために選択する理論的、哲学的な見方であり、方法とは、データ収集に用いる実際の道具や手段を指す。方法論は、研究者が持つパラダイムや研究の指針となる理論的枠組みの違いにより、複数の種類がある。また、それぞれが様々な学問分野の豊かな伝統や歴史に組み込まれており、例えば、研究者が研究対象のコミュニティに身を置き、長期的に研究参加者を観

察するエスノグラフィー（→ Ethnography 参照）の知的系譜は人類学に遡ることができる（De Costa et al., 2017）。

外国語教育学、応用言語学分野の質的研究で最もよく使われる理論的枠組みは、社会文化理論（→ Sociocultural theory 参照）と批判理論である。その他に言語社会化、ポスト構造主義、活動理論（→ Activity theory 参照）、ポジショニング理論なども広く用いられている（Lew et al., 2022）。

質的研究のアプローチは、大きく2種類に区別できる。1つは、言語学習と教育の社会文化的、生態学的文脈や言語学習と教育に関わる人々、状況、社会的プロセスに焦点を当てたもので、もう1つは、話し言葉と書き言葉のテキスト、つまり談話による社会的現実の構築に焦点を当てたものである。前者は方法論として、事例研究（→ Case study 参照）、エスノグラフィー、ナラティブ探究（→ Narrative inquiry 参照）などを用いることが多く、後者は談話分析（→ Discourse analysis 参照）や会話分析（→ Conversation analysis, CA 参照）などを用いることが多い（Lew et al., 2022）。

質的データ収集の方法には、面接、観察、質問紙、やり取りの音声・映像記録、テキスト成果物の収集などがあり、単独、または組み合わせて使用することができる（Lew et al., 2022）。

研究者のバイアスを排除しようとする量的研究とは異なり、質的研究では、研究者が人間の知識や現実に関する様々な前提を有する社会と相互作用を行うため、必然的に主観性を伴う。したがって、質的研究の質と厳密性を高めるために、量的研究の妥当性（→ Validity 参照）と信頼性（→ Reliability 参照）とは異なる用語や方策を用いる。内的妥当性に対応し、研究者の解釈が信頼に値することを示す信用性（credibility）を担保するため、継続的比較やデータの分析・解釈が妥当であるか、研究参加者に確認をするメンバーチェッキングを行う。

外的妥当性に対応した転用可能性（transferability）の担保として、読者が自身の文脈に対する研究の適用性を評価できるように、研究の豊かな記述（thick description）を行う。信頼性に対応した信憑性（dependability）を担保するためには、研究に関わる文脈の十分な記述、トライアンギュレーション（→ Triangulation 参照）、研究プロセスの様々な段階における意思決定を明示する監査証跡（audit trail）などを行う（De Costa et al., 2017; Lew et al., 2022）。

Quantitative research
量的研究

　量的研究（quantitative research）とは、テスト、観察、質問紙などにより数値化できるデータを収集し、データの定量化と統計分析により、研究対象として抽出した標本（sample）の特徴の客観的な説明と、得られた結果の一般化を目的とする研究方法である。したがって、結果の再現性が重視される。一方、数値化しないデータを収集し分析する研究は、質的研究（→ Qualitative research 参照）と呼ばれる。

　統計分析に使われる統計には、記述統計と推測統計の2種類がある。ある集団の特徴や学習者の意見、認識、態度などを定量的に把握、説明する場合、記述統計が用いられる。一方、例えば、言語能力と指導方法など言語学習の側面の2つ以上の変数間の因果関係や相関関係を調べる場合、標本から母集団の特性について推測する推測統計を用いる。理論や仮説を検証するために、理想的には、研究対象となる母集団から無作為に抽出された代表的かつ大規模な標本からデータを収集することが望ましい。しかし、L2研究では無作為抽出は容易ではな

いため、無作為抽出以外の方法で抽出した小規模データを使うことも
よくある。量的研究を実施する際には、研究手段と研究結果の妥当性
（→ Validity 参照）と信頼性（→ Reliability 参照）に留意する必要が
ある（Phakiti, 2015; Riazi, 2016）。

　応用言語学の量的研究で用いられる研究のタイプは、実験研究（→
Experimental design 参照）、質問紙研究（→ Questionnaire research
参照）を含む調査研究、個人差研究、テスト・評価研究などがある。
量的分析の手法として、相関分析、分散分析、因子分析、重回帰分析、
クラスター分析が広く使われてきたが、近年は、因果・相関関係の全
体像を可視化する共分散構造分析（構造方程式モデリング→
Statistical equation modeling 参照）、一般化線形混合モデル、ベイズ
統計などの新たな手法も用いられるようになっている（Peker, 2022;
Phakiti, 2015; Riazi, 2016）。

　量的研究は、1970 年代から応用言語学分野で盛んになり、主たる
研究方法であった（Loewen & Gass, 2007）。過去 30 年間の応用言語
学の国際誌 10 誌に出版された論文の調査によると、近年は、質的研
究や混合研究（→ Mixed methods research 参照）の割合が高まって
おり、同時に、量的研究では高度な統計分析の使用が増えてきている
（Khany, & Tazik, 2019）。また、追試研究やメタ分析（→ Meta-
analysis 参照）による研究が急速に増えており、過去の研究成果の知
見が統合される一方で、統計分析の実施方法や報告方法の課題が明ら
かになり、それらの方法の精緻化や改善に関心が高まっている（Gass
et al., 2020; Loewen & Godfroid, 2020; McManus, 2022b）。

Questionnaire research

質問紙研究

　質問紙研究（questionnaire research）とは、調査対象者に一連の質問または文章を提示し、選択肢の中から回答を選択してもらったり、回答を自由に記入してもらったりすることで収集したデータに基づき、分析を行う研究である。調査研究（survey research）のうち、質問紙を用いる研究を指し、質問紙調査（questionnaire survey）と呼ぶこともある。質問紙研究の目的は、学習者のパフォーマンスや観察など他のデータ収集法では得られない、学習者の特性、信念、態度、意見に関する情報を引き出すことであり、特に、学習者の信念、学習ストラテジー、動機づけ、言語不安の分野で貴重な知見を提供してきた（Dörnyei & Dewaele, 2022; Riazi, 2016; Wagner, 2015）。先行研究がほとんど行われていない分野において、調査対象の現象、文脈、集団に関して探索的に理解を得たい場合にも、質問紙研究は有効である（Anderson & Lightfoot, 2022）。

　質問紙研究は、質問紙の作成が容易で、様々な研究テーマについて、多くの調査対象者に、安い費用で迅速かつ簡単に実施でき、データ処理が容易であるなどの利点から、SLA 研究で広く用いられてきた。調査対象者を抽出する際、大規模な母集団から無作為に抽出する確率サンプリングを用いると、結果の一般化可能性は高まる。しかし、外国語教育学、応用言語学分野の研究では、調査者のアクセスの容易さを重視する便宜的サンプリングを用いることが多い（Iwaniec, 2020; Wanger, 2015）。

　質問紙研究の欠点の１つは、調査対象者があらかじめ決められた評定型の質問に答えるため、調査対象者の態度や回答が質問紙が提示しているものに限定されることである。データ収集上の欠点として、質

問項目が多かったり、内容が理解できなかったりなどの理由により、正確な回答を得られなかったり、時には大量のデータ欠損が生じたりする場合もある。さらに、データの質に関する欠点として、回答が表面的であること、自分の本当の考えを回答しない調査対象者の存在などが挙げられる（Dörnyei & Dewaele, 2022; Riazi, 2016）。

　近年、オンラインによる質問紙研究も増えてきている。紙と比較して、オンラインによる質問紙調査の利点は、匿名性が担保されることや世界中の大規模で多様な集団にアクセスできることが挙げられる。一方、調査に関心がある人だけが回答するため、回答率が低いことや調査対象者の属性に偏りがでること、調査期間の長さの決定が難しいことなどの欠点もある（Dewaele, 2022; Willson & Dewaele, 2010）。

　大規模質問紙研究の例として、2,600名以上の日本人大学生を対象に、TOEFL-ITPテストと組み合わせて質問紙調査を実施し、L2動機づけ自己システム（L2 motivational self system）理論に関する3つの課題を調査した研究がある（Yashima et al., 2017）。本研究結果から、動機づけ（→ Motivation 参照）における L2 理想自己像（ideal L2 self）および L2 義務自己像（ought-to L2 self）が明確な学習者は、英語学習の努力をしており、高い英語力を有する傾向があることこと、コミュニケーションまたは文法訳読重視の学習への志向が、動機づけにおける将来の自己像に異なる影響を与えていること、女子学生のコミュニケーション活動を重視する傾向が、より明確な L2 理想自己像の形成につながっていることが明らかになった。

　オンラインによる質問紙研究の例として、日本と韓国の大学で英語による教育（English medium instruction）を受けている 455 名の学生の内容知識、英語能力、動機づけの違いを調査した研究（Kim & Thompson, 2022）や、日本人高校生 260 名を対象に、英語の発話と沈黙に直接影響する教室の状況や活動についての認識を探った研究

（Humphries et al., 2020）がある。

Reading process
読解過程

　読解過程（reading process）とは、読解中に起きる情報の言語的・認知的処理、つまり文字情報から意味を抽出し意味を理解するに至るまでの過程のことである。母語話者による流暢な英文読解の場合、自動化された低次元の認知過程（lower-level processes）として、(1)語彙の認識と意味の検索が1秒に4-5語の速さで行われ、ほぼ同時に(2)統語的な構文解析（syntactic parsing）と、(3)語彙の意味と統語的な情報を統合した句単位の意味が構築される（semantic propositional formation）。これに加え、高次元の過程として、(4)テキストの主要な情報とそれを支える情報を結びつけてテキスト全体の意味概念を形成し、(5)自分の目的・感情・背景にある期待や予測に則って意味を解釈する。読解の最中は常に(6)作業記憶（→Working memory 参照）が関与し、(7)意味解釈の確認や修正あるいは評価を行うモニターが働いている。しかしL2での読解過程は、このいずれの段階においてもL1よりも認知的な負荷がかかり、いずれか、または複数の側面で問題が起きる可能性がある（Grabe & Stoller, 2019）。

　読解の際は、個別の文字・単語・意味・文文法を積み上げて意味を構築するボトム・アップの情報処理過程（bottom-up processing）と、背景知識・文脈を活用して意味解釈の推測や予測などをするトップ・ダウンの情報処理過程（top-down processing）の両方が交互に行われていて、理解の確認・調整・修正を繰り返しながら読み進んでいる。

L2学習者の場合は、ボトム・アップの情報処理過程だけに重きが置かれて全体的な意味が解釈できない問題や、トップ・ダウンの情報処理過程に依存しすぎて、思い込みで意味を推測してしまう問題が生じやすい。またボトム・アップの情報処理過程がある程度できるという一定の閾値を超えないと、トップ・ダウンの情報処理過程はうまく機能しない。L1の読解スキルは、L2に転用できるとされているが、L2で最低限の語彙・文法の能力がついてからでないと、この転用は起りえないと考えられている（Alderson, 2000）。

　このため英語教育では、まずボトム・アップの情報処理の自動化（automatization）を促進する語彙や文法の強化が肝要である。ボトム・アップの読解処理はテキストの音声的な処理を伴っており、多くの読み手は、読んでいる時に頭の中で声が鳴る内声（subvocalizationあるいはinner voice）が起きている。L2の読解では、内声を促すために、音読や音声を聞きながら読む活動も有効であることが示されている（Taguchi et al., 2016）。また、Kondo（2021）では、英語を学習しているL1が日本語の大学生の読解力に、言語適性の1つである音韻的短期記憶力（phonological short-term memory）が有意な影響を与えていることを実証している。ボトム・アップの情報処理がきちんとできた上で、トップ・ダウンの情報処理を活用して、自分の持っている背景知識や、過去の経験・記憶によって構造化された知識（すなわちスキーマ）を活用して意味解釈の推測や予測をする訓練をすることや、メタ認知的な学習方略（metacognitive learning strategy）を使って、この解釈で合っているか・要点は何か・全体的に何が読み取れるか、といった意識をもって読む練習をすること、さらになるべく多くのジャンルの読み物を取り上げ、ジャンル特有のテキスト構造を活用して、次にどういう情報が続くか予想しながら読む練習なども有効である。

精読は学ぶために読むこと（reading to learn）であり、多読は読む技能を学ぶこと（learning to read）であるため、読解力を伸ばすためには精読だけでなく多読も重要である。多読に伴う楽しさは、L1 の読解により近い経験であり、技能としての流暢な読解力を育成する上で役に立つ（Day et al., 2016）。読解力を支えている大きな要因は語彙力であり、語彙力が広く深いほど読解力も高いという相関関係が報告されている（Jeon & Yamashita, 2011）。Graded readers など、語彙レベルが調整された読み物を活用し、ほとんどの語彙が既知語から成り、内容に興味が持てるものを多読すれば、付随的語彙学習（→ Incidental vocabulary learning 参照）が起きやすいとされている。また既習語のみから成る読み物を速読する練習も読解の流暢性を上げるうえで効果的である（Webb & Nation, 2017）。

Recast / Prompt
リキャストとプロンプト

リキャスト（recast）とは、教師が学習者に正しい表現を与えるインプット供給型フィードバックである。L2 習得の分野では、教室内で最も頻繁に用いられるリキャストの効果について多くの研究がなされてきた（Lyster & Ranta, 1997 他）。例 1 に示すように、リキャストの利点としては、学習者が誤りをおかしたことを知らせる表現（否定的証拠）と同時に正しい表現（肯定的証拠）を提示でき、さらに、会話を遮ることなく自然の流れで与えることができるということが挙げられる（Sato, 2011b 他）。しかしながら、例 2 のように学習者が誤りに気づかなかったり、単に yes などと言って承認（acknowledgement）するのみで、訂正アウトプット（→ Modified output 参照）に至らな

いこともあるという欠点がある（Lyster & Ranta, 1997; Sato, 2016
他）。

例1
    S: I drink medicine in the morning.（誤り）
    T: Oh, you take medicine.（リキャスト）
    S: Yes, I take medicine every morning.（訂正アウトプット）

例2
    S: I saw a bad dream last night.（誤り）
    T: You had a bad dream last night.（リキャスト）
    S: I cried.（非訂正アウトプット）　　（英文は筆者作成）

　一方、プロンプト（prompt）とは、教師が正しい表現を提示しないで、
学習者に訂正アウトプットを求めるアウトプット誘発型のフィード
バックである。

例3
    S: I saw a bad dream last night.（誤り）
    T: I saw?（繰り返し）
    S: I had a dream.（訂正アウトプット）

　利点としては訂正アウトプットをすることにより、学習者は深い処
理をすることができ、習得が促進されることが挙げられるが（e.g., Ellis
& Shintani, 2014）、学習者が当惑する、会話が中断される（Sato,
2011b）等の欠点もある。
　インプット供給型とアウトプット誘発型のどちらがより効果的かに

ついては研究者の間でも議論が続いているが、指導においては、1つのタイプに固執せず、学習者のレベルや該当項目の知識の有無、活動の目的により、臨機応変に使い分けるとよいであろう。

Reduction
（音声の）弱化

弱化（reduction）とは、音色のはっきりした強勢母音がリズムの関係で強勢を失い、曖昧母音（/ə/）あるいは弱い /u/ や /ʊ/ の弱母音に変わる音声現象をいう（→ Rhythm 参照）。英語の母音は強勢を持つときと持たないときで音質が異なるという特徴を持つのである。さらに、弱化は母音だけに起こるわけではない。子音は弱音節中にあると摩擦や破裂の度合いが弱まるので、弱化は子音にも起こるといえる。ただ、母音のときほど明瞭な音質変化とはならない。母音か子音かにかかわらず、音声は弱化が進むと完全になくなってしまうことがあり、この現象は脱落（elision）と呼ばれる。なお、弱化と脱落は1つにまとめられて音収縮（sound reduction）と呼ばれる。

発話の中でどの音声が収縮するかは、無作為に決まるのではない。下に示すとおり、語は収縮の起こりやすいもの（A: 機能語 function words）と起こりにくいもの（B: 内容語 content words）に分けられる。前者の発音においては、収縮が起こる前と後でそれぞれ「強形」（strong form）「弱形」（weak form）と呼ばれる。

A: 収縮しやすい語
  1. 助動詞 2. 前置詞 3. 冠詞 4. 接続詞 5. 代名詞 6. be 動詞
  例：can /kæn/ → /kən/, to /tu/ → /tə/, the /ði/ → /ðə/,

387

and /ænd/ → /ənd, ən, ə/,　he /hi/ → /hɪ, ɪ/,

am /æm/ → /əm, m/

B: 収縮しにくい語

　1. 動詞　2. 形容詞　3. 名詞　4. 副詞　5. 疑問詞

　内容語が収縮しにくいのは、文中で意味を担う役割が機能語よりも高く、その結果、フット（foot: 等時性を持つ韻律単位）生成の際に文強勢を担うからである（→ Rhythm 参照）。しかし、脱落に関しては、リズムとは関係なしに起こる場合もあるので注意を要する。次のような場合である。

1. 同器官的（もしくは調音位置の近い）子音が連続するとき、先行子音が脱落しやすくなる。発音しにくいからである（例：Good day, Sit down）。

2. フット（/ 強 - 弱 /, / 強 - 弱 - 弱 /）内で、強音節後に弱音節が2つ連続して続くとき、テンポが速まる関係で先行の弱母音は脱落しやすくなる（例：mystery, chocolate）。

3. 上と同じ環境で、シュワー（/ə/）が2回現れ、間に接近音（/r, l/）があるとき、先行のシュワーは脱落しやすい。これには語内での同音生起を避ける必異原理（Obligatory Contour Principle：語内に同じ音が2つ以上存在してはならないという制約）が関わっている可能性が考えられる（例：cholera, camera）。

　音声教育の観点からいえば、弱化の習得は重要性が高い。英語のリズム習得と表裏一体で発話に自然な響きをもたらし、その結果、発話の明瞭性（→ Intelligibility 参照）が向上するからである。また、弱化の習得はリスニング能力の向上にも寄与する（Henrichsen, 1984; Ito, 2001）。

Reliability

信頼性

　信頼性（reliability）とは、テストが測定対象の能力を常に一貫して測定しているかどうかということである。信頼性の高いテストは、同レベルの能力を持つ異なる学習者が受けても、採点者が異なっても、常に安定して同じ結果が出るようなテストである。

　専門的に説明すれば、テスト得点を真の得点と誤差部分に分けたとき、テスト得点の分散に対して真の得点の分散が占める割合のことである。テストには内部・外部の諸条件によって常に誤差が生じるが、テスト得点のばらつきが真の得点のばらつきと近いほど信頼性は高くなる。

　一般的に信頼性を測定する方法としては再テスト法（test-retest reliability method）、平行テスト法（parallel test reliability method）、折半法（split-half reliability method）がある。再テスト法は同じ受験集団に対して同一のテストをある程度の期間をおいて2度実施して、2回のテストの相関が十分あることを確認する方法であり、最初の実施が2回目の実施に影響を与えないことを担保する必要がある。平行テスト法は、構成要素、問題の種類・質と量、難易度が同じ平行テスト（パラレル・テスト）を開発し、同じ受験集団に対して実施した後に相関関数を見る方法である。この方法は平行テストの開発と検証に大きな労力がかかるのが難点である。この3つの方法の中で、最も使いやすいのが折半法であり、1つのテストを2つ、もしくはそれ以上の等質の部分に分け、相関係数を計算する方法である。それを統計的に一般化したものがスピアマン・ブラウン21と呼ばれる検定である。しかし、分割されたテストの部分は厳密には等質ではないので、より保守的な検定としてクロンバック a の係数を求めることもある。

389

これは2つの折半した部分の真の得点間の関係を基に算出された推定値である。

最近では、項目応答理論（→ Item response theory 参照）のソフトウェアを利用すれば、真の得点（θ）から推定された標準誤差を基に信頼性も示される。最も新しい一般化可能性（generalizability）モデルにおいては、適切な分散分析モデルを仮定してそれがテスト得点の分散をどの程度を説明するかを検定して信頼性を算出する。

学校現場においてテストの信頼性を上げるためには、エクセルを含む安価で簡単なソフトウェアでクロンバック α を算出できれば理想的である。それが無理でも、古典的テスト分析で様々な指数（標準偏差や分散、点双列相関係数など）を算出して多面的にテスト結果を分析するとテスト改善のためのヒントが得られる。そうしたテストを改善する努力は必ず信頼性向上につながる。

信頼性という概念はより広義では研究一般（特に量的研究）に対しても使われ、その場合は、データ分析や解釈の正確性・一貫性を指す。

Research ethics

研究倫理

研究倫理（research ethics）とは、研究者が研究活動を行う上で必要とされる道徳的規範である。研究者は、量的研究（→ Quantitative research 参照）、質的研究（→ Qualitative research 参照）、混合研究（→ Mixed methods research 参照）のどの方法を使用した研究においても研究倫理を守る必要がある。

研究倫理は、マクロ倫理とミクロ倫理に区別できる。マクロ倫理は、規範的研究倫理ガイドラインや研究倫理委員会で求められている要件

を満たすなどの手続き的倫理を指す。研究倫理委員会は、研究の結果、研究参加者が被る可能性のある危害の種類とリスクを評価し、研究参加者から研究参加承諾書を得られることを確認し、研究参加者の匿名性、機密性を維持するための研究者の手続きについて監督を行う。一方、ミクロ倫理は、量的研究における外れ値の処理の仕方や質的研究のエスノグラフィー（→ Ethnography 参照）における参加者との関係のあり方など研究者の役割と責任から生じる日常的な倫理的ジレンマを指す（Kubanyiova, 2008; Yawet et al., 2023）。

　研究実施前に、研究倫理委員会で承認を得るだけでは、研究倫理を遵守していることにはならず、研究計画から報告に至るまで全ての段階で、各自が研究に関する決定をする際に、それぞれの文脈に合わせた倫理的配慮を行うことが求められている。例えば、教師または研究者自身が教えている学習者からデータを収集する際、彼らが研究参加を断りにくい状況になっていないか配慮が必要である。応用言語学研究者 67 名を対象に、教室研究における研究倫理を扱う 10 種類の架空のシナリオについて、研究倫理に関する判断を求めた研究（Sterling & Gass, 2017）では、研究参加者間で判断に違いが見られ、研究倫理に関する判断は容易ではないことが明らかになった。また、近年、特に応用言語学の量的研究者の間で関心が高まっているのは、外れ値などのデータを取り除く、好ましい結果になる分析法を選択する、などのデータの恣意的な取り扱いや先行研究に反する結果を報告しない、有意な結果のみ効果サイズを報告する、などの報告に関する研究倫理の課題である（Isbell et al., 2022）。

　近年、ウェブサイト、ブログ、SNS などオンライン上のオープン・ソース・データを用いた研究が広まっている。Tao et al.（2017）によると、多くの応用言語学の主要な学会が、オンライン上の研究に関する研究倫理ガイドラインを明示していないが、研究者が、これまで

の研究と同様に、各自の異なる研究文脈を考慮しながら倫理に配慮して研究を実施することの重要性を指摘している。

　教師が、実証研究または実践研究に倫理的に取り組むためには、研究参加者に対して、自分がどのような偏見、前提、権力関係を有しており、研究のあらゆる段階でこれらの側面がどのように影響するかを常に批判的に振り返ること（reflexivity）（De Costa et al., 2021）が大切である。

Revised hierarchical model
改訂階層モデル

　改訂階層モデル（revised hierarchical model）とは、Kroll と Stewart（1994）が提唱した、第二言語学習者の心内辞書を説明するモデルのことである。バイリンガルにおける母語の心内辞書と第二言語の心内辞書は脳内で共通の場所にあるのか、それとも独立した場所にあるのかという問題は心理言語学において長年の課題であった。最終的な結論は出ていないが、様々な実験データより、母語と第二言語の語彙項目自体は個別のシステムに格納されているが、それらの意味的・概念的表象には、共通の保持と処理システムがあると考えられてきた（門田, 2003）。L1 と L2 語彙の主に形式面の結びつきを語彙連結（lexical links）と呼び、語とその意味概念との結びつきを概念連結（conceptual links）と呼ぶ。改訂階層モデルはこの 2 つの階層を図 1 のように説明したものである。

図1 改訂階層モデル

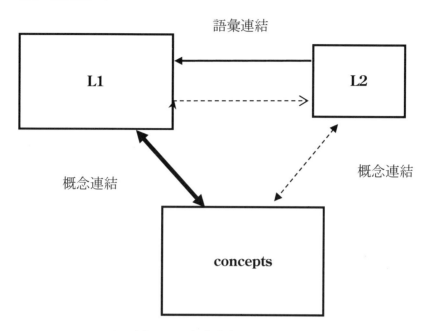

このモデルでは、(1) L2の心内辞書はL1の心内辞書よりも小さい（語彙数などが少ない）ことが四角形のサイズの違いで示されている。(2) 語彙連結においては、L2からL1への連結の方が、L1からL2への連結よりも強いことが実線と破線の違いで示されている。(3) 概念連結においてはL2語よりもL1語と概念の結びつきの方が強いことが、同じく実線と破線の違いで示されている。

翻訳課題において、L2学習者はL1語からL2語へ翻訳（forward translation）するよりも、L2語からL1語への翻訳（backward translation）の方が時間をかけずに行えることが多くの研究でわかっている。改訂階層モデルはこの現象をうまく説明することができる。初中級のL2学習者は、L2語を覚えるために意味の近いL1を対応させて覚え、そのL1語を通して意味表象にアクセスする。このようにL2からは対応するL1語に強い語彙連結があるので、意味を介さずに

素早く翻訳することが可能である。しかし逆のL1語からL2語へ翻訳する場合は、まずL1語による概念連結を利用し、意味を考えてからL2語を検索するため、より時間がかかってしまうと考えられている。もちろん学習者の熟達度が上がるにつれ、L2語と意味表象の結合も強くなってくるので、翻訳方向性の非対称性は次第に薄れてくると想定されている。

　改訂階層モデルに関しては、L1とL2の心内辞書が独立して存在することの実証的証拠が弱い、L1語とL2語の連結を一対一に単純化しすぎているなどの批判（Brysbaert & Duyck, 2010）や、L2からL1の翻訳においても意味表象が介在するという批判（Wu & Juffs, 2019）があり、Bysbaert & Duyck（2010）はより精緻なモデルを提唱している。しかし、単純であるがゆえに検証がしやすいなどの利点があり（Kroll et al., 2010）、現在に至るまでこのモデルを基にした実証的研究が行われている（Ferré et al., 2023）。

Rhythm

リズム

　リズム（rhythm）とは、言葉が発せられる際に、時間次元上で特定のパターンが等間隔で繰り返される現象をいう。ストレスを持つ言語では、西洋音楽同様に、強勢がリズムの生成に利用される。パターンの知覚に役立てるためである。高名な音楽理論研究家であったSachs（1953）は、音楽で採用されるリズムは全て「付加リズム」（「自由リズム」）か「分割リズム」に分類されると喝破したが、言語のリズムにおいても変わりはない。ロマンス系言語や中国語などの音節拍リズムを持つ言語においては、基本的に付加リズムが採用される。例

えば、/ ♪♪♪♪ / というパターンでは、八分音符で表された長さ（単位＝音節）を持つ音が4回連結されている。また、/ ♪♩♪♩ / では音長比が1対2の関係にある音（例えば日本語の短音節と長音節）が交互に連結されている。一方、ストレス拍の英語におけるフット（韻脚もしくは "inter stress interval"; Lehiste, 1970）の中では「分割リズム」（「拍節的リズム」「ストレス拍リズム」）が採られる（大高, 2016: → Syllable duration ratio 参照）。なお、リズムがテンポから自立するためには等時性を持つリズム単位の存在が必要で（例:「おじさん」と「お爺さん」の聞き分けは発話のテンポから自立している）、音節拍とストレス拍ではそれぞれ音節（→ Syllable, Tempo 参照）とフットがこの単位に相当する（Abercrombie, 1864; Pike, 1945）。英語のフットには音節拍やモーラ拍における拍/モーラよりも比較的長いパルスが与えられ、それが複数の音（1つの強勢音節と0個〜複数個の弱音節）で分割されるのである。ただしストレス拍の場合、フット中の音節数が多ければ多いほど、各音節は圧縮されて短くなり（逆に発話速度は上昇）、結果、等時性が保たれにくくなる。要するに、発話速度を速めることには調音上限界があるので、等時性に乱れが生じるわけである。なお、フットの境界は必ずしも語や句の境界とは一致しない。

例：| Mary | said it a | gain to | me |

音声教育の観点からいえば、リズム教育はとても重要である。分節音は言語固有のリズムに乗って線状に生成されるわけだが、言語によって等時性を持たせるリズムユニットの音響学的表示方法が異なるからである。英語ではストレスが利用され、さらに、連結された分節音上で音変化が起こる。例えば、母音の弱化（→ Reduction 参照）や分節音の脱落などである。日本語を母語とする英語学習者が一番困難を感ずるのは、何といっても、モーラ拍からストレス拍へのコード

変換である。リズムが正しくないと発話の明瞭性（→ Intelligibility
参照）が決して高まることはない。だが、この変換は思うほどやさし
くはなく、訓練が必要である（→ Prosody 参照）。

Rule learning / Item learning
規則学習と項目学習

　言語学習における規則学習（rule learning）別称、系統学習（system
learning）とは、言語の規則を学んで自動的に L2 が口をついて出て
くるようにするために L2 の規則を系統立てて学ぶ方法を意味する。
この方法の理論的背景には Corder（1967）が学習者のエラーは体系
的であると主張したこと、学習者言語が極めて規則的であることなど
がある（Ellis, 1999）。Huebner（1985）は英語の指導を受けずに英語
を聞き覚えていたモン族（ラオスやベトナムの山岳地方に住む人々）
を対象に縦断的研究（→ Longitudinal study 参照）を行って、定冠
詞 the（発音は da）の機能の習得の様子を確認したところ、da を使
う時期が経過するにしたがって、次第に L1 話者の持つ the の機能に
関する規則へと変化していったことを発見した。
　一方、項目学習（item learning）とは、L2 の項目を一つ一つ別々
に覚えてばらばらの状態で、あるいは非常に弱いつながりしかない状
態で知識に蓄積する学習方法である。この方法で L2 項目を覚えると、
間違え方には規則性がなく、実に多様性に富む間違え方をするように
なる（Ellis, 1999）。項目学習には効果や役割はないのか、という疑問
に対して、Ellis（1999）は 2 つの考え方を紹介している。1 つは自身
の説で、項目学習は L2 学習の始めのころはよく見られるが、学習者
が自分が蓄えた知識の中から規則性を見つけると、その後は自律的に

規則学習が進むと述べている。2つ目は Young（1996）の説で、項目学習による誤りの多様性は偶然性のある状況でのみ起こりうるとの立場を取っている。

SAMR model
SAMR モデル（セイマーモデル）

SAMR モデル（SAMR model）とは、学校現場における情報通信技術（→ Information and communication technology, ICT 参照）の活用レベルを4つの段階で示すモデルで、Puentedura（2006）が考案した。SAMR は「代替（Substitution）」、「増強（Augmentation）」、「変容（Modification）」、「再定義（Redefinition）」という4つの段階の頭文字をとったものである。このモデルを利用することで、教師はICT が学習過程や結果にどのような影響を与えるかを理解しながら、ICT 活用方法を検討することができる。4つの段階と例は以下のとおりである。

1. 「Substitution（代替）」ICT が従来の方法の代用として用いられる段階。例：手書きの代わりにパソコンで入力する、紙で配付していた資料を Word などの電子的な文書で配付する等。
2. 「Augmentation（増強）」ICT が従来の方法の代用として用いられているが、さらに何らかの機能が加わる段階。例：手書きの代わりにパソコンで入力することでスペルチェックが自動的にできるようになる、黒板とチョークを使用する代わりに電子黒板を利用することで画像や映像を簡単に提示したり文字や画像を拡大表示したりできるようになる等。

3. 「Modification（変容）」ICT 活用によって授業方法や学習方法が以前とは異なったものへと変化する段階。例：Google Classroom などの学習支援ツールを活用することで学習者が作成した文書を共有したりリアルタイムで協働して作業したりお互いにフィードバックし合ったりできる等。

4. 「Redefinition（再定義）」ICT 利用によって以前では実現できなかった新しい学びの創造を可能にする段階。例：学習支援アプリを活用することで時間や場所の制約を受けずに個別最適化された学習（学習者のニーズ、興味、能力、学習スタイルなどに合わせて個別に調整した最も効果的な学習）を提供できる、VR 技術（→ Virtual reality, VR 参照）を使って遠隔地にいるような疑似体験学習をすることができる等。

Puentedura は、ICT が学習の根本を変える段階ではない1と2を「強化（enhancement）」と呼び、ICT を活用するからこそ取り組める活動や学習の3と4を「変換（transformation）」と呼んでいる。

今後も教育に活用できる様々な新しい ICT が登場するだろうが、教師が新しい ICT を導入する際は、SAMR モデルに基づいて ICT 活用の目標・目的を考えるとともに、授業改善にも本モデルを役立てるとよいだろう。

Second language pragmatics
第二言語語用論

L2 語用論（second language pragmatics）とは、学習者言語体系のうち、語用論に関する言語能力を指す。中間言語仮説が提唱された1970 年代には、L2 語用論を対象とした中間言語分析（→ Interlanguage analysis 参照）の研究はほとんどなかった。しかし、1980 年代以降、L2 学習者による L2 語用論の発達を検証する調査が増えると、語用論も中間言語研究の対象となるに至った。このため近年まで L2 語用論は、中間言語語用論（interlanguage pragmatics）と呼ばれることも多かった（Taguchi, 2019）。

　語用論的能力（→ Pragmatic competence 参照）とは社会的文脈の中で言語を適切に使える能力（Taguchi, 2009）と定義される。さらに L2 語用論は、学習者が誰にいつ何をどのように言うかを身に付けていく過程を研究する分野（Bardovi-Harlig, 2013）のことを指す。L2 語用論の研究は当初、発話行為（→ Speech act 参照）の発達を取り上げる記述的な研究が主流であったが、その後定型表現（routines）や会話の含意（→ Conversational implicature 参照）を対象とした研究が増え、近年では談話の中で語用論がどのように交渉されるか、会話分析（→ Conversational analysis, CA 参照）などを通して検証するようなアプローチが増えている（Taguchi, 2019）。記述的な研究では、発話行為を構成する意味公式（→ Semantic formula 参照）を抽出し、意味公式として使われる表現の種類や頻度、意味公式の順序などを分析することで、母語話者と学習者との間で言語形式・意味機能・文脈の対応関係（→ Form-function-context mapping 参照）を比較する横断的調査が多かった。2000 年代に入ると、学習者の L2 語用論的能力の発達段階を探求する長期的な縦断研究が増え、近年では談話語用論（discursive pragmatics）や相互行為能力（interactional competence）としての語用論の研究など、話し相手との意味交渉の過程で語用論の規範を話者らが共同構築（co-construction）していく動的な過程（dynamic process）に着目した分析が行われている。

　L2 語用論的能力は、語用言語的能力（pragmalinguistic competence）と社会語用論的能力（sociopragmatic competence）から成る（Leech,

1983)。語用言語的能力は、コミュニケーション上の機能を表現するための言語形式の知識（例えば謝罪をすべき場面で、謝罪としてふさわしい言語表現が使えるか）のことである。対して、社会語用論的能力は、文脈に合った適切な言語機能を判断できる社会文化的規範に関する知識（例えば、ある文脈が、謝罪を表現することが求められるような場面であるかどうかを判断できるか）のことである。使用する文法・語彙・発音などが正確であっても、表現が適切でなければ語用論的失敗（pragmatic failure）につながりうる。語用論的失敗の多くは、L1 の語用言語的知識や社会語用論的知識に基づいた表現を L2 に直訳した結果起きる、すなわち語用論的転移（pragmatic transfer）によるものである。言語の適切な使用に関わる語用論的知識は、文化を超えて共有されているものだと思い込みがちだが、L1 では丁寧な表現が、L2 に直訳すると失礼な表現となったり、L1 では当然表現するとされる発話行為（例えば感謝の表現）が、L2 では同じ場面であっても「表現しないことが適切だ」とみなされることがあるなど、実際には語用論的な規範に多くの文化差がある。通常、形態統語論の転移は初級学習者に多く見られるが、語用論的転移については、むしろある程度語彙や文法の知識を持っている中・上級学習者に多く見られ、不適切な表現が L2 能力の不足によるものではなく、人格的な問題だと誤解されることもあるので注意が必要である。

　英語教育では、まず言語表現の適切性（appropriateness）が、正確性（accuracy）とは別に習得すべき言語側面であり、L1 と L2 の間にどのような違いがあるか、語用論的意識（pragmatic awareness）を高め、気づきを促す活動をすることが重要である。例えば社会語用論的な違いが例示されているドラマの場面などを取り上げて、L2 文化における規範が L1 のそれとどのように違うのか、話し合う活動や、特定の場面でよく使われる語用論的定型表現（pragmatic routines）

を学ぶ機会を設けたい。話し相手との関係性（親疎距離 social distance・力関係 power relation）や話題の重み（imposition; 例えば難しい依頼をするのか、簡単な依頼をするのか）によって、語用言語学的にどのような文法や語彙の違いのバリエーションがあり、それらをどう使い分ければ異なるレベルのポライトネス（→ Politeness 参照）を表現できるのか、どのように発音すべきなのか、といった統合的・総合的な学習活動をすることが望ましい。さらに、特定の社会活動（social action）、例えば「会話を始める」「会話を終わる」「会話に割って入る」といった場面における話の典型的な流れの構造（sequential organization）の具体例を示し、相互行為能力を伸ばす練習も効果的である。語用論の表現を練習する方法としては、状況を詳細に定めた上での談話完成タスク（→ Discourse completion task/test, DCT 参照）や、ロール・プレイ、理解を練習する方法としては、言語表現の適切性を判断するメタ語用論的判断（metapragmatic judgement）のタスク（言語形式が正しい選択肢の中から最も適切なものを選ぶといった問題）が挙げられる（Roever, 2022）。

　L2 語用論は、外国語教育において体系的に取り上げられることが少ないが、語用論はコミュニケーション能力（→ Communicative competence 参照）を構成する柱の 1 つであるため、指導に含めることが重要である。L2 語用論の指導、とりわけ明示的な指導（→ Explicit instruction 参照）が効果的であることは多くの研究によって実証されている（Plonsky & Zhuang, 2019）。近年では語用論的能力は異文化間能力（intercultural competence）の重要な構成要素としても注目されている。

　国際共通語としての英語（English as a lingua franca）の場合、どの英語変種をモデルとした語用論的規範を採用するかは判断が難しいところだが、例えばアメリカ標準英語を題材にした教材を採用して指

導している場合には、アメリカ文化の語用論的規範を一例として取り上げることで、異文化との規範の違いを意識し、共感（empathy）を育むと良い。L2文化の語用論的規範に同感（sympathy）・迎合する必要はないが、違いがあることを知って互いを認め合う共感ができれば、コミュニケーション場面での意味交渉で、ミス・コミュニケーションを避けたり、解決するための交渉ツールややり取りの資源として役立つ。グローバル社会においては、このように文脈に応じて語用論や異文化間の違いを交渉できるような状況的能力（situational competence）の育成が求められている（Ishihara & Cohen, 2022）。

　一方で、大規模テストにおけるL2語用論的能力の評価方法の開発は課題が多いが、ヨーロッパ言語共通参照枠（Common European Frame of Reference for Languages, CEFR）のCompanion Volume（Council of Europe, 2020）では、社会言語学的適切性（sociolinguistic appropriateness）というセクションを設けて、語用論的なCan-do記述文（Can-do descriptors）が掲載されている。またCEFR（→ CEFR-J参照）のレベルに応じた語用論の指導や評価の提言もなされている（Roever, 2022）。

Segmental / Suprasegmental
分節音的 / 超分節音的

　分節音的（segmental）とは、音韻論で「超分節音的」（suprasegmental）に対立する概念を表す用語である。分節音とは音素（→ Phoneme参照）を意味し、発話を構成する線状の分節音群にあって、音色次元上で他のものと異なる質を持つものとして他と区分できる単位のことである。ちなみに、「分節」といえば発話を音節単位に区分すること

（syllabification）なので、分節音（segment）とは似て非なる用語である。音素という用語自体は、元々フランスの言語学者 Dufriche-Desgenettes が 1873 年にドイツ語の Sprachlaut（話者）の訳語として使ったものだが（Fischer-Jørgensen, 1975）、後に Saussure（1916）や Bloomfield（1933）などの構造主義言語学者によって現行のような基本的概念（意味を区別するための最小音声単位）に変化した。

　一方、音声学的な観点から眺めると、分節音の境界設定は一筋縄ではいかない。Catford（1977）は、分節音を「急激な変化によって区切られる比較的一定の状態」と定義したが（p. 228）、音声は音群の中にあって必ずしも時間軸上で一定の状態を保つとは限らないからである。例えば、半母音（/j, w, r/）がそうだし、さらに音節末で鼻音 /n/ などは先行母音に己の素性（鼻音性）を被せた上で姿を消してしまうこともある（例：“bend” ⇒ [bɛ̃d]）。さらに、破擦音 /tʃ, dʒ/ などは、調音上、それぞれ破裂音（/t, d/）と摩擦音（/ʃ, ʒ/）を分節音とする音連鎖と考えることもできる（→ Consonants/Vowel 参照）。また、例えば英語の “crew” の発音では、母音 /u/ の円唇化は語頭の無声軟口蓋破裂音 /k/ から始まり語末まで続くので、2 つの語頭子音の間に明瞭な音声学的境界を引くことができない。語頭の /k/ が後続音 /r/ の影響を受けている（逆行同化）、あるいはまた /k/ と /r/ の調音が同時に起きている（同時調音 coarticulation）といえるからである。結果、/k/ と /r/ を互いに独立した分節音と呼べるのかどうかが疑わしくなる。さらには、語頭もしくは強勢音節頭の破裂音（/p, t, k/）に伴う気息音 [h] も、通常、分節音とみなされないが、これも自明のことではない。このような理由から、近年の音韻論における分節音の研究では、超分節音素や弁別素性（distinctive feature）という概念が援用されるわけである。ちなみに、超分節音素はストレスやピッチのことで、分節音境界をまたいで適用されるのでこの名があ

る（→ Stress, Pitch 参照）。

　音声教育の観点からいえば、分節音という概念の理解は有用・有益である（Roach, 2002）。超分節音も分節音の存在を無視しては機能しないからである。ただ、分節音には、発話を抽象レベルの単位である「音素」に分けるか物理的な質を表す「音声」に分けるかによって異なる2つの顔（分析法）がある点は注意を要する。ちなみに音素は、話者・学習者の直観に沿う分析と学習を可能にする（例：話者の声色が人によって違っても各音韻の単位としての音価は一定し、また英語で語頭の /t/（外破音）と語末の /t/（内破音）は同一音とみなされる（→ Allophone 参照）。

Segmentation strategies

分節方略

　分節方略（segmentation strategies）とは、目標言語（TL）の聴解に際して聞き手（学習者）が L1 のリズムや音節構造の知識を利用して音声の流れを音節や語に分解して認知する活動、もしくはその目的で採る方法のことである。

　外国語を聞いて意味を理解するためには、聞き手はその音の連続体（音声情報）を分析し、瞬時に全体を音節、語、句、節、文などに分ける必要がある。そして、分けるためにはそれぞれの境界が理解されなくてはならない。このときの境界認知のためのプロセスは、音節から文に向けて進むと考えられる。文を認知するための処理は、時間軸にそって文頭から始まって文末で終了するからである。では、文を理解する上で最も基本となる語の知覚はどうか。ある音群が語であると理解するためには音節が知覚できなければならない（→ Syllable 参

照）。これができなければ語の短期記憶や復唱すらままならないのである。ここで音節を知覚するとは、音節ごとに境界線を引くということに等しく、線引きの仕方はどんな言語を母語に持つかで決まる。ちなみに、聞き手による音声知覚上の単位を分節音（segment）と呼ぶ場合もあるが、音韻論で使われる子音・母音の「分節音」（→ Consonant/Vowel 参照）との混同が予想されるので（→ Segmental 参照）、「分節単位」（segmentation unit）という用語も使われる。

分節方略という用語の始まりは、1980 年代以降、心理言語学や言語習得の分野で Cutler（1988, 1994）などが言語リズムの比較・研究を通して使いだしたことによる。英語話者はフット（Cutler & Norris, 1988: → Rhythm, Reduction 参照）、フランス語話者は聞こえに基づく音節（Mehler et al., 1981）、そして日本語話者はモーラ（リズム単位の 1 つで等時性を持つ音節、引き音 /R/、成節子音 /N, Q/ が該当）を基に音声の流れを区切る（Cutler & Otake, 1994）。例えば日本語の L2 学習において、モーラの習得が不完全だと、聴解上「こんにゃく：konnjaku」と「こんやく：konjaku」の区別が難しい。第 1 音節と第 2 音節の境界が不明となるために、これらを異なる語として認知できないからである。

日本語を母語とする英語学習者（JEL）にも上と同様のことが起こる。例えば、JEL が英語の単音節語 "script" を聞いたときに、なぜこれを「スクリプト」（[sukuriputo]）と 5 音節に聞き取り、またそのように発音してしまうかといえば、日本語のリズム単位であるモーラが英語の知覚・発音に利用されるからである（母語からの負の効果）。一方、英語母語話者（NS）による英語の分節方略では、子音の数に関係なく、閉音節は常に 1 つのまとまりとして認識される。これがストレス拍のリズムを持つ英語の特徴だからである。

SLA の観点からここで再度強調しておきたいのは、言語の本質は

音声にあるという点である。例えば、JELがどんなに語彙を増やして文の理解に努めても、NSによるオーセンティックな音声を介さない（つまり文字情報だけから成る）学習は、リーディングには威力を発揮できても、リスニングには無力である。音声情報が即座に意味に直結しないからである。確かに、読解の際には学習者の頭の中で文字から音声への変換（音韻符号化）は起こる。しかし、初級・中級学習者の場合、このときの符号化に使う英語音韻はまだ未完成なままで、NSのものとは一致しない。つまり、JELが文字を介して学習した語彙の意味は未完成な英語音韻と結び付いて記憶されているということである。ゆえに、L2学習において音声を介した語彙の習熟を怠ると、学習者はいつまでたってもNSからの音声情報を語や文に瞬時に解読できるようにはならないのである。

Self-assessment of pronunciation
発音自己評価

　発音自己評価（self-assessment of pronunciation）とは、L2学習者が自分の話す目標言語（TL）の発音を聞いて客観的にその正確さを評価すること、もしくはその能力のことで、メタ認知が関与することにより自律学習の質を決める要因となりうる（Oxford, 1990）。メタ認知というのは、「客観的な自己」とも呼ばれるように、学習の際に己が取る認知行動やそのプロセス自体を対象としてさらに認知することをいい、自分を客観的に観察すること（self-monitoring）と客観的に制御すること（self-control）の二相を持つ。その結果、学習者はさらなる学習に向けて動機づけられ、内省が刺激され、そして取るべき学びの方略が選択される。L2の発音習得における自己評価は自己モ

ニタリングの一環で、自律的で活動的な学習を促進するための基礎となる（Morley, 1991）。

L2学習者が取る自己評価（self-assessment, self-rating, self-evaluation, self-appraisal などとも呼ばれる）の方法・技術についてはすでに広く研究されており（Brown, 1998）、同時に、それが教育と習得に大きく影響することも報告されている（Blanche & Merino, 1989; Falchicov & Boud, 1989; Harris, 1997; Malabonga et al., 2005; Maslovaty & Kuzi, 2002; Pope, 2005; Sadler, 2006; Tan, 2004）。例えば、ある学習者による自己評価が有効であれば、教師がこの学習者に費やす訂正のための時間が減り、その分、他の学習者の指導に使えるようになる。

学習者による自己評価がどれほど正確かという疑問については、これまでの研究をみると、主に教師による評価との比較が主流である（Blanche & Merino, 1989; Falchikov & Boud, 1989; Sadler, 2006）。これらの研究を通してわかったことは、学習者による自己評価はおおむね正確ではあるものの、評価の対象となると子音・母音の分節音に関するものがほとんどで、抑揚やアクセントなどを含む超分節音的なものは無視されやすいということである（Morley 1991, 1994）。ゆえに、学習者が気づいていない弱点を指摘しその対処法を指導できる教師の役割は大きく、Morley（1994）によれば、授業での指導はミクロとマクロの2つの視点でなされるべきであるという（dual-focus framework）。マクロ的視点とは学習者の分節音と超分節音の生成をコミュニカティブな観点（→ Comprehensibility 参照）から診断し評価することで、ミクロ的視点とは学習者が個人的に抱える弱点を特定した上で訂正を促すことである。

Semantic formula

意味公式

　意味公式（semantic formula）とは、言語機能を表すための表現のパターンであり、意味機能を言語的なテンプレートに一般化した形式のことである。意味公式は言語分析や言語教育、自然言語処理などで使われる。

　L2語用論（→ Second language pragmatics 参照）研究では、特定の発話行為（→ Speech act 参照）で用いられる表現を分析する単位として意味公式が使われることが多く、意味公式の種類・頻度・順序などを比較する。例えば、友人の誘いを断る場面での意味公式としては、「感謝を述べる」「残念だと表明する」「理由を述べる（他の予定）」「他の選択肢を示す（後で顔を出せるかも）」といったものが挙げられる（Beebe et al. 1990）。特定の発話行為に用いられる意味公式は、言語文化によって異なることがある。例えば、Yoshida et al.（2000）によれば、友人からの誘いを断る場面で、英語母語話者の方が、断る前に感謝を表明する傾向があるのに対して、日本語を母語とする英語話者は日本語・英語のいずれにおいても謝罪を表明する傾向がある。また、断り方も英語ではより直接的である（「行けない」と明言し、具体的な理由を述べる）のに対して、日本語ではより間接的である（「ちょっとその日は…」とのみ言って、理由を言わないことも珍しくない）。意味公式の使用順序の傾向が言語文化によって異なることもある（例えば、事情を説明してから依頼する vs. 依頼してから事情を説明する）。

　意味公式はしばしば定型表現によって表されるため、頻度の高いものについては明示的に指導をするとコミュニケーション場面で使えて有効である。また意味公式によく使われる定型表現は、使える文脈や

表現の言い方（例えばイントネーション）が決まっているため、文脈情報が豊かな真正性（authenticity）のある具体例を示して、使い方を確認することが重要である。英語学習者はしばしば母語の意味公式や順序をそのまま L2 に転移（→ Transfer 参照）してしまうため、語用論の規範が異なる場合には、ICT などを活用し、明示的に指導して気づきを促す必要がある（Ishihara & Cohen, 2022）。

Skill acquisition theory

スキル習得理論

スキル習得理論（skill acquisition theory）とは、言語学習も楽器の演奏やスポーツなど他の様々な認知的行動や運動スキルと同じプロセスで熟達していくという考えである（DeKeyser, 2007, 2015）。例えば、車の運転をするときにエンジンをかけ、サイドブレーキを外し…というように、最初は理解し記憶した方法を意識して行うが、繰り返し行ううちに無意識でできるようになる。言語習得も同じように、最初は規則を概念的に理解した知識、つまり意識的に説明できる知識である宣言的知識（declarative knowledge）を習得し、その後、繰り返し練習を重ねることで、実際に使える知識である手続き的知識（procedural knowledge）に変換していき、最終的に「自動化された知識（automatized knowledge）」を習得し、コミュニケーションでも自然に使えるようになるということである（DeKeyser, 2007, 2015）。

このスキル習得過程を、仮定法過去の指導に当てはめると以下のようになる。最初に仮定法過去とは「現在の事実と違う事柄を表し、If ＋主語＋動詞の過去形…。」のように規則を明示的に説明し生徒に理

解させる。次に英文を記憶したり、表現を置き換えたりする練習をさせ、さらにコミュニケーション活動で使用してもらい、頭で理解した知識を実際に使える知識に変換していく。練習や使用において、最初は正しい表現を表出するのに時間がかかるが、それを何度も繰り返すうちに困難なく使用できるようになっていき、最終的目標である「自動化された知識」が習得されることになる。

このように、宣言的知識の獲得、手続き的知識の獲得、知識の自動化という3段階を経るスキル習得理論は、日本の検定教科書を使用した英語教育とも整合性が高いといえるが、それに対して、明示的指導によって得られた知識は自分のアウトプットをモニターする程度にしか役に立たず、自由にコミュニケーションする能力を育成するのには貢献しないという考えもある（Krashen, 1982; VanPatten, 2016）。

Social network analysis
社会ネットワーク分析

社会ネットワーク分析（social network analysis）とは、人やグループ、組織、重要な事物の関係性に着目してその構造を定量化、可視化する方法である（Yang et al., 2016）。それらの関係性を数学的に分析し、nodes, actors, vertices などと呼ばれる「点＝ポイント」と、relations, ties, links, arcs, edges などと呼ばれる「線＝ライン」を使って、グラフ化をする。線は関係性の方向を矢印で示すことがあり、様々な属性を示すために点や線の色を変えたりすることもある。

研究の多くは、個人や組織の属性に着目したものであり、社会ネットワーク分析を使うことで、人と人（または社会的グループ間）の関係性にどのようなパターンが見られるのか、そして、全体のネットワー

クがどのような構造を持つのかを確定できる（辻，2001）。

SLA においても、近年社会的視点に基づく研究が増えるにつれて、この分析法が注目されている。言語を媒介とする活動や相互行為が協働的に達成されること、人間の知識は社会的に分散されていること、知識の生成や発達にはコミュニティでの目標志向的な実践への参加が不可欠であること、などを考えると（吉永，2009）、社会ネットワーク分析の必要性が増している（Freeborn et al., 2022; Wang, 2022）。Larsen-Freeman（2023）が提唱してきた complex dynamic systems theory（複雑性動的システム理論＝確立した訳語はない）も同様の関係性をモデル化しようとするが、社会ネットワーク理論に比べて、モデル化の範囲が言語習得や使用に関する言語的要素に限られ、その質的検証には多大な労力がかかる。よって、最近では、ピア学習やコミュニティの中での言語発達、異なる社会環境での言語学習などに対してネットワーク分析を利用した研究が増えている（e.g., Paradowski et al., 2021）。

Social turn in SLA
SLA における社会的転換

SLA における社会的転換（social turn in SLA）とは、L2 学習プロセスに関わる学習者の社会的・文化的背景、教育的背景、L2 の使用機会、L2 使用者との交流などの外的要因に注目が集まるようになった転換を指す。

SLA、さらに ISLA（→ Instructed second language acquisition, ISLA 参照）は伝統的に認知主義理論を基盤とし、学習者の内的要因、つまり、脳内の言語処理、認知プロセスにフォーカスした指導により、

その学習過程や発達にどのように影響を与えるかを解明しようとしてきた。例えば、インプット、気づき、インテイク、アウトプット、明示的知識、暗示的知識に関する理論や、それらの理論を応用した指導法などである。しかし、1990年代になり、L2学習における社会的要因の研究が進み、L2学習は個人の内的要因だけではなく、学習者と周囲の人々との相互作用により影響を受けることが明らかになってきたのである（Blook, 2003）。L2学習に与える社会的要因研究において最も影響のある理論として Vygotsky（1978）の社会文化理論が挙げられる（→ Sociocultural theory 参照）。

Sociocultural theory

社会文化理論

社会文化理論（sociocultural theory）とは、ロシアの心理学者 Vygotsky が提唱した、学習は社会文化的な過程であるという主張を第二言語習得に適用した理論である。第二言語の習得・発展は学習者の個人の力で成立するのではなく、他者からの助けや、社会的相互作用の結果として成立するという考えである。第二言語学習者は、最初の段階においては教師や他者の援助を受けながらランゲージング（→ Languaging 参照）では協同的対話を通じてコミュニケーションを図っていく。そして、この精神活動が徐々に言語の学習へとつながり、最終的に第二言語を使用できるようになる。

ランゲージングでの協同的対話において学習者に与えられる支援、つまり、学習者が一人ではできないが、与えられることで達成が可能になる支援を足場架け（scaffolding）といい、この一人ではできないが、支援により達成されうる領域を最近接発達領域（zone of proximal development, ZPD) という (Lantolf, 2000; Vygotsky, 1978)。ZPD における足場架けは多種多様であるが、以下が一例である。

Teacher: Did you enjoy your summer vacation?
Student: Yes. I enjoyed very much.
Teacher: OK, enjoy は他動詞なので.
Students: Ah, I enjoyed it very much. (筆者の授業記録から)

学習者は教師からのメタ言語フィードバックという足場架けにより、自ら新たな知識を構築し、正しい発話を産出することに成功している。このように教師と学習者とのやり取りにおいて効果的な足場架けが与えられることが多いが、日本の中学校においても、生徒同士のペア活動、あるいはグループ活動で学習上位者が中下位者に、あるいは中位者が下位者に足場架けを与えることもしばしば記録されている (e.g., 佐藤, 2004)。

Speaking task
スピーキング課題

スピーキング課題 (speaking task) とは、L2 学習者のスピーキング能力向上を目的に使われる課題のことで、speech task ともいう。この課題は、クラスのレベルや学習者に獲得させたい知識の種類に応じて統制スピーキング課題 (controlled speaking task)、自発スピーキング課題 (spontaneous speaking task)、即席スピーキング課題 (extemporaneous speech task) の3種に分類できる。なお、ここでの課題とは「教室内で学習者が外国語を使って行う作業の最小単位」

413

（Numan, 1999）のように定義できるが、具体的には、授業の目的に応じてそれぞれ異なる内容となる（→ Task 参照）。

　1つ目の統制スピーキング課題は、教師が用意した教材を使って行われる課題で、学習者は教師による指示の枠内で目標言語（TL）による発話を試みる。この課題は、学習者のメタ言語的な知識の習得度（つまり具体的にどんな知識が意識下で獲得されているか）を測るのに向いており、評価のための分析もしやすい（Spada & Tomita, 2010）。例えば、評価の目標が子音連結（クラスター）の発音能力である場合、分析の対象となる語を含む文を学習者に読ませる課題（Couper, 2006）などが考えられる。あるいはまた、英語母音の聴解と発音における識別能力を測るのが目的である場合、教師は空所付きの文（例："The next word is _____"）を視覚的に提示した上で全体を読み上げ、空所部の語（例：beat/bit/bet/bait）を学習者に口頭で再現させる課題などが考えられる。この方法は発音再現課題（delayed repetition task）と呼ばれ、目標となる音声の聴解と発音の両能力を一緒に評価できる便利な課題である（Munro & Derwing, 2008）。

　2つ目の自発スピーキング課題は、3つ目の即席スピーキング課題と比べ、いくぶん統制色を残している課題（semi-structured task）である。例えば、ターゲット語を含む文を読ませ、その後、学習者同士で感想を述べさせるような課題である（Parlak & Ziegler, 2017）。この課題は、意味の伝達を第一の目的としない1番目の課題に比べて、比較的無意識のうちに習得された学習者の発音関連知識（→ Pronunciation knowledge 参照）を測定するのに有効である。この課題は、一定の統制下で遂行されるものの、主眼が意味の伝達に置かれているからである。

　3番目の即席スピーキング課題は、例として口頭で行われる漫画の描写やオーラルインタビューなどが挙げられる。前者の場合（→

Picture description task 参照)、学習者のレベルに応じて、発話開始前に準備時間を与えるやり方（→ Pre-task planning 参照）と与えないやり方が考えられるが、与えない場合は、オーラルインタビューと同様に、意味の伝達に狙いを定めた自然な発話形式（impromptu speech）に基づく課題だといえる。

SLA の研究者の間には、授業における教育上の狙いとフォーカスは学習者の成果に反映されるという考え方があり（intervention studies: Ortega, 2003）、これが正しければ、上で取り上げた3種の課題はどれも有用ということになる。なぜなら、授業で扱った教育内容を学習者がどのくらい習得したかを測る「評価」は重要な教育の一環であるからである。つまり、異なる課題の使用は異なる評価法の採用と同義で、課題ごとに学習者の異なるレベルに蓄えられた知識が可視化されるからである。

スピーキングの授業でどのタイプの課題を使うかは、クラスのレベルと授業目的に左右される。一般的に、初級レベルの授業では統制スピーキング課題の使用が多く、レベルが上がるにつれて自発スピーキング課題と即席スピーキング課題の使用頻度が高くなることになる。ただ、忘れてならないのは、初級レベルだから統制スピーキング課題だけを使えばよいということにはならないということである。学習者は、少しでも多く意味の伝達を主眼に据える課題を通して発話練習をしないことには、いつまでたっても TL で自由に話せるようにはならないからである。

Speech act

発話行為

　発話行為（speech act）とは、Austin（1962）の発表した発話行為理論（speech act theory）で提唱された発語行為（locutionary act）、発語内行為（illocutionary act）および発語媒介行為（perlocutionary act）の３つの概念から成り、話者が発した発話によって引き起こされる行為を指す。発話行為の例としては、依頼（request）、謝罪（apology）、苦情（complaint）、感謝（thanking）、拒否（refusal）、提案（suggestion）、助言（advice）、賛辞（compliment）、批判（criticism）、不同意（disagreement）、招待（invitation）などが挙げられる。なお、Searle（1969）は、Austin の発話行為理論を発展させ、発語内効力表示装置（illocutionary force indicating device, IFID）（例：語順やイントネーション、命令文）や適切性条件（felicity condition）（発話行為文が適切かどうかを判断する条件）を提唱した。

　Culpeper et al.（2018, p. 34）によると、例えば、発話行為の「誰かが私の手紙を開けた。」の発語行為は、「誰かが私の手紙を開けた。（Someone opened my letter.）」と言葉を発する行為そのものを指す。発語内行為は、その発話を通し、依頼したり（例：誰が私の手紙を開けたのか教えてほしい）、苦情を述べたり（例：人の手紙を開けるなんてありえない）する行動を指す。発語媒介行為は、その発話が聞き手に及ぼす影響（行動や感情）を指す。例えば、聞き手が、手紙を開けた人の名前を話者に伝えたり、話者の発話を聞いて恐怖を感じたなどである。

　Blum-Kulka et al.（1989）による異文化間語用論（cross-cultural pragmatics）および L2 語用論（→ Second language pragmatics 参照）の研究プロジェクトである異文化間発話行為実現プロジェクト（→

Cross-Cultural Speech Act Realization Project, CCSARP 参照）では、依頼や謝罪の直接性（directness）や間接性（indirectness）を細分化した分類体系を提唱し、多くの発話研究に応用されている。また、話者が選択する直・間接性は、ポライトネス（→ Politeness 参照）とも関連がある。例えば、依頼の "Pass me the salt." は命令文で直接的な依頼だが、疑問文の "Can you pass me the salt?" や平叙文の "This could do with a little more salt." は間接的な依頼となる。助動詞を使った can you の表現は、聞き手がその能力があるのかを聞いているのではなく、慣習的に依頼として使われることから、慣習的に間接的（→ Conventionally indirect strategy 参照）であるとされる。

　発話行為は、言語学、社会学や哲学などの分野にて扱われ、L2 語用論や異文化間語用論の分野で注目されてきた（Taguchi & Roever, 2017）。特に、談話完成タスク（→ Discourse completion task/test, DCT 参照）やロールプレイのデータを用いて、学習者の発話行為の直接性や間接性の度合いを検証する傾向が強い（Culpeper et al., 2018）。しかし、現在は発話行為のみを単体で取り出して検証する手法について様々な問題点が指摘されるようになっている。例えば、前述の CCSARP に沿って自然発生的な発話を体系的に分類することは難しい（Culpeper et al., 2018）。それに代わって、会話分析（→ Conversation analysis, CA 参照）の手法を用いて対話データを質的に分析し、学習者の相互行為能力（interactional competence）を検証する手法が注目されている（Al-Gahtani & Roever, 2012; Roever, 2022 他）。また、前述のように発話行為は慣習的に用いられることも多いため、対象言語と母語の差異にも触れる必要があるだろう。例えば、日本語の「すみません」という謝罪の発話は、文脈に応じて多義的に使われ、感謝の意を示すこともあるが、そのまま英語の発話に応用はできない（Ide, 1989; 井出 , 2005; Long, 2010; Tanaka et al., 2008）。

よって、発話行為については、ポライトネスの概念も念頭においた対象言語の文化圏における社会規範（social norms）にも触れた指導が必要となる（McConachy, 2018 他）。

Standard pronunciation model
標準発音モデル

標準発音モデル（standard pronunciation model）とは、いくつか存在する言語変種の中から最も中立的で標準的なものとして受け入れられている変種のことである。同じ言語でも、話者の居住地や社会階層あるいは学歴などによって発音には多様性が認められる（→ Accent 参照）。しかし、現代のようにマスメディアが発達すると、効率的な情報伝達の必要性の観点から、変種の1つが発音標準モデルとして受け入れられるようになる。これが例えばイギリスの場合、無数の地域方言の中で標準発音とされているのは容認発音（Received Pronunciation, RP）である。英国放送協会（BBC）のアナウンサーに多く用いられることから BBC 英語とも呼ばれる。一方、アメリカではニューヨーク州から西の五大湖沿岸諸州、サウスダコタ州辺りまでを範囲とする北部方言が一般アメリカ英語標準発音（General American, GA）として受け入れられている（Kretzschmar, 2004）。

世界の非英語圏で提供される EFL の授業においても、長い間、RP か GA のどちらかが英語の標準発音モデルとして採用されてきた。しかし、Crystal（1997）が *English as a Global Language* を著したころから、英語という言語がもはや RP か GA かの議論では対処できないほどに、リンガフランカ（ELF）として使われるようになっていることが認識され出した。同時に、国際語としての英語（EIL）という語

も使われ出した。実際、現在では TOEFL や TOEIC といった英語能力試験で使用される英語が RP や GA のような英米基準による標準発音だけではなくなっていることからも、当世の英語事情が垣間見られる。また、教授法の分野においても、上述の標準モデルのあり方と並行して、個々の発音の正確さよりコミュニカティブな面を重視した指導と教材のあり方が求められるように変化してきている（Jones, 1997）。

　Kachru（1985）は世界で使われる英語を分布や機能に着目して同心円的に3圏に分類した。最も内側の内部圏（L1）は母語を英語とする国（英、米、加、豪など）で、外部圏はインドやシンガポールのように英語が第二言語（L2）として使われる国である。そして最も外側に位置する拡張圏には英語が公用語となっていない中国や日本などが該当する。学習者が L1 圏にいて英語を学ぶ場合、当然、標準発音モデルはその国の英語がベースとなる。だが、EFL における場合はどうか。学習者個人の事情（仕事や留学など）が絡み、標準発音モデルの決定は難しくなる。そこで、この問題に一石を投じたのが Jenkins（2000）である。彼女は、EIL 教育では RP や GA の標準に偏らない「合意された基準」（agreed standard）が発音教育の面でも必要であるとし、共通言語としてのコア（Lingua franca core, LFC）という概念を提案している。

Statistical equation modeling
構造方程式モデリング

　構造方程式モデリング（statistical equation modeling）とは、複数の変数を用いて、変数間の相関や因果関係、因子構造を論理的に確認

419

しながら、全体としての概念構造を明らかにしようとする解析方法である。直接観測・測定できない潜在変数を含む相互に絡み合った多数の変数の関係性を明らかにすることができるので、複雑な社会現象や現実問題を読み解く手掛かりになる。

　この構造モデルは、ほとんどのパラメトリック手法（相関モデル、主成分分析モデル、探索的因子分析モデル、重回帰分析モデル、因果モデルなど）に対して使用することができるため、特に教育心理学の研究で広く使用されるようになった。モデルを構築することによって視覚的に分析ができ、同時に修正が容易で柔軟であるということが最大の利点とされる。

　以下に一例として、因子分析によるパス図を示す（IBM® SPSS® Amos™ 28 ユーザーズガイド）。□は測定された能力、○は潜在変数（因子）、"err_" はそれぞれの測定の誤差を表し、矢印（パス）が予測の方向を示し、標準化された推定値（パラメータ）が数字で付けられている。例として使用されている研究は古いものであるが、構造方程式モデリングがどのように複雑な変数間の関係性を可視化するかがよくわかる。

　ここで使われている Holzinger & Swineford（1939）のデータは、因子分析法に関する専門書や実証で繰り返し分析されてきたもので、より適合性のあるモデルを追求して修正されてきた。通常は、最初に得られたモデルを新たなデータで確認しながら最適なモデルに修正していくのが理想である。

図1　因子分析のパス図の一例（Amos ユーザーズガイドより）

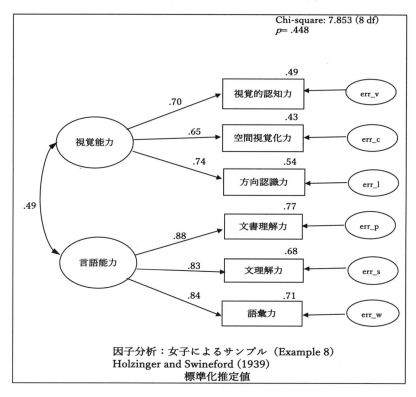

構造方程式モデルの問題点は、それが理論的かつ推論的に構築されるため、計算が不可能であったり、観測データとモデルとが適合していなかったりすることである。そういう場合は、モデルを分解したり修正したりして、試行錯誤を繰り返す必要がある。

Statistical power
検定力

検定力（statistical power）とは、研究対象とする集団や変数の間

に差があるのかどうか検定する際に、その判定の確かさ・信頼度の高さを示す。通常は「実際には有意差がないのにあると判定してしまう比率（タイプ１の過誤と呼ばれる）」を0.2と設定し、検定力が0.8以上であることが望ましいとされる。

　一般的に統計的検定を行う場合、設定した有意水準（通常は0.05で、「5%以下の有意差」というように使われる）よりも、ある事象が偶然に起こる確率（p値）が小さくなったときに、分析したデータに「差がある」と判断される。しかし、p値はサンプル・サイズが大きくなるほど反比例して小さくなる傾向があるため、サンプル・サイズの影響を除外するためには、効果量（分布の重なり具合＝標準化された平均値差）を考慮することでサンプル間の実質的な差を判定することが強く勧められている。

　最近になって、検定力を考えずに、p値が0.05以下でありさえすれば有意差があるとする傾向が研究結果を歪めているケースが多いとして、2016年にアメリカ統計学会（ASA）がp値の使用に関する6つの原則を提示し（Wasserstein & Lazar, 2016）、2019年3月発行のAmerican Statistician誌では「$p < 0.05$から脱却し、次のステージのデータ分析へ」という特集が組まれた（Wasserstein, Schirm & Lazar, 2019）。

　つまり、厳密な統計的検定においては、有意水準だけでなく、サンプル・サイズ、効果量、検定力という4つの要素が、検定結果の良し悪しを決定すると考えられるようになってきている（水本・竹内, 2010）。

Stimulated recall

刺激回想法

刺激回想法（stimulated recall）は、学習者のライティング・プロセスを録画し、できるだけ書いた直後に、研究対象者と一緒にその動画を見ながら、様々な時点でどのようなことを考えていたかを説明させる研究方法である。それによって、学習者のライティング能力の中でも把握が難しいメタ認知的ストラテジーなどがわかる。

もともとは授業分析方法の1つとしてアメリカの心理学者 Bloom（1953）が開発した方法であり、彼は、記録映像や音声テープを刺激材料として、学生と教師両方の思考過程を想起させた。

この方法のメリットは、研究者が一般的な機器を使って比較的簡単にデータ収集を行えること、また、思考発話法（→ Think aloud protocol 参照）と比較すると、それ程認知的負荷がかからないので、通常のライティング作業と近い状態でデータ収集ができることである。

デメリットとしては、本人の説明に十分な信頼性がないかもしれないという点である。直後に録画を見ながら行うことで、ある程度の信頼性は得られるが、基本的に研究対象者による自然な想起を求めるため、本人が細かいプロセスをどれだけ記憶しているかに影響される。

日本のライティングに関する論文では、フィードバックへの反応や母語使用などと関連付けてこの方法を使ったものなどが散見されるが、最近ではスキル統合的タスク（インプットされた情報をどうライティングとして産出するか）における思考プロセスの探求にも使われている（Ishii et al., 2017）。

Stress

ストレス（強勢）

　ストレス（stress）は、語中においてある音節を他のものよりも際立たせる目的で使われる音の強さを表す。聞き手には強勢を持つ音節はラウドネス（→ Intensity/Loudness 参照）の高い音として認知され、その大きさは一定時間内に排出される肺からの呼気量に比例する。この量が増えると声帯振動が大きくなり振幅の増大につながるのである。なお、呼気を増やすには喉頭（声門）の上下の圧力差（エネルギー）を大きくする必要がある。英語の場合、ストレスを帯びた音節は弱音節よりも強いだけでなく、高く、そして長く発音される。音響学的に強音節の卓立を助長するためである。英語においてストレスは、語の意味を区別したり（例：ínsult vs. insúlt）、文中で新情報を担う語がどれかを示したり（prominence）、あるいはまた対比を示したりする目的で使われる（例：I said, índuce, not déduce.）。

　英語の語は単独で発音されるとき、語彙にかかわらず（ただし通常ストレスを持たない前置詞等の機能語は除く）、必ず第一強勢（primary stress）が 1 つ置かれる（→ Accent 参照）。これは日本語の語彙を英文中で使うときにも当てはまる（例：My náme is Hánako.）。英語話者にとってストレスを持たない語はありえず、結果、短期記憶に残りにくくもなるからである。多音節語になると、第二強勢（secondary stress）も現れる（例：Jàpa nése）。しかし第一と第二の強勢位置は不動のものではない。当該語が第一強勢で始まる名詞（句）に後続されると、単独では示される強勢が消えて無強勢音節（第三強勢）に変わる。この現象は強勢移動（stress shift）と呼ばれ、強勢の衝突（rhythm clash）を避けるために起こるものである。英語では、強勢音節の連続は歓迎されない。Lewis & Deterding（2018）では、

stress pattern がリンガフランカとしての英語（ELF）の明瞭性（→ Intelligibility 参照）に大きく作用することを論じている。

例：Jàpanése　⇒ Jápanese páper（音節 -nese は第三強勢）

文レベルになると、第一強勢と第二強勢の違いは、フット表示のために置かれる文強勢の名の下に曖昧になる。文中で最も卓立した強勢音節は音調核（tonic syllable）に移るからである。音調核は、通常、文末か文末に近い内容語（名詞や動詞のように発音に際して常にストレスを持つ語）の強勢音節に置かれ、何らかの音調パターンが適用される（下例では単音節語 "torn" に下降調 /↘/ が付与されている：→ Intonation 参照）。

例：The Jápanese páper is tórn /↘/.

音声教育の観点から、特に日本語を母語とする英語学習者を対象とするとき、強勢に関して注意すべきことがある。それは強勢の表記方法である。現行の日・英語辞書では伝統的に強勢は語中母音の真上に置かれるのが普通である（例：/stǽmps/）。この理由の１つには、限られた行内縦空間の有効利用もある（大高，2000）。しかし、これは学習者に「英語の強勢は母音に置くもの」と間違って解釈させかねない。強勢は当該音節全体に掛かるのであるから、国際音標文字（→ International phonetic alphabets, IPA 参照）の表記に倣い、強勢符号は頭子音の直前に置くのが最良である（例：striking */stráikiŋ/ → /ˈstraikiŋ/）。ただ、このとき語頭の /s/ が強調され過ぎて [ˈsuːtraikiŋ] のように発音してしまう L2 学習者もいるので注意を要する（→ Consonant cluster 参照）。また、英語の発音では、音の高さの次元ではなく、あくまで強さの次元でストレスを具現すべきことを学習者に意識させる必要がある（→ Accent 参照）。これは、日本語のピッチアクセントからの負の効果を遮断するためである。

Study abroad（SA）programs
留学プログラム

　留学プログラム（study abroad program）とは、留学生を受け入れる教育機関が提供するプログラムであり、指導期間、言語使用の機会、現地の文化理解などがプログラムの特徴を形成するといってよいであろう。プログラムをどのようにデザインすれば、より大きな留学効果が得られるか、経験知だけではなく、理論の裏付けのあるプログラムデザイン（SA program design）が求められる。留学の期間を設定するにあたっては、諸事情が大きく影響するが、留学の効果に影響する要因は、期間の長さだけではないことが知られている。

　出発前の段階で、学習者自身が何ができるようになることを目標として留学を決めたか、どのレベルでL2を身に付けていたか、L2を使用する意識をもっていたか、異文化を受け入れる姿勢と理解する力をもっていたか、語用論的知識はどのくらい持ち合わせていたか、学習ストラテジーについて指導を受けていたかなど、留学の効果に影響を及ぼす個人差要因は滞在期間以外にも様々ある。

　留学中の学習の伸びに影響する要因には、教育プログラムの内容と質が第一に挙げられる。留学経験（study abroad experience / contact experience）の中心となる現地の人々と有意味なやり取りを交わすタスクが組まれているか、動機づけを維持できる興味深くオーセンティックなプログラムであるか、授業後はどのように過ごすのか、誰と過ごすのかなど、多くの要因が関係する。

　さらに帰国後は、学習を再開した学校が留学を活かすカリキュラムを提供しており、進路決定にも肯定的な影響が出るなら、留学に対する満足度が高まるであろう。

　短期留学（8週間以下）の効果については Bradly & Iskhakova

（2023）と Iskhakova & Bradly（2021）がメタ分析により異文化理解と語学力への好影響を報告し、出発前の入念な準備と、留学先のプログラムの質を担保する必要があると結論付けている。

また、短期留学と国内での集中授業と国内の平常授業の効果を比較した研究があり、指導プログラムの質が高く、言語使用や L1 話者とのインタラクションの機会が豊富な授業であれば、留学グループより国内集中授業グループの方がライティングの流暢さが増したとの報告もある（Freed et al., 2004）。

英語力と国際性を身に付けたいと願っている学習者にとっては、留学体験と現地での交流は何とか実現したいところであり、自分でもプログラムをよく調べてから決めたい。留学生を送り出す教師としては、留学先のプログラムデザインを見極める力、または留学先の担当者と連携してプログラムデザインする力、異文化理解を支援する力をつけたいものである。

Suggestopedia

サジェストペディア

サジェストペディア（suggestopedia）とは、精神医学者、生理学者でもあるブルガリア人の Georgi Lozanov により開発された、思考中心、学習者中心の機能を重視した認知系教授法（Lozanov, 1978）である。本来は楽しく自然に進行するはずの学習を阻害している障害や固定観念を暗示（suggest）によって取り除く（desuggest）ことにより、学習成果を上げるという理念である。このため Desuggestopedia とも呼ばれる。特色としては安楽な精神状態で、意識と無意識の両レベルの脳の活動を統合させ、潜在能力を伸ばしてい

427

くことが挙げられる（白畑他, 2009）。授業は導入、コンサートセッション1、コンサートセッション2、エラボレーションの4段階から構成されている。具体的な手順例は、導入にて新教材が提示され、続くコンサートセッション1では教師が音楽に合わせて英文を朗読し、生徒は英文と訳文を見ながら理解を深める。コンサートセッション2では教師がバロック音楽を背景音楽として英文を朗読し、生徒はそれを静かに聞く。最後のエラボレーションにおいては様々な言語活動が行われる（米山, 2011）。Lozanovは教師に求められる振る舞いとして以下を挙げている。

1. 教授法に絶対的な自信を示す。
2. 行動や服装において威厳を示す。
3. 最初の教授段階を正確に構成し、厳密に行う（音楽の選択と使用、時間の正確さも含む）。
4. セッションを通じて厳かな態度である。
5. 試験を行い、悪い結果には適切に対処する。
6. 教材に対して分析的ではなく包括的であることを重視する。
7. 適切な熱意を維持する。

(Richards & Rogers, 2014, p. 324)

　この教授法をそのまま日本の教室で実践することは現実的ではないが、学習者の情意的側面を重視する理念は尊いといえる。近年、インドネシアではサジェストペディアを応用する試みがあり、Syarifuddin et al.（2022）は中学2年生を対象に会話する能力の育成を試みた。その結果、統制群より実験群の方が効果が大であり、しかも、担当した教師が英語教育系の大学院を出ていた場合は特に結果に大きく影響していることがわかった。

Summative assessment

総括的アセスメント（評価）

　総括的アセスメント（summative assessment）は、学習目標がどの程度達成されたかを総合的に測定する評価で、コースやプログラムの最後に実施されることが多い。個人の学習者はこれによって自分の達成度が把握でき、コースの成績の一部として利用される。一方教師や教育機関にとっては、コースやプログラムの内容や難易度の評価をする重要な役割を持つ（Bloom et al., 1971）。「アセスメント」と「評価」はほぼ同義で使われるが、アセスメントの方が「対象に及ぼす影響の評価やその予測」まで含んで広義である。

　総括的評価法（→ Holistic rating 参照）や分析的評価法（→ Analytic rating 参照）と意味が重複する部分もあるが、これらは個別の測定に用いられる評価方法であり、総括的アセスメントにはこれら両方の評価方法が使われることも多い。

　総括的アセスメントというと、以前は指導した内容について一度の中間・期末テストを通じて知識を中心に問う達成度判定型や、応用力を問う実力テスト型が多かった。2022年度から導入された高等学校指導要領では、総括的評価は、観点別学習状況の評価だけでなく、言語能力や情報活用能力、問題発見・解決能力などの教科横断的に育成すべき資質や能力も含んで行うべきと、その意味がより広く捉えられている（文部科学省、2020）。つまり、パフォーマンス評価の中で言語知識や使用の正確さや適切さを判定したり、最後に行わせるプロジェクトによって情報収集力や論理的構成力などを評価するような事例が考えられる。そうした包括的評価には、信頼性のあるルーブリックの作成・使用が必要になる。

　最近はクラス内評価の研究が盛んになるとともに、総括的アセスメ

ントを形成的アセスメント（→ Formative assessment 参照）と比較
して後者の有効性を示そうとする事例研究が国内外で多くなっている
が（e.g., Allal, 2023）、総括的アセスメントの必要性は否定できない。
よって、いかに時代の要請に合致した効果的な総括的アセスメントを
作成計画し実施できるかはアセスメント・リタラシー教育の重要な部
分である（Kibble, 2016）。

Syllable

音節

　音節（syllable）は、現在、「母音を中心（核）とする音のまとまり」
（窪園・本間, 2002）のように、音節音韻論の観点から定義されるの
が普通である。理由は、音節を音声学的に定義することが極めて困難
だからである（→ Consonant cluster, Consonant/Vowel 参照）。ただ
し、上の定義をもってしても説明が釈然としない現象もある。例えば、
英語の "paddling" の発音法では、2 音節として発音すると言う人もい
るが、3 音節で発音すると言う人もいるのである（pad.dl.ing：[l] ＝
成節子音）。ただ、音声教育の観点からいえば、母音を主音、子音を
従音とするこの定義は一番わかりやすい。よって発音指導の授業では
これを利用するのが推奨される。

　音節についての問いは、古くて新しい。音節の研究は Herodian,
Plato, Aristotle などのギリシャ時代の文法研究家にまで遡ることがで
き、インドの古い文献リグ・ベーダにも音節への言及がみられる
（Allen, 1973）。ただ、現在も音節の本質は未解明のままである。
Chomsky は生成文法理論でアメリカ言語学会に新風を巻き起こし、
それまでの構造主義言語学の流れを変えたことで知られるが、Halle

との共著 *The Sound Pattern of English*（1968）の中で未解明の「音節」には敢えて言及せず、分節音を弁別素性の束（マトリックス）で表した（→ Phoneme 参照）。当時も音節はよくわからない存在だったのである。このような理由から、20 世紀後半の言語学会では、Saumjan（1967）や Kohler（1966）のように、言語における音節の存在を否定してしまう学者が現れるほどであった。音節は昔から発話の知覚と生成に使われる言語学的単位であろうと想定はされていたものの、音声学者は音声学的にその実体をつかむことができなかったのである。例えば英語の "extra" の音韻表記は /ekstrə/ であるが、分節法は 1 つに定まらない（/ek.strə/, /eks.trə/, /ekst.rə/）。どれも英語の音素配列論に沿うからである。また、音節の実体を説明するために「聞こえ」（sonority）の概念も導入されたが、語中での聞こえのピークは必ずしも音節数と合致しない。例えば英語の "spa" ではピークが 2 つできるし（/s/ と /a/）、日本語の「家」（/ie/）ではピークに境界が現れない。ただ、Kahn（1976）によって自律分節理論（Goldsmith, 1976）に基づく音節の研究成果が公表されると、それ以降、音節の有用性に注目する研究者が増えている。

　音節に関してもう 1 つ重要な視点がある。「重さ」もしくは「量」（weight）と呼ばれる概念である。現在、(1) 軽音節（CV）、(2) 重音節（CVC, CVV）、(3) 超重音節（CVVC, CVCC）の 3 種が想定されており、これらの重さ上の違いがアクセント付与位置の決定などに深く関与する（つまり、強勢は軽音節よりも重音節を好む）ことが知られている（Hayes, 1995; Hyman, 1985; Mayers, 1987）。なお、頭子音は音節量に関わらないのに対し尾子音は関わるのだが、その理由はよくわかっていない（音節の普遍構造については大髙, 2022 を参照）。音節の内部構造に関しては、頭子音とライム（核＋尾子音）の間に境界が想定されている。その理由は、例えば英語の場合、母音と尾子音

は長さに関して相補的・代償的な関係にあるのに対し、頭子音と母音の間にはそのような関係が認められないからである（服部, 2012）。例えば、母音は同じ種類のものであっても尾子音を持たないときが一番長く、さらに無声子音の前では有声子音の前よりも物理的に短くなる（c.f. bea > bead > beat：→ Vowel duration 参照）。

　日本語を母語とする英語学習者が発話の上で最も不得手とする音節タイプは、複数の従音（子音）を核の前後に従える構造のものである。特に尾子音数の多い音節の発音が難しい（例：glimpsed, strengths）。これは閉音節の発音に慣れていないことから起こることだが、解決法としてはリズム教育と絡めて行う閉音節生成訓練が推奨される（→ Consonant cluster 参照）。例えば "strengths" の発音で、/n/ は尾子音なので撥音の /N/（ん：[＋継続性] の素性を持つ口蓋垂鼻音）として 1 モーラ分の長さを持って調音される場合が多い。しかし英語の鼻音は常に [－継続性] の素性を持つ子音である。よって、学習者が尾子音鼻音を頭子音鼻音（歯茎音）と同様に短く発音できるようになるためには、全体を 1 拍（ビート）で生成するリズム訓練が有効なのである。

Syllable duration ratio
音節長比

　音節長比（syllable duration ratio）は、英語やドイツ語などの強勢を持つ言語において音節長が強勢のあるなしでどのように変わるかを表すための指標（比率：mean ratio=stressed syllable/unstressed syllable）である。例えば Delattre（1966）、Hoequist（1983）、Dauer（1983）によれば、それぞれ 1.7:1, 1.45:1, 1.5:1 である。いずれにおい

ても、強勢音節は弱音節よりも 1.45 〜 1.7 倍も長いことがわかる。ちなみに、音節拍リズムを持つロマンス語のスペイン語においては、音節は強勢が置かれても英語ほど顕著には長くならない（Gutierrez-Diez, 2001）。スペイン語は日本語同様に付加リズムを取る言語（つまり等時性が音節上に具現される → Rhythm 参照）だからである。

ゲルマン系言語である英語のリズムは、強勢拍（→ Rhythm 参照）であるため（Laver, 1994）、生成上のメカニズムにおいて先の付加（音節）リズムとは異なる分割（拍節的）リズムとなる。よって、フット内で強勢音節に後続する弱音節の長さはその総数に左右される（→ Reduction 参照）。

フット（foot）は別名 inter-stress interval（ISI）と呼ばれることからもわかるように、英語の発話において文強勢間に生じる等時性を帯びた時間的長さ単位のことである。英語でも、あたかも音節リズムで生成したかのように、"Sue told Tom three big lies" のような全フットに強勢を持たせた単音節語（内容語）だけから成る文を意図的に作ることができるが、通常、英語のフットは多音節（出だしに位置する 1 個の強音節とそれに続く複数の弱音節）から成る。そして必然的にリズム生成を伴う発話時には、フットは時間軸上で構成音の数でほぼ同等に分割されるのである（Jassem et al., 1984）。フットはリズムの基本単位として等時性を持つために（Lehiste, 1977）、弱母音の数が増えれば増えるだけフット内の音節群は圧縮（compression）されることになる。そしてこの音節群を生成する際のスピードアップによりフット内では音節の再編（re-organization）もしくは再分節化（re-syllabification）が起こりやすくなる（Laver, 1994）。

音節長比は、上述のリズム関連の特性により、SLA における流暢さ（→ Fluency 参照）測定のための指標の 1 つとして使われる。つまり、この数値化された指標は、L2 学習者による発話のリズムが英

語母語話者のものにどれほど近いかを判断する上で客観的な指標となるのである。例えば、Galaczi et al.（2017）では、実際にこの指標が使われてL1がスペイン語である学習者の英語リズムの習得が研究されている。

　日本語を母語とする英語学習者は、英語を話す際に上述の音節長比に無頓着であることが多い。フットの存在を自覚できていないからである。この自覚を促すためには、例えばJazz Chants（Graham, 2003）などは有効である（Zhang, 2011）。英語は言語それ自体に明確な拍子性を持たないが、意図的に拍子性を持たせて発話させる（音楽にして歌わせる）ことで、楽曲上の節（フットに相当）境界が明瞭となり、フット内で音節を伸長させたり（強勢音節だけのとき）圧縮させたり（弱音節を伴うとき）する訓練が可能となるからである。

Systemic-functional linguistics
体系的機能主義言語学

　体系的機能主義言語学（systemic-functional linguistics, SFL）とは、機能主義言語学の1つで、Michael Hallidayに代表される研究者らによって1960年代以降に広められた考え方である。機能主義では、言語の第一義的な働きは意味機能であり、文法や音声などの形式は、意味機能を伝える手段であると位置づける。外国語教育ではとかく文法や音声などの形式を指導項目として立て、その形式の意味を教えるという順序で指導を進めがちだが、本来言語を使用する目的はコミュニケーションであり、コミュニケーションにおいて最も大事なのは意志の疎通である。したがって、SFLでは、言語習得過程を捉える視点としても、言語指導をする基準としても、言語の意味と機能を軸とす

べきだとする立場をとる。言語形式には必ず意味があり、意味には文脈内で意図される意味役割、すなわち機能（function）がある。同じ言語形式であってもそれが使われる文脈が異なれば、異なる機能を表すことがある。例えば、「ここは寒いね」という発言は、室温調節が可能な状況で目上の者が目下の者に対して発すれば「室温を調節して欲しい」という依頼の機能をもつが、図書館で一緒に勉強している友人同士であれば、共有されている状況の確認・室温に対する不満の共感といった機能をもつ。

　SFL は、機能主義言語学の中でも、言語を社会的記号体系とみなし、コミュニケーションの場でどのように意味づくりがなされるのか、言語使用とその社会的場面とがどのようにつながっているのかを説明しようとする言語理論である。言語記号体系は社会活動における意味づくりのためのリソース（meaning potentials）であると同時に、社会によって形作られているものだと考えられている。SFL において言語は、文脈と表現から成る多層モデルとして捉えられ、文脈は文化を反映したジャンル、状況（談話領域・話題・参与者および参与者間の関係・言語モードなど）に応じたレジスター、意味、語彙文法から成り、表現は音声・文字から成るとする。意味には情報や内容を伝達・表現する観念構成的機能（ideational function）、人と交流し、関係性を構築する対人関係機能（interpersonal function）、そしてまとまりと一貫性のある談話を構成するテキスト的機能（textual function）の３つのメタ機能があり、これらの機能を実現するために語彙文法（lexicogrammar）が活用され、音声または文字を介した表現がなされる（Halliday & Matthiessen, 2014）。

　例えば、文脈が言語記号を規定する例として、料理をする状況では、食材や調理手順を伝える観念構成的機能が活性化され、料理を教える人と教わる人という関係性であれば、それに応じた指示文がレシピと

いう書かれた情報のモードとして提供される。レシピは一種のジャンルであり、その構成は材料・手順・盛り付けの情報から成る。そして調理法の説明をするにあたって、食材や道具を表す名詞（e.g., sugar, egg, bowl）、調理に関わる動作を表す動詞（e.g., cut, mix, bake）、順序（e.g., first, second, then）・場所（e.g., in the oven）・様相（e.g., thoroughly）などを表す副詞表現、手順を表す順接接続詞（e.g., and）や文法（e.g., 命令文）などが必要となる（Ryshina-Pankova, 2019）。逆に言語表現の選び方によって文脈を作る例として、どのような言葉遣いを選ぶかや、相手のことをどう呼ぶかなどによって、相手との関係性を構築することが挙げられる。

　SFL を踏まえた英語教育においては、社会的文脈に対応したコミュニケーション活動をすることが重要である。例えば、真正性のある（authentic）現実世界の例を使って、どのような社会的機能がどのようなコミュニケーション上の目的のために使われるか、さらにその目的のためにはどのような語彙文法や音声・文字が使われるのか、ジャンル分析やテキスト分析をすること（例えば新聞による報道で使われる言語の語彙・文法・文体などの分析）がありうる。文法指導においては、その文法項目にどのような場面に応じた機能があるのか（例えば命令文は手順や道順を表現するために使われることが多く、誰かに何かをしてもらいたいときには疑問文が使われることが多いことなど）を指導することが重要である。また、対人関係機能を実現する練習として、自分の態度や相手への姿勢を表現する練習（例えば相手の意見に対する反論を述べる際に、not quite right や perhaps といった表現を和らげる副詞表現を使うこと）や、意味の交渉が関わるタスクも有効である。L2 の社会文化的規範について学ぶ機会を作る（例えば店員と客との間のやり取りに見られる言語文化的違いを示す）ことで、L2 語用論の意識（pragmatic awareness）を高める活動も、SFL

の観点から効果的である（McConachy, 2018）。

Task

タスク

　タスク中心の教授法（→ task-based language teaching, TBLT 参照）におけるタスク（task）とは、文法項目の練習を目的としたエクササイズや文脈から切り離された文法や語法の練習問題とは異なり、コミュニケーションの目的を達成することを目標とした意味重視の活動のことを指す。タスクの定義には様々なものがあるが、Long（1985）は、タスクは現実世界で経験する課題と類似している必要があり、人が日常生活や職場などで経験するものをベースに構成されるべきだと述べている。

　一方、Ellis & Shintani（2014）は、以下の4点をタスクを構成する概念として挙げている。1つ目は、意味内容に中心的な焦点が当たる必要があること。つまり、学習者は意思疎通のために内容を理解したり、気持ちや考え、情報等を産出したりする必要がある。2つ目は、何らかの情報のギャップがあること。相互に持っている情報や考えなどに相違があることで、そのギャップを埋めるためにコミュニケーションの必然性が生じることになる。3つ目は、学習者は主に自身がすでに持っている言語的あるいは非言語的知識や資源に頼りながらタスクを遂行すること。学習者は既有の知識と技能を最大限に活用する中でタスクを達成する必要がある。教師による文法規則や語彙の指導は必要に応じて行えるが、そのタイミングは必ずしもタスク前ではなく、中途またはタスク後に行われることも多い。4つ目は、タスク達成の成果は意思疎通や情報交換の有無と度合いで測られるべきである

437

ということ。やり取りを通して課題が達成できるということが最優先課題であり、言語使用はその目的のためにどう効果的に使われるかで判断されるべきとされる。

例えば、「ホテルの予約を取る」というタスクは、意味内容が中心であり、予約する側とホテルの受付側で持っている情報がそれぞれ異なり、学習者は自らの知識を使って条件に合う予約を取る必要に迫られる。タスク達成の結果は、どこまでスムーズに、また成功裏に必要な予約を取れたかが重視され、その過程で示された言語使用については課題達成との関係でのみ考慮されることとなる。

授業でタスクを使う際には、教師の計画（task-as-a-workplan）と実際の授業の展開（task-as-a-process）に違いが生じやすいこともタスクの特性の１つである。従来型の形式中心のエクササイズとは異なり、タスクを中心に据える授業では、計画と実際の展開が合致しないことは珍しくない。それは、コミュニケーションを中心に据えた教授法に共通する、避けては通れない課題である。タスク中心の授業では、文法や語彙の習得はあくまでも学習者主体で起こることと捉えられるため、教師の授業計画を無理に押し付けるのではなく、学習者の実態を見ながら、それに即して指導を行っていくことが肝要である。教師は事前準備をしつつも、授業展開に応じて柔軟に対応していくことが求められる。

Task assessment

タスクによる評価

タスクによる評価（task assessment）とは、学習者の言語使用の正確さではなく、タスクを達成することができたかを中心に測ること

が重要視されるタスクの評価方法である（Long & Norris, 2000）。そのため、評価に用いるタスクは、文法事項や表現が使用できるようになったかを確認するようなテストではなく、タスクの基準（→ Task 参照）を十分に満たしている必要がある。また、タスクによる評価は学習成果を測るための総括的評価ではなく、指導過程における学習の達成度を測る目的の形成的評価の形態を取ることが多い。ゆえに、他の学習者との比較よりも、学習者自身がタスク達成のために必要な基準を満たすことができたかで評価することが重要であるとされる（Long, 2015a）。

タスクを基盤とした評価において、言語面の評価については意見が分かれるところである（Norris, 2009）。例えば、与えられたタスクが、「○○の条件の映画チケットを買う」といった場合、求められているチケットを購入することができたかのみを評価し、言語的な誤りは評価せずにおくというタスク達成至上の考え方がある。一方、タスク達成の過程で使われる言語的な複雑さ・正確さ・流暢さ（→ Complexity, Accuracy, Lexis, Fluency, CALF 参照）も評価の観点に含めるべきという意見もある。どちらの考え方を採用するかは、学習目的やそれぞれの教育現場の実態に応じて決められるべきだが、言語面の評価が中心になってはならないというのがタスク評価の基本的姿勢である。ほかにも、サブタスクや評価観点を設定して、それを一つ一つ達成できたかを評価する方法が取られることもある。例えば Burwell et al.（2009）では、「携帯電話を買う」というタスクで、「値段の交渉」や「曖昧な情報を明確にする」など 11 項目の評価観点を設けて、それぞれを達成できたかを見て全体のタスクの評価を行っている。

一般英語能力試験にもタスクによる評価の考え方が取り入れられているものがあり、その 1 つがケンブリッジ英語検定である。例えば、

CEFR の A2 レベルを対象としたケンブリッジ英検キーテストのスピーキングセクションのタスクでは、2 名の受験者でテストを受け、片方が博物館のパンフレットの情報を持ち、もう一方は博物館についての情報を得るための質問をするという課題が設定されている。評価方法としては、言語的な側面を重視しない印象的な評価がなされるといった批判もあるが、タスク中心教育への好ましい波及効果もあり、指導と評価の一体化の議論に大きな示唆を与えるものである。

Task-based language teaching（TBLT）
タスク中心の教授法

　タスク中心の教授法（task-based language teaching, TBLT）は、様々な具体的な課題を達成するために言葉を柔軟に使っていくことで、課題達成の能力とともに、それに付随する言葉の習得を目指した指導方法である（Long, 1985）（→ Task 参照）。例えば、レストランの予約の電話をするといった現実課題の際のタスク目標は、希望した時間に条件に合った形でレストランの予約ができることであり、その過程で予約するときの表現や時間を尋ねる表現などを自然な文脈の中で使用することを促せる。学校場面で考えれば、留学生に学校やクラブの紹介をしたり、学校で遭遇する種々の問題（例えば、生徒会運営、校則の問題、進路の悩みなど）について意見交換をして、解決策を考えて提示するといったタスクも考えられる。その際、ALT や留学生を交えて他国との比較の視点も入れられると、タスクを英語で行う必然性も高めることができる（→ Task 参照）。

　タスク中心の教授法が提案される以前は、対象となる言語の文法事項や形式を 1 つずつ順番に教えていく指導方法（structural approach）が主流であったが、そこでは言語の正確な理解と使用に重きが置かれ、使用場面や使用目的といった視点が欠けていた。一方、タスク中心の教授法では、言葉を使って具体的な課題を遂行し達成することが主目的とされ、言語の正確さよりも流暢さや的確さがより重視される。言語の正確さは、あくまでもコミュニケーションのためのものとして捉えられ、指導の際には、意味中心の活動の中で言語形式に注意を向けるフォーカス・オン・フォームの手法（→ Focus on form, FonF 参照）が推奨されている。教師の指導や支援は、形式と意味と機能面の結びつきを教える観点から、タスク前だけでなく、タスクを行っている過程で、あるいはタスク後に行われることも多い。

タスク中心の教授法は、基本、タスクを用いたシラバス計画をもとに展開されるが、その決定に際して、教える対象となる学習者のニーズ分析が重要なスタート地点となる（Long, 2005, 2015b）。ニーズ分析は、学習者の興味関心や学習目的だけでなく、彼らが教室外で現在あるいは将来に遭遇するであろう言語課題について、多角的で多面的な手法で調査することが必要とされる。その情報をもとに目標タスク（target task）を決め、それらタスクを達成することができるように、教室で使用できる教育用タスク（→ Pedagogic task 参照）を作って配列することで、タスク・シラバス（task syllabus）を作成することとなる。

日本のような EFL 環境では、シラバス全体をタスク中心にすることは少なく、タスクを授業活動の一部として指導の中に取り入れることが多い。そういった教え方はタスク中心の教授法ではなく、タスク支援型言語教育（task-supported language teaching, TSLT）と呼ばれている。TSLT では、必要となる言語項目を教えたのちに、それを使うコミュニケーション活動を行うといったように、従来の言語指導中心授業の順序で進めることが多い。このようにタスク活動を部分的

に導入することに関して、タスクの効果を十分に発揮できず、相応の評価もしづらいという批判もある（Norris, 2009）。TBLT あるいは TSLT のどちらを選択するにしても、タスクを用いた教授法を導入する際には、タスクの種類（→ Task classification 参照）、タスクの複雑さ（→ Task complexity 参照）、タスクを用いた評価（→ Task assessment 参照）など、様々な事柄を考える必要がある。

Task classification

タスクの分類

タスク中心の授業を行う際に、使われるタスクがどの分類（task classification）のものなのか、その特徴を含めて理解しておくことが大切である。一例として、Ellis et al.（2019）では、主に 5 つの観点からタスクを類型化している。1 つ目は、一方向か双方向の伝達か（one way vs. two way）である。一方向の情報ギャップタスクであれば、情報を所持している側がそれを伝達し、持たない側は伝達される情報を理解することが目的となる。こういったタスクでは情報の伝達は一方向となるが、伝達に問題が生じた時には、明確化要求（clarification request）などのやり取りが起きることもある。一方、双方向タスクでは、お互いが異なった情報を持っており、タスクの達成のために情報を交換し合う必要がある。2 つ目の観点は、モノローグかダイアローグか（monologic vs. dialogic）である。モノローグのタスクでは、1 人が話し、ダイアローグの場合は 2 人以上がタスクに参加してやり取りが行われる。

3 つ目は、閉じたタスクか開かれたタスクか（closed vs. open）である。閉じたタスクでは、交換される情報が限られていたり、到達点

があらかじめ決められているものである。一方、開かれたタスクでは、意見交換タスクのように、最終的到達点が必ずしも定められていないタスクである。4つ目は、収束か拡散タスクか（convergent vs. divergent）という分類である。異なる意見があるタスクで1つの見解に統一させようとするのが収束タスクであり、違った意見で終わらせることを認めるのが拡散タスクとなる。5つ目は、タスクに関する文章構成や表現方法の違い（rhetorical mode）である。タスクによって、何か描写するのか、指示するのか、議論するのか、どのような表現方法を取るのかが異なっている。これらの類型化は重なりあって考えるのが普通である。例えば、学校の生徒会長を4名の候補から決めるというタスク（opinion-gap task）は、双方向、ダイアローグ、開かれた、収束型の、論証タスクと考えることができる。

　その他の分類としては、現実世界のタスク（real-world task）か教育用タスク（→ Pedagogic task 参照）かという考え方もある。前者はタスクをあくまでも現実世界であり得るものだけを想定するが、後者は現実にはないかもしれないが、学習用に作られたタスクを含む（例：間違い探しタスク）。インプット中心（→ Input-based task 参照）かアウトプット中心（output-based task）かで区別する分類方法もある。Prabhu（1987）は初期レベルの学習者は言語能力に限りがあるので、インプット中心のタスクから始めるべきだと主張している。特定の言語項目に焦点が当てられているかどうか（focused vs. unfocused）も重要な分類の1つである（Ellis, 2003）。焦点型タスク（→ Focused task 参照）では指導の目標としている言語項目があり、その使用を促すために設計されたものであり、非焦点型タスク（unfocused task）は特定の言語事項の使用を特に想定していないタスクを指す。Long（2015a）は現実世界のタスクを前提として非焦点型タスクのみでカリキュラムを構成することを提案しているが、Ellis

（2003）は焦点型タスクを行うことで文法事項の学習を促進すること
も教育的に有益であると主張している。

Task complexity
タスクの複雑さ

　タスクの複雑さ（task complexity）とは、タスクがどのような認
知負荷を学習者に対して与えるかを示すもので、タスクの難易度に影
響を与える要因の１つである。タスクには様々な難易度のものがある
が、それは主に次の３つの要因によって決定される。タスク条件（→
Task condition 参照）、タスクの困難さ（task difficulty）、そしてタ
スクの複雑さ（task complexity）である。Robinson（2001）は、タ
スクの困難さは学習者の言語適性や能力、あるいは対象言語の習熟度
などによって変わってくるものとしている。それに対して、タスクの
複雑さはタスクがどのような認知負荷を学習者に与えるかを示すもの
とされる。具体的には、タスクの複雑さは資源集約変数（resource
directing variables）と資源分散変数（resource dispersing variables）
の二つの要素によって影響を受けると考えられる。

　資源集約変数はタスクの認知面に焦点を当てており、認知的に複雑
なタスクを組み込むことで、学習者の注意を特定の言語形式や機能に
向けさせ、言語産出の複雑さと正確さに影響を与えることができると
される。例えば、自分の意見に対して理由を述べることを課すことで
（＋reasoning）、理由づけに関するタスクの認知負荷が増し、それに
よって学習者は接続詞などを用いて文を産出することが要求される。
結果、言語的複雑さが向上するという論理である。他にも、遠い過去
や未来で離れた場所のことを述べること（－here and now）は、今

現在やこの場のことを述べること（＋ here and now）よりも時空的な認知負荷が増す。過去について述べる際は、過去の形態素（-ed）を用いらなければならず、遠い場所のことは描写を丁寧にする必要が生じる。こういった Robinson の考え方は、認知仮説（cognition hypothesis）として表され、それを検証するために数々の研究がなされてきている。これまで行われた研究を包括的にまとめたメタ分析の1つとして、Malicka & Sasayama（2017）があるが、上で挙げられた理由付け（± reasoning）は学習者発話の語彙の複雑さの向上を促し、時空的距離（± here and now）は文構造の複雑さを促すことが報告されている。

　一方、資源分散変数はタスク遂行上の手順に関することであり、それ自体で学習者の注意をどの言語項目に向けさせるかといった規定はない。タスクの準備時間があるか否か（± planning）(e.g., Ellis, 2022）や、学習者が話題に関する背景知識を持っているか否か（± topic familiarity）などの研究がこれまでなされてきている（e.g., Pulido, 2007）。いずれの場合も条件がマイナスとなる場合（つまり、準備時間がない、話題に馴染みがない場合）、学習者発話の言語的な複雑さ、正確さ、流暢さが低下する傾向が報告されている。しかし、総じてこれまでの研究結果は多様であり、タスクの複雑さが学習者言語のどの側面にどのように影響を与えるかについて未だ一貫した見解は得られていない。今後の研究の動向に注目したい分野である。タスクを実施する際に、学習者のレベルとタスクの複雑さがある程度合っているかを考え、必要に応じて複雑さを調整することが大切である。

Task condition
タスクの条件

　タスクの条件（task condition）とは、タスクを実施する際に、ど
のような手順や流れでタスクを行うかを示すものである。タスク達成
の補助をどこまで与えるかなどの条件の調整次第で、学習者のタスク
達成の度合いと言語産出の質と量が影響を受けることがわかってい
る。タスク達成のための補助や指導を与えるタイミングとして、タス
クの前（pre-task）、タスクの最中（during-task/mid-task）、タスク
後（post-task）の3つが考えられる。タスク前に関連するインプット
や準備の時間（→ Pre-task planning 参照）を与えたり、タスク中に
用意したメモや資料を見ることを許したり、タスク遂行の時間を制限
したり（time on task）、タスク後にはフィードバック（feedback）
や再挑戦の機会（→ Task repetition 参照）を与えたりするなど、様々
な条件を変えることができる。

　これまでの研究では、タスク前のプランニングは認知負荷を下げる
効果があるため、学習者の産出の流暢さと文法あるいは語彙の複雑さ
が向上することがわかっている（Ellis, 2009）。タスク時間の条件につ
いては、タスク遂行の時間に余裕を持たせることで、言語産出の正確
さが向上することが報告されている（e.g., Ellis & Yuan, 2004; Yuan
& Ellis, 2003）。

　フィードバックに関しては、タスク後だけではなく、タスク中に与
えることもできる（Mackey, 2006）。学習者はタスクを遂行する際に
様々な困難に遭遇するが、それに対して適時に適切なフィードバック
を与えることで、その後の言語使用や習得に影響が与えられる。どの
ようなフィードバックを与えるかということも重要なポイントとなる
が（→ Corrective feedback 参照）、言語面に関するフィードバック

を与えることで、学習者の言語使用の正確さと複雑さを向上させることに役立つことが報告されている（e.g., Ellis & Shintani, 2014）。タスクの繰り返しに関しては、同様のあるいは類似した種類のタスクを対話相手を変えて複数回行うことで、言語使用の質と量が向上することが報告されている（→ Task repetition 参照）。これら以外にも、タスク後に全体発表や報告を課すことを事前に知らせておくことで、タスク中の言語使用の正確さや複雑さが向上することを示す研究もある（e.g., Foster & Skehan, 2013）。

　上に記したタスク条件と同時に、タスクの種類（→ Task classification 参照）や複雑さ（→ Task complexity 参照）も共に考え合わせることで、学習者がどの部分に認知資源を向けてタスクを行うかをある程度予測して、授業でのタスク使用を計画的に運用することができるとされる（Skehan, 2014a）。

Task motivation
タスクに対する動機づけ

　タスクに対する動機づけ（task motivation）とは、言語学習全般に関わる通常の動機づけ（→ Motivation 参照）とは異なり、様々なタスク要因によって引き起こされる比較的短期的で個別的な動機づけのことを指す。言語学習に関わる動機づけには、英語を使って仕事をしている理想の自分を掲げる（ideal L2 self）などの内発的なものもあれば、評価や報酬のために英語を学ぶなどの外発的なものもある。これらの一般的な動機づけに対して、タスクにおける動機づけは、よりミクロな視点から動機づけを捉えており、直面する課題に対してどの程度のやる気を感じてタスクに臨むかを表している。こういった具体

的な動機づけは、タスク活動を活発に行い、学習を促す上で重要な要因となる。タスクに対する動機づけが弱いと、学習者のコミュニケーション意欲（→ Willingness to communicate, WTC 参照）が高まりにくく、結果、タスクの目標を達成できず、活動自体が成り立たなくなる可能性もある。これまでの研究では、タスクに対する動機づけが強い学習者の方が、弱い学習者よりも、活動への関与（task engagement）が深まり、学習効果が高くなることが報告されている（Gardner & MacIntyre, 1991）。

　タスクに対する動機づけは、タスクの複雑さ、難易度、達成条件などの外部的要因とともに、個人の興味関心や L2 習熟度といった学習者に内在する要因が複雑に絡み合う中で決定づけられ、生徒の学習姿勢に影響を与えるものである。学習者にとって複雑すぎたり、時間制限が厳しすぎるようなタスクでは、取り組む動機づけが弱まりやすく、活動のパフォーマンスが下がる可能性がある。逆に、簡単すぎたり、時間制限が緩すぎたりする場合も、タスクの動機づけは強まらない（Ellis et al., 2019）。一方、学習者が与えられたタスクに対して興味を感じなかったり、自分ごととして捉えることができないような場合も、タスクの動機づけは高まらない。そのため、学習者の認知レベルと言語レベルに合致した、同時に自己関連性が感じられるようなタスクをデザインする必要がある。また、学習者同士の関係性が深められるような働きかけをすることも、タスクに対する動機づけを高める上で大事な要素と考えられる（Dörnyei, 2001）。

　他にも、学ぶことの有用性や明確な目標を伝えること、あるいは成功した自分を想像できるようなイメージトレーニングを促すといった工夫も、タスクに対する動機づけを高められるであろう。実際の指導に際しては、用意されたタスクをただ与えるだけではなく、どのように導入し、どういった手順でタスクを行わせ、また教師がどういった

支援をするかなどに気を配ることで、学習者のタスクに対する動機づけを高め、学習効果を増すことができるだろう。

Task repetition
タスクの繰り返し

　タスクの繰り返し（task repetition）とは、タスクへの慣れと言語使用の質を向上させることを目的に一度行ったタスクを繰り返して行う教育手法である。全てのレベルの学習者にとって有益な言語学習方法と考えられている（Kim & Tracy-Ventura, 2013）。これまでの研究では、タスクの繰り返しは口頭のコミュニケーションの場面でのものが多い。その理由として、口頭のコミュニケーションでは内容と語彙や文法などの言語形式を同時に瞬時に処理しなくてはならないが、学習者はメッセージ内容の伝達に多くの認知資源を割かなければならないため、言語形式に注意を向けにくくなるという課題があることが挙げられる。そこで、同じあるいは類似のタスクを繰り返して行うことにより、タスクの遂行手順を把握して慣れ、認知資源の効果的な振り分けを可能にすることで、言語習得を促進させることが期待できる（Bygate, 2001; Sumuda & Bygate, 2008）。これまでの研究では、一度目のパフォーマンスと二度目以降のパフォーマンスでは言語使用の様々な側面で違いが出ることがわかっている。特に発話の流暢さと複雑さで向上が顕著に見られるが、正確さに関しては研究によって結果が異なる（Bygate, 2018）。

　タスクの繰り返しには、大きく3つのバリエーションがある。1つが、内容も手順も両方とも同じものを繰り返すものである（exact repetition）。2つ目が、内容は異なるが、手順は同じものを繰り返す

(procedural repetition)。3つ目が、同じトピックを違った手順で行うというものである（content repetition）。これまでの研究では、procedural repetition では、産出の複雑さ、正確さ、流暢さ（→ Complexity, Accuracy, Lexis, Fluency, CALF 参照）が向上し、content repetition では流暢さが向上する傾向が確認されている（Kim & Tracy-Ventura, 2013; Patanasorn, 2010）。一方、exact repetition に関しては、Patanasorn（2010）の研究では産出の質の変化は見られなかったが、Kim & Tracy-Ventura（2013）の研究では正確さは向上するものの、複雑さと流暢さは下がることが報告されている。

　タスクの繰り返しの種類以外にも可変可能な要因として、繰り返す度に制限時間を短くするなど、タスクの遂行時間の調整も考えられる（Thai & Boers, 2016）。また、タスクのモードをスピーキングからライティング（あるいは逆）に変えることもできる。例えば、一度オーラルで行ったディベートを、次に内容をライティングでまとめるといった具合である。学習者の習熟度や学習目的に応じて、どのバリエーションで繰り返しを求めるか、タスクの遂行時間は変えるか、またモードをどう調整すべきかなどを考えて柔軟に応用していきたい。

Task sequence
タスクの配列順序

　タスクの配列順序（task sequence）とは、異なる難易度のタスクを中長期的にどのような順序で学習者に与えるべきかについてのことを指す。一般的には、簡単なものから徐々に難易度を上げていくべきだと考えられるが、難易度の概念をどう定義して、それをどう上げていくべきかについて、これまで様々な研究がなされてきている。

Robinson（2010）は、効果的なタスクの配列方法を SSARC (stabilize, simplify, automatize, reconstruct, and complexify) と呼ばれるモデルで提案した。このモデルでは、タスクを 3 つの段階にわけて複雑にしていくことを提案している。最初の頃はタスクが最も単純なものとなるよう、資源集約変数（resource-directing variables）と資源分散変数（resource-dispersing variables）（→ Task complexity 参照）の両方を調整して、言語面のハードルを下げると同時に、認知的負荷も最小限にする。次の段階では、資源分散変数（例えば、準備時間を減らす、日常話題から社会的話題に移るなど）を調整し、資源集約変数は変えずにおく。言語処理の速度面を刺激することで言語の自動化を促すためである。そして学習者がタスクに慣れるに従って、資源集約変数（例えば、自分の意見に対して理由を付して述べる、現在ではなく過去、未来、あるいは架空のことについて述べるなど）も複雑にしていくという三段階である。一例として、「文化祭の企画について英語で話す」というタスクを考えると、初めはなぜそのような企画がふさわしいのかという理由づけは求めず（− reasoning）、企画内容についてのみに絞って、準備時間も十分に設ける条件で（＋ planning）発表を課す。次の段階では、準備時間を与えず（− planning）、即興での発表を求める。そして最終的には、準備時間なしで、意見の理由づけも課して（＋ reasoning）行うという流れである。

これまでの研究では、SSARC のモデルで提案されているようなタスクの配列、つまり、タスクを一定期間にわたって段階的に複雑にしていくことで、学習者のライティングの複雑さと正確さが増していくことが報告されている（Abdi Tabari & Cho, 2022）。単純なタスクが複雑なタスクへの足場架け（scaffolding）となり、言語使用に徐々に慣れていくことで産出が向上していくと考えられる。

タスクの配列順序は、カリキュラムなどのマクロな視点からだけで

なく、一ユニットや一授業の流れといったミクロな視点から捉えることもできる。1つの授業の中で、異なるタスク、あるいはサブタスクをどう配置するかという問題である。例えば、スピーキングのタスクを行う際、インプット（→ Input-based task 参照）を最初に与えるべきか、それともまずスピーキングのタスクに取り組ませ、自力でどこまでできるか試してもらった上で、関連するインプットを示すべきかといった配列順序を考える必要がある。通常はインプット→アウトプットという流れが想定されるが、まず産出タスクを行うことで学習者の問題意識（「思ったようにうまく言えない」「どう言ったらいいか知りたい」といった気持ち）が触発され、直後に関連するインプットに触れた際に通常よりも集中してそこに含まれる内容や言葉の使い方に注目するようになることがある。そして、その後に続くアウトプット活動で、その学びを自主的にまた積極的に取り入れることが可能となる（e.g., Hanaoka, 2007; Hanaoka & Izumi, 2021; Izumi, 2002）。

　実際の授業の際には、教える生徒の習熟度と行うタスクの難易度の両方を考えて、タスクの配列を決めるべきであろう。ミクロな意味でのタスクの配列順序の問題は、言語の4技能をどう組み合わせて授業を構成するかといった技能統合の問題とも密接に関連しており、これからの言語教育と授業展開のあり方を考える上で、より一層注目に値する重要なトピックである。

Teacher cognition
教師の認知

　教師の認知（teacher cognition）とは、教師が何を考え、知り、信じているか（Borg, 2023）を意味し、教師の仕事の個人的で目に見え

ない側面を明らかにするために確立された用語である。教師の認知研究は、教師の考え、知識、信念を記述するだけでなく、それらの要因が、教師の行動や成長にどのような影響を及ぼすかを理解することを目的としている（Borg, 2019）。

　言語教師の認知研究は、1990 年代半ばから始まり、教師個人を分析対象として、教師の知識と信念の個別の側面を明らかにすることに焦点を当てられてきた。しかし、L2 学習プロセスに関わる学習者の社会的・文化的背景などの外的要因に着目されるようになった SLA における社会的転換（→ Social turn in SLA 参照）により、社会的相互作用の中で、教師の認知が発達し、固定的で静的ではなく、流動的で変化していくという、社会的側面の重要性が認識されるようになってきた（Burns et al., 2015）。同時に、実践共同体における学びを重視し、同じ文脈や類似の文脈で働く言語教師のグループが共有する信念や教室での実践を明らかにする集団的視点の必要性も言及されるようになった（England, 2017）。

　先行研究により、教師の認知は、教室での教育や学習の相互作用に対する教師の認識や判断に直接影響し、その結果、教師の授業計画の方法、授業過程での意志決定、教室における学習の促進に大きく影響することが明らかになっている（Li, 2019）。教師の認知に関する研究領域は、学習者と教師の信念の一致の度合い、教師の信念における変化、信念が教師の授業行動に及ぼす影響、実践と信念の一致の度合い、信念が教職課程および現職教員プログラムに及ぼす影響などがある。近年注目されている領域は、教育的信念と教室におけるテクノロジーの活用との関係、初等英語教育に関する教師の認知、多言語主義や多言語教育に関する教師の認識や信念である（Li, 2020）。

　教師は、教育経験の影響を受けて、信念などの認知が形成されていることを自覚すると同時に、教師として学び成長していく中で、柔軟

に変容し、自己の改善や学びを学習者に還元することが望まれる。

Teacher education

教師教育

　教師教育（teacher education）とは、教職課程履修生および現職教師が、教室で効果的に教えるために必要な知識や技能を獲得し、教師として成長するための研修のことである。語学教師に焦点を当てた教師教育をL2教師教育と呼んだのは、Richards（1990）であるが、EFLの教師も含めて用いられている。

　言語教師の学びは、当初、行動主義的な見方がされ、教師は研修で単に知識を習得する技術者とみなされていた。しかし、SLA研究を含む教育全般における社会的転換（→ Social turn in SLA 参照）により、今日では教師を取り巻く社会的・文化的背景などの外的要因が重視されており、教師教育における実践と研究においては、教師のアイデンティティの構築、省察的実践、協働的指導など、教師の学習に対する様々な変容を促すアプローチが提唱されている（Freeman, 2016; Nguyen & Dang, 2020）。これに関連して、Johnson（2009）は、L2教師が置かれている文脈を重視し、教師教育の内容や活動は、文脈に含まれる社会的、政治的、経済的、文化的歴史を考慮する必要性を主張している。つまり、言語教師は、言語教育の知識や技能を獲得し、それらを教育に応用するだけでなく、特定の文脈における言語教師のアイデンティティを発達させる必要がある（Richards & Farrell, 2011）。

　同時に、L2の教師がコミュニティに参加することによって、どのように教育に関する知識と実践を発展させていくのかについても関心

が寄せられている（Nguyen & Dang, 2020）。近年は、オンラインの
コミュニティの研究や実践も増えており、教育実践の共有、最新の研
究成果の把握、コミュニティで共有される責任と貢献に基づいた協働
的アイデンティティの形成という観点から、オンラインのものを含む
コミュニティにおける活動の利点が明らかになっている（Bahari et
al., 2022）。

　L2 教師教育の基盤に関する包括的レビュー（Freeman & Johnson,
1998）では、L2 教師教育プログラムおよびカリキュラムの構成要素
として、目的、学習経験、評価の 3 つが挙げられている。Wright（2010）
は、これらの主要な構成要素を学習者の経験の観点から検討し、協働
学習（→ Collaborative learning 参照）、省察、経験学習を基礎とする
L2 教師教育プログラムの理想的な目標として、省察的な教師を育成
することを提案した。近年は、教師自身が能動的に、キャリアを通じ
て自分自身の成長に責任を持ち、教師としての信念と実践を体系的に
探究していく省察的実践（reflective practice）の重要性が高まって
いる。

Teacher motivation
教師の動機づけ

　教師の動機づけ（teacher motivation）とは、教師になる動機、教
科を教える動機、専門性の向上（→ Professional development 参照）
の機会を受け入れる動機を含む包括的な概念である（Liu, 2020）。教
師の動機づけは、教師の職業選択の理由だけでなく、教育に対する真
剣さや持続性を説明する複雑に絡みあう信念や価値観といえる（Sak,
2022）。

近年、社会文化的に位置づけられた実践としての教育の複雑で多面的な性質が認識されており、様々な個人的、社会的、文脈的な要因が教師の動機づけに影響を与えることや（Hiver et al., 2018）、動機づけには安定した側面もある一方で、状況や文脈の中で変化していくことが広く認められている（Sak, 2022）。また、学習者の動機づけ（→ Motivation 参照）の研究と同様に、教師の動機づけと自己概念の相互関係が明らかになっている。例えば、教師の自己イメージは、専門能力の開発プログラムへの参加、授業改善、日々の教育実践における目標達成への動機づけに影響を与える（Tao et al., 2019）。

　教師の動機づけに影響を与える肯定的要因として、教師の自律、良好な職場環境、知的刺激などが挙げられる、一方、否定的な要因として、様々な校務や仕事量の多さ、限られた財源、生徒の授業態度、政策や社会的における教師に対する低い評価などが挙げられる。しかし、経験豊富な教師であれば、否定的要因を肯定的な動機づけへの原動力に変えることも可能である（Han & Yin, 2016; Sato et al., 2022）。

　言語教師の動機づけの複雑でダイナミックな性質を明らかにした初期の研究として、Kumazawa（2013）がある。日本の中学校と高等学校に勤務する4名の初任英語教師を対象に、2年間の自己概念の変化を調査した結果、当初現実と理想とする自己像との葛藤が動機づけに否定的な影響を与えたことが明らかになった。しかし、その葛藤が自己省察を促し、最終的には自己概念を再構築して動機づけを回復させることができた。

　教師の動機づけは、教師の指導方法、学習者の動機づけや授業への取り組みにも影響があるため、教師は、自身がどのような動機づけを有し、それがどのような要因に影響を受けているのか、認識しておくとよいだろう。

Teacher psychology

教師の心理

　教師の心理（teacher psychology）とは、教師の個人差に焦点を当てた、教師の認知（→ Teacher cognition 参照）、感情、動機づけ（→ Motivation 参照）、アイデンティティや自己効力感などの様々な認知的、心理的な要因のことである（Liu et al., 2022）。

　SLA 研究において、言語教師の心理の研究は、言語学習者の心理と比較して、十分に行われていない。しかし、教師が言語教育の過程で重要な役割を果たしており、学習者の学習成果に影響することと、教師の心理の理解は学習者の心理の理解と密接に関連していることから、言語教師の心理の研究は重要である（Mercer, 2018; Mercer & Kostoulas, 2018）。

　言語教師の心理に関して、最も多くの研究が行われている分野は、教師の知識、信念、思考過程を含む教師の認知である。近年、文脈や様々な要因の相互作用を重視する複雑性理論（complexity theory）の枠組みで教師の認知に関する研究が行われるようになり（Kubanyiova & Feryok, 2015）、教師の感情など、教師の心理の別の側面と関連して教師の認知を捉える、より包括的なアプローチが推進されている。2つ目の主要な研究分野は、教師のアイデンティティで、それがどのように理論化され、教育や教師教育の文脈でどのように構築、交渉され、教育実践や教室を超えた教師の仕事とどのように関連しているかについて、研究がされてきた（Barkhuizen, 2019）。3つ目の主要な研究分野は、教師の動機づけで、学習者の動機づけ研究の理論的枠組みの1つである L2 動機づけ自己システム（L2 motivational self system）理論の応用が推進されている（Dörnyei & Kubanyiova, 2014）。

その他に、教師の自己効力感、感情、主体性、自律などの分野もあるが、言語教師の認知、アイデンティティ、動機づけと比較すると、まだ体系的かつ広範な研究は行われていない。また、近年注目されているのは、SLAにおけるポジティブ心理学に影響を受けた研究分野で（Gabryś-Barker & Gałajda, 2016）、教師のレジリエンス（困難な状況や逆境に適応したり、回復したりする力）と教師の職業生活に関連する構成要素との関連性、教室環境の形成に教師の感情的・社会的知性が果たす役割、教師の心身だけでなく、社会的にも満たされている広い意味の幸福（well-being）に関する研究がある（Mercer & Kostoulas, 2018）。

　言語教師の心理に関する先行研究の対象者は、教員養成課程の履修者や初任者が多く、現職教員を対象としたものは少ない。その理由として、研究者がアクセスしやすい対象者が選択されていることと、多忙な教師に研究対象者として協力を依頼するのが困難という事情もある。しかし、経験を積んだ現職教員に特有の心理状況や直面する課題について理解することが極めて重要である（Mercer & Kostoulas, 2018）。

Teacher talk

教師言葉

　教師言葉（teacher talk）とは、教師が教室で学ぶ学習者に対して、コミュニケーションを円滑にするために、言語の形式と機能の両方で調整をした言葉である。教師言葉に関連した用語として外国人言葉（foreigner talk）がある。外国人言葉とは、母語話者が学習者に話す時に、理解を容易にするために言語形式と機能の両方で、通常の話し

方を調整することを指す（Ellis, 2015）。

　教師言葉は、学習者にとって理解できるインプット（→ Input 参照）のために欠かせないものであり（Cullen, 1998）、教師がどのような質問をするかなどの観点から、学習者の相互作用の量と質に影響することが教室研究から明らかになっている（Brock, 1986）。教師言葉の特徴として、話す速度を調整して間を多く取る、複雑な名詞句や従属構文を避ける、などがある。また、短縮形ではなく完全形を用いる、"John, I like him." などのように文の前にトピックを移動する、意味を明確にするために、文を長くしたり、"cling" の代わりに "hold on tightly" を使用するなど、頻度の低い語彙をわかりやすい語彙に言い換えたりするなどの特徴もある（Ellis, 2015）。

　日本の中学校教師 7 名と外国語指導助手 12 名の教師言葉を、英語の教授経験がない英国の母語話者 19 名と比較した研究（Lim, 2022）によると、中学 2 年生のためのリスニングテストを想定して録音された発話では、教師たちは学習者の能力に合わせて、話す速度が著しく遅く、使用する語彙も少なかった。また、面接の結果によると、教師言葉の調整の判断は、教師の信念、指導経験、対象学習者の知識に基づくものであることが明らかになった。日本の公立小学校教師を対象にした研究（Moser et al., 2012）では、教師言葉を録音し書き起こす活動を含むタスク中心の教授法（→ Task-based language teaching, TBLT 参照）による研修により、研究参加者たちは教師言葉をよりわかりやすく発話できるようになった。

　教師言葉は、学習者がわかるような表現に調整したインプットとなり、教師と学習者のインタラクションも促進するため、L2 習得に寄与するものである。教師が学習者の実態に合わせて、教師言葉を用いるとともに、自身の教師言葉を自己分析することで自己改善をしていくことが望まれる。

Teacher-student interaction

教師と学習者のやり取り

　教師と学習者のやり取り（teacher-student interaction）とは、授業で目標言語を介して行われる教師と学習者のやり取りのことである。

　EFL の授業におけるやり取りの典型的パターンは、開始（initiation）、反応（response）、フィードバック（feedback）の3要素が連続する IRF パターンである。このパターンでは、やり取りが教師による質問や指示によって開始され、学習者が応答後、教師が学習者の反応に対する評価やフィードバックが行われる（Waring, 2009）。

　教師が学習者の回答を引き出す際に使用する質問のタイプには、教師が答えを知っている提示質問（display question）と答えを知らない指示質問（referential question）があり、前者の方が使用頻度が高い（Walsh, 2002）。しかし、提示質問と比較すると、指示質問の方が学習者の回答が長く、より複雑な目標言語のアウトプットにつながる可能性がある。教師がフィードバックの際に用いるストラテジーは、学習者の目標言語のアウトプットの性質に大きな影響を与えるが、様々なフィードバックのうち、最も研究が行われているのが訂正的フィードバック（→ Corrective feedback 参照）である（Li et al., 2019）。

　近年は、英語を介した指導（English medium instruction, EMI）の領域において、教師と学習者のやり取りに関する研究が盛んに行われており、EMI の授業での教師と学習者のやり取りの質を測る「教育における質の高いやり取り（quality interaction in pedagogy）」（Macaro, 2018, p. 195）と呼ばれる枠組みが提案されている。具体的

には、厳格すぎない IRF の順序、教師が多様な言語の機能を用いること、学習者の高度な認知的応答を必要とする質問をすること、学習者が高度な概念を表現できるように、発話のターンを長くすること、思考のプロセスを触発するように、学習者の発話のターンの前、中、後に十分な待ち時間を設けることである。日本の EFL の授業においても、本枠組みは質の高いやり取りを担保するヒントとなるであろう。

Technique feature analysis
指導技術特徴分析

　指導技術特徴分析（technique feature analysis, TFA）とは、教師が語彙を直接指導するためのタスクがどの程度効果的かを判別するために使用される分析のことである。Nation & Webb（2011a）が開発したチェックリストの 18 項目に当てはまるかどうかで判定する。各項目に当てはまらなければ 0 点、当てはまれば 1 点とし、点数が高いほどそのタスクは語彙習得に効果的であるとされる。同じように語彙指導タスクの効果判定に使われるものとして関与負荷仮説（→ Involvement load hypothesis, ILH 参照）があるが、これには必要性、検索、評価の 3 項目しかないため、より綿密にタスクの効果を判定できる指標が必要との理由で開発された。

　18 の判定項目は表のとおりで、動機づけ、気づき、想起、多様な使用、保持という 5 つの下位区分に分類される。動機づけには 3 項目あり、学習者の意欲を高めるタスクかどうかを判定する。気づきも 3 項目で、学習すべき単語に注意を向けさせているか、その活動が習得につながるかを判定する。想起は 5 項目で、学習者が学んだ単語を記憶から取り出す想起が含まれているか、その想起が効果的になされて

いるかを判定する。多様な使用は3項目で、学習者が学んだ単語をまた別の文脈で使用する機会があるかどうか、どの程度学んだ文脈と異なっているかを判定する。保持は4項目で、学んだ単語の長期保持に効果的かどうかを判定する。

表1　指導技術特徴分析のチェックリスト（Nation, 2022, p. 103 より）

評価基準	スコア
動機づけ（Motivation）	
明確な語彙学習の目標があるか。	0 1
その活動は学習を促進するか。	0 1
学習者が単語を選択できるか。	0 1
気づき（Noticing）	
その活動は目標語に注意を向けさせるか。	0 1
その活動は新たな語彙の学習への気づきを高めるか。	0 1
その活動に交渉はあるか。	0 1
想起（Retrieval）	
その活動に単語の想起は含まれているか。	0 1
発表活動における想起か。	0 1
選択肢がない中での想起か。	0 1
複数の想起の機会があるか。	0 1
各想起は間隔をあけて行われているか。	0 1
多様な使用（Varied use）	
その活動には単語の多様な使用が含まれているか。	0 1
発表活動（話す、書く）か。	0 1
他の単語と組み合わせた大きな使用上の変化はあるか。	0 1
保持（Retention）	
その活動は形式と意味の正しいつながりを保証しているか。	0 1
単語の具体的使用例が示されているか。	0 1
視覚的イメージを使用する活動か。	0 1
その活動は干渉を避けているか。	0 1
最高点	18

　TFA と IHA のどちらがよりタスクの有効性を予測できるかを比較

した研究はいくつかある（Gohar et al., 2018; Hu & Nassaji, 2016; Zou et al., 2018）が、その多くがTFAの方がより正確にタスクの有効性を予測できるとの結果を示している（Webb et al., 2020）。TFAを用いることで、授業で行う語彙タスクの有効性をある程度予測することができる。

Technology-enhanced language learning (TELL)

テクノロジーを活用した言語学習

テクノロジーを活用した言語学習（technology-enhanced language learning, TELL）とは、コンピューターやインターネットやデジタルデバイス（→ Digital device 参照）といったテクノロジーを活用して、言語学習をより効果的・効率的に支援・強化することを目的とした学習を指す。テクノロジーは日々進歩しており、それに伴って新たに生み出される革新的な言語学習支援・強化ツールは常に注目を浴びている。

TELLの具体例としては、オンライン辞書、文法ガイド、言語学習アプリ、オンライン語学学習コミュニティ、バーチャルリアリティ（→ Virtual reality, VR 参照）、オンライン会話ツールなどがある。これらのツールやプラットフォームは学習者にとって非常に有用で、自らのペースで学習が行えるため、言語学習の効果を高めることができる。オンライン英会話ツールや英語学習アプリを利用することで、発音やリスニング、文法などの自己学習が行える。オンライン語学学習コミュニティやバーチャルリアリティの使用により、現実の会話や文化体験のシミュレーションも可能である。さらに、TELLの利点として、英

463

語教育へのアクセスを向上させることができる点がある。例えば、地理的制約や時間制約によって通常の英語学習方法に参加できなかった学習者も、オンライン教材の利用により、英語学習を始めることができるようになる。

TELL は CALL（→ Computer-assisted language learning, CALL 参照）や MALL（→ Mobile-assisted language learning, MALL 参照）といった分野とも深く関連している。これにより、学習者の動機づけ、自律性、協調性、コミュニケーション能力の向上が期待され、従来の言語学習方法と比較して、TELL はその柔軟性、個別対応、相互作用の豊かさで優れている。それゆえに、教師の役割や評価方法も変化する可能性が考えられる。

TELL は、よりよい学習成果を引き出すために教授法や学習法とどのように組み合わせて利用するかが重要である。教授法と組み合わせて利用する授業方法のアプローチである。このアプローチによって、英語学習者は自分のペースでの学習が可能になり、多くの相互作用やフィードバックも得られる。

Tempo
テンポ

テンポ（tempo）とは、発話において話者が採る速度のことである。話速ともいう。速度は時間と距離の関係で表せる単位であるが、実感するには知覚できる何らかの変化の中に身を置く必要がある。例えば飛行機に搭乗中は速度を実感できないが、電車に乗り窓から刻々変化する外の景色を眺めれば実感できる。道路沿いに一定間隔で立つ電信柱の過ぎ去り方が視覚上ゆっくりから急速に変化すれば、速度の変化

が実感できるであろう。言葉のテンポも同じである。拍（ビート）と呼ばれる等時間隔が聴覚上で短くなるほど、その発話のテンポは速いと感じられるのである。

　言葉のテンポは一様ではない。早口で話す人もいれば、ゆっくりの人もいるし、同じ人による発話であっても感情の高まりを受けると途中で変わることもある。総じて事の緊急性を表したいときには早口になり、何かを強調したいときにはゆっくり発話されるのが普通である。日本語の場合、上述の拍に相当するのはモーラ（拍）で、通常、CV（C=子音、V=母音）で表せる開音節である（→ Syllable 参照）。そのモーラ長は、早口の人でおおよそ110ms、とてもゆっくり話す人で140ms（Otaka, 2006）で、テレビでの天気予報などは平均で129msの速さである（杉藤, 1994）。

　末尾伸長はテンポが語や句、抑揚句、文末にかけてテンポが遅くなる現象で、多くの言語で起こることが知られている（Lindblom, 1968）。英語の末尾伸長を音声実験により最初に研究したのは Oller（1973）だが、英語の末尾伸長が大きな韻律単位の末尾ほどその程度が大きいことを示したのは Wightman et al.（1992）である。その理由としては、文末は楽曲末同様に韻律外の適用を受けやすい（リズム上の制約が弱まる）からである。ちなみに、日本語で例えば「コンピューター」が「コンピュータ」と短化しやすいのも、語末で韻律外の適用を受けやすいからである。

　L2音声教育で学習者のテンポが適度な範囲内にない場合、指導が必要になるときもある。初期レベルでは遅いテンポでしか話せなかった学習者も、上達するにつれて次第に早口になる傾向が見られる。流暢性（→ Fluency 参照）を意識するようになるからである。これはL1で早口に話す学習者に顕著である。しかし、速いテンポの下では調音が不正確となりやすく、結果、聞き手の理解がスピードについて

いけなくなる可能性が高まる。発話の明瞭性（→ Intelligibility 参照）が下がってしまうからである（Yurtbaşı, 2015）。よって、このような場合、テンポの速さと流暢性は同じではないことを学習者に理解させる必要がある。逆に、テンポが遅すぎても問題となる。聞き手にリスニングの継続が困難だと感じさせるからである。コミュニケーションを楽しむ上で、適度なテンポは重要な鍵を握る要素の１つなのである。

Testing effect

テスト効果

テスト効果（testing effect）とは、テストが持つ学習促進効果のことである。学習した内容を記憶から取り出す想起練習（retrieval practice）により、学習内容が記憶に定着し、長期的な保持に有効であるという現象を指す（Roediger & Karpicke, 2006; Karpicke, 2017）。単純にテキストを読み返すような再学習よりも、テキストを見ずに内容を思い出す方が、その記憶の痕跡が強化され、長期的な保持につながっていく。語彙学習においては、綴りと意味を両方見て覚えるより、意味を隠して綴りから意味を言ったり、綴りを隠して意味から綴りを言ったりした方が、長期的な記憶に効果的である（Barcroft, 2007; Kanayama & Kasahara, 2015）。

テスト効果は直接効果(the direct effects of testing)と間接効果(the indirect effect of testing)に分けられる（Roediger et al., 2011）。直接効果は上で述べたように、想起練習によって記憶が強化される効果のことである。学習者が学んだ内容を記憶から取り出すことに成功した場合、もしくは取り出せなくても正解がフィードバックとして与えられた場合、記憶の痕跡は深まり、関連情報の結びつきは強化される

（Baddeley, 1990）。学習した直後にその情報を取り出す場合、短期的な記憶の貯蔵場所である作業記憶（→ Working memory 参照）から取り出すことになるので、あまり効果的ではない。学習から時間をおいて長期記憶から想起するようにすると、記憶の強化には効果的だと考えられている。このように、学習者にとって「望ましい困難（desirable difficulty; Bjork & Kroll, 2015）」を与えることが直接効果を高めることにつながる。

　間接効果とは、テストを受けることで学習者が学習の成果を正確に理解し、その後の学習に役立てる効果のことである。テストによりすでに習得した項目と習得できていない項目がわかるため、その後の学習では習得できていない項目に時間をかけることができ、効率的に学習を進められる。また、テストを受けずに再学習を繰り返す学習者に比べ、テストを受けた学習者は学習結果に過剰に自信を持たないこともわかっている（Brown et al., 2014）。このことより、一度学習した内容を復習する場合、復習の前にテストをした方が、その後の学習を効率的に進めることができるし、学習内容の長期的保持にも効果的である（Kasahara & Kanayama, 2021）。

　テスト効果は分散学習（→ Spaced learning 参照）と組み合わせると効果が増す。学習者に覚えてもらいたい単語は繰り返してテストする、またペアで出題させるとその単語が長期的に保持される可能性が高くなる。

Test-item format
テスト項目形式

　テストの項目形式（test-item format）には、多肢選択式、真偽判

定型、マッチング型、クローズ型、語順整序型、記述式など様々なものがある。評価の目的と採点上の実現可能性を考慮しながら妥当性・信頼性を持つテストを開発するために、各テスト項目に適した形式を選ぶことが重要である。

　一般的には多肢選択式項目が最も使われているが、テスト項目の選択には、熟達度判定テストか到達度判定テストか、読解問題か語彙問題かなど、テストの性格や測定対象のスキルを考慮する必要がある。

　テスト項目形式に関する研究が最も行われているのは語彙テストの分野である（Nation, 2013）。例えば、L1 か L2 で意味を与えてその語を答えさせる形（meaning recall）よりも、多肢選択式の方が語彙知識を正確に測るとされるが、それはどのような錯乱肢を設定するかで変わってくる（Paul et al., 1990）。テストの目的によって、Meara & Buxton（1987）は真偽判定型がプレースメント・テストや語彙サイズ測定（→ Measuring vocabulary 参照）に有効であるとし、Henning（1991）は短い文脈を与えて語彙と意味をマッチングさせる形式の信頼性を示した。一般的には、文脈から切り離された語彙テストは、実際のコミュニケーションにおける語彙使用能力とは直結せず、語彙だけを暗記するような学習を促進させる負の波及効果も持つため、文脈を与えた形式の方が適しているとされる（Read & Chapelle, 2001）。

　リーディングやリスニングのテスト項目に関しても様々な研究が存在する。多肢選択式の選択肢は4択よりも3択の優位性を支持する論文が多く（Downing, 2004 など）、和訳に関しては、短答式理解度テスト（記述式）や選択式クローズ型テストとの相関が低く、読解力以外の能力を測定していると言われている（麻生 , 2012; Ushiro et al., 2005 など）。ライティングのテスト形式はほとんど記述式であるが、その中にも、議論文などの決まったジャンルの prompt（題目）を与

えるもの、要約を書かせるもの、実験的にある特徴を顕在化させるために制限を加えるものなどがある。

　いずれにせよ、テスト細目を作成する際に、測定の目的に最も沿ったテスト項目形式を選択することが良いテストを作る大きな条件となる。ライティングやスピーキングのような産出能力に関しては、記述式や観察による判定になるので、測定したい構成要素を適切に引き出せる設問作成が最も重要であろう。

Textual enhancement
テキスト強化

　テキスト強化（textual enhancement）とは、特定の言語形式や語彙・文法項目を視覚的・聴覚的に強調することでそれを目立たせ、学習者の注意を向ける教育的な方法である。例えば、テキスト中の特定の単語やフレーズを太字や色で強調する、または音声教材で特定の語彙や表現の発音を強調するなどの方法がある。この方法は学習者の注意を文法的な項目や特定の語彙に向けるのを助け、理解と習得を助けることが期待できる（→ Input enhancement 参照）。

　テキスト強化を適切に行うには、どの項目をどのように強調するべきかについて教師が考慮する必要がある。複雑な文法規則や抽象的な概念については、単に視覚的・聴覚的に強調するだけで理解が深まるとは限らないため、適切な説明や練習が伴う必要がある。教師の準備と熟練度がテキスト強化の効果に関わる重要な要素となる。

　テキスト強化の効果については様々な先行研究がある。例えば、複数語ユニット（Alshaikhi, 2018, → Multiword unit 参照）、受動態（Lee, 2007）、付加疑問文（Meguro, 2017）や不規則変化の名詞複数形（Simard,

469

2009）のような語彙・文法項目や、読解力（Wicaksono et al., 2022）に対する効果が報告されている。

　日本でのテキスト強化の効果についての近年の研究に Meguro（2017）がある。テキスト強化が英語の付加疑問文の学習および読解に与える影響を調査している。

　データを提供した参加者は 69 人の日本人高校生で 3 つの実験群（n = 52）と 1 つの対照群（n = 17）に割り当てられた。学習対象の付加疑問文は助動詞（be 動詞と have, has, had）、助動詞 do（do, does, did）、および法助動詞（will, would, can, could, must, should）の 3 種類に分けられ、実験群のみ学習対象を太字にして拡大した文章を与えられた。結果は、付加疑問文を難易度の低いものから高いものへと順番に学習したグループのみテキスト強化が効果的で、ランダムに学習したグループには効果がなかった。テキスト強化が英語学習における有効な教授法となり得るが、学習順序が効果に大きく影響する可能性が示唆された。

　テキスト強化は、学習者の注意を特定の言語形式に向け理解と習得を促す有効な手段であるが、効果を高めるためにどのような学習対象を選択しどのように実施するかについてはまだ不明な点が多く、さらなる実践と研究が求められているといえる。

The type of processing – resource allocation（TOPRA）model

TOPRA モデル

　TOPRA モデル（the type of processing － resource allocation model）とは、Barcroft（2002, 2007, 2009, 2012, 2015）が提唱する、

語彙学習において学習者がどのように認知資源を割り振るかを説明したモデルのことである。VanPatten（1996）のインプット処理（input processing）理論を基盤としている。ある語彙項目を学習する初期段階において、学習者はその意味（meaning）、形式（form: 発音と綴り）を学び、意味と形式を結合（mapping）しようとする。しかし学習者はこの3要素を同時に扱うことはできない。使える認知資源は限られているため、意味、形式、意味と形式の結合のどれか1つに認知資源を割くと、当然他の側面への注意は減ることになる。図1（Barcroft, 2015）は、この3要素に割ける認知資源の関係を説明している。両側にある太線の内側が、学習者の使える認知資源である。2本の太線間の距離はL2熟達度が上がるにつれて広がっていくが、ある時点においては固定されている。しかし、内側の3つの要素を区切っている2本の細い線は、学習者が何に注意を向けているかによって移動する。意味、形式、意味と形式の結合のどれか1つに集中して学習を行えば、当然他の側面への注意は減るというトレードオフの関係が成り立つ。

図1　語彙学習の3要素：意味、形式、形式と意味の結合（Barcroft, 2015）

Semantic Processing	Form Processing	Processing for Mapping
Semantic Learning (e.g., memory for known words)	Form Learning (e.g., memory for new L2 word forms)	Mapping (e.g., ability to connect form to meaning)

Craik & Lockhart（1972）が「処理レベル理論（the levels of processing）」を提唱して以来、覚えるべき項目を認知的に深く処理させる方が長期記憶に移行しやすいという認識が一般に広まった。語彙習得では、音声や綴りなどの形式的な処理をするよりも、意味を介

在させた処理の方が深い処理となり、長期記憶へ移行するには有効だと考えられてきた。これに対し Morris et al.（1977）は「転移適切性処理（transfer appropriate processing）」という考えを提唱し、学習時とテスト時の形態が一致しているときに学習効果は最大になるとした。すなわち、学習者が学習時に単語の意味を覚えようとしているなら、単語の意味を問うテストで高い成績をとるし、学習時に綴りを覚えようとしたのなら綴りのテストで高い成績をとる、ということになる。

　TOPRA モデルはこの「転移適切性処理」の考え方をさらに進めたものといえる。語彙学習の初期段階で重要となる意味、形式、意味と形式の結合という 3 要素が学習者の限られた認知資源を互いに奪い合うことを示すことで、ある 1 つの側面の学習はその側面の獲得に効果があるが、他の 2 つの側面の学習を抑制してしまうということを説明している。したがって特に初学者に対しては、学習すべき側面に注意資源を向けさせるべきである。あまり負荷をかけすぎることは学習を阻害する可能性もある。

Think aloud / Retrospective protocol
思考発話法 / 回想的思考発話法

　思考発話法（think aloud protocol）は、もともと認知心理学者の Ericsson & Simon（1980）が製品の使い勝手について、使用者の体験と心理に基づいた率直な感想を引き出すために考案した手法であるが、徐々に教育分野において、テストや指導に対して学習者がどのように考えた結果、どう反応したのかというメタ認知的思考プロセスを自然に引き出す手法として広く使用されるようになった。

一般的には何らかの課題に取り組んだり、問題解決をしながら、実験参加者がその過程で考えたことを同期的に言語化させるが、それが難しい場合や、後から自省を含めて振り返りをさせた方がより的確なデータが得られる場合は、後から回想的に自分の思考プロセスを説明してもらう回想的思考発話法（retrospective protocol）を用いる。

普通プロトコルというと実験参加者の様々な行動を指すが、ここでは頭に浮かんだことを発話することを指す。例えば、リーディング問題のテキストをどのように理解し、どのようなストラテジーを使って設問に答えたかというプロセスなどの、問題解決の軌跡を口頭で報告させたりする。一人でそれを行うのは難しいので、実験実施者が時々回答を促したりはするが、内容への介入は極力しないようにする。

思考発話法を使った研究は国内外共にリーディングのプロセスに関するものが多い（e.g., Krismayani & Menggo, 2022; 滝沢, 2000）。一方、頭に浮かんだことを即時に言語化する行為が第二言語学習者のパフォーマンスに与える影響についての研究もあり（Leow & Morgan-Short, 2004）、方法論としての適切さについては賛否両論がある。

しかし、最近では学習者の思考プロセスをどう指導に生かすかという教員側からの研究（e.g., Pratt & Hodges, 2023）やアクションリサーチ（→ Action research 参照）への応用の可能性（Cowan, 2019）などの新しい方向性も出てきている。

Total physical response（TPR）
全身反応法

全身反応法（total physical response, TPR）とは、Asher（1977）により提唱された、発話と行動の関連性を基本にした言語と動作を連

動させた教授法である。その背景には発達心理学、学習理論、教育学があり（Richards & Rogers, 2014）、Asher は L2 習得も子供の L1 習得と同じ過程を踏むべきだと唱えている。つまり、聞くことを通して言語入力を行い、その入力に対して反応することにより言語を習得して行くという過程である。具体的には、子供は親や周りから最初に多くの命令、指示を受け、言語で返すよりもまずは身体の動きによって反応するが、この過程を外国語学習でも繰り返すべきだということである。以下は活動例である。

教師：Stand up.
生徒：（指示を聞き、立ち上がる）
教師：Raise your right hand.
生徒：（右手を上げる）
教師：Sit down.
生徒：（座る）　　　（筆者作成）

この後、今度は役割を交代し, 生徒が命令を出すという活動を行うことも可能である（Asher, 1977）

この教授法は特に初級レベル学習者の指導に効果を上げており、日本の小学校での英語の授業でも活用されているが、この教授法のみで授業を行うことは現実的ではないであろう。他の教授法に部分的に取り組むなどの工夫が必要である。

Transfer

転移

　転移（transfer）とは、既有の言語知識や技能が、新しい言語知識や技能の学習に転用される現象である。転移はいうなれば既有の知識や技能に基づく一般化の結果であり、転移が正用に結びついた場合は、正の転移（positive transfer）、誤用に結びついた場合は負の転移（negative transfer）と呼ぶ（Brown, 2014）。しかしどちらも知っていることを最大限に活かすという認知過程であり、正誤は結果論にすぎない。一般的にL2知識が少ない初級学習者の方がL1により依存した一般化をするので、L1からの転移が起こりやすく、学習レベルが上がるにつれてL2知識が増えるため、既知のL2知識を過剰一般化（overgeneralization）して誤ることが増える分、L1からの転移は減る傾向にある。また、類型的に似た言語間の方が転移は起きやすい（Jarvis & Odlin, 2000）。

　1960年代頃までは、L2習得過程における負の転移にもっぱら注目し、負の転移が学習に干渉（interference）するとして、指導で排除することを重視していた。しかし今日では、転移という概念が、L1からL2への否定的な影響だけではなく、正の転移や、既知言語全ての言語知識が相互に影響し合う現象を含む、より広い範囲の転移を指すようになっている。古い意味の転移と新しい意味の転移を区別するために、後者のより広い意味の転移を言語間影響（cross-linguistic influence）と呼ぶことも多い（Kellerman & Sharwood Smith, 1986）。

　言語間影響には、L2がL1に影響を及ぼす逆転移（reverse transfer）や、L2とL3が影響を及ぼし合う中間言語転移（interlanguage transfer）も含まれる。また、言語間影響は、音韻（母音・子音、音

節構造、リズム・イントネーション）、語彙（語義の範囲やニュアンス、用法、意味概念）、形態統語、談話（話の展開の仕方や議論の構造）、語用論、文体のいずれにおいても、産出・理解の両方の情報処理過程において複合的に起こっており（Odlin, 2003）、当初想定されていたよりも複雑な現象であることがわかっている。

　対照分析（→ Contrastive analysis 参照）が全盛期だった 1960-70 年代は、L1 と L2 の構造的な違いだけが転移の原因だと考えられていたが、学習者は主観的な言語類型論（これを心理的類型論 psychotypology という）に基づいて転移できるかどうか（転移可能性 transferability）を意識的あるいは無意識的に判断しており（Kellerman, 1979a）、何がいつどのように転移されるのかを予測することは難しい。とはいえ、L2 の宣言的知識（→ Declarative knowledge 参照）を使って、正しいかどうかをモニターできる文法に比べて、自動化（automatization）されてしまっている発音や、言語文化間で社会的規範が異なるということに気づきにくい語用論において、より転移が起きやすいことは実証されている。

　L2 音韻習得においては、特に超分節音（suprasegmentals）、つまり音節構造やリズム・イントネーションの転移の影響力が顕著である。分節音（segmentals）、すなわち個別の母音・子音でも転移はよく起こるが、発音の明瞭性・わかりやすさ（→ Intelligibility 参照）により大きく影響するのは超分節音の転移である。

　語彙面では特に語彙が表す概念が L1 と L2 とでずれている際に転移が起きやすい。例えば know の意味を「知る」だと思っていると、「知ることができる」という意味を表そうとして "I can know." と言ってしまうことが考えられる。know は既知の状態を表す動詞であるため、これから「知ることができる」という意味では使えないが、日本語の「知る」という動詞の意味を英語に当てはめてしまうと負の転移とな

る。

　文法面では、主題優勢言語（topic prominent language）である日本語の影響で、主語優勢言語（subject prominent language）である英語において、主題を主語としてしまう転移が起きやすい。例えば、飲み物を注文する場面で日本語では「私［主題］はコーヒー」と言えるが、主題の「私」を主語と取り違えて "I am coffee." としてしまう場合である。このとき主語は「注文」なので、"My order is coffee." もしくは「私」を主語扱いするならば、"I'll have coffee." となるところを、日本語の情報構造を転移させていることが誤りにつながっている。

　L2 語用論（→ Second language pragmatics 参照）では、場面に応じた言語表現を転移させてしまう語用言語的転移（pragmalinguistic transfer; 例えば、感謝をしたい場面で、日本語の謝意を表す「すみません」を英語に直訳して sorry と言ってしまうこと）や、特定の場面で期待されている社会文化的規範を転移させてしまう社会語用論的転移（sociopragmatic transfer; 例えば誘いを断る際に、L2 では断る理由を具体的に述べることが社会文化的に適切である場面で、L1 で適切だとされる曖昧な断り方をしてしまうといった対応を取ること）が生じやすい。語用論における転移は、他の言語的側面と違い、初級学習者と比べて、ある程度語彙や文法などの知識が身についている中・上級学習者により頻繁に起きやすいのが特徴である。

　英語教育では、様々な転移が起きやすいことを意識して、学習者の気づきを促す明示的な指導をすることが有効である。また、転移は予測不能なことも多いので、学習者の犯した誤りを見てから、日本語の影響による誤りであることが明らかな場合には、日本語と英語の対照比較を示して両言語の違いを具体的に説明することが効果的である（McManus, 2022a）。

Translanguaging

トランスランゲージング

　トランスランゲージング（translanguaging）とは、特定の言語の枠にとらわれず、話者が持つ言語的レパートリーを最大限に使うことを意味する（García & Kleyn, 2016）。また、García & Wei（2014）においては、話者による複雑、かつ相互に結び付いた言語の創造と使用は、1つまたは複数の伝統的な言語の定義に容易に割り当てることができず、むしろ話者の言語レパートリー全体を構成すると説明されている。コードスイッチングにおいては、L1とL2を独立した言語として考え、必要に応じて言語を切り替えるとしているが、トランスランゲージングでは、2つの言語を分けて考えず、1つの言語システムとして捉えている。つまり、「言語」の枠組み自体を否定的に捉えていることになる。トランスランゲージングに基づく言語教育を考えた場合、学習者の持つ言語的・文化的資源を教室内で有効に活用すべきということがいえる。

　現在、中学高校の授業においては、「英語で行うことを基本とする」とされているが、日本語を一切使わずに全て英語での授業が求められているわけではない。トランスランゲージングの理念に基づき、活動の目的や、学習者の理解に応じて適切に日本語を用いたり、学習者自身にも日本語を活用させながら、英語を学ばせる必要があるだろう。例えば、あるトピックでディスカッションを行う際、最初に日本語で意見交換をしてもらい、考えを深めたうえで、英語で行ってもらうなどが考えられるだろう。また複雑な構文の理解のために日本語を交えた説明を加えることも有効かもしれない。使用言語を基本は英語としながら、トランスランゲージングに基づいた、有効なL1の活用が重要であるといえる。

Triadic models of fluency

流暢性に関する 3 種のモデル

流暢性に関する 3 種のモデル（triadic models of fluency）とは、流暢性が発話生成モデルの観点から 3 種に分類できることを示す用語で、Segalowitz（2010）により提案された。

このモデルが現れる前に、発話の流暢さ（speech fluency）は多次元的かつ複合的な要素から成ると主張する研究者がいた。Goldman-Eisler（1961）である（→ Fluency 参照）。その後、Levelt（1983, 1989, 1999）が L1 に関する 3 層構造から成る発話生成モデル（概念化→構築・構造化→発音）を発表し、このアイディアは Bock & Levelt（1994）、Bot（1992）、Freed（2000）、Kormos（2006）などによって L2 の発話生成モデルに取り入れられた。流暢性は多様な局面から成るという彼らのアイディアは、その後、下に挙げる 3 種のモデルへと変容した。これらは、上から順に、認知的、個別的、社会的観点に基づく概念化とみることもできる。

(1) 認知機能に係わる流暢さ（cognitive fluency）：音声処理上の自動化のレベルが関与→流暢さが上がるにつれ処理速度が速くなり労力が減少

(2) 発話生成に係わる流暢さ（utterance fluency）：スピードやポーズ、躊躇現象（例：有声休止、語の部分音延長、繰り返し、言い直し、フィラー挿入）など時間長と回数の客観的方法で測定しうる指標が関与

(3) 知覚上の流暢さ（perceived/perceptual fluency）：聞き手が話者の流暢さのレベルを判断しランク付けする際に用いる推論・判断のための手段や方法が関与

言い換えると、流暢さの判断は、話者自身が経験する 2 部門（上の 1

と2）と聴者が経験する（評価する）1部門（上の3）の3種に分け
て総合的に分析されるべきということである。前者は、客観的に観測
できない話し出す前の心理面（認知・思考）と観測できる発話中の物
理的現象面（テンポやポーズ、言い誤りなど）に立脚した観点であり、
後者は聞き手側に立脚した観点である。これらの3概念はどれも互い
に異なってはいるが、複合的に絡み合ってL2学習者の流暢さに関与
していると考えられており、現在、認知系およびSLAの研究者間で
支持される知見となっている。

　近年ではL2の流暢性がL1の流暢性とどのような関係にあるかに
も関心が集まっている。これまでのいくつか研究によれば、発話速度
と無声休止長においてはL1とL2の間に相関性のあることがわかっ
ている（Derwing et al, 2009）。さらにCox & Smemoe（2012）では、
無休止連続発話長もL1と相関性のある指標の1つに数えられている。
要は、話者には話す際の流暢さに係わる「癖」のようなものがあり、
使用言語がL1からL2になっても保持される傾向が見られるという
ことである。

Triangulation

トライアンギュレーション（方法的複眼）

　トライアンギュレーション（triangulation）とは、主に質的研究（→
Qualitative research 参照）において、複数の視点を組み合わせて研
究対象とする問題を考察することであり、バイアスの少ない妥当な解
釈をもたらす。

　通常複数の視点とされるのは、データ、調査者、方法、理論である。
データの視点においては、可能な限り、現在のデータとは違う背景や

要素を持つものにも同じ解釈が当てはまるか検証することである。調査者の側面では、「できれば各研究者が異なる専門性や視点を持っていて、異なる役割を受け持つと良い。そうすれば複合的な視点からのかかわりを反映でき、豊かな理論を導き出せる可能性が増す」（バニスター他著，五十嵐他訳，2008, p. 191）。方法論においても、1つの方法だけによって導かれた結果はその方法に影響されている可能性があるので、複数の方法を適切に組み合わせるとより信頼性・説得力のある結果が得られる。そこには、広義では、質的研究と量的研究（→ Quantitative research 参照）を組み合わせた混合研究（→ Mixed methods research 参照）も含まれる。同様に理論面においても、いくつかの関連する理論に基づいた複眼的な視点からの考察が重要である。

　実際に出版された国内外の英語教育の論文には、統計的分析を半構造化インタビュー（決まった質問をしながら、被験者の回答に応じて深堀りしていく調査手法）や参与観察などで補完するものがかなりあるが、トライアンギュレーションに明確に言及したものは少ない。研究手法を学ぶ際に必ず強調される重要な概念であるため、良質な論文はできるだけ複眼的な視点を取り入れようとし、取り入れられない場合は「限界」として示すことが多い。また査読者が論文を審査する際にも、結果の妥当性や解釈の適切さを判断するために常に念頭に置いている考え方である。

T-unit

Ｔユニット

　Ｔユニット（T-unit）とは、言語学的研究を行う際に用いる測定値

の1つであり、通常は主節とそれに付随する従属節を指す。それを最初に定義した Hunt（1964）によると、言語の最小の終了可能な単位、すなわち「文法的な文」とみなすことができる最小の単語群を指す。通常「文」と呼ばれるものは、書き手がピリオドによって区切ったものであり、実際は複数のTユニットが and などの接続詞でつなげられていることも多い。Tユニットの長さは構文の複雑さの指標として使用できるため、1970年代に、ライティングやスピーキング研究などにおいて重要な測定単位になった。

　Tユニットは、特定の言語サンプルに影響されない客観的な尺度であり、子供の認知的発達や、L1とL2の習得プロセスの比較に頻繁に用いられてきた。

　SLAにおいては、Larsen-Freeman & Strom（1977）やPerkins（1980）によって、ESLの生徒の作文の質を評価するための客観的な尺度として使用されている。ライティングの中に現れるTユニットの長さやTユニットに対するエラーの比率などを調べることで、学習者の熟達度がわかる。

　Tユニットを使った研究は日本人学習者を対象とするものも多々あるが、いくつかの問題点も指摘されている。まず、特にL1に関する研究では、修飾部分が非常に長かったり、句読点の切れ目が曖昧なケースがある。スピーキングにおいては、ポーズや繰り返しなどの解釈が難しい。また、L2に関する研究では、何をエラーとするか（スペリング、句読点などのマイナーな間違いを含めるか否か）を判断する基準によって分析結果が変わったりする問題が報告されており、また、熟達度の低いレベルの学習者の産出物の分析には適さないという指摘もある（Bardovi-Harlig, 1992a; Gaies, 1980,）。

Validity

妥当性

妥当性（validity）とは、評価やテストにおいて、目的として掲げた能力や下位能力が適切に測定されているかという概念である。信頼性（→ Reliability 参照）と並んで良いテストを作成するための必須要件ではあるが、その検証は統計よりも推論に頼るため証明の難しい概念でもある。

半世紀前に米国の主要学術3団体（AREA, APA, および NCME）の協力で編集され、何度も改訂されてきた *Standards for Educational and Psychological Tests and Manuals*（1966）においては、妥当性は「基準関連妥当性（並存的妥当性、予測的妥当性を含む）」と「内容的妥当性」および「構成概念的妥当性」に分類されている（三位一体説）。それぞれ、あるテストが準拠した基準、学習対象の内容、そして構成概念に合致しており、それぞれを十分測定するものとなっているかということである。

この基準と付属マニュアルはその後も改訂されるが（最新の改訂版は2014年に発行）、1985年度版と1999年度版に新しい妥当性の考え方が示されている。1985年度版では、Messick（1988）などの提案を反映して、より一元的・普遍的な定義がなされた（「妥当性とは、テスト得点を基になされた推論が、適切で意義があり、有用であること」）。つまり、妥当性検証の目的は、テスト得点の解釈がその目的に対してどれだけ適切で意味のあるものであり、また有用性があるかを明らかにすること、また、その結果の解釈や使用が社会や個人に与える影響を推論することとされた。1999年改訂版では、妥当性のタイプを示すのではなく、妥当性を検証するために用いられる様々な側面の「証拠となる情報源」として、5つの分野が挙げられている。それは、

483

①テスト項目と内容の関連性、②構成概念と受検者の解答行動の連関の重要性、③テスト項目および結果と構成概念構造の対応関係、④他の測定との相関関係、⑤テスト得点の解釈と使用が与える影響である。

今も入門書などには、最初に述べた3タイプの妥当性を挙げているものも多いが、妥当性の検証は難しく様々な方法論があるので、Bachman & Palmer（2010）や Kane（2013）などは、それぞれの測定に適した検証方法を選び、推論過程を明らかに示す議論（assessment use argument, AUA）の必要性を提唱している。

学校現場のテストで妥当性を高めるためにできることは、何よりも、あるテストが測定目的とした能力を測っているかについて、内容的妥当性と構成概念的妥当性を事前・事後にテスト細目表（test specification）に基づいて検討すること、そして問題点については、同僚などの協力者の客観的意見を積極的に求めることであろう。

Virtual reality（VR）

仮想現実

仮想現実（virtual reality, VR）とは、現実世界のような体験を仮想的に創り出す技術や環境を指す。仮想現実はゴーグルのようなヘッドマウントディスプレイや手袋型コントローラーなどのデバイスを使用して、現実的な視覚や聴覚の刺激を提供し、自分を体験に没入させることを目的としている。コンピューターグラフィックスや音響技術を使用して、人々を現実世界とは異なる環境や体験に没入させることができ、通常、動きや音、振動などの物理的な感覚も再現することができる。VR を活用することで、従来の方法では到達できなかった体験や知識の獲得が可能になり、実体験に近い形で効果的な学習やト

レーニングが行われると期待されている。

　英語学習者がVRを使用することで、英語のリスニング、スピーキング、リーディング、ライティングに関する様々なスキルを向上することができる。例えば、VRを使用することで、英語での会話やコミュニケーションのシミュレーションを行うことができる。現実の状況を再現することができるため、実際の英語でのコミュニケーションに対する自信を深めることができる。

　また、VRは、英語学習者による文化的な体験を提供することもできる。例えば、英語を話す国々の観光名所、博物館、美術館などを訪れたり、異文化交流をしたり、ロールプレイをしたりすることが可能である。学習者自身の顔ではなく、アバター（自分の分身であるキャラクター）を利用すれば羞恥心を軽減でき、外国語学習に対する不安が少なくなると期待できる。

　VRは、言語学習者の動機づけや自律性、協調性、コミュニケーション能力などを高めることが期待される。また、教師の役割や評価方法なども変化させる可能性がある。VRの利用は、リアルな環境の再現によって英語のコミュニケーション能力の向上をサポートする。場所や時間の制約を受けずに学習することができ、ゲーム化された学習プログラムを通じて学習の楽しさや興味を引き出すことが可能である。また、VRを通じて英語の発音やアクセントなどの難しい部分をリアルに学ぶことができる。さらに、複雑な文化的状況や観光名所の再現も可能であり、学習者は英語学習だけでなく、異文化や歴史も同時に学ぶことができる。

　一方、VRの利用にはいくつかの課題がある。高価なハードウェアやソフトウェアが必要であり、全ての学習者がアクセスできるわけではない。教師や学習者には、VRの使用方法に関するトレーニングや教育が必要であり、これが負担と感じられることがある。VRが提供

する環境は現実とは異なるため、実際のコミュニケーションで直面する問題を完全に再現することは難しい場合がある。また、VRが提供するリアルな体験は、一部の学習者に感情的なストレスをもたらす可能性がある。

VRのほかに、AR、MR、SRというものもある。AR（augmented reality）は「拡張現実」と訳され、現実世界にCGなどで作った仮想現実を反映（拡張）させる技術である。具体例としては、スマートフォン（スマホ）のゲームアプリを挙げることができる。位置情報を使って、画面内に現実世界の風景と仮想現実のキャラクターをいっしょに映しだし、あたかもその場（現実）にゲームのキャラクターがいるかのような体験ができる。一方、MR（mixed reality）は「複合現実」と訳され、仮想世界にカメラなどを通して現実世界の情報を反映させる、いわばARとは逆の技術である。SR（substitutional reality）は「代替現実」と訳され、ヘッドマウントディスプレイを活用して現実世界に過去の映像を差し替えて映すことで、昔の出来事があたかも現在、目の前で起きているかのような錯覚を引き起こす技術である。

これらの様々な「現実」の中には英語学習における活用事例がまだ存在していないものもある。しかし、英語学習においてどのように活用できるかという点において、今後の展開に期待が持てる。

Vocabulary knowledge and proficiency/skills

語彙知識と熟達度 / 技能

語彙知識と熟達度 / 技能（vocabulary knowledge and proficiency/skills）とは、語彙知識がどの程度目標言語の熟達度や技能に関わっ

ているかということを意味する。語彙と4技能の熟達度には高い相関関係がある。一般に語彙サイズが大きい学習者ほど、熟達度は高い傾向にある。Alderson（2005）は学習者の語彙サイズと技能の相関を調査したところ、リーディングで.64、リスニングで.65、ライティングで.70から.79と、中から高程度の正の相関がみられたことを報告している。

　4技能の中では、語彙とリーディングの関係を調査した研究が一番多く行われている（Schmitt & Schmitt, 2020）。知っている単語が多いほど、リーディングにおける理解度は高くなる（Hu & Nation, 2000; Schmitt et al., 2011）。未知語の類推を行うためにはテキストの少なくとも95%の単語、楽に類推するには98%の単語を知らなければならない（Hu & Nation, 2000）。簡易に書き換えられていない英文テキストを辞書などの助けなしに理解するためには8,000から9,000語族が必要だと言われている（Nation, 2006）。

　リスニングにおいても語彙の知識は重要である。Kelly（1991）は最も頻繁にリスニング理解を妨げるのは語彙不足であるとしている。日常的な会話などのインフォーマルな場のリスニングでは、95%を理解するには3,000語族、98%理解するためには5,000から6,000語族が必要である（Nation, 2022）。映画やテレビ番組では、95%理解するには3,000語族、98%理解には6,000語族が必要だとされる（Webb & Rogers, 2009a, 2009b）。

　発表技能においては、学習者の置かれた場面や状況によって必要な語彙数は変わってくる。スピーキングにおいて最低限の意思を伝えるためには、高頻度2,000語族は発表語彙にする必要がある。この場合、単語の意味がわかるだけでなく、コロケーション、文法パターンや使用上の制約（頻度や使用域）も理解していなければならない。ライティングでもトピックによって必要な語彙数は変わってくる。理論的な文

章を書きたいのであれば、上位 2,000 語族にアカデミック・ワードを加え、3,000 語族以上を発表語彙にする必要があるだろう。上記の語彙知識に加えて語形変化も含めた正確な綴りの知識が必要になる。

　学校における英語授業では、まず最高頻度の上位 2,000 語族を受容語彙にし、さらに発表語彙にすることが最優先になる。まずは英語によるインプットをふんだんに与える。口頭の場合は覚えてもらいたい単語を強調して伝える。文章では覚えてもらいたい単語を太字にしたり、下線を引いたりするインプット強化を使用する。限られた時間の中でコミュニケーションを通し、付随的にこれだけの語彙を学習させるのは無理がある。リスニングやリーディングと語彙に焦点を当てた活動を組み合わせたり、単語カードやリストなどを利用した意図的学習とうまく組み合わせたりする必要があるだろう（佐藤・笠原, 2022）。さらに語彙の学習方略を伝え、自立した学習者として語彙学習を継続できるように支援していく必要がある。

Vocabulary learning strategy
語彙学習方略

　語彙学習方略（vocabulary learning strategy）とは、学習者が新たな語彙を効率的に理解し、記憶し、利用するために用いる技術や方法のことを指し、学習者が新たな語彙を効率的に理解、記憶、使用するのを助ける（Nation, 2001）。具体的には、語彙の関連性に基づく記憶法、語源の理解、文脈からの推測、外来語の比較、単語帳、多読、多聴、歌の利用、キーワード（→ Keyword technique 参照）、データ駆動型学習（→ Data-driven learning, DDL 参照）などがある。これらの方略は、単独でも組み合わせても使用できる。効果的な語彙学

習のためには、これらの方略をうまく組み合わせ、学習者の学習スタイルや英語力、目標に適した方法を使用する必要がある（e.g., Takač, 2008）。

　教室で効果的な語彙指導を行うためには、教師が語彙学習方略を十分に理解している必要がある。また、適切な語彙学習方略は、学習者の英語力やクラスの人数など様々な要因によって異なるため、クラスの状況に対応する適切な指導法を教師が選択する必要がある。

　近年、語彙学習方略の領域において、語彙頻度（→ Word frequency 参照）に基づく研究が進展しており、学習者が頻度の高い語彙を優先的に学習することで、習得効率が向上することが示唆されている。例えば Nation（2001）では高頻度語彙リストやコーパスに基づく学習の重要性が詳細に解説されている。

　日本における近年の語彙学習方略の研究に内田（2021）があり、中学生 233 名、高校生生 304 名を対象に、学習目標、学習観、学習方略使用に関する質問紙調査および語彙サイズテストを実施した。学習方略使用については、反復方略（読み書きを繰り返す）は一貫して多く使われる一方で、より深い処理を伴う関連づけ方略（未知の語彙を既知の語彙と関連付ける）や表現・活用方略（実際の文脈で使用する）の使用は停滞するか減少する傾向が見られた。しかし語彙サイズと関連づけ方略の間には中学 3 年以降で正の相関が見られ、ある程度学習が進んだ段階で関連づけながら学習することの有効性が示唆された。一方、関連づけ方略が有効となる高校生においてその使用は増えていかず、そのことを考慮して指導する必要性が示唆された。

　語彙学習方略は L2 習得において重要な要素であり、教師による適切な指導が求められるだろう。教師によるより効果的な方略の使用や指導法の開発が期待される。

Vocabulary learning through interaction

インタラクションによる語彙学習

　インタラクションによる語彙学習（vocabulary learning through interaction）とは、学習者が目標言語を使って他者とやり取りをしている際に、新たな語彙知識を付随的に得ることを意味する。L2 学習者はネイティブ話者や、自分よりも熟達度が高い学習者との会話を通し、文法、発音、語彙などの目標言語に関わる知識を獲得していくことがわかっている。学習者と相手話者との意味交渉（negotiation of meaning）により、相手話者のインプットが学習者の理解可能なものへと変化していき、学習を支援していく（Long, 1983）。意味交渉には相手に発言を明確にするよう要求する明確化要求（clarification check）、自分の理解が正しいかをどうかを相手に確認する確認チェック（confirmation check）、自分の意図が相手に正しく理解されているかどうかを確認する理解チェック（→ Comprehension check 参照）などの修正フィードバック（→ Corrective feedback 参照）が含まれる。その結果、相手側から繰り返し（self-repetition）や言いかえ（paraphrase）を引き出し、相手側のインプットが理解可能なものへと調整されていく（Long, 1996）。

　語彙に関するインタラクションは ESL 環境、EFL 環境にかかわらず、頻繁に行われている（Kim, 2017）。Brown（2016）の教室内における修正フィードバックに関するメタ分析（→ Meta-analysis 参照）では、文法を対象としたフィードバックが最も多く（42.7%）、続いて語彙（27.6%）、発音（22.4%）が続く。しかし学習者に認知されやすいのは文法や形態素に関するものよりも、語彙や発音に関するフィードバックである（Gass, 2003）。語彙に関する主なインタラクションとして、未知語の意味を確かめるもの、語の言い間違いを修正するも

の、言いたい物事を意味する L2 語を教えてもらうものなどがある。こうしたインタラクションを通し、学習者は語彙の意味理解を深め、結果としてその保持率も向上するなどの好ましい効果があると考えられている（Gass et al., 2020）。

　教室においては、教師は意図的に学習者に覚えてもらいたい語を含む教材を配布し、学習者にペアやグループで意味の確認をさせる活動を行うと良いであろう。そのあとに教師から学習者に目標語の意味確認をする。学習者が誤った意味を言った場合、明示的に修正するだけでなく、ヒントを与えてさらに類推させたり、ピクチャーカードなどの視覚補助を与えたりするなど、フィードバックの仕方に変化を持たせると良いであろう。

Voice onset time（VOT）
有声開始時間（声立て時間）

　有声開始時間（VOT）とは、閉鎖を伴う子音（破裂音・破擦音）の閉鎖の開放から次の母音の開始（声帯振動の始まり）までに生じる時間差のことである。これは、聞き手に頭子音が有声か無声かを判断させる重要な音響上の手がかり（キュー）となる。有声の場合、VOT はとても短いかゼロであるが、負の値を取るときもある。後者は、声帯の振動が閉鎖の開放よりも早く開始するときである（先行有声化: pre-voicing）。VOT が正の値を取る場合、それが小さければ short voicing lag（VOT = 0ms ~ 20ms）と呼ばれ、大きければ long voicing lag（VOT = 20ms 以上）と呼ばれる。つまり、前者は調音に際し声帯振動の開始が先行閉鎖音の開放よりも少しだけ遅れて始まるが、後者はかなり遅れて始まるということである。無声閉鎖音の

VOT の範囲はおおよそ +25ms から +100ms で、有声閉鎖音の VOT は −20ms から +20ms である（Kent & Read, 1992）。よって、前者の最小値と後者の最大値における差は 5ms となるが、これが聴者に無声閉鎖音か有声閉鎖音かを判断させる上での境界領域となるのである。

　英語において無声閉鎖子音 /p, t, k/ は、語頭でかつ強勢音節中にあるとき、帯気音（もしくは気息音：aspiration）を帯びて生成されることが知られている。このとき、/p, t, k/ の異音である [pʰ, tʰ, kʰ] の VOT は、さらに長いものとなる。言い換えると、後続母音の振動開始が遅れるので、その分だけ VOT が長くなるということである。母音として発音されているのに無声のままであるこの出だし部分が、気息音に相当する部分である。語頭の /p, t, k/ に後続子音がつづく場合（例："plot, trick, cream"）、同様に、気息音化は摩擦化の形で起こり、結果、後続子音（わたり音）生成のための声帯振動は出だしの部分で遅れるのである（Ladefoged, 1982）。

　英語の無声閉鎖子音 /p, t, k/ は、音韻的には /b, d, g/ と対立する関係にあるが、音声的には [pʰ, tʰ, kʰ] とも明瞭に異なる。よって、音声教育の観点からいえば、気息音生成の習得は重要といえる。例えば、"Andy patted the puppy." と言いたいとき、動詞 "patted" の語頭子音 /p/ を気息音化せずに発音すると、聴者に "batted" と取られてしまう可能性があるのである。英語の無声閉鎖音の認知は、音声学的には (1) 無声音か、(2) 有声音か、(3) 気息音を持っているか否か、の3点に基づいて判断されるからである。そして、聞き手が判断する上で音響学的に拠り所とするのは VOT なのである。SLA の音声教育研究で L1 と L2 の VOT 値を比較した研究は少なくない（Flege, 1995; Netelenbos, Li & Rosen, 2016; Stoehr et al., 2017, 2018）。ただ、どのように指導すれば L2 学習者の VOT 値を目標言語の NS のもの

に近づけられるかの方法論を直に論じたものはない。

Voice quality
声質

音声学における声質（voice quality）とは、調音方法が関与する音色上の特性であり（→ Articulation 参照）、この特性は舌、唇、咽頭、鼻腔などの調音器官を動かすことによって生じる声道（二又管）の形状変化によって決まる。簡単にいえば、声質とは意味の弁別機能を担う音素がそれぞれ持つ固有の音色（timbre）のことである（→ Phonemes, Minimal pair 参照）。ただ、広義には、発声方法上の違いが生み出す周辺言語的な（paralinguistic）特性によって分けられたりもする（例：きしみ声 creaky voice、息もれ声 breathy voice）。

生成音韻論（generative phonology）が 20 世紀中頃よりアメリカで始まり、当初、分節音の声質は音響的特性に基づく弁別素性で表わされた（Jakobson et al., 1952）。その後、Chomsky & Halle（1968）では音響的素性の多くが調音的素性に転換され、これは現在も素性の定義方法の主流となっている。

＜子音＞

子音の声質は、(1) 声のあるなし（phonation）、(2) 調音位置、(3) 調音方法で決まる（→ Articulation 参照）。声のある音声は「有声音」、なければ「無声音」と分類される。調音位置は、声道内で能動調音器官（例 /t/：舌先）と受動調音器官（歯茎）が一緒になって関与する場所のことだが、通常、後者のみが音声の命名に利用される。調音方法とは、ターゲット音声が特定の位置にある調音器官によってどのように生成されるか表す用語である（例：摩擦音、閉鎖音、鼻音＝鼻

493

腔で共鳴が起こる）。

＜母音＞

母音は全て倍音（ハーモニクス：基音の整数倍の振動数を持つ部分音）を持つ有声音である。各母音の持つ倍音構造の特性が音素としての音価を決める。何が母音の倍音構造を変えるのかといえば、声道内での舌の位置（高さと奥行き）と唇形（円唇か平唇か）である。音響学的に言えば、これらが変化することで、共鳴のピークを示すフォルマント（F1 と F2）の値（周波数）が変わるからである。F1 は縦の空間（咽頭）、そして F2 は横の空間（舌と口蓋の隙間）の容量に相関することが知られている。母音を円唇化すると声質が変わるのは、口先が尖ると後者の容量が増え、結果、F2 が低くなるからである（円唇化母音）。

SLA 研究では、近年、コンピューター利用の L2 音声教育が試みられている（Thompson, 2018）。そこでは機械の合成音声を用いて音素教育（母音が中心）が行われる（→ High variability training, HVPT 参照）。

最後に、学びの場での SLA（→ Instructed second language acquisition, ISLA 参照）の入門レベルでの音声指導において子音と母音のどちらを先に扱うかについてだが、母音は単独で生成可能だが、子音は母音なしで生成できないという点を考慮すると、自ずと母音の指導が先ということになろう。

Vowel duration

母音長

母音長（vowel duration）とは、字義通り、母音の時間的長さのこ

とである。単位は時間（通常、秒もしくはミリセカンド：1秒＝1000ms）である。母音は破裂音などと違って［+継続性］の素性を持つ音声なので（→ Vowel, Phoneme, Syllable 参照）、日本語のように「長母音」（2モーラ）と「短母音」（1モーラ）が対立する言語もある（例：遺書と衣装）。しかし、現代英語のようにそのような対立を持たない言語もある。英語における母音の長さは、環境（語中どんな音声と一緒に起こるか）に左右され、明確な比で対立するわけではないからである。英語は11世紀の古英語までは母音の長短が対立する体系を有していたが（de Chene, 2014; 中尾, 1985）、現代英語においてはその様相を一変させている（竹林, 1996）。例えば、"bit" と "beat" の母音対（/ɪ/ vs. /i/）においては、前者は後者よりやや短いが、これはあくまで尾子音が同じ場合（無声子音 /t/）であって、"bid" と "beat" ではほぼ同等となる（Lehmann & Heffner, 1943）。後者では、緊張母音（/i/）が無声子音（/t/）に後続されるため物理的に短化するからである。

　では、なぜ現代英語において、その記述に「長母音」（long vowel）と「短母音」（short vowel）という用語が未だに使われ続けるのか。現代英語における母音の違いは「緊張」（tense）対「弛緩」（lax）による質にあるのであって長さにあるのではないとして、これらの用語を使わない研究者もいる（Kenyon, 1950）。ともあれ、「短母音」「長母音」の使用は、Jones（1956）以来の伝統で、これが今も続いているというわけである。それというのも、「弛緩母音」（抑止母音とも呼ばれる）と「緊張母音」（開放母音とも呼ばれる）は確かに質で異なるが、後者は前者に比べて音声的にやや長くなるというのも事実だからである。理由は、調音器官を緊張させるのに弛緩母音と比べて時間が余計にかかるからである（Fox, 2000）。ゆえに Jones（1956）では、両者を長音符（/ː/）のあるなしで区別したのである（例："sit" /sit/

vs. "seat" /siːt/）。ただ、この伝統的表記法は「短母音」「長母音」の音質上の違いを不明瞭にする恐れがある。つまり、L2学習者がこの違いを単なる長さ上の違いとして理解してしまう危険性があるのである。一方、Kenyon（1950）では長さよりも質の違いに焦点が当てられ長音符なしでそれぞれに異なる記号が使われたが（例：/sɪt/ vs. /sit/）、この表記法では両母音の持つ長さ上の微妙な違いを表すことができないというジレンマをもたらす。よって、どちらの表記法にも一長一短があるということになる。

英語の母音を長さの観点から体系づけようとして、近年では「音節量」（syllable weight：→ Syllable 参照）という概念が導入されている（Durand, 2005; Hyman, 1985）。モーラは音節の長さ（「重さ」"weight"と呼ばれる）に関与する単位でもあり、抑止母音もしくは短母音（/ɪ, ʊ, ʌ, ɛ, æ/）のモーラ数を1とすると、それ以外の母音（開放母音 free vowels /iː, uː, ɔː/ と二重母音 diphthongs /eɪ, aɪ, oʊ/ など）は2で表せる。理由は、後者と違い、前者は必ず尾子音を必要とするからである。なお、尾子音も音節量に関与する要素でモーラ数1が与えられている。［軽音節：(C)V, 重音節：(C)VV, (C)VC］

上記の音節量理論は、英語音声教育の観点からも有用である。英語の母音は音色だけでなく長さにおいても異なるということを正当化してくれるからである。なお、母音長はリズムと表裏一体の関係にあるので、実際の長さはリズムで決まるということも理解しておかなければならない（→ Rhythm 参照）。ちなみに、母音長は英語（L2）の学習者が習得すべき重要な要素の1つとして Jenkins（2000）の Lingua franca core の中でも言及されている（→ Nativeness/Intelligibility principle 参照）。

Washback effect

波及効果

評価における波及効果（washback effect）とは、評価やテストが学習者に及ぼす様々な影響を総体的に表す。広義では、ある分野やスキルのテストをするということ自体が、学習者にそのために勉強しなければならないというプレッシャーを感じさせたり、逆に頑張ろうという意欲につながったりすることを指す。

Alderson & Wall（1993）は、テストの波及効果は指導と学習の両方に及ぶとし、指導においては内容、方法、成果に、学習においては、学習者の態度、信条、動機づけに現れる影響について研究の方向性を示した。

波及効果には、望ましい肯定的な効果（正の波及効果：positive washback）と排除したい否定的な効果（負の波及効果：negative washback）がある。教師がテストで高得点を得るために大切だと強調する事柄も、実際のテストを受けた学習者が特定のストラテジーがうまく働いたと感じる成功体験も、テストに関する様々な情報や体験が波及効果につながる。それらがポジティブかネガティブかどうかは状況や個人の特性などの要因もあり、一概にはいえない。また、波及効果はテスト開発者や作成者が意図した方向に働くとは限らず、予測できない結果ももたらす。Watanabe（2004）は、波及効果のうち、正負に関する側面を「価値（value）」、意図的か非意図的かを「意図性（intentionality）」と呼んでいる。

波及効果の研究は世界的にも国内でも、その結果が受験者に重要な影響を与えるハイステークスなテストに関するものが多く、国内の研究では圧倒的に大学入試を扱ったものが多い。その概観は Cheng et al.（2015）と Allen & Tahara（2021）に詳しく説明されている。後

者が日本の研究の問題点として指摘しているのは、扱うテストや項目の形式を明示した実証的な研究が少ないこと（大学入試の機密性のためデータが入手しにくいことが一因）、学習者に関する研究に比べて指導に関する研究が少ないこと、そして学習が最も入試の影響を受けている高校生に対する研究が十分ではないことである。

　研究や日々の実践において、正の波及効果を生むためには、実施する評価やテストを良いものにするとともに、それが学習者に及ぼす影響を指導の文脈の中で常に考慮することが必要である。

Web-enhanced language learning（WELL）
インターネットを活用した言語学習

　インターネットを活用した言語学習（web-enhanced language learning, WELL）は、現代のウェブ技術の進歩を背景に、英語教育の質を向上させる教育方法論として重視されている。インターネット上で提供される多岐にわたるリソース、例えばオンライン辞書、語彙向上プログラム、スペルや発音矯正のトレーニングツール、文法学習モジュール、英文読解練習問題、英文校正等、様々なリソースがある。これらのリソースを活用することで、学習者は自らのペースで、必要に応じて繰り返し学習を行うことができる。教育者にとっては、学習者の進捗をリアルタイムで監視し、適切なタイミングで補足指導やフィードバックを提供することができる。

　このアプローチは、大学や高等学校はもちろん、中学校や幼稚園といった教育の初期段階でも取り入れられており、英語の基礎スキル、例えばスペルや文法の習得に焦点を当てた教材が主に使用されている。また、多言語対応のウェブサイトやソフトウェアの利用は、学習

者に異文化理解の機会を提供し、国際的な視野を広げる手助けとなる。

　利点としては、学習者が先進的なテクノロジーに触れることで、デジタルリテラシーも同時に向上させる効果がある。また、即時フィードバックの提供は、学習者が自己評価を行いながら自律的に効率的な学習を進める手助けとなる。欠点としては、学習者がコンピューターへの過度な依存を招くリスクや、一部の学習者がコンピューター技術へのアクセスが困難である場合、この学習方法の恩恵を受けられない問題が挙げられる。ネット環境や情報リテラシーが大きな問題となり得る。

Weighted score
加重スコア

　加重スコア（weighted score）とは、いくつかのテストや評価を総合して評点を産出する際に、その重要度によって違う係数をかけることであり、「重みづけ」とも呼ばれる。それは1つのテストの中に違うスキルや下位能力を測る部分があるような場合にも、採点方法に利用される。

　例えば、1つの授業やコースの評価基準はシラバスに明記されていることが多いが、そのコースの目的や性質に応じて、それぞれの評価の最終評点への寄与率が示される（中間テスト20%、期末テスト30%、小テスト20%、最終プロジェクト30%など）。この例を使うと、100点満点の中間テストで60点をとるよりも50点満点の最終プロジェクトで35点を取る方が、最終評点100点の中で占める点数は大きくなる（中間テストの点数は20%に換算されて12点に、最終プロジェクトの点数は30%に換算されて21点となる）。最近は多くの教

師がオンラインのリソースやコンピューターを利用した成績評価プログラムを使って様々な評価を重み付けしながら、適切な最終評点を算出している。

TOEFL-iBT® などの多様なスキルを測定する外部テストでは、非常に複雑な統計処理によって各部分の最適な重み付けを行っているが、その詳細は公表されていないことが多い。

加重スコアや重み付け自体を扱った研究はほとんど統計学の世界で行われているので、ここでは言語教育で使用できる一般的な説明を得るために、アメリカの3つの学術団体（AERA, APA と NCME, 1999）と Brown（1983）による評価の概説を参考にした。望ましい重み付けは、当然テストや評価の妥当性、信頼性と深く関わっているため、それらの側面をできるだけ検討、分析しながら決定されるべきである。クラス内評価の場合には、どの評価活動をどれくらい重み付けするのが最適かを指導内容や結果分析に基づいて繰り返し検討したい。

Willingness to communicate（WTC）

他者と対話する意思

他者と対話する意思（willingness to communicate, WTC）とは、MacIntyre et al.（1998）が学習者の心理的、言語的、社会的な要因を統合的に図示し、L2 学習者が L2 でコミュニケーション行動をとる可能性をピラミッドの形で示した概念である。MacIntyre et al. は L2 学習者が L2 を使って他の誰かとの話の中に入っていこうとする準備ができた状態であると定義づけ、WTC は言語指導の第一の目標であると提唱している。ピラミッドの最上階である L2 使用ができるまで

の準備段階は6つの階層で表され、2つに大別される（図1参照）。

図1 Heuristic Model of Variables Influencing WTC（MacIntyre et al., 1998, p. 547）

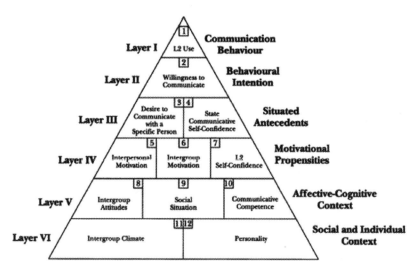

　階層Ⅰ～Ⅲは状況により変わりうるものであり、階層Ⅳ～Ⅵは学習者が比較的恒常的に持つ要素である。L2使用に直接影響を及ぼす要因は学習者の対話する意思やその場の状況だけではなく、根底にある人柄（personality）のように社会的、個人的状況も影響するとしている。また、階層Ⅰ～Ⅲを教室でいかに調整するかの議論を通し、L2指導の目標としてのWTCを提唱している。

　後にMacIntyre（2013）は研究の発展や時代の流れに合わせてWTCの定義を少し修正し、自由にコミュニケーションをとってよい時にその行動をとる可能性、と記している。このように、コミュニケーションを自ら始める学習者を育てることは、英語教育の究極の目標であり、そのためにコミュニカティブな授業を行いたい教師にとっては、なぜ一部の生徒は英語を発してくれないのだろうかと悩むところであ

る。それぞれの階層に沿って生徒理解を深めると、WTC を支えるものとして、(1) L2 でコミュニケーションする自信と意欲をつけること、(2) 教室における言語学習状況を整えること、が影響することが見えてくる。教師は学習環境をどのように整えることができるか、力量を問われることになる。実際に近年では、WTC の変動には教師の影響が大きいことが明らかになっている。

例えば、Zarrinabadi (2014) はイランの大学生 50 名を対象に焦点化エッセイ手法 (→ Focused essay technique 参照) を用いて質的分析を行ったところ、(1) 教師の待ち時間、(2) エラー訂正の方法、(3) 教師からのサポート、(4) 教師が決めるトピックが、WTC の増減に影響を与えていた。教師からのサポートとしては、"Yes", "Good" という応答、"Do you mean this?" といった足場架けを挙げている。(2) (3) (4) については同様の傾向が Sato (2023) でも指摘されている。Sato は中級、上級英語話者の日本人大学生から刺激回想法 (→ Stimulated recall 参照) で WTC の動きを計測した結果、中級話者はトピックに興味があれば話すし、教師など対話者 (interlocutor) から得られる安心感に影響されると述べている。また、上級話者は自分の意見や自分自身について語るときに WTC が上がり、対話者が学習者言語の内容ではなく言語形式を訂正するなど、否定的なフィードバックを提供すると上級話者であっても学習者は自分の英語力不足を感じてしまい、WTC が下がると述べている。

ほかにも直接的な影響を及ぼす要因の特定は盛んに行われ、例えば Yashima (2002) は、日本人大学生のような EFL 環境にいる人にとっては、L2 でコミュニケーションする自信のほか、国外のコミュニティに対する態度 (international posture) が直接 WTC に関連すると主張している。さらに Mystkowska-Wiertelak & Pawlak (2017) は EFL 環境にいる学習者が WTC を向上させるためには、学習者自身

が自分の将来像（positive view of the future/imagined self）をもっていること、他者とコミュニケーションする自信を持っていること、教室環境がコミュニケーションしやすい場であること、国外のコミュニティに対する態度が肯定的であること、義務的自己（ought-to self）があること、そして、教室外においても他者と対話する意思を持っていることが重要な鍵を握っていると指摘している。上記2つの研究に共通していえることは、学習者自身が将来的に英語を使う自分像を想像できる、または期待していることが影響を及ぼすといえよう。

　以上のように、WTC は研究と実践の両面に大きな意義をもつ概念であるので、様々な教室での実証研究を繰り返し、校種、学年、英語力、その他の個人差要因により、具体的にどの階層のどの部分を伸ばす指導を行えばよいかを明らかにしていくことが望まれる。

Word counting unit / Lexical coverage

単語の数え方の単位 / 語彙カバー率

　単語の数え方の単位（word counting unit）とは、テキストやコーパスの単語をグループ分けするための様々な単位であり、延べ語数（token）、異なり語数（type）、レマ（lemma）、フレマ（flemma）、ワードファミリー（word family）等などがある（e.g., Nation, 2016）。延べ語数は含まれる単語の総数で、異なり語数は単語の種類を指し同じ単語は複数回出現しても一度しか数えない（"Stop, Jane. Stop." は延べ語数3語、異なり語数2語）。レマは基本形を辞書の見出し語とし、屈折形（動詞の活用形や名詞の格変化・単複など）にかかわらず同じ品詞の単語を指す（動詞 work の場合、works, worked, working を含む）。屈折形を基本形にまとめることをレマ化といい、コーパス検索

503

や単語リスト作成などに使用される。フレマもレマと同様に基本形を見出し語とし屈折形にかかわらずグループ化するが、異なる品詞の単語も含む（work の場合、動詞の活用形と名詞 work, works を含む）。ワードファミリー（語族）は基本語とその屈折形および派生語から構成される包括的な単位である（work の場合、動詞の活用形と名詞の単複に加え、派生語の worker, workable など）。

　ワードファミリーは語彙研究では読解力の指標として使用されてきた。基本語 work を知っていれば動詞・名詞の work の屈折形、派生語を知っている、と前提する。Laufer（1989）は学術テキストの読解には、テキストにおける既知語の割合を示す語彙カバー率（lexical coverage）95% 以上が不可欠であるとし、そのためには 3000 ワードファミリーが必要であると主張した（Laufer, 1992）。一方、Hsueh-Chao & Nation（2000）は読解には 98% 以上の語彙カバー率が不可欠であるとし、そのためには 8000-9000 ワードファミリーが必要であると主張した（Nation, 2006）。

　しかし、語彙知識測定にワードファミリーを使用することの不適切さを示す研究もある。McLean（2018）は、過半数が中級英語学習者である 279 名の日本の大学生を対象に、12 の高頻度語の屈折形および派生語計 87 語の知識をテストした結果、基本語を知っていても派生語の知識は非常に限られたものであったため、学習者の語彙知識測定に適切な単位はワードファミリーではなくフレマであると主張した。

　単語の数え方の単位の選択により、単語グループの大きさ・頻度や語彙カバー率は異なってくる。研究・調査や単語リストなど教材作成に用いる場合、目的に合った適切な数え方の単位を使用する必要がある。学習指導要領にはどの単位を選択しているのかが示されておらず、これを明示すべきだろう。

504

Word frequency

単語頻度

単語頻度（word frequency）とは、言語データにおいて単語が出現する回数である。頻度と習得の関係については諸説あり、高頻度の言語表現は低頻度の表現よりも早く容易に言語学習者に習得される（Schmidt, 1990）という説がある一方で、単語の具体性や同根語（→ Cognates 参照）に比べ頻度の習得への影響は小さいとする説もある（De Groot & Keijzer, 2000）。いずれにしても学習者が対象言語に習熟するためには、その言語の高頻度単語の理解を深めることが大切である（Nation, 2006）。単語頻度情報を利用した言語学習者向けの語彙学習教材はオンライン上に数多くあり、自律学習に役立つ。Compleat Lexical Tutor（Cobb, 1997-）は初期に開発されたものの1つである。

効率的な英語語彙教育のためには、L1 英語話者が高頻度で使用する単語を優先的に教える必要があるだろう。教師がカリキュラムの中で語彙に優先順位をつけて教えることにより生徒の語彙カバー率（→ Lexical coverage 参照）を高め、生徒が実践的な語彙力を獲得する手助けになる。しかし、頻度の高い単語ばかりに注目すると、学問など特定の場面で必要とされる専門的な語彙が不足してしまう可能性がある。

単語頻度がコロケーション処理に与える影響について Öksüz et al.（2021）は、L1 英語話者 30 名と L1 トルコ語話者 32 名が英語のコロケーション（→ Collocation 参照）の受容性を判断する際の反応時間を調べた。結果は、両グループ共に高頻度コロケーションに対する反応時間は低頻度のものより短く、高頻度コロケーションを処理する際、単語レベルの頻度情報の影響が低頻度コロケーションよりも弱く

なる傾向が見られた。高頻度コロケーションが1つの塊として処理されていることが示唆された。

　日本における英語の単語頻度情報を利用した近年の研究として、福田・投野（2023）を紹介する。学習用語彙リストはこれまで様々作成されてきたが、対象学習者レベル、受容・産出語彙の区別は明確ではない。福田・投野はアジア圏の英語教科書分析および海外の CEFR 語彙表データを比較して学習語彙表として整備した CEFR-J（→ CEFR-J 参照）Wordlist を活用し、学習に有益なコロケーションを選択するための資料となる使用頻度の高いコロケーション・データセット（共起頻度以外に CEFR レベル情報、共起統計と散布度指標の情報を付与）を整備し公開した。

　効率的な語彙習得促進には単語頻度を考慮に入れる必要がある。単語頻度に関する研究成果を教育実践に取り入れ、語彙教育の効果を高めることが望ましい。教室では、低頻度語は教師が意味を与えるなどして時間をかけずに済ませ、高頻度語に時間をかけるようにしたい。

Word list

単語リスト

　単語リスト（word list）とは、特定の言語や主題に関連する語彙を体系的に集めたものである。単語リストは語彙の学習に役立ちその使用を促進するため、言語学習者にとって有益である。有名な単語リストに 1953 年に Michael West が作成した "General service list（GSL）" があり、コーパス（→ Corpus 参照）に基づき約 2,000 の最も頻繁に使用される英語の語彙が収録され、話し言葉の約 9 割と一般的な文章の約 8 割の語彙をカバーしているとされている（West, 1953）。その

後 GSL がやや古くなったため、現代の英語使用により適したリストとして、約 2800 語の "New general service list（NGSL）" が新しいコーパスに基づき 2013 年に作成・公開された（Brezina, 2015）。また、学術語彙のリストとして、"Academic word list（AWL）" が作成された（Coxhead, 2000）。AWL は英語の最も頻繁に使用される 2,000 語に含まれないが幅広い学術テキストで頻繁かつ一様に出現する 570 のワードファミリー（→ Word counting unit 参照）から構成されており、NGSL にあわせて改訂された 957 語の "New academic word list" が編纂されている。特定の分野のための単語リストも様々作成されており、観光英単語リスト（Laosrirattanachai & Ruangjaroon, 2021）やコロナ関連英単語リスト（Saed, 2022）などがある。日本のものとしては大学英語教育学会（The Japan Association of College English Teachers, JACET）が 2003 年に作成した「JACET8000」があり、頻度や語彙のレベルに基づいてランク付けされた約 8000 語の日本の大学生向けの単語リストである（JACET, 2003）。2016 年には改訂版の「新 JACET8000」が作成された（JACET, 2016）。

　単語帳などの単語リストの使用は言語学習に役立つことが多いが、文脈を無視した学習により不適切な単語使用につながる場合がある。単語帳を使用する際は、用例を参照し文脈を含めて学習するよう指導することが望ましいだろう。

　日本における単語リストを活用した英語教育実践に榎田他（2018）がある。「JACET8000」などを元に「広大スタンダード 6000 語彙リスト（HiroTan）」を作成し、オンライン自学自習型の語彙学習教材を開発した。授業と連動して使用されており、学生の英語力向上に貢献する有効な教材として評価されている。

　単語リストは言語習得に役立つが、効果的な使用には課題もある。教員は先行研究・実践を参考に学生のニーズを考慮しながら、使用法

を指導する必要があるだろう。

Working memory
作業記憶

　作業記憶（working memory）とは、短期記憶（short-term memory）内に情報を一時的に保持したまま、保持した情報を認知的に操作できる容量のことである。精神的作業空間（mental workspace）とも捉えられる。例えば「3+5は？」と聞かれた際、短期記憶に数字の3と5を保持したまま、数字を足し合わせるという認知的操作を行うことで答えが出せる。短期的に保持すべき情報が複雑あるいは多いほど、また保持している情報に対して行う認知的操作が複雑であるほど、より大きな作業記憶容量が必要となる。

　作業記憶は言語習得や言語処理過程（知覚・理解・産出）の際に重要な役割を果たしており、言語学習適性（→ Language learning aptitude 参照）の構成要素の1つだと考えられている。作業記憶容量が大きいほど、言語習得や言語処理に有利だと考えられ、例えば読解における文処理の助けになることが示されている（Jiang, 2018）。スピーキングにおいても、言いたいメッセージの意味概念を構築し、それを表現するための語彙・統語構造・発音を長期記憶から検索してきて文を組み立て、正しいかどうか確認しつつ調音するという過程の、いずれの段階においても作業記憶が関与している考えられる（Skehan, 2015）。一般的に作業記憶容量はL1の方がL2より大きく、L2能力が高い方が大きいが、作業記憶容量が大きいから言語能力が高くなるのか、言語能力が向上するとともに作業記憶容量が増えるのか、その点については必ずしも解明されていない（Wen, 2016）。また、作業

記憶容量の大小は、L2 の明示的知識の学習の成功を、特に学習初期段階で左右するという可能性も示唆されている（Linck & Weiss, 2011）。

作業記憶のモデルとして最も広く知られており、認知心理学領域に影響を及ぼしたのは、Baddeley によって提唱されたモデルである（Baddeley, 1986, 2000）。このモデルによれば作業記憶は、音韻ループ（phonological loop）・視空間スケッチパッド（visuospatial sketchpad）・中央実行系（central executive）・エピソードバッファ（episodic buffer）から成る。音韻ループは、言語音を短期的に保持する貯蔵スペース（phonological store）と、頭の中で音声を反復することで保持を助ける調音リハーサル要素（articulatory rehearsal component）から成る。視空間スケッチパッドは、視空間的なイメージを記憶・操作する。中央実行系は、音韻ループと視空間スケッチパッドの情報を統合・調整・管理する実行機能をもち、エピソードバッファは中央実行系を介して得られた複数の情報を統合して保持し、長期記憶（long-term memory）とのインターフェースの役割を担う。

作業記憶を測定するテストはいくつもある（例えば、reading span test, listening span test, digit span test, speaking span test, counting span test, operation span test など）が、よく使われるのは読解スパンテスト（reading span test）である。このテストでは、いくつかの文を読んでその真偽（あるいは自分に当てはまるかどうか）の判断など、意味解釈を伴うタスクを課すと同時に、各文の最後の単語を覚えるという二重タスクを課し、後で最後の単語をいくつ覚えているかを測定する。操作スパンテスト（operation span test）では、簡単な数式の計算をした後、語彙が提示され、それをいくつか繰り返した後、語彙を提示された順に再生させるもので、心理言語学や SLA 研究でしばしば採用されている（Mitchell et al., 2015）。

作業記憶は、遺伝的に変わらない側面もあるが、訓練によってある程度伸ばすことも可能だとされている。英語教育において、作業記憶を使うと同時にその容量を伸ばす活動例としては、長い情報を統語的・意味的まとまりといったチャンクに分けて理解を促す活動（例えばスラッシュ・リーディング）や、語彙を視覚的イメージや連想される概念などと結びつけて暗記する練習、意味を保持しながら回答する言語パズルを介した反復・リハーサルなどが挙げられる。

Writing competence

ライティング能力

ライティング能力（writing competence）とは、一般的にはL2で文章を書いて内容や意向を伝える能力である。読み手に伝わるわかりやすい文章を書くことが求められる。文章を書くには、単に語彙力、文法力、文章構成力だけではなく、トピックに関する知識力、伝達力、ライティング・ストラテジーの活用力なども含めた総合的なリテラシーが問われる。特にL2を用いた文章を用いて異文化環境にいる人たちに向けた伝達する場合は、異文化理解力も求められる。

しかし、ライティング能力を定義づける理論については様々な立場があり、統一見解には至っていない（Hedgcock, 2005）。研究のためには、測定しやすい言語的特徴、例えば、Jacobs et al.（1981）のように、観点別評価法をとり、充実して知識豊富な内容（30点満点）、主題が明確に述べられそれを詳説する構成（20点満点）、効果的に選択された洗練された語彙（20点満点）、複雑な文法構造を正しく使用（25点満点）、綴りや句読点の正しい使用（5点満点）の合計をもって評点とする慣習が続いたが、EFL環境にはそぐわないとの批判が出

て、次第にその環境や学習者のL2到達度に応じたルーブリック（→ Analytic rating/scale 参照）が開発、活用されるようになった。

　例えば、ESLでは文章の長さ、語彙の多様性などが使用されてきたが、その点については、違和感を唱える声が多く、Engber（1995）は、文の表面構造ではなく、根底にある意味や意図を表現できているか、が重要であると指摘している。また、ライティング能力を測定する方法と評価基準にも様々な意見がある。例えば、書くプロセスに焦点を当てた立場（Sasaki, 2000）、ライティング・タスクや分野のコミュニティの読者に共有することがらに盛り込む知識や知識を表現する語彙知識に焦点を当てた立場（Matsuda, 1997）などがあり、さらなる研究が求められる。

　評価基準についても、学習者のライティング力の向上につれ、求める基準も変わるため、ライティング能力の測定についてもいまだに議論が続いている。さらにEFL環境において望まれることは、教師のライティング評価能力であろう。Crusan et al.（2016）が示しているように、多くの現職教員はライティング指導法とライティング評価法について、確かな知識と技量を自身は持っていないので、どうすれば評価能力を付けられるかについて知りたいと考えていると結んでいる。

　一般的には、指導の場で使うための評価基準は、測定や採点の観点を4〜5項目立てたルーブリックを用いると便利である。学習者のライティング力に応じて、書き手の意図は読み手に伝わるか、全体を通して文章が円滑に流れているか、その他指導のポイントも含める等、項目を3〜4に絞り、点数を3〜5段階に分けて、それぞれが意味するところをルーブリックのます目に記述しておくと、学習者と評価者（指導者）の双方にとってわかりやすい評価基準となる。教室で学年始めにルーブリックを配布しておくと、評価のたびに渡されるルーブ

リックは、どの点が伸びて、どの点をこれから伸ばす必要があるかが
よく理解できる形成的評価（→ Formative assessment 参照）となる。
ルーブリックを作成するには、CEFR-J または CEFR（→ CEFR-J 参
照）が参考になる。

YouTube
ユーチューブ

　ユーチューブ（YouTube）とは、2005 年にアメリカで設立され、
2006 年から Google が所有している動画共有サイトである。数十の言
語に対応し、190 以上の国と地域で利用されていることから、インター
ネット上で最も大きな動画共有プラットフォームの 1 つといえる。

　インターネットに接続できる端末を持ってさえいれば、誰でもアッ
プロードされた動画を視聴することができる。ユーザー登録者であれ
ば、自分自身の動画をアップロードして公開したり、リンク先を知っ
ている者だけに公開の範囲を限定したり限定公開したりして、情報を
発信、共有することができる。知りたいことをキーワードとして入力
して検索すると、動画でその内容を知ることができるため、学習ツー
ルとしても有益なサイトである。

　YouTube には、様々な機能が実装されている。多くの動画には字
幕やクローズドキャプション（表示・非表示を切り替えることができ
る機能付きの字幕）が提供され、これを利用することでリスニングの
練習をしたり、不明な単語やフレーズを確認したりすることができる。
動画の再生速度を調整する機能を利用すれば、目標言語の初心者でも
ゆっくりとした速度でリスニングの練習をすることができる。ループ
再生の機能を利用すれば、ある特定の部分を選択することで、選択し

た部分を何度も繰り返し聞くことができる。視聴した動画に関して、評価「いいね」をつけたり参照したり、「コメント」に入力したり参照したり返信したりすることで、他の視聴者とのインタラクションも可能である。

　YouTube で扱われているコンテンツは多種多様である。日常生活、料理、ファッション、旅行、音楽、映画、ゲーム、ニュース、スポーツ、趣味、教育、学習など、様々なジャンルやテーマの動画が無数に存在している。英語の発音や文法の解説、語彙力の強化、場面に応じた表現集のようなものから、文化の違いや学習方法を示してくれる内容のものまで、英語学習に特化したコンテンツも多い。多くのコンテンツから必要なものを探すには、キーワードで検索すると良い。英語教師であれば、オリジナルの授業サポート動画やオンライン授業で利用する動画をアップロードして、学習コンテンツとして活用することができる。

　インターネット環境で提供されている YouTube を、実装されている機能と多岐にわたるコンテンツを組み合わせて活用することにより、学習者は自分自身で好きな内容を好きな場所で好きな時間に何度でも視聴しながら学習できる。今後も個別学習を支援するツールとしての役割は大きいだろう。

513

References

Abdel Latif, M. M. M. (2012). What do we mean by writing fluency and how can it be validly measured? *Applied Linguistics, 34*(1), 99–105.

Abdi Tabari, M., & Cho, M. (2022). Task sequencing and L2 writing development: Exploring the SSARC model of pedagogic task sequencing. *Language Teaching Research*, Advance online publication.

Abercrombie, D. (1964). Syllable quantity and enclitics in English. In D. Abercrombie, D. B. Fry, P. A. D. MacCarthy, N. C. Scott, & J. L. M. Trim (Eds.), *In honour of Daniel Jones: Papers contributed on the occasion of his eightieth birthday 12 September 1961* (pp. 216–222). Longman.

Abrahamsson, N., & Hyltenstam, K. (2009). Age of acquisition and nativelikeness in a second language: Listener perception vs. linguistic scrutiny. *Language Learning, 59*, 249–306.

Adjémian, C. (1976). On the nature of interlanguage systems. *Language Learning, 26*(2), 297–320.

Adolphs, S., & Carter, R. (2013). *Spoken corpus linguistics: From monomodal to multimodal.* Routledge.

Ahmadian, M. J., & Tavakoli, M. (2014). Investigating what second language learners do and monitor under careful online planning conditions. *Canadian Modern Language Review, 70*(1), 50–75.

Aijmer, K. (2004). Pragmatic markers in spoken interlanguage. *Nordic Journal of English Studies, 3*, 173–190.

Aitchison, J. (2012). *Words in the mind: An introduction to the mental lexicon.* John Wiley & Sons.

Aka, N. (2019). Reading performance of Japanese high school learners following a one-year extensive reading program. *Reading in a Foreign Language, 31* (1), 1–18.

Alderson, J. C. (2000). *Assessing reading.* Cambridge University Press.

Alderson, J. C. (2005). *Diagnosing foreign language proficiency.* Continuum.

Alderson, J. C., & Wall, D. (1993). Does washback exist? *Applied Linguistics, 14*

(2), 115–129.

Alderson, J. C., Clapham, C., & Steel, D. (1997). Metalinguistic knowledge, language aptitude, and language proficiency. *Language Teaching Research, 1,* 93–121.

Al-Gahtani, S., & Roever, C. (2012). Proficiency and sequential organization of L2 requests. *Applied Linguistics, 33,* 42–65.

Allal, L. (2023). Assessment and the regulation of learning. In R. J. Tierney, K. Ercikan, & F. Rizvi (Eds.), *International encyclopedia of education* (4th ed., pp. 35–40). Elsevier.

Allen, D., & Tahara, T. (2021). A review of washback research in Japan. *JLTA Journal, 24,* 3–22.

Allen, E. D., & Vallette, R. M. (1972). *Modern language classroom techniques: A handbook.* Harcourt Brace Jovanovich, Inc.

Allen, W. S. (1973). *Accent and rhythm.* Cambridge University Press.

Almusharraf, N. M., & Baily, D. (2021). Online engagement during COVID-19: Role of agency on collaborative learning orientation and learning expectations. *Journal of Computer Assisted Learning, 37,* 1285–1295.

Alshaikhi, A. Z. (2018). *The effects of using textual enhancement on processing and learning multiword expressions* [Unpublished doctoral dissertation]. University of South Florida.

American Educational Research Association, American Psychological Association, & National Council on Measurement in Education. (1966). *Standards for educational and psychological testing.* American Psychological Association.

American Educational Research Association, American Psychological Association, & National Council on Measurement in Education. (1985). *Standards for educational and psychological testing.* American Psychological Association.

American Educational Research Association, American Psychological Association, & National Council on Measurement in Education. (1999). *Standards for educational and psychological testing.* American Educational

Research Association.

Anderson, J. (2016). Why practice makes perfect sense: The past, present and potential future of the PPP paradigm in language teacher education. *ELT Education and Development, 19*, 14–22.

Anderson, J. (2017). A potted history of PPP with the help of *ELT Journal*. *ELT Journal, 71*(2), 218–227.

Anderson, J., & Lightfoot, A (2022). Exploratory survey research. In K. Dikilitaş & K. M. Reynolds (Eds.), *Research methods in language teaching and learning: A practical guide* (pp. 182–199). Wiley.

Anderson, R. C., & Freebody, P. (1981). Vocabulary knowledge. In T. Guthrie (Ed.), *Comprehension and teaching: Research reviews* (pp. 77–117). International Reading Association.

Aoyama, K., & Guion, S. (2007). Prosody in second language acquisition. In O-S. Bohn & M. J. Munro (Eds.), *Language experience in second language speech learning: In honor of James Emil Flege* (pp. 281–297). John Benjamins Publishing Company.

Archibald, A. H. (1969). *Linguistics today*. Basic Books.

Asher, J. (1977). *Learning another language through actions: The complete teacher's guidebook*. Sky Oaks Productions.

麻生雄治 (2012).「英文読解力のための英文和訳テストの信頼性と妥当性」 *EIKEN Bulletin, 24*, 189–197.

Association of Language Teachers in Europe (ALTE). (2011). *Manual for language test development and examining. Language policy division*, Council of Europe.

Austin, J. L. (1962). *How to do things with words*. Clarendon Press.

Bacha, N. (2001). Writing evaluation: What can analytic versus holistic essay scoring tell us? *System, 29*, 371–383.

Bachman, L. F. (1990). *Fundamental considerations in language testing*. Oxford University Press.

Bachman, L. F. (2004). *Statistical analyses for language assessment*. Cambridge University Press.

Bachman, L. F., & Palmer, A. S. (2010). *Language assessment in practice*. Oxford University Press.

Baddeley, A. D. (1986). *Working memory*. Oxford University Press.

Baddeley, A. D. (1990). *Human memory*. Lawrence Erlbaum Associates.

Baddeley, A. D. (2000). The episodic buffer: A new component of working memory? *Trends in Cognitive Sciences, 4*(11), 417–423.

Bahari, A., Barrot, J. S., & Sarkhosh, M. (2022). Current state of research on the use of technology in language teacher education and professional development. *TESOL Journal, 13*(4), Article e672.

Banegas, D. L., & Consoli, S. (2020). Action research in language education. In J. McKinley & H. Rose (Eds.), *The Routledge handbook of research methods in applied linguistics* (pp. 176–187). Taylor & Francis.

バニスター、P. ・バーマン、E. ・パーカー、I. ・テイラー、M. & ティンダール、C. （著）、五十嵐靖博・河野哲也（監訳）、田辺肇・金丸隆太（訳）(2008). 『質的心理学研究法入門─リフレキシビティの視点』新曜社.

Bankier, J. (2022). Socialization into English academic writing practices through out-of-class interaction in individual networks of practice. *Journal of Second Language Writing, 56*, Article 100889.

Barcom, M., & Cardoso, W. (2020). Rock or lock? Gamifying an online course management system for pronunciation instruction: Focus on English /r/ and /l/. *CALICO Journal 37*(2), 127–147.

Barcroft, J. (2002). Semantic and structural elaboration in L2 lexical acquisition. *Language Learning, 52*, 323–363.

Barcroft, J. (2004). Second language vocabulary acquisition: A lexical input processing approach. *Foreign Language Annals, 37*(2), 200–208.

Barcroft, J. (2007). Effects of opportunities for word retrieval during second language vocabulary learning. *Language Learning, 57*(1), 35–56.

Barcroft, J. (2009). Strategies and performance in intentional L2 vocabulary learning. *Language Awareness, 18*(1), 74–89.

Barcroft, J. (2012). *Input-based incremental vocabulary instruction*. TESOL International Association.

Barcroft, J. (2015). *Lexical input processing and vocabulary learning*. John Benjamins Publishing Company.

Barcroft, J., & Sommers, M. S. (2005). Effects of acoustic variability on second language vocabulary learning. *Studies in Second Language Acquisition, 27* (3), 387–414.

Barcroft, J., & Sommers, M. S. (2014). Effects of variability in fundamental frequency on L2 vocabulary learning: A comparison between learners who do and do not speak a tone language. *Studies in Second Language Acquisition, 36*(3), 423–449.

Bardovi-Harlig, K. (1992a). A second look at T-unit analysis: Reconsidering the sentence. *TESOL Quarterly, 26*(2), 390–395.

Bardovi-Harlig, K. (1992b). The use of adverbials and natural order in the development of temporal expression. *International Review of Applied Linguistics, 30*, 299–320.

Bardovi-Harlig, K. (1994). Reverse-order reports and the acquisition of tense: Beyond the principle of chronological order. *Language Learning, 44*, 243–283.

Bardovi-Harlig, K. (2000). Meaning-oriented studies of temporality. *Language Learning, 50*(s1), 21–92.

Bardovi-Harlig, K. (2013). Developing L2 pragmatics. *Language Learning, 63* (s1), 68–86.

Bardovi-Harlig, K. (2014). Documenting interlanguage development. In Z. Han & E. Tarone (Eds.), *Interlanguage forty years later* (pp. 127–146). John Benjamins Publishing Company.

Bardovi-Harlig, K. (2018). Acquisition of L2 pragmatics. In S. Loewen & M. Sato (Eds.), *The Routledge handbook of instructed second language acquisition* (pp. 224–245). Routledge.

Bardovi-Harlig, K. (2019). Routines in L2 pragmatics research. In N. Taguchi (Ed.), *The Routledge handbook of second language acquisition and pragmatics* (pp. 47–62). Routledge.

Bardovi-Harlig, K., & Dörnyei, Z. (1998). Do language learners recognize pragmatic violations? Pragmatic versus grammatical awareness in instructed L2 learning. *TESOL Quarterly, 32,* 233–259.

Bardovi-Harlig, K., & Hartford, B. (1996). Input in an institutional setting. *Studies in Second Language Acquisition, 18*(2), 171–188.

Bardovi-Harlig, K., Hartford, B. A. S., Mahan-Taylor, R., Morgan, M. J., & Reynolds, D. W. (1991). Developing pragmatic awareness: Closing the conversation. *ELT Journal, 45*(1), 4–15.

Bardovi-Harlig, K., Mossman, S., & Su, Y. (2017). The effect of corpus-based instruction on pragmatic routines. *Language Learning & Technology, 21* (3), 76–103.

Barkhuizen, G. (2015). Narrative inquiry. In A. Phakiti & B. Paltridge (Eds.), *Research methods in applied linguistics: A practical resource* (pp. 59–72). Bloomsbury Publishing.

Barkhuizen, G. (2019). Teacher identity. In S. Walsh & S. Mann (Eds.), *The Routledge handbook of English language teacher education* (pp. 536–552). Routledge.

Barkhuizen, G. (2020). Core dimensions of narrative inquiry. In J. McKinley & H. Rose (Eds.) *The Routledge handbook of research methods in applied linguistics* (pp. 188–198). Taylor & Francis.

Beebe, L., Takahashi, T., & Uliss-Weltz, R. (1990). Pragmatic transfer in ESL refusals. In R. Scarcella, E. Andersen, & S. Krashen (Eds.), *Developing communicative competence in a second language* (pp. 55–73). Heinle & Heinle.

Beglar, D., & Hunt, A. (1999). Revising and validating the 2000 word level and the university word level vocabulary tests. *Language Testing, 16*(2), 131–162.

Benson, P. (2018). Narrative analysis. In A. Phakiti, P. De Costa, L. Plonsky, & S. Starfield (Eds.), *The Palgrave handbook of applied linguistics research methodology* (pp. 914–943). Palgrave Macmillan.

Benson, P., Chik, A., Gao, X., Huang, J., & Wang, W. (2009). Qualitative research in language teaching and learning journals, 1997–2006. *The Modern*

Language Journal, 93(1), 79–90.

Bensoussan, M., & Laufer, B. (1984). Lexical guessing in context in EFL reading comprehension. *Journal of Research in Reading, 7*, 15–32.

Bent, T., & Bradlow, A. R. (2003). The interlanguage speech intelligibility benefit. *Journal of the Acoustical Society of America, 114*, 1600–1610.

Berent, I., Vaknin, V., & Marcus, G. F. (2007). Roots, stems, and the universality of lexical representations: Evidence from Hebrew. *Cognition, 104*(2), 254–286.

Bergmann, J., & Sams, A. (2012). *Flip your classroom: Reaching every student in every class every day.* International Society for Technology in Education.

Best, C., & Tyler, M. (2007). Nonnative and second-language speech perception. In O-S. Bohn & M. Munro (Eds.), *Language experience in second language speech learning: In honor of James Emil Flege* (pp. 13–34). John Benjamins Publishing Company.

Bialystok, E. (2015). Bilingualism and the development of executive function: The role of attention. *Child Development Perspectives, 9*(2), 117–121.

Biber, D., Johansson, S., Leech, G., Conrad, S., & Finegan, E. (1999). *Longman grammar of spoken and written English.* Longman.

Bird, S. (2010). Effects of distributed practice on the acquisition of second language English syntax. *Applied Psycholinguistics, 31*, 635–650.

Bjork, R. A., & Kroll, J. (2015). Desirable difficulties in vocabulary learning. *The American Journal of Psychology, 128*(2), 417–444.

Blanche, P., & Merino, B. J. (1989). Self-assessment of foreign-language skills: Implications for teachers and researchers. *Language Learning, 39*(3), 313–338.

Bley-Vroman, R. (1983). The comparative fallacy in interlanguage studies: The case of systematicity. *Language Learning, 33*, 1–17.

Block, B., & Trager, G. L. (1942). *Outline of linguistic analysis.* Linguistic Society of America.

Block, D. (2003). *The social turn in second language acquisition.* Georgetown University Press.

Bloom, B. S. (1953). Thought process in lectures and discussion. *Journal of General Education, 7,* 160–169.

Bloom, B. S., Hastings, J. T., & Madaus, G. (1971). *Handbook on formative and summative evaluation of student learning.* McGraw-Hill.

Bloomfield, L. (1933). *Language.* Holt.

Blum-Kulka, S. (1982). Learning to say what you mean in a second language: A study of the speech act performance of learners of Hebrew as a second language. *Applied Linguistics, 3*(1), 29–59.

Blum-Kulka, S., House, J., & Kasper, G. (1989). *Cross-cultural pragmatics: Requests and apologies.* Ablex Publishing Corporation.

BNC Consortium. (1991-1994). *The British National Corpus (BNC).* http://www.natcorp.ox.ac.uk/

Bock, K., & Levelt, W. (1994). Language production: Grammatical encoding. In M. Gernsbacher (Ed.), *Handbook of psycholinguistics* (pp. 945–984). Academic Press.

Boers, F., & Lindstromberg, S. (2008). *Cognitive linguistic approaches to teaching vocabulary and phraseology.* Mouton de Gruyter.

Bohn, O. S., & Flege, J. E. (1997). Perception and production of a new vowel category by adult second language learners. In A. James & J. Leather (Eds.), *Second-language speech: Structure and process* (pp. 53–74). Mouton de Gruyter.

Bolinger, D. L. (1958). A theory of pitch accent in English. *Word, 14,* 109–149.

Bolinger, D. L. (1964). Around the edge of language: Intonation. *Harvard Educational Review, 34*(2), 282–293.

Bongaerts, T., Van Summeren, C., Planken, B., & Schils, E. (1997). Age and ultimate attainment in the pronunciation of a foreign language. *Studies in Second Language Acquisition, 19*(4), 447–465.

Bonwell, C. C., & Eison, J. A. (1991). *Active learning: Creating excitement in the classroom.* ASHE-ERIC Higher Education Report. George Washington University.

Borg, S. (2003). Teacher cognition in language teaching: A review of research on what language teachers think, know, believe, and do. *Language Teaching, 36*(2), 81–109.

Borg, S. (2006). *Teacher cognition and language education: Research and practice.* Continuum.

Borg, S. (2007). Research engagement in English language teaching. *Teaching and Teacher Education, 23,* 731–747.

Borg, S (2015a). The benefits of attending ELT conferences. *ELT Journal, 69* (1), 35–46.

Borg, S. (2015b). Overview beyond the workshop: CPD for English language teachers. In S. Borg (Ed.), *Professional development for English language teachers: Perspectives from higher education in Turkey* (pp. 5–12). British Council.

Borg, S. (2019). Language teacher cognition: Perspectives and debates. In X. Gao (Ed.), *Second handbook of English language teaching* (pp. 1149–1170). Springer.

Botes, E., van der Westhuizen, L., Dewaele, J.-M., MacIntyre, P. D., & Greiff, S. (2022). Validating the short-form foreign language classroom anxiety scale (S-FLCAS). *Applied Linguistics, 43*(5), 1006–1033.

Boulton, A., & Cobb, T. (2017). Corpus use in language learning: A meta-analysis. *Language Learning, 67,* 348–393.

Bouton, L. F. (1999). Developing nonnative speaker skills in interpreting conversational implicatures in English: Explicit teaching can ease the process. In E. Hinkel (Ed.), *Culture in second language teaching and learning* (pp. 47–70). Cambridge University Press.

Bowen, N. E. J. A., & Thomas, N. (2020). Manipulating texture and cohesion in academic writing: A keystroke logging study. *Journal of Second Language Writing, 50.* Article 100773.

Bradlow, A. R., Pisoni, D. B., Akahane-Yamada, R., & Tohkura, Y. (1997). Training Japanese listeners to identify English /r/ and /l/: IV. Some effects of perceptual learning on speech production. *The Journal of the Acoustical Society of America, 101*(4), 2299–2310.

Bradly, A., & Iskhakova, M. (2023). Systematic review of short-term study abroad outcomes and an agenda for future research. *Journal of International Education in Business, 16*(1), 70–90.

Brazil, D., Coulthard, M., & Johns, C. (1980). *Discourse intonation and language teaching.* Longman.

Brinton, D. M., Snow, M. A., & Wesche, M. B. (1989). *Content-based second language instruction.* Newbury House.

Brown, A. (1991). *Pronunciation models.* Singapore University Press.

Brown, D. (2016). The type of linguistic foci of oral corrective feedback in the L2 classroom: A meta–analysis. *Language Teaching Research, 20*(4), 436–458.

Brown, F. G. (1983). *Principles of educational and psychological testing* (3rd ed.). Holt, Rinehart and Winston, Inc.

Brown, H. D. (2010). *Language assessment: Principles and classroom practices* (2nd ed.). Pearson Education.

Brown, H. D. (2014). *Principles of language learning and teaching* (6th ed.). Pearson Japan.

Brown, J. D. (1998). *New ways of classroom assessment.* TESOL Inc.

Brown, J. D. (2005). *Testing in language programs: A comprehensive guide to English language assessment* (2nd ed.). McGraw-Hill.

Brown, P. C., Roediger, H. L., & McDaniel, M. A. (2014). *Make it stick: The science of successful learning.* Harvard University Press.

Brown, P., & Levinson, S. C. (1978). Universals in language usage: Politeness phenomena. In E. N. Goody (Ed.), *Questions and politeness: Strategies in social interaction* (pp. 56–311). Cambridge University Press.

Brown, P., & Levinson, S. C. (1987). *Politeness: Some universals in language usage.* Cambridge University Press.

Brown, R. (1973). *A first language: The early states.* Harvard University Press.

Brown, R., Waring, R., & Donkaewbua, S. (2008). Incidental vocabulary acquisition from reading, reading-while-listening, and listening to stories. *Reading in a Foreign Language, 20*(2), 136–163.

Brumfit, C. (1984). *Communicative methodology in language teaching: The roles of fluency and accuracy.* Cambridge University Press.

Brysbaert, M., & Duyck, W. (2010). Is it time to leave behind the Revised Hierarchical Model of bilingual language processing after fifteen years of service? *Bilingualism: Language and Cognition, 13*(3), 359–371.

Buck, G. (2001). *Assessing listening.* Cambridge University Press.

Bui, G., & Skehan, P. (2016). *CALF: An automatic analytic tool for complexity, accuracy, lexis and fluency.* The Hang Seng University of Hong Kong. http://www.censpothk.com/calf/

Burns, A. (2015). Action research. In A. Phakiti & B. Paltridge (Eds.), *Research methods in applied linguistics: A practical resource.* (pp. 292–317). Bloomsbury Publishing.

Burns, A., Freeman, D., & Edwards, E. (2015). Theorizing and studying the language-teaching mind: Mapping research on language teacher cognition. *The Modern Language Journal, 99*(3), 585–601.

Burwell, G., González-Lloret, M., & Nielson, K. (2009). *Assessment in a TBLT Spanish immersion course* [Paper presentation]. 3rd Biennial International Conference on Task Based Language Teaching, Lancaster, UK.

バトラー後藤裕子 (2015). 『英語学習は早いほど良いのか』岩波書店.

Butler, Y. G. (2005). Content-based instruction in EFL contexts: Considerations for effective implementation. *JALT Journal, 27*(2), 227–245.

Bygate, M. (2001). Effects of task repetition on the structure and control of oral language. In M. Bygate, P. Skehan, & M. Swain (Eds.), *Researching pedagogic tasks second language learning, teaching and testing* (pp. 23–48). Pearson Education.

Bygate, M. (2018). *Learning language through task repetition.* John Benjamins Publishing Company.

Byrne, D. (1976). *Teaching oral English.* Longman.

Call, M. E. (1985). Auditory short-term memory, listening comprehension, and the input hypothesis. *TESOL Quarterly, 19*, 765–781.

Campfield, D., & Murphy, V. A. (2014). Elicited imitation in search of the influence of linguistic rhythm on child L2 acquisition. *System, 41*, 207–219.

Canale, M. (1983). From communicative competence to communicative pedagogy. In J. Richards & R. Schmidt (Eds.), *Language and communication* (pp. 2–27). Longman.

Canale, M., & Swain, M. (1980). Theoretical bases of communicative approaches to second language teaching and testing. *Applied Linguistics, 1*(1), 1–47.

Cardoso, W. (2011). The development of coda position in second language phonology: A variationist perspective. *Second Language Research, 27*(4), 433–465.

Carpenter, S. K. (2021). Distributed practice or spacing effect. In L. F. Zhang (Ed.), *The Oxford research encyclopedia of educational psychology.* Oxford University Press.

Carrell, P. L. (1982). Cohesion is not coherence. *TESOL Quarterly, 16*(4), 479–488.

Carrol, G., & Conklin, K. (2019). Is all formulaic language created equal? Unpacking the processing advantage for different types of formulaic sequences. *Language and Speech, 63*(1), 95–122.

Carroll, J. B., & Sapon, S. M. (1959). *Modern language aptitude test: MLAT.* Psychological Corporation.

Carter, R., & McCarthy, M. (2006). *Cambridge grammar of English: A comprehensive guide.* Cambridge University Press.

Casanave, C. P. (2015). Case studies. In A. Phakiti & B. Paltridge (Eds.), *Research methods in applied linguistics: A practical resource.* (pp. 192–216). Bloomsbury Publishing.

Catford, J. C. (1977). *Fundamental problems in phonetics.* Edinburgh University Press.

Catford, J. C. (1987). Phonetics and the teaching of pronunciation: A systematic description of English phonology. In J. Morley (Ed.), *Current perspectives on pronunciation: Practices anchored in theory* (pp. 87–100). Teachers of English to Speakers of Other Languages.

CEFR-J 研究開発チーム. (2023, March 23). 『CEFR-J：新しい日本の英語教育

のための汎用枠』http://www.cefr-j.org/index.html

Celce-Murcia, M. (2007). Rethinking the role of communicative competence in language teaching. In E. Alcon Soler & J. M. P. Safon (Eds.), *Intercultural language use and language learning* (pp. 41–57). Springer.

Celce-Murcia, M., & Larsen-Freeman, D. (1999). *The grammar book: An ESL/EFL teacher's course* (2nd ed.). Heinle & Heinle.

Celce-Murcia, M., Dörnyei, Z., & Thurrell, S. (1995). A pedagogical framework for communicative competence: A pedagogically motivated model with content specifications. *Issues in Applied Linguistics, 6*(2), 5–35.

Cenoz, J. (2015) Content-based instruction and content and language integrated learning: The same or different? *Language, Culture and Curriculum, 28*(1), 8–24.

Cervatiuc, A. (2008). ESL vocabulary acquisition: Target and approach. *The Internet TESL Journal, 14*(1), 1–5.

Chaudron, C. (1985). Comprehension, comprehensibility, and learning in the second language classroom. *Studies in Second Language Acquisition, 7*(2), 216-232.

Chen, M., & Cui, Y. (2022). The effects of AWE and peer feedback on cohesion and coherence in continuation writing. *Journal of Second Language Writing, 57*. Article 100915.

Chen, W. (2018). Patterns of pair in communicative tasks: The transition process and effect on L2 teaching and learning. *ELT Journal, 72*(4), 425–434.

Chen, W., & Hapgood, S. (2021). Understanding knowledge, participation and learning in L2 collaborative writing: A metacognitive theory perspective. *Language Teaching Research, 25*(2), 256–281.

Cheng, L., Sun, Y., & Ma, J. (2015). Review of washback research literature within Kane's argument-based validation framework. *Language Teaching, 48*(4), 436–470.

Cheng, Y. H., & Good, R. L. (2009). L1 glosses: Effects on the EFL learners' reading comprehension and vocabulary retention. *Reading in a Foreign*

Language, 21(2), 119–142.

Chomsky, N. (1959). A review of B. F. Skinner's verbal behavior. *Language, 35*(1), 26–58.

Chomsky, N. (1966). Linguistic theory. In J. P. B. Allen & P. Van Buren (Eds.), Chomsky: Selected readings (pp. 152–159). Oxford University Press.

Chomsky, N., & Halle, M. (1968). *The sound pattern of English.* Harper & Row.

Chong, S. W., Isaacs, T., & McKinley, J. (2023). Ecological systems theory and second language research. *Language Teaching, 56*, 333–348.

Chujo, K. (2014–2020). *Sentence Corpus of Remedial English (SCoRE).* Retrieved April 16, 2022, from https://www.score-corpus.org/

中央教育審議会 (2012).「新たな未来を築くための大学教育の質的転換に向けて～生涯学び続け、主体的に考える力を育成する大学へ～（答申）」https://www.mext.go.jp/b_menu/shingi/chukyo/chukyo0/toushin/1325047.htm

Çiftçi, D. (2022). Discourse analysis as a research methodology for L2 context. In K. Dikilitaş & K. M. Reynolds (Eds.), *Research methods in language teaching and learning: A practical guide* (pp. 132–146). Wiley.

Clément, R. (1980). Ethnicity, contact and communicative competence in a second language. In H. Giles, W. P. Robinson, & P. M. Smith (Eds.), *Language: Social psychological perspectives* (pp. 147–154). Pergamon.

Clément, R., & Noels, K. A. (1992). Towards a situated approach to ethnolinguistic identity: The effects of status on individuals and groups. *Journal of Language and Social Psychology, 11*(4), 203–232.

Cobb, T. (1997-). *Compleat Lexical Tutor.* https://www.lextutor.ca/

Cockrum, T. (2014). *Flipping your English class: To reach all learners.* Routledge.

Coles, M. (1982). *Word perception, first language script and learners of English as a second language* [Unpublished MA project]. Birkbeck College, University of London.

Cook, M., & Liddicoat, A. J. (2002). The development of comprehension in interlanguage pragmatics: The case of request strategies in English. *Australian Review of Applied Linguistics, 25*, 19–39.

Cook, V. (1991). *Second language learning and language teaching*. Edward Arnold.

Coombe, C., Folse, K., & Hubley, N. (2007). *A practical guide to assessing English language learners*. The University of Michigan Press.

Corder, S. P. (1967). The significance of learners' errors. *International Review of Applied Linguistics in Language Teaching, 5*, 161–169.

Corder, S. P. (1981). *Error analysis and interlanguage*. Oxford University Press.

Coumel, M., Ushioda, E., & Messenger, K. (2023). Second language learning via syntactic priming: Investigating the role of modality, attention, and motivation. *Language Learning, 73*(1), 231–265.

Council of Europe. (2020). *Common European Framework of Reference for Languages: Learning, teaching, assessment: Companion volume*. https://rm.coe.int/1680459f97

Couper, G. (2006). The short and long-term effects of pronunciation instruction. *Prospect, 21*, 46–66.

Cowan, J. (2019). The potential of cognitive think-aloud protocols for educational action-research. *Active Learning in Higher Education, 20*(3), 219–232.

Cox, T., & Smemoe, W. (2012). *The relationship between L1 fluency and L2 fluency across different proficiency levels and L1s* [Presentation at Workshop Fluent Speech]. Utrecht University, The Netherlands.

Craik, F. M., & Lockhart, R. S. (1972). Levels of processing: A framework for memory research. *Journal of Verbal Learning and Verbal Behavior, 11*(6), 671–684.

Craik, F., & Tulving, E. (1975). Depth of processing and the retention of words in episodic memory. *Journal of Experimental Psychology: General, 104*(3), 268–294.

Creswell, J., & Plano Clark, V. L. (2018). *Designing and conducting mixed methods research* (3rd ed.). Sage Publications.

Crossley, S. A., Kyle, K., & McNamara, D. S. (2016). The development and use of cohesive devices in L2 writing and their relations to judgments of essay quality. *Journal of Second Language Writing, 32,* 1–16.

Crossley, S. A., Salsbury, T., & McNamara, D. S. (2012). Predicting the proficiency level of language learners using lexical indices. *Language Testing, 29*(2), 243–263.

Crusan, D., Plakans, L., & Gebril, A. (2016). Writing assessment literacy: Surveying second language teachers' knowledge, beliefs, and practice. *Assessing Writing, 28,* 43–56.

Cruttenden, A. (2001). *Gimson's pronunciation of English* (6th ed.). Arnold.

Crystal, D. (1997). *English as a global language.* Cambridge University Press.

Culpeper, J., & Haugh, M. (2014). *Pragmatics and the English language.* Palgrave Macmillan.

Culpeper, J., Mackey, A., & Taguchi, N. (2018). *Second language pragmatics: From theory to research.* Routledge.

Cummins, J. (1976). The influence of bilingualism on cognitive growth: A synthesis of research findings and explanatory hypotheses. *Working Papers on Bilingualism, 9,* 1–43.

Cummins, J. (1979). Linguistic interdependence and the educational development of bilingual children. *Review of Educational Research, 29*(2), 225–251.

Cummins, J. (1981a). Four misconceptions about language proficiency in bilingual education. *NABE Journal, 5*(3), 31–45.

Cummins, J. (1981b). The role of primary language development in promoting educational success for language minority students. In California State Department of Education (Ed.), *Schooling and language minority students: A theoretical framework* (pp. 3–49). Evaluation, Dissemination, and Assessment Center California State University.

Cummins, J. (1991). Interdependence of first- and second-language proficiency in bilingual children. In E. Bialystok (Ed.) *Language processing in bilingual children* (pp. 70–89). Cambridge University Press.

Cummins, J. (2008). BICS and CALP: Empirical and theoretical status of the distinction. *Encyclopedia of Language and Education, 2*(2), 71–83.

Cummins, J. (2021). *Rethinking the education of multilingual learners: A critical analysis of theoretical concepts* (Vol. 19). Multilingual Matters.

Cutler, A., & Norris, D. (1988). The role of strong syllables in segmentation for lexical access. *Journal of Experimental Psychology: Human Perception and Performance, 14,* 113–121.

Cutler, A., & Otake, T. (1994). Mora or phoneme? Further evidence for language-specific listening. *Journal of Memory and Language, 33,* 824–844.

Daller, H., Milton, J., & Treffers-Daller, J. (2007). *Modelling and assessing vocabulary knowledge.* Cambridge University Press.

Dang, T. N. Y., Lu, C., & Webb, S. (2022). Incidental learning of collocations in an academic lecture through different input modes. *Language Learning, 72* (3), 728–764.

Dauer, R. M. (1983). Stress-timing and syllable-timing reanalyzed. *Journal of Phonetics, 11,* 51–62.

Daulton, F. E. (2008). *Japan's built-in lexicon of English-based loanwords.* Multilingual Matters.

Davies, M. (2008-) *The Corpus of Contemporary American English (COCA).* https://www.english-corpora.org/coca/

Davis, P., & Rinvolucri, M. (1988). *Dictation: New methods, new possibilities.* Cambridge University Press.

Day, R., Bassett, J., Bowler, B., Parminter, S., Bullard, N., Furr, M., Prentice, N., Mahmood, M., Stewart, D., & Robb, T. (2016). *Extensive reading.* Oxford University Press.

Day, R. D., & Bamford, J. (1998). *Extensive reading in the second language classroom.* Cambridge University Press.

De Bot, K. (1992). A bilingual production model: Levelt's 'speaking' model adapted. *Applied Linguistics, 13,* 1–24.

De Chene, B. E. (2014). *The historical phonology of vowel length.* Routledge.

De Costa, P. I., Kessler, M., & Gajasinghe, K. (2022). Ethnography. In S. Li, P. Hiver, & M, Papi (Eds.), *The Routledge handbook of second language acquisition and individual differences* (pp. 427–440). Taylor & Francis.

De Costa, P. I., Randez, R. A., Cinaglia, C., & Montgomery, P. D. (2022). Qualitative ISLA research methodologies and method. In L. Gurzynski-Weiss & Y. Kim (Eds.), *Instructed second language acquisition research methods* (pp. 55–78). John Benjamins Publishing Company.

De Costa, P. I., Sterling, S., Lee, J., Li, W., & Rawal, H. (2021). Research tasks on ethics in applied linguistics. *Language Teaching, 54*, 58–70.

De Costa, P. I., Valmori, L., & Choi, I. (2017). Qualitative research methods. In S. Loewen & M. Sato (Eds.), *The Routledge handbook of instructed second language acquisition* (pp. 522–540). Taylor & Francis.

De Graaff, F., & Housen, A. (2009). Investigating the effects and effectiveness of L2 instruction. In M. Long & C. Doughty (Eds.), *Handbook of language teaching* (pp. 726–755). Blackwell.

de Groot, A. M. B. (2006). Effects of stimulus characteristics and background music on foreign language vocabulary learning and forgetting. *Language Learning, 56*(3), 463–506.

de Groot, A. M. B., & Keijzer, R. (2000). What is hard to learn is easy to forget: The roles of word concreteness, cognate status, and word frequency in foreign language vocabulary learning and forgetting. *Language Learning, 50*(1), 1–56.

De Jong, N., & Perfetti, C. A. (2011). Fluency training in the ESL classroom: An experimental study of fluency development and proceduralization. *Language Learning, 61*(2), 533–568.

De Jong, N. H., Steinel, M. P., Florijn, A. F., Schoonen, R., & Hulstijn, J. H. (2012). Facets of speaking proficiency. *Studies in Second Language Acquisition, 34*, 5–34.

De Saussure, F. (1916). *Cours de linguistique generale* [Course in general linguistics]. Payot.

Deci, E. L., & Ryan, R. M. (1985). *Intrinsic motivation and self-determination in human behaviour.* Plenum.

DeKeyser, R. M. (1997). Beyond explicit rule learning. *Studies in Second Language Acquisition, 19*(2), 195–221.

DeKeyser, R. M. (2007). *Practice in a second language: Perspectives from applied linguistics and cognitive psychology.* Cambridge University Press.

DeKeyser, R. M. (2015). Skill acquisition theory. In B. VanPatten & J. Williams (Eds.), *Theories in second language acquisition: An introduction* (2nd ed.). (pp. 94–112), Lawrence Erlbaum.

DeKeyser, R. M. (2017). Knowledge and skill in ISLA. In S. Loewen & M. Sato (Eds.), *The Routledge handbook of second language acquisition* (pp. 15–32). Routledge.

Delattre, P. (1966). A comparison of syllable length conditioning among languages. *International Review of Applied Linguistics, 4,* 183–198.

Derwing, T. M., & Munro, M. J. (2001). What speaking rates do non-native listeners prefer? *Applied Linguistics, 22,* 324–337.

Derwing, T. M., & Munro, M. J. (2005). Second language accent and pronunciation teaching: A research-based approach. *TESOL Quarterly, 39,* 379–397.

Derwing, T. M., & Munro, M. J. (2013). The development of L2 oral language skills in two L1 groups: A 7-year study. *Language Learning, 63*(2), 163–185.

Derwing, T. M., Munro, M. J., Thomson, R. I., & Rossiter, M. J. (2009). The relationship between L1 fluency and L2 fluency development. *Studies in Second Language Acquisition, 31*(4), 533–557.

Dewaele, J.-M. (2022). Online questionnaires. In A. Phakiti, P. De Costa, L. Plonsky, & S. Starfield (Eds.), *The Palgrave handbook of applied linguistics research methodology* (p. 433–459). Palgrave Macmillan.

Dewaele, J.-M., & MacIntyre, P. D. (2014). The two faces of Janus? Anxiety and enjoyment in the foreign language classroom. *Studies in Second Language Learning and Teaching, 4*(2), 237–274.

Dewaele, J.-M., & MacIntyre, P. D. (2016). Foreign language enjoyment and foreign language classroom anxiety. The right and left feet of FL learning? In P. D. MacIntyre, T. Gregersen, & S. Mercer (Eds.), *Positive psychology in SLA* (pp. 215–236). Multilingual Matters.

Dewaele, J.-M., Saito, K., & Halimi, F. (2022). How teacher behaviour shapes foreign language learners' enjoyment, anxiety and attitudes/motivation: A mixed modelling longitudinal investigation. *Language Teaching Research.* Advance online publication.

Dewaele, J.-M., Witney, J., Saito, K., & Dewaele, L. (2018). Foreign language enjoyment and anxiety: The effect of teacher and learner variables. *Language Teaching Research, 22*(6), 676–697.

Dietrich, R., Klein, W., & Noyan, C. (1995). *The acquisition of temporality in a second language.* Benjamins.

Dillenbourg P. (1999). What do you mean by collaborative learning? In P. Dillenbourg (Ed.), *Collaborative-learning: Cognitive and computational approaches* (pp. 1–19). Elsevier.

Dlaska, A., & Krekeler, C. (2008). Self-assessment of pronunciation, *System, 36* (4), 506–516.

Dobao, A. F., & Blum, A. (2013). Collaborative writing in pairs and small groups: Learners' attitudes and perceptions. *System, 41*(2), 365–378.

Dobson, T., & Willinsky, J. (2009). Digital literacy. In D. R. Olson & N. Torrance (Eds.), *The Cambridge handbook of literacy* (pp. 286–312). Cambridge University Press.

Donegan, P. J., & Stampe, D. (1979). The study of natural phonology. In D. A. Dinnsen (Ed.), *Current approaches to phonological theory* (pp. 126–173). Indiana University Press.

Dörnyei, Z. (1994). Motivation and motivating in the foreign language classroom. *The Modern Language Journal, 78,* 273–284.

Dörnyei, Z. (2001). New themes and approaches in second language motivation research. *Annual Review of Applied Linguistics, 21,* 43–59.

Dörnyei, Z. (2005). *The psychology of the language learner: Individual differences in second language acquisition.* Lawrence Erlbaum.

Dörnyei, Z., & Csizér, K. (2002). Some dynamics of language attitudes and motivation: Results of a longitudinal nationwide survey. *Applied Linguistics, 23,* 421–462.

Dörnyei, Z., & Dewaele, J.-M. (2022). *Questionnaires in second language research: Construction, administration, and processing* (3rd ed.). Routledge.

Dörnyei, Z., & Kubanyiova, M. (2014). *Motivating learners, motivating teachers: Building vision in the language classroom.* Cambridge University Press.

Dörnyei, Z., & Skehan, P. (2003). Individual differences in second language learning. In C. Doughty & M. Long (Eds.), *The handbook of second language acquisition* (pp. 589–630). Blackwell.

Dörnyei, Z., & Ushioda, E. (2011). *Teaching and researching motivation* (2nd ed.). Routledge.

Dörnyei, Z., Henry, A., & Muir, C. (2016). *Motivational currents in language learning: Frameworks for focused interventions.* Routledge.

Doueihi, Z. J., & François, T. (2022). Concept-based instruction for applied L2 acquisition: Systematic review. *Pedagogical Linguistics, 3*(1), 84–107.

Doughty, C. (1991). Second language instruction does make a difference: Evidence from an empirical study of SL relativization. *Studies in Second Language Acquisition, 13*(4), 431–469.

Doughty, C. J. (2019). Cognitive language aptitude. *Language Learning, 69*(S1), 101–126.

Douglas, D. (2010). *Understanding language testing.* Hodder Education.

Downing, S. M. (2006). Selected-response item formats in test development. In T. M. Haladyna & S. M. Downing (Eds.), *Handbook of test development.* (pp. 287–301). Routledge.

Duff, P. A. (2018). Case study research in applied linguistics. In L. Litosseliti (Ed.), *Research methods in linguistics* (2nd ed.). (pp. 305–330). Bloomsbury.

Duff, P. A. (2020). Case study research: Making language learning complexities visible. In J. McKinley & H. Rose (Eds.), *The Routledge handbook of research methods in applied linguistics* (pp. 144–153). Taylor & Francis.

Dulay, H. C., & Burt, M. K. (1973). Should we teach children syntax? *Language Learning, 23*(2), 245–258.

Dulay, H. C., & Burt, M. K. (1974). Natural sequence in child second language acquisition. *Language Learning, 24*(1), 37–53.

Durand, J. (2005). Tense/lax, the vowel system of English and phonological theory. In P. Carr, J. Durand, & C. J. Ewen (Eds.), *Headhood, elements, specification and contrastivity* (pp. 77–97). John Benjamins Publishing Company.

Eckman, F. (1997). Markedness and the contrastive analysis hypothesis. *Language Learning 27*, 315–330.

Edelman, C., McClung, R., & Ferguson, P. (2017). Assessing the efficacy of dictation exercises to improve SLA listening in Japan. *Language Education in Asia, 8*(1), 67–83.

Edwards, J. G. H., & Zampini, M. L. (2008). *Phonology and second language acquisition.* John Benjamins Publishing Company.

Eguchi, A. (2015). The relationship between L2 listening comprehension and phonological short-term memory with a focus on sentential knowledge. *Language Education & Technology, 52*, 77–103.

Eguchi, M., & Kyle, K. (2020). Continuing to explore the multidimensional nature of lexical sophistication: The case of oral proficiency interviews. *The Modern Language Journal, 104*(2), 381–400.

Elder, C. (2009). Validating a test of metalinguistic knowledge. In R. Ellis, S. Loewen, C. Elder, H. Reinders, H. Erlam, & J. Philp (Eds.), *Implicit and explicit knowledge in second language learning, testing and teaching* (pp. 113–138). Multilingual Matters.

Elgort, I. (2011). Deliberate learning and vocabulary acquisition in a second language. *Language Learning, 61*(2), 367–413.

Ellis, N. (1994). Implicit and explicit language learning: An overview. In N. Ellis (Ed.), *Implicit and explicit learning of languages* (pp. 1–32). Academic Press.

Ellis, N. (2005). At the interface: Dynamic interactions of explicit and implicit language knowledge. *Studies in Second Language Acquisition, 27*, 305–352.

Ellis, N. (2007). The weak-interface, consciousness, and form-focused instruction: Mind the doors. In S. Fotos & H. Nassaji (Eds.), *Form focused instruction and teacher education: Studies in honour of Rod Ellis* (pp. 17–33). Oxford University Press.

Ellis, N., & Beaton, A. (1993). Factors affecting the learning of foreign language vocabulary: Imagery keyword mediators and phonological short–term memory. *The Quarterly Journal of Experimental Psychology Section A, 46* (3), 533–558.

Ellis, R. (1993). Talking shop: Second language acquisition research: How does it help teachers? *ELT Journal, 47*(1), 3–11.

Ellis, R. (1994). *The study of second language acquisition.* Oxford University Press.

Ellis, R. (1999). Item versus system learning: Explaining free variation. *Applied Linguistics, 20*(4), 460–480.

Ellis, R. (2001). Investigating form-focused instruction. In R. Ellis (Ed.), *Form-focused instruction and second language learning* (pp. 1–46). Blackwell.

Ellis, R. (2002). Grammar teaching: Practice or consciousness-raising? In J. C. Richards & W. A. Renandya (Eds.), *Methodology in language teaching: An anthology of current practice* (pp. 167–174). Cambridge University Press.

Ellis, R. (2003). *Task-based language learning and teaching.* Oxford University Press.

Ellis, R. (2005). Measuring implicit and explicit knowledge of a second language: A psychometric study. *Studies in Second Language Acquisition, 27,* 141–172.

Ellis, R. (2008). *The study of second language acquisition* (2nd ed.). Oxford University Press.

Ellis, R. (2009). The differential effects of three types of task planning on the fluency, complexity, and accuracy in L2 oral production. *Applied Linguistics, 30,* 474–509.

Ellis, R. (2015). *Understanding second language acquisition* (2nd ed.). Oxford University Press.

Ellis, R. (2017). Task-based language teaching. In S. Loewen & M. Sato (Eds.), *The Routledge handbook of instructed second language acquisition* (pp.

108–125). Routledge.

Ellis, R. (2019, August 17). *The task-based lesson*. [Plenary presentation]. Japan Society of English Education, 45th Conference, Hirosaki, Japan.

Ellis, R. (2022). Does planning before writing help? Options for pre-task planning in the teaching of writing. *ELT Journal, 76*(1), 77–87.

Ellis, R., & Barkhuizen, G. (2005). *Analysing learner language*. Oxford University Press.

Ellis, R., & Heimbach, R. (1997). Bugs and birds: Children's acquisition of second language vocabulary through interaction. *System, 25*, 247–259.

Ellis, R., & Shintani, N. (2014). *Exploring language pedagogy through second language acquisition research*. Routledge.

Ellis, R., & Yuan, F. (2004). The effects of planning on fluency, complexity, and accuracy in second language narrative writing. *Studies in Second Language Acquisition, 26*(1), 59–84.

Ellis, R., Li, S., & Zhu, Y. (2019). The effects of pre-task explicit instruction on the performance of a focused task. *System, 80*, 38–47.

Ellis, R., Skehan, P., Li, S., Shintani, N., & Lambert, C. (2019). *Task-based language teaching: Theory and practice*. Cambridge University Press.

Engber, C. A. (1995). The relationship of lexical proficiency to the quality of ESL compositions. *Journal of Second Language Writing, 4*(2), 139–155.

Engeström, Y. (1987). *Learning by expanding: An activity-theoretical approach to developmental research*. Orienta-Konsultit.

England, N. (2017). Developing an interpretation of collective beliefs in language teacher cognition research. *TESOL Quarterly, 51*(1), 229–238.

Ericsson, K. A., & Simon, H. (1980). Verbal reports as data. *Psychological Review, 87*(3), 215–251.

Erlam, R. (2006). Elicited imitation as a measure of L2 implicit knowledge: An empirical validation study. *Applied Linguistics, 27*(3), 464–491.

Erlam, R., & Ellis, R. (2019). Input-based tasks for beginner-level learners: An approximate replication and extension of Erlam & Ellis (2018). *Language Teaching, 52*(4), 490–511.

Erman, M. E., Leaver, B., & Oxford, R. (2003). A brief overview of individual differences in second language learning. *System, 31*(3), 313–330.

Eyckmans, J. (2009). Towards an assessment of learners' receptive and productive syntagmatic knowledge. In A. Barfield & H. Gyllstad (Eds.), *Researching collocations in another language: Multiple interpretations* (pp. 139–152). Palgrave Macmillan.

Fakher Ajabshir, Z. (2022). The relative efficacy of input enhancement, input flooding, and output-based instructional approaches in the acquisition of L2 request modifiers. *Language Teaching Research, 26*(3), 411–433.

Falchikov, N., & Boud, D. (1989). Student self-assessment in higher education: A meta-analysis. *Review of Educational Research, 59*(4), 395–430.

Falout, J., Elwood, J., & Hood, M. (2009). Demotivation: Affective states and learning outcomes. *System, 37*, 403–417.

Farrell, T. C. (2018). Second language teacher education and future directions. In J. I. Liontas (Ed.), *The TESOL encyclopedia of English language teaching* (pp. 1–7). John Wiley & Sons, Inc.

Fellner, T., & Apple, M. (2006). Developing writing fluency and lexical complexity with blogs. *The JALT CALL Journal, 2*(1), 15–26.

Ferré, P., Obrador, J. A., & Demestre, J. (2023). Are translation equivalents always activated when bilinguals perform a task in one of their languages? Behavioral and ERP evidence of the role of the task. *Brain Science, 13*(3), Article432.

Ferris, D. (1999). The case for grammar correction in L2 writing classes: A response to Truscott (1996). *Journal of Second Language Writing, 8*(1), 1–11.

Ferris, D. R. (1997). The influence of teacher commentary on student revision. *TESOL Quarterly, 31*(2), 315–340.

Fillmore, C. J. (1977). On fluency. In C. J. Fillmore, D. Kempler, & W. S-Y. Wang (Eds.), *Individual differences in language ability and language behavior* (pp. 85–101). Academic Press.

Finnish National Board of Education (FNBE). (2016). *National core curriculum for basic education 2014.*

Firth, A., & Wagner, J. (1997). On discourse, communication, and (some) fundamental concepts in SLA research. *The Modern Language Journal, 81* (3), 285–300.

Firth, A., & Wagner, J. (2007). Second/foreign language learning as a social accomplishment: Elaborations on reconceptualized SLA. *The Modern Language Journal, 91*(s1), 800–819.

Firth, J. R. (1957). *Papers in linguistics.* Oxford University Press.

Fischer-Jørgensen, E. (1975). *Trends in phonological theories: A historical introduction.* Academisk Forlag.

Flege, J. E. (1991). Age of learning affects the authenticity of voice-onset time (VOT) in stop consonants produced in a second language. *The Journal of the Acoustical Society of America, 89*(1), 395–411.

Flege, J. E. (1993). Production and perception of a novel, second-language phonetic contrast. *Journal of the Acoustical Society of America, 93*(3), 1589–1608.

Flege, J. E. (1995). Second-language speech learning: Theory, findings, and problems. In W. Strange (Ed.), *Speech perception and linguistic experience: Issues in cross-language research* (pp. 229–273). York Press.

Flege, J. E. (2003). Assessing constraints on second-language segmental production and perception. In N. O. Schiller & A. S. Meyer (Eds.), *Phonetics and phonology in language comprehension and production: Differences and similarities* (pp. 319–355). Mouton de Gruyter.

Flege, J. E., & Bohn, O-S. (1989). An instrumental study of vowel reduction and stress placement in Spanish-accented English. *Studies in Second Language Acquisition, 11*(1), 35–62.

Flege, J. E., Bohn, O-S., & Jang, S. (1997). Effects of experience on non-native speakers' production and perception of English vowels. *Journal of Phonetics, 25*(4), 437–470.

Flege, J. E., Munro, M. J., & MacKay, I. R. A. (1995). Factors affecting degree of perceived foreign accent in a second language. *Journal of the Acoustical*

Society of America, 97, 3125–3134.

Flege, J. E., Schirru, C., & MacKay, I. R. A. (2003). Interaction between the native and second language phonetic subsystems. *Speech Communication, 40*(4), 467–491.

Flores, B. C. (1997). Rhythmic patterns as basic units in pronunciation teaching. *ONOMAZEIN, 2,* 111–134.

Flowerdew, J., & Li, Y. (2007). Plagiarism and second language writing in an electronic age. *Annual Review of Applied Linguistics, 27,* 161–183.

Flowerdew, J., & Miller, L. (2005). *Second language listening: Theory and practice.* Cambridge University Press.

Folse, K. S. (2006). The effect of type of written exercise on L2 vocabulary retention. *TESOL Quarterly, 40*(2), 273–293.

Foss, D. J., & Hakes, D. T. (1978). *Psycholinguistics: An introduction to the psychology of language.* Prentice-Hall.

Foster, P., & Skehan, P. (1996). The influence of planning and task type on second language performance. *Studies in Second Language Acquisition, 18* (3), 299–324.

Foster, P., & Skehan, P. (2013). The effects of post-task activities on the accuracy of language during task performance. *Canadian Modern Language Review, 69*(3), 249–73.

Foster, P., & Wigglesworth, G. (2016). Capturing accuracy in second language performance: The case for a weighted clause ratio. *Annual Review of Applied Linguistics, 36,* 98–116.

Foster, P., Tonkyn, A., & Wigglesworth, G. (2000). Measuring spoken language: A unit for all reasons. *Applied Linguistics, 21*(3), 354–375.

Fotos, S. (1993). Consciousness raising and noticing through focus on form: Grammar task performance versus formal instruction. *Applied Linguistics, 14*(4), 386–407.

Fotos, S. (1994). Integrating grammar instruction and communicative language use through grammar consciousness-raising tasks. *TESOL Quarterly, 28* (2), 323–351.

Fotos, S., & Ellis, R. (1991). Communicating about grammar: A task-based approach. *TESOL Quarterly, 25*(4), 605–628.

Fotos, S., & Nassaji, H. (Eds.). (2007). *Form-focused instruction and teacher education: Studies in honour of Rod Ellis.* Oxford University Press.

Fox, A. (2000). *Prosodic features and prosodic structure: The phonology of suprasegmentals.* Oxford University Press.

Francis, N. W. & Kucera, H. (1961). *Brown Corpus.* http://www.nltk.org/nltk_data/

Freeborn, L., Andringa, S., Lunansky, G., & Rispens, J. (2023). Network analysis for modeling complex systems in SLA research. *Studies in Second Language Acquisition, 45*(2), 526–557.

Freed, B. F. (2000). Is fluency, like beauty, in the eyes (and ears) of the beholder? In H. Riggenbach (Ed.), *Perspectives on fluency* (pp. 243–265). University of Michigan Press.

Freed, B. F., Segalowitz, N., & Dewey, D. P. (2004). Context of learning and second language fluency in French: Comparing regular classroom, study abroad, and intensive domestic immersion program. *Studies in Second Language Acquisition, 26*(2), 275–301.

Freeman, D. (2016). *Educating second language teachers.* Oxford University Press.

Freeman, D., & Johnson, K. E. (1998). Reconceptualizing the knowledge-base of language teacher education. *TESOL Quarterly, 32*(3), 397–417.

Fries, C. C. (1945). *Teaching and learning English as a foreign language.* University of Michigan Press.

福田航平・投野由紀夫 (2023). 「英語学習用活用語彙リストの提案―CEFR-J Wordlist のコロケーション・データセットの試み」『言語資源ワークショップ発表論文集』*1*, 133-146. 国立国語研究所.

Fulcher, G. (1996). Invalidating validity claims for the ACTFL oral rating scale. *System, 24*(2), 163–172.

Fulcher, G. (2010). *Practical language testing.* Hodder Education.

Fung, L., & Carter, R. (2007). Discourse markers and spoken English: Native and learner use in pedagogic settings. *Applied Linguistics, 28*(3), 410–439.

Gabryś-Barker, D., & Gałajda, D. (Eds.). (2016). *Positive psychology perspectives on foreign language learning and teaching*. Springer International Publishing.

Gaies, S. (1980). T-unit analysis in second-language research: Applications, problems and limitations. *TESOL Quarterly, 14*(1), 53–60.

Gal'perin, P. Y. (1979). The role of orientation in thought. *Soviet Psychology, 18*(1), 19–45.

Gal'perin, P. Y. (1992). Stage-by-stage formation as a method of psychological investigation. *Journal of Russian and East European Psychology, 30*(4), 60–80.

Galaczi, E., Post, B., Li, A., Barker, F., & Schmidt, E. (2017). Assessing second language pronunciation: Distinguishing features of rhythm in learner speech at different proficiency levels. In T. Isaacs & P. Trofimovich (Eds.), *Second language pronunciation assessment: Interdisciplinary perspectives* (pp. 157–182). Multilingual Matters.

Gambrell, L. B., Koskinen, P. S., & Kapinus, B. A. (1991). Retelling and the reading comprehension of proficient and less-proficient readers. *The Journal of Educational Research, 84*(6), 356–362.

Gao, X. (2022). Narrative methods. In S. Li, P. Hiver, & M. Papi (Eds.), *The Routledge handbook of second language acquisition and individual differences* (pp. 413–426). Taylor & Francis.

García Mayo, M. d. P. (2005). Interactional strategies for interlanguage communication: Do they provide evidence for attention to form? In A. Housen & M. Pierrard (Eds.), *Investigations in instructed second language acquisition* (pp. 383–406). Mouton de Gruyter.

García, O., & Kleyn, T. (2016). Translanguaging theory in education. In O. García & T. Kleyn (Eds.), *Translanguaging with multilingual students* (pp. 9–33). Routledge.

García, O., & Kleyn, T. (Eds.). (2016). *Translanguaging with multilingual students: Learning from classroom moments*. Routledge.

García, O., & Wei, L. (2014). *Translanguaging: Language, bilingualism and education.* Palgrave MacMillan.

Gardner, R. C., & Lambert, W. E. (1959). Motivational variables in second-language acquisition. *Canadian Journal of Psychology/Revue Canadienne de Psychologie, 13*(4), 266–272.

Gardner, R. C., & Lambert, W. E. (1972). *Attitudes and motivation in second-language learning.* Newbury House.

Gardner, R. C., & MacIntyre, P. D. (1991). An instrumental motivation in language study: Who says it isn't effective? *Studies in Second Language Acquisition, 13*(1), 57–72.

Gass, S. (1979). Language transfer and universal grammatical relations. *Language Learning, 29*(2), 327–344.

Gass, S. (1999). Discussion: Incidental vocabulary acquisition. *Studies in Second Language Acquisition, 21*(2), 319–333.

Gass, S. (2015). Experimental research. In A. Phakiti & B. Paltridge (Eds.), *Research methods in applied linguistics: A practical resource.* (pp. 167–191). Bloomsbury Publishing.

Gass, S. M. (2003). Input and interaction. In C. J. Doughty & M. H. Long (Eds.), *The handbook of second language acquisition* (pp. 224–255). Blackwell Publishing.

Gass, S. M., Behney, J., & Plonsky, L. (2020). *Second language acquisition: An introductory course* (5th ed.). Routledge.

Gass, S., & Selinker, L. (2008). *Second language acquisition: An introductory course.* Lawrence Erlbaum.

Gass, S., & Sterling, S. (2017). Ethics in ISLA. In S. Loewen & M. Sato (Eds.), *The Routledge handbook of instructed second language acquisition* (pp. 577–595). Taylor & Francis.

Gass, S., Loewen, S., & Plonsky, L. (2020). Coming of age: The past, present, and future of quantitative SLA research. *Language Teaching, 54*(2), 245–258.

Ghalib, T. K., & Al-Hattami, A. A. (2015). Holistic versus analytic evaluation of EFL writing: A case study. *English Language Teaching, 8*(7), 225–236.

Gierut, J. A. (2007). Phonological complexity and language learnability. *American Journal of Speech-Language Pathology, 16*(1), 6–17.

Gillon, G., McNeill, B., & Westerveld, M. (2023). Retelling stories: The validity of an online oral narrative task. *Child Language Teaching and Therapy, 39* (2), 150–174.

Gilmore, A. (2007). Authentic materials and authenticity in foreign language learning. *Language Teaching, 40*(2), 97–118.

Gilquin, G. (2008). Hesitation markers among EFL learners: Pragmatic deficiency or difference? In J. Romero-Trillo (Ed.), *Pragmatics and corpus linguistics: A mutualistic entente* (pp. 119–149). Mouton de Gruyter.

Gilquin, G. (2016). Discourse markers in L2 English: From classroom to naturalistic input. In O. Timofeeva, A. Gardner, A. Honkapohja, & S. Chevalier (Eds.), New approaches to English linguistics: Building bridges (pp. 213–249). John Benjamins Publishing Company.

Gimson, A. C. (1962). *An introduction to the pronunciation of English.* Edward Arnold.

Gimson, A. C. (1978). Towards an international pronunciation of English. In P. Strevens (Ed.), *In honor of A. S. Hornby* (pp. 45–53). Oxford University Press.

Gimson, A. C. (1994). *Gimson's pronunciation of English* (Revised by Alan Cruttenden). Edward Arnold.

Gliksman, L., Gardner, R. C., & Smythe, P. C. (1982). The role of the integrative motive on students' participation in the French classroom. *The Canadian Modern Language Review, 38*(4), 625–647.

Godfroid. A, Winke P., & Gass, S. (Eds.). (2013). Special issue: Eye-movement recordings in second language research. *Studies in Second Language Acquisition 35*(2), 205–422.

Goffman, E. (1967). *Interaction ritual: Essays on face-to-face behavior.* Pantheon Books.

Goh, C. (2008). Metacognitive instruction for second language listening development: Theory, practice and research implications. *Regional*

Language Centre Journal, 39(2), 188–213.

Gohar, M. J., Rahmanian, M., & Soleimani, H. (2018). Technique feature analysis or involvement load hypothesis: Estimating their predictive power in vocabulary learning. *Journal of Psycholinguistic Research, 47*(4), 859–869.

Goldman-Eisler, F. (1961). A comparative study of two hesitation phenomena. *Language and Speech, 4*(1), 18–26.

Goldsmith, J. (1976). *Autosegmental phonology* [Doctoral dissertation]. MIT.

Gorsuch, G., & Taguchi, E. (2010). Developing reading fluency and comprehension using repeated reading: Evidence from longitudinal student reports. *Language Teaching Research, 14*(1), 27–59.

Goto, H. (1971). Auditory perception by normal Japanese adults of the sounds "L" and "R". *Neuropsychologia, 9*(3), 317–323.

Gowhary, H., Azizifar, A., & Rezaei, S. (2016). Investigating English vowel reduction in pronunciation of EFL teachers of schools. *Procedia - Social and Behavioral Sciences, 232*, 604–611.

Grabe, E. & Post, B. (2002). *The Intonational Variation in English Corpus (IViE)*. University of Oxford Phonetics Laboratory. http://www.phon.ox.ac.uk/ files/apps/IViE/search.php

Grabe, W. (1985). Written discourse analysis. *Annual Review of Applied Linguistics, 5*, 101–123.

Grabe, W., & Stoller, F. L. (2002). *Teaching and researching reading*. Longman.

Grabe, W., & Stoller, F. L. (2019). *Teaching and researching reading* (3rd ed.). Routledge.

Graesser, A. C., McNamara, D. S., Louwerse, M. M., & Cai, Z. (2004). Coh-Metrix: Analysis of text on cohesion and language. *Behavioural Research Methods, Instruments and Computers, 36*(2), 193–202.

Graham, C. (2003). *Jazz chants*. Oxford University Press.

Green, A. (2014). *Exploring language assessment and testing: Language in action*. Routledge.

Grice, H. P. (1975). Logic and conversation. In P. Cole & J. L. Morgan (Eds.), *Syntax and semantics 3: Speech acts* (pp. 41–58). Academic Press.

Griffiths, C. (2018). *The strategy factor in successful language learning: The tornado effect* (2nd ed.). Multilingual Matters.

Grosjean, F. (2022). *The mysteries of bilingualism: Unresolved issues.* John Wiley & Sons.

Guillot, M. (1999). *Fluency and its teaching.* Multilingual Matters.

Gussenhoven, C. (2004). *The phonology of tone and intonation.* Cambridge University Press.

Gutierrez-Diez, F. (2001). The acquisition of English syllable timing by native Spanish speakers learners of English: An empirical study. *International Journal of English Studies, 1*(1), 93–113.

Gyllstad, H. (2009). Designing and evaluating tests of receptive collocation knowledge: COLLEX and COLLMATCH. In A. Barfield, & H. Gyllstad (Eds.), *Researching collocations in another language: Multiple interpretations* (pp. 139–152). Palgrave Macmillan.

Hacker, D. (1991). *Bedford handbook for writers.* Bedford.

Hakuta, K. (1974). Prefabricated patterns and the emergence of structure in second language acquisition. *Language Learning, 24*(2), 287–297.

Haladyna, T., & Rodriguez, M. C. (2013). *Developing and validating test items.* Routledge.

Hall, J. K., & Walsh, M. (2002). Teacher-student interaction and language learning. *Annual Review of Applied Linguistics, 22,* 186–203.

Halliday, M. A. K., & Hasan, R. (1976). *Cohesion in English.* Longman.

Halliday, M., & Matthiessen, C. (2014). *An introduction to functional grammar* (4th ed.). Routledge.

Hamers, J. F., & Blanc, M. H. A. (2000). *Bilinguality and bilingualism* (2nd ed.). Cambridge University Press.

Hamp-Lyons, L. (1995). Rating nonnative writing: The trouble with holistic scoring. *TESOL Quarterly, 29*(4), 759–762.

Han, J., & Yin, H. (2016). Teacher motivation: Definition, research development and implications for teachers. *Cogent Education, 3*(1), Article 1217819.

Han, Z.-H. (2004). *Fossilization in adult second language acquisition.* Multilingual

Matters.

Hanaoka, O. (2007). Output, noticing, and learning: An investigation into the role of spontaneous attention to form in a four-stage writing task. *Language Teaching Research, 11*(4), 459–479.

Hanaoka, O., & Izumi, S. (2012). Noticing and uptake: Addressing pre-articulated covert problems in L2 writing. *Journal of Second Language Writing, 21*(4), 332–347.

Hanaoka, O., & Izumi, S. (2021). Expanding research agendas: Directions for future research on attention and writing. In R. Manchon & C. Polio (Eds.), *The handbook of second language writing and acquisition* (pp. 312–324). Routledge.

Hanks, J. (2016). *Exploratory practice in language teaching: Puzzling about principles and practices.* Palgrave Macmillan.

Harmer, J. (1983). *The practice of English language teaching* (1st ed.). Longman.

Harmer, J. (1984). What is communicative? *ELT Journal, 36*(3), 164–168.

Harrington, M., & Dennis, S. (2002). Input-driven language learning. *Studies in Second Language Acquisition, 24*(2), 261–268.

Harris, J., & Leeming, P. (2024). Speaking proficiency development in EFL classrooms: Measuring the differential effect of TBLT and PPP teaching approaches. *International Review of Applied Linguistics in Language Teaching, 62*(2), 509-537.

Harris, M. (1997). Self-assessment of language learning in formal settings. *ELT Journal, 51*(1), 12–20.

長谷川修治・中條清美・西垣知佳子 (2008).「中・高英語検定教科書語彙の実用性の検証」『日本大学生産工学部研究報告 B』*41*, 49–56.

Hashemi, M., & Babaii, E. (2013). Mixed methods research: Toward new research designs in applied linguistics. *The Modern Language Journal, 97*(4), 828–852.

Hasselgren, A. (2002). Learner corpora and language testing: Smallwords as markers of learner fluency. In S. Granger, J. Hung, & S. Petch-Tyson

(Eds.), *Computer learner corpora, second language acquisition and foreign language teaching* (pp. 143–173). John Benjamins Publishing Company.

Hattie, J., & Timperley, H. (2007). The Power of feedback. *Review of Educational Research, 77*(1), 81–112.

服部義弘 (2012).「第 4 章 音節・音連鎖・連続音制過程」服部義弘 (編)『朝倉日英対照言語学シリーズ 2 音声学』(pp. 64–83). 朝倉書店.

Haugen, E. (1949). Phoneme or prosodeme? *Language, 25*(3), 278–282.

林宅男 (2005).「『フェイス』の再考―普遍的ポライトネス理論の構築に向けて」『英米評論』*19*, 191–220.

Hayes, B. (1995). *Metrical stress theory: Principles and case studies*. The University of Chicago Press.

Haywood, H. C., & Lidz, C. S. (2007). *Dynamic assessment in practice: Clinical and educational applications*. Cambridge University Press.

He, X., & Loewen, S. (2022). Stimulating learner engagement in app-based L2 vocabulary self-study: Goals and feedback for effective L2 pedagogy. *System, 105*, Article 102719.

Hedgcock, T. (2005). Taking stock of research and pedagogy in L2 writing. In E. Hinkel (Ed.), *Handbook of research in second language teaching and learning* (pp. 597–613). Lawrence Erlbaum.

Hellerman, J., & Vergun, A. (2007). Language which is not taught: The discourse marker use of beginning adult learners of English. *Journal of Pragmatics, 39*(1), 157–179.

Henning, G. (1991). *A study of the effects of contextualisation and familiarisation on responses to the TOEFL vocabulary test items*. Educational Testing Service.

Henrichsen, L. E. (1984). Sandhi-variation: A filter of input for learners of ESL. *Language Learning, 34*(3), 103–123.

Henriksen, B. (1999). Three dimensions of vocabulary development. *Studies in Second Language Acquisition, 31*(2), 303–317.

Hernández, T. A. (2011). Re-examining the role of explicit instruction and input flood on the acquisition of Spanish discourse markers. *Language Teaching*

Research, 15(2), 159–182.

平井明代 (編)(2012).『教育・心理系研究のためのデータ分析入門』東京図書.

平川眞規子 (2017).「言語理論と教室第二言語習得研究―明示的指導の効果」*Second Language, 16,* 39–56.

Hirakawa, M., Shibuya, M., & Endo, M. (2019). Explicit instruction, input flood or study abroad: Which helps Japanese learners of English acquire adjective ordering? *Language Teaching Research, 23*(2), 158–178.

Hirata, Y., & Tompson, P. (2022). Communicative data-driven learning: A two-year pilot study. *ELT Journal, 76*(3), 355–366.

Hiratsuka, T. (2022). *Narrative inquiry into language teacher identity: ALTs in the JET Program.* Routledge.

廣森友人 (2003).「学習者の動機づけは何によって高まるか―自己決定理論による高校生英語学習者の動機づけの検討」*JALT Journal, 25*(2), 173–186.

Hiromori, T. (2021). Are two heads better than one? Comparing engagement between pairs and individuals in an L2 writing task. *Language Teaching Research Quarterly, 21,* 66–83.

Hiver, P., Kim, T.-Y., & Kim, Y. (2018). Language teacher motivation. In S. Mercer & A. Kostoulas (Eds.), *Language teacher psychology* (pp. 18–33). Multilingual Matters.

Hochmann, J-R., Benavides-Varela, S., Nespor, M., & Mehler, J. (2011). Consonants and vowels: Different roles in early language acquisition. *Developmental Science, 14*(6), 1445–1458.

Hoequist, Jr., C. (1983). Syllable duration in stress-, syllable- and mora-timed languages. *Phonetica, 40,* 203–237.

Holzinger, K. J., & Swineford, F. A. (1939). *A study in factor analysis: The stability of a bi-factor solution* (Supplementary Educational Monographs, 48, xi–91). University of Chicago.

Horwitz, E. K. (2001). Language anxiety and achievement. *Annual Review of Applied Linguistics, 21,* 112–126.

Horwitz, E. K., Horwitz, M. B., & Cope, J. (1986). Foreign language classroom anxiety. *The Modern Language Journal, 70*(2), 125–132.

星野由子・清水遥 (2019).「小学校外国語・外国語活動で扱われるカタカナ語—日本語と英語の語義の比較分析を通して」『小学校英語教育学会誌』*19*(1), 117-129.

Hosoda, M. (2017). Learning from expository text in L2 reading: Memory for casual relations and L2 reading proficiency. *Reading in a Foreign Language, 29*(2), 245-263.

細田雅也 (2023).「テキストを『理解する』とはどのような行為なのか？」『英語教育』*72*(1), 44-45.

Howatt, A. P. R. (1984). *A history of English language teaching.* Oxford University Press.

Hsu, L. (2010). The impact of perceived teachers' nonverbal immediacy on students' motivation for learning English. *Asian EFL Journal, 12*(4), 1-17.

Hsueh-Chao, M. H., & Nation, P. (2000). Unknown vocabulary density and reading comprehension. *Reading in a Foreign Language, 13*(1), 403-430.

Hu, H. M., & Nassaji, H. (2016). Effective vocabulary learning tasks: Involvement load hypothesis versus technique feature analysis. *System, 56*(2), 28-39.

Hu, H. M., & Nation, P. (2000). Unknown vocabulary density and reading comprehension. *Reading in a Foreign Language 13*(1), 403-430.

Huebner, T. (1985). System and variability in interlanguage syntax. *Language Learning, 35*(2), 141-163.

Hughes, A. (2003). *Testing for language teachers.* Cambridge University Press.

Hulstijn, J. H., & Laufer, B. (2001). Some empirical evidence for the involvement load hypothesis in vocabulary acquisition. *Language Learning, 51*(3), 539-558.

Hummel, K. M. (2021). *Introducing second language acquisition: Perspectives and practices* (2nd ed.). Wiley Blackwell.

Humphries, S., Akamatsu, N., Tanaka, T., & Burns, A. (2020). Silence in Japanese classrooms: Activities and factors in capacities to speak English. In J. King & H. Kimura (Eds.), *East Asian perspectives on silence in English language education* (pp. 183-211). Multilingual Matters.

Hunt, K. W. (1965). *Grammatical structures written at three grade levels* (NCTE Research Report No. 3). The National Council of Teachers of English.

Hunt, K. W. (1970). Syntactic maturity in schoolchildren and adults. *Monographs of the Society for Research in Child Development, 35*(1), 1-67.

Hyland, K. (2018). *Metadiscourse: Exploring interaction in writing.* Bloomsbury Academic.

Hyland, K., & Tse, P. (2004). Metadiscourse in academic writing: A reappraisal. *Applied Linguistics, 25*(2), 156-177.

Hyltenstam, K. (2021). Language aptitude and language awareness: Polyglot perspectives. *Annual Review of Applied Linguistics, 41,* 55-75.

Hyman, L. M. (1975). *Phonology: Theory and analysis.* Holt, Rinehart & Winston.

Hyman, L. M. (1977). On the nature of linguistic stress, In L. M. Hyman (Ed.). *Studies in stress and accent.* (Southern California Occasional Papers in Linguistics, 4) (pp. 37-82). University of Southern California.

Hyman, L. M. (1985). *A theory of phonological weight.* Foris.

Hymes, D. (1972). On communicative competence. In J. B. Pride & J. Holmes (Eds.), *Sociolinguistics* (pp. 269-293). Penguin.

Ide, R. (1998). 'Sorry for your kindness': Japanese interactional ritual in public discourse. *Journal of Pragmatics, 29*(5), 509-529.

井出里咲子 (2005).「スモールトークとあいさつ―会話の潤滑油を超えて」井出祥子・平賀正子 (編).『講座社会言語科学第 1 巻―異文化とコミュニケーション」(pp. 198-214). ひつじ書房.

Ide, S. (1989). Formal forms and discernment: Two neglected aspects of universals of linguistic politeness. *Multilingua, 8*(2-3), 223-248.

池田央 (1994).『現代テスト理論』朝倉書店.

池田佳子 (2015).「アウトバウンド促進授業実践としての COIL(オンライン国際連携学習)(世界のピアと協働学習を通して生まれる外向き志向)」『グローバル人材育成教育研究』2(2), 65-70.

Imai, S., Flege, J. E., & Walley, A. (2003). Spoken word recognition of accented and unaccented speech: Lexical factors affecting native and nonnative listeners. *Proceedings of the 15th International Congress of Phonetic Sciences*, 845–848.

稲垣忠・鈴木克明 (編著) (2011). 『授業設計マニュアル ver.2 教師のためのインストラクショナルデザイン』北大路書房.

In'nami, Y., & Koizumi, R. (2010). Database selection guidelines for meta-analysis in applied linguistics. *TESOL Quarterly, 44*(1), 169–184.

Isbell, D., Brown, D., Chen, M., Derrick, D., Ghanem, R., Gutiérrez Arvizu, M. N., Schnur, E., Zhang, M., & Plonsky, L. (2022). Misconduct and questionable research practices: The ethics of quantitative data handling and reporting in applied linguistics. *The Modern Language Journal, 106*(1), 172–195.

Ishihara, N., & Cohen, A. D. (2022). *Teaching and learning pragmatics: Where language and culture meet* (2nd ed.). Routledge.

石井雄隆・近藤悠介 (編) (2020). 『英語教育における自動採点—現状と課題』ひつじ書房.

Ishii, Y., Sawaki, Y., & Tahara, T. (2017, September 10). *An analysis of Japanese EFL learners' reading-to-write task completion process: Triangulation of stimulated recall and keystroke logging data sources* [Paper presentation]. 21st Annual Conference of the Japan Language Testing Association, Aizu-Wakamatsu, Fukushima, Japan.

Ishikawa, M., & Suzuki, W. (2016). The effect of written languaging on learning the hypothetical conditional in English. *System, 58*, 97–111.

石川慎一郎 (2017). 「大学英語教育における形成的評価—統計手法を用いた形成的評価データの特性の解明」『大学教育研究』*25*, 63–81.

Iskhakova, M., & Bradly, A. (2021). Short-term study abroad research: A systematic review 2000-2019. *Journal of Management Education, 46*(2), 383–427.

Ito, Y. (2001). Effect of reduced forms on ESL learners' input-intake process. *Second Language Studies, 20*(1), 99–124.

Ivankova, N. V, Jennifer, L., & Greer, J. L. (2015). Mixed methods research and analysis. In A. Phakiti & B. Paltridge (Eds.), *Research methods in applied linguistics: A practical resource.* (pp. 292–317). Bloomsbury Publishing.

岩井千秋 (2000). 『第二言語使用におけるコミュニケーション方略』渓水社.

岩城禮三 (1991). 「正確さ／流暢さ」安藤昭一（編）『英語教育現代キーワード事典』(pp. 186-88). 増進堂.

Iwaniec, J. (2020). Questionnaires: Implications for effective implementation. In J. McKinley & H. Rose (Eds.), *The Routledge handbook of research methods in applied linguistics* (pp. 324-335). Taylor & Francis.

Izumi, S. (2002). Output, input enhancement, and the Noticing Hypothesis: An experimental study on ESL relativization. *Studies in Second Language Acquisition, 24*(4), 541-577.

和泉伸一 (2016). 『フォーカス・オン・フォームと CLIL の英語授業―生徒の主体性を伸ばす授業の提案』アルク.

Jacobs, G. M., Dufon, P., & Fong, C. H. (1994). L1 and L2 vocabulary glosses in L2 reading passages: Their effectiveness for increasing comprehension and vocabulary knowledge. *Journal of Research in Reading, 17*(1), 19-28.

Jacobs, H. L., Zinkgraf, S. A., Wormuth, D. R., Hartfiel, V. F., & Hughey, J. B. (1981). *Testing ESL composition: A practical approach.* Newbury House.

Jakobson, R. (1931). Prinzipien der historischen Phonologie. *Travaux du Cercle Linguistique de Prague, 4,* 246-267.

Jakobson, R., & Halle, M. (1956). *Fundamentals of language.* Mouton.

Jakobson, R., Fant, C. G. M., & Halle, M. (1952). *Preliminaries to speech analysis: The distinctive features and their correlates.* MIT Press.

James, C. (1998). *Errors in language learning and use: Exploring error analysis.* Pearson Education.

James, L. A. (2021). 『IBM® SPSS® Amos™ 28 ユーザーズ ガイド』日本 IBM.

Jarvis, S., & Odlin, T. (2000). Morphological type, spatial reference, and language transfer. *Studies in Second Language Acquisition, 22*(4), 535-556.

Jassem, W., Hill, D. R., & Witten, I. H. (1984). Isochrony in English speech: Its statistical validity and linguistic relevance. In D. Gibbon & H. Richter (Eds.), *Intonation, accent and rhythm* (pp. 203-225). Gruyter.

Jenkins, J. (2000). *The phonology of English as an international language.* Oxford University Press.

Jenkins, J. (2007). *English as a lingua franca: Attitude and identity.* Oxford University Press.

Jeon, E. H., & Yamashita, J. (2011, October). *The relationship of second language reading comprehension to its components: A meta-analysis of correlation coefficients* [Paper presentation]. Second Language Research Forum 2011, Ames, Iowa, United States.

Jiang, D., Kalyuga, S., & Sweller, J. (2021) Comparing face-to-face and computer-mediated collaboration when teaching EFL writing skills. *Educational Psychology, 41*(1), 5–24.

Jiang, N. (2018). *Second language processing: An introduction.* Routledge.

Johns, A. M. (1986). Coherence and academic writing: Some definitions and suggestions for teaching. *TESOL Quarterly, 20*(2), 247–265.

Johns, T. (1991). Should you be persuaded: Two samples of data-driven learning materials. *ELR Journal, 4,* 1-16.

Johnson, K. E. (2009). *Second language teacher education: A sociocultural perspective.* Routledge.

Johnson, M. D. (2017). Cognitive task complexity and L2 written syntactic complexity, accuracy, lexical complexity, and fluency: A research synthesis and meta-analysis. *Journal of Second Language Writing, 37,* 13–38.

Johnson, M. D., & Tabari, M. A. (2022). Task planning and oral L2 production: A research synthesis and meta-analysis. *Applied Linguistics, 43*(6), 1143–1164.

Jones, D. (1917). *An English pronouncing dictionary.* Dent.

Jones, D. (1956). *The pronunciation of English.* Cambridge University Press.

Jones, D. (1960). *An outline of English pronunciation* (4th ed.). Cambridge University Press.

Jones, D. (1967). *The phoneme: Its nature and use.* W. Heffer & Sons.

Jones, R. H. (1997). Beyond "listen and repeat": Pronunciation teaching materials and theories of second language acquisition. *Applied Linguistics, 25*(1), 103–112.

Jönsson, A., & Balan, A. (2018). Analytic or holistic: A study of agreement between different grading models. *Practical Assessment, Research & Evaluation, 23*(12), Article #12.

Judd, E. L. (1978). Vocabulary teaching and TESOL: A need for re-evaluation of existing assumptions. *TESOL Quarterly, 12*(1), 71-76.

Kachlicka, M., Saito, K., & Tierney, A. (2019). Successful second language learning is tied to robust domain-general auditory processing and stable neural representation of sound. *Brain and Language, 192*, 15-24.

Kachru, B. (1985). Standards, codification and sociolinguistic realism: The English language in the outer circle. In R. Quirk & H. G. Widdowson (Eds.), *English in the World* (pp. 11-30), Cambridge University Press.

門田修平 (編著) (2003). 『英語のメンタルレキシコン—語彙の獲得・処理・学習』松柏社.

Kahn, D. (1976). *Syllable-based generalizations in English phonology* [Doctoral dissertation]. MIT.

簡卉雯 (2015). 「文法性判断テストによる日本語学習者のシテイルの習得研究—『結果の状態』用法を中心に」『国際文化研究』 *21*, 31-43.

Kanayama, K., & Kasahara, K. (2015). The effect of word retrieval on L2 vocabulary learning. *Journal of the Hokkaido English Language Education Society, 15*, 21-33.

Kanayama, K., & Kasahara, K. (2016). The effects of expanding and equally-spaced retrieval practice on long-term vocabulary retention. *Annual Review of English Language Education in Japan, 27*, 217-232.

Kanayama, K., Iwata, A., & Kasahara, K. (2022) How can cumulative tests be applicable to effective L2 vocabulary instruction? *Annual Review of English Language Education in Japan, 33*, 1-16.

Kane, M. (2013). The argument-based approach to validation. *School Psychology Review, 42*(4), 448-457.

Kang, E. Y., Sok, S., & Han, Z. (2019). Thirty-five years of ISLA on form-focused instruction: A meta-analysis. *Language Teaching Research, 23*(4), 428-453.

Kang, O. (2012). Impact of rater characteristics and prosodic features of speaker accentedness on ratings of international teaching assistants' oral performance. *Language Assessment Quarterly, 9*(3), 249–269.

Kang, O., & Moran, M. (2014). Functional loads of pronunciation features in nonnative speakers' oral assessment. *TESOL Quarterly, 48*(1), 176–187.

Kang, S.-J. (2005). Dynamic emergence of situational willingness to communicate in a second language. *System, 33*, 277–292.

Kanters, S., Cucchiarini, C., & Strik, H. (2009). The goodness of pronunciation algorithm: A detailed performance study. *Proceedings of the SLaTE-2009.* http://www.eee.bham.ac.uk/SLaTE2009/papers/SLaTE2009-33.pdf

Karpicke, J. D. (2017). Retrieval-based learning: A decade of progress. In J. T. Wixted (Ed.), *Learning and memory: A comprehensive reference* (2nd ed., pp. 487–514). Academic Press.

Kasahara, K. (2010). Are two words better than one for intentional vocabulary learning? *Annual Review of English Education in Japan, 21*, 91–100.

Kasahara, K. (2011). The effect of known–and–unknown word combinations on intentional vocabulary learning. *System, 39*(4), 491–499.

Kasahara, K. (2015). Which cues, adjectives or verbs, provide most assistance for remembering new nouns? *Annual Review of English Language Education in Japan, 26*, 317–332.

Kasahara, K. (2021). *The effect of known–and–unknown two–word combinations on intentional vocabulary learning* [Doctoral dissertation, University of Tsukuba]. https://tsukuba.repo.nii.ac.jp/records/2000281#.YeiCYXrP1D9.

笠原究 (2022). 「EFL環境下での語彙指導」佐藤臨太郎. 笠原究 (編著).『効果的英語授業の設計—理解・練習・繰り返しを重視して』(pp. 57-86). 開拓社.

Kasahara, K., & Kanayama, K. (2021). When to conduct a vocabulary quiz, before the review or after the review? *System, 103*, Article 102641.

Kasahara, K., & Yanagisawa, A. (2024). Learning new words with known cue words: The relative effects of noun and adverb cues. *Language Teaching Research, 28*(1), 138–155.

Kasper, G., & Rose, K. R. (2002). *Pragmatic development in a second language.* Blackwell Publishing.

Kazazoğlu, S. (2013). Dictation as a language learning tool. *Procedia-Social and*

Behavioral Sciences, 70, 1338–1346.

Keenan, E., & Comrie, B. (1977). Noun phrase accessibility and universal grammar. *Linguistic Inquiry, 8*(1), 63–99.

Keller, J. M. (1983). Motivational design of instruction. In C. M. Reigeluth (Ed.), *Instructional-design theories and models: An overview of their current status* (pp. 383–434). Lawrence Erlbaum Associates.

Keller, J. M. (2009). *Motivational design for learning and performance: The ARCS model approach.* Springer SBM. (鈴木克明 (訳). (2010). 『学習意欲をデザインする―ARCS モデルによるインストラクショナルデザイン』北大路書房.)

Kellerman, E. (1979a). The problem with difficulty. *Interlanguage Studies Bulletin, 4*, 27–48.

Kellerman, E. (1979b). Transfer and non-transfer: Where are we now. *Studies in Second Language Acquisition, 2*(1), 37–57.

Kellerman, E., & Sharwood Smith, M. (Eds.) (1986). *Cross-linguistic influence in second language acquisition.* Pergamon Press.

Kelly, P. (1991). Lexical ignorance: The main obstacle to listening comprehension with advanced foreign language learners. *International Review of Applied Linguistics, 29*(2), 135–149.

Kent, R. D., & Read, C. (1992). *The acoustic analysis of speech.* Delmar Cengage Learning.

Kenyon, J. S. (1951). *American pronunciation* (10th ed.). George Wahr.

Kenyon, J. S., & Knott, T. A. (1953). *A pronouncing dictionary of American English.* Merriam-Webster.

Kesckes, I. (2014). *Intercultural pragmatics.* Oxford University Press.

Khany, R., & Tazik, K. (2019). Levels of statistical use in applied linguistics research articles: From 1986–2015. *Journal of Quantitative Linguistics, 26*(1), 48–65.

Khatib, M., & Nikouee, M. (2012). Planned focus on form: Automatization of procedural knowledge. *RELC Journal, 43*(2), 187–201.

Kibble, J. D. (2017). Best practices in summative assessment. *Advances in*

Psychological Education, 41(1), 110–117.

Kim, J., & Thompson, G. (2022). The interplay between gender and major on content knowledge and self-beliefs in the English-medium instruction context: A comparative study between university students from Japan and South Korea. *System, 107,* Article 102824.

Kim, M., Crossley, S. A., & Kim, B. K. (2022). Second language reading and writing in relation to first language, vocabulary knowledge, and learning backgrounds. *International Journal of Bilingual Education and Bilingualism, 25*(6), 1992–2005.

Kim, S. K., & Webb, S. (2022). The effects of spaced practice on second language learning: A meta-analysis. *Language Learning, 72,* 269–319.

Kim, Y. (2017). Cognitive–interactionist approaches to L2 instruction. In S. Loewen & M. Sato (Eds.), *The Routledge handbook of instructed second language acquisition* (pp. 126–145). Routledge.

Kim, Y., & Tracy-Ventura, N. (2013). The role of task repetition in L2 performance development: What needs to be repeated during task-based interaction? *System, 41*(3), 829–840.

Kintch, W. (1994). Text comprehension, memory, and learning. *American Psychologist, 49,* 294–303.

Kiparsky, P. (1982a). *Explanation in phonology.* Foris.

Kiparsky, P. (1982b). Lexical morphology and phonology. In The Linguistic Society of Korea (Ed.), *Linguistics in the morning calm* (pp. 3–91). Hansin.

清田洋一 (編)(2017). 『英語学習ポートフォリオの理論と実践―自立した学習者をめざして』くろしお出版.

Klammar, C., & Ramler, R. (2017). A journey from manual testing to automated test generation in an industry project. *Proceedings of IEEE International Conference on Software Quality, Reliability and Security Companion (QRS-C),* 591–592.

Koffi, E. (2020). A comprehensive review of intensity and its linguistic applications. *Linguistic Portfolios, 9*(1), Article 2.

Kohler, K. J. (1966). Is the syllable a phonological universal?. *Journal of*

Linguistics, 2, 207–208.

小泉保 (1996).『音声学入門』大学書林.

小泉利恵 (編著)(2022).『実例でわかる英語スピーキングテスト作成ガイド』大修館書店.

小島ますみ (2012).「英語学習者のアウトプットにおける語彙の多様性研究の現在と今後の課題」『岐阜市立女子短期大学研究紀要』*62,* 29–38.

小室竜也 (2020).「ライティングタスク(技能独立型 vs. 統合型)が発表語彙とその測定に与える影響—TAALES による語彙の洗練性分析を基に」*Eiken Bulletin, 32,* 13–30.

Kondo, A. (2021). Phonological short-term memory's contribution to the L2 reading proficiency of Japanese EFL learners. *JALT Journal, 43*(2), 167–184.

Kormos, J. (2006). *Speech production and second language acquisition.* Lawrence Erlbaum Associates.

Kormos, J., & Sáfár, A. (2008). Phonological short-term memory, working memory and foreign language performance in intensive language learning. *Bilingualism: Language and Cognition, 11,* 261–271.

Kornell, N. (2009). Optimising learning using flashcards: Spacing is more effective than cramming. *Applied Cognitive Psychology, 23*(9), 1297–1317.

Kowal, M., & Swain, M. (1994). Using collaborative language production tasks to promote students' language awareness. *Language Awareness, 3*(2), 73–93.

Kozinets, R. V. (2010). *Netnography: Doing ethnographic research online.* Sage Publications.

Krashen, S. D. (1977a). Some issues relating to the monitor model. *On TESOL, 77,* 144–158.

Krashen, S. D. (1977b). The monitor model for adult second language performance. In M. Burt, H. Dulay, & M. Finocchiaro (Eds.), *Viewpoints on English as a second language* (pp. 152–161). Regents.

Krashen, S. D. (1981). *Second language acquisition and second language learning.* Pergamon Press.

Krashen, S. D. (1982). *Principles and practice in second language acquisition.* Pergamon Press.

Krashen, S. D. (1985a). *The input hypothesis: Issues and implications.* Longman.

Krashen, S. D. (1985b). *Language acquisition and language education.* Prentice Hall.

Krashen, S. D., & Terrell, T. D. (1983). *The natural approach: Language acquisition in the classroom.* Alemany Press.

Kretzschmar, W. A., Jr. (2004). Standard American English pronunciation. In E. W. Schneider, K. Burridge, B. Kortmann, R. Mesthrie, & C. Upton (Eds.). *A handbook of varieties of English, 1: Phonology* (pp. 257–269). Mouton de Gruyter.

Krismayani, N. W., & Menggo, S. (2022). Think-aloud protocol analysis: Revealing the English student's problem in reading comprehension. *Voices of English Language Education Society, 6*(2), 312–324.

Kroll, J. F., & Stewart, E. (1994). Category interference in translation and picture naming: Evidence for asymmetric connections between bilingual memory representations. *Journal of Memory and Language, 33*(2), 149–174.

Kroll, J. F., van Hell, J. G., Tokowics, N., & Green, D. W. (2010). The Revised Hierarchical Model: A critical review and assessment. *Bilingualism: Language and Cognition, 13*(3), 373–381.

Kubanyiova, M. (2008). Rethinking research ethics in contemporary applied linguistics: The tension between macroethical and microethical perspectives in situated research. *The Modern Language Journal, 92*(4), 503–518.

Kubanyiova, M., & Feryok, A. (2015). Language teacher cognition in applied linguistics research: Revisiting the territory, redrawing the boundaries, reclaiming the relevance. *The Modern Language Journal, 99*(3), 435–601.

窪薗晴夫 (2002).「音節とモーラの機能」窪薗晴夫・本間猛 (著)『音節とモーラ』(pp. 25–96). 研究社.

窪薗晴夫・本間猛 (2002).『音節とモーラ』研究社.

Kumazawa, M. (2013). Gaps too large: Four novice EFL teachers' self-concept and motivation. *Teaching and Teacher Education 33*, 45–55.

Kusanagi, K., & Yamashita, J. (2013). Influences of linguistic factors on the acquisition of explicit and implicit knowledge: Focusing on agreement type and morphosyntactic regularity in 66 English plural morpheme. *Annual Review of English Language Education in Japan, 24*, 205–220.

Kyle, K., & Crossley, S. (2016). The relationship between lexical sophistication and independent and source-based writing. *Journal of Second Language Writing, 34*, 12–24.

Kyle, K., & Crossley, S. A. (2015). Automatically assessing lexical sophistication: Indices, tools, findings, and application. *TESOL Quarterly, 49*(4), 757–786.

Labov, W. (1995). Resyllabification. In R. Van Hout & F. Hinskens (Eds.), *Proceedings of the international workshop on language variation and linguistic theory*. Nijmegen.

Ladefoged, P. N. (1982). *A course in phonetics* (2nd ed.). Harcourt Brace Jovanovich.

Ladefoged, P. N. (2001). *Vowels and consonants: An introduction to the sounds of languages*. Blackwell Publishers.

Ladefoged, P. N. (2006). *A course in phonetics* (5th ed.). Thomson Wadsworth.

Lado, R. (1957). *Linguistics across cultures*. University of Michigan Press.

Lado, R. (1964). *Language teaching: A scientific approach*. McGraw-Hill.

Lam, D. M. K., Galaczi, E., Nakatsuhara, F., & May, L. (2023). Assessing interactional competence: Exploring ratability challenges. *Applied Pragmatics, 5*(2), 208–233.

Lane, H. (1967). Foreign accent and speech distortion. *Journal of the Acoustical Society of America, 35*(4), 451–453.

Lantolf, J. P. (Ed.). (2000). *Sociocultural theory and second language learning*. Oxford University Press.

Lantolf, J. P., & Beckett, T. G. (2009). Sociocultural theory and second language acquisition. *Language Teaching, 42*(4), 459–475.

Lantolf, J. P., & Pavlenko, A. (2001). (S)econd (L)anguage (A)ctivity theory:

Understanding second language learners as people. In C. N. Candlin (Ed.), *Learner contributions to language learning: New directions in research* (pp. 141–158). Pearson Education Limited.

Lantolf, J. P., & Poehner, M. E. (2023). Sociocultural theory and classroom second language learning in the East Asian context: Introduction to the special issue. *The Modern Language Journal, 107*(s1), 3–23.

Lantolf, J. P., & Thorne, S. L. (2006). *Sociocultural theory and the genesis of second language development*. Oxford University Press.

Lantolf, J. P., & Zhang, X. (2022). Concept-based instruction. In L. Gurzynski-Weiss & Y. Kim (Eds.), *Instructed second language acquisition research methods* (pp. 146–165). John Benjamins Publishing Company.

Lantolf, J. P., Xi, J., & Minakova, V. (2021). Sociocultural theory and concept-based language instruction. *Language Teaching, 54*(3), 327–342.

Larsen-Freeman, D. (1997). Chaos/complexity science and second language acquisition. *Applied Linguistics, 18*(2), 141–165.

Larsen-Freeman, D. (2000). *Techniques and principles in language teaching* (2nd ed.). Oxford University Press.

Larsen-Freeman, D. (2014a). Another step to be taken – Rethinking the end point of the interlanguage continuum. In Z. Han & E. Tarone (Eds.), *Interlanguage: Forty years later* (pp. 203–220). John Benjamins Publishing Company.

Larsen-Freeman, D. (2015). Research into practice: Grammar learning and teaching. *Language Teaching, 48*(2), 263–280.

Larsen-Freeman, D. (2023). Complex dynamic systems theory: A webinar with Diane Larsen-Freeman. *Language Teaching, 56*(3), 402–419.

Larsen-Freeman, D., & Anderson, M. (2011). *Techniques and principles in language teaching* (3rd ed.). Oxford University Press.

Larsen-Freeman, D., & Celce-Murcia, M. (2015). *The grammar book: Form, meaning, and use for English language teachers*. Cengage/National Geographic Learning.

Larsen-Freeman, D., & DeCarrico, J. (2020). Grammar. In N. Schmitt & M. P. H.

Rodgers (Eds.), *An introduction to applied linguistics* (3rd ed.) (pp. 19–34). Routledge.

Larsen-Freeman, D., & Strom, V. (1977). The construction of a second language acquisition index of development. *Language Learning, 27*(1), 123–134.

Laufer, B. (1989). What percentage of text-lexis is essential for comprehension? In C. Lauren & N. Nordman (Eds.), *Special language: From humans thinking to thinking machines* (pp. 316–323). Multilingual Matters.

Laufer, B. (1992). How much lexis is necessary for reading comprehension? In P. J. L. Arnaud & H. Bejoing (Eds.),*Vocabulary and applied linguistics* (pp. 129–132). Macmillan.

Laufer, B. (1997). What's in a word that makes it hard or easy? Some intralexical factors that affect the learning of words. In N. Schmitt & M. McCarthy (Eds.), *Vocabulary: Description, acquisition and pedagogy* (pp. 140–155). Cambridge University Press.

Laufer, B. (2005). Lexical frequency profiles: From Monte Carlo to the real world: A response to Meara (2005). *Applied linguistics, 26*(4), 582–588.

Laufer, B., & Hulstijn, J. (2001). Incidental vocabulary acquisition in a second language: The construct of task-induced involvement. *Applied Linguistics, 22*(1), 1–26.

Laufer, B., & Nation, P. (1995). Vocabulary size and use: Lexical richness in L2 written production. *Applied Linguistics, 16*(3), 307–322.

Laufer, B., & Nation, P. (1999). A vocabulary–size test of controlled productive ability. *Language Testing, 16*(1), 33–51.

Laufer, B., & Ravenhorst–Kalovski, G. C. (2010). Lexical threshold revisited: Lexical text coverage, learners' vocabulary size and reading comprehension. *Reading in a Foreign Language, 22*(1), 15–30.

Laver, J. (1994). *Principles of phonetics.*Cambridge University Press.

Lee, S. K. (2007). Effects of textual enhancement and topic familiarity on Korean EFL students' reading comprehension and learning of passive form. *Language Learning, 57*(1), 87–118.

Leech, G. (1983). *Principles of pragmatics.* Longman.

Leech, G. (2014). *The pragmatics of politeness*. Oxford University Press.

Leeming, P., & Harris, J. (2022). Measuring foreign language students' self-determination: A Rasch validation study. *Language Learning, 72*(3), 646–694.

Lehiste, I. (1970). *Suprasegmentals*. The MIT Press.

Lehiste, I. (1977). Isochrony reconsidered. *Journal of Phonetics, 5*(3), 253–263.

Lehmann, W. P., & Heffner, R-M. S. (1943). Notes on the length of vowels (VI). *American Speech, 18*(3), 208–215.

Leijten, M., & Van Waes, L. (2013). Keystroke logging in writing research: Using inputlog to analyze writing processes. *Written Communication, 30* (3), 358–392.

Lenneberg, E. (1967). *Biological foundations of language*. Wiley.

Leow, R. P., & Morgan-Short, K. (2004). To think aloud or not to think aloud: The issue of reactivity in SLA research methodology. *Studies in Second Language Acquisition, 26*(1), 35–57.

Levelt, W. J. M. (1983). Monitoring and self-repair in speech. *Cognition, 14*(1), 41–104.

Levelt, W. J. M. (1989). *Speaking: From intention to articulation* (ACL-MIT Press series in natural-language processing). MIT Press.

Levelt, W. J. M. (1999). Language production: A blueprint of the speaker. In Brown, C., & Hagoort, P. (Eds.), *Neurocognition of language*, (pp. 83–122). Oxford University Press.

Levinson, S. (1983). *Pragmatics*. Cambridge University Press.

Levis, J. M. (2016). Research into practice: How research appears in pronunciation teaching materials. *Language Teaching, 49*(3), 423–437.

Levis, J., & Pickering, L. (2004). Teaching intonation in discourse using speech visualization technology. *System, 32*(4), 505–524.

Lew, S., Yang, A. H., & Harklau, L. (2022). Qualitative methodology. In A. Phakiti, P. De Costa, L. Plonsky, & S. Starfield (Eds.), *The Palgrave handbook of applied linguistics research methodology* (pp. 154–188). Palgrave Macmillan.

Lewis, C., & Deterding, D. (2018). Word stress and pronunciation teaching in English as a lingua franca contexts. *The CATESOL Journal, 30*(1), 161–176.

Li, G., Sun, Z., & Jee, Y. (2019). The more technology the better? A comparison of teacher-student interaction in high and low technology use elementary EFL classrooms in China. *System, 84*(3), 24–40.

Li, L. (2019). Teacher cognition and teacher expertise. In S. Walsh & S. Mann (Eds.), *The Routledge handbook of English language teacher education* (pp. 335–348). Taylor & Francis.

Li, L. (2020). *Language teacher cognition: A sociocultural perspective*. Palgrave Macmillan.

Li, L., Chen, J., & Sun, L. (2015). The effects of different lengths of pretask planning time on L2 learners' oral test performance. *TESOL Quarterly, 49*(1), 38–66.

Li, S. (2015). The associations between language aptitude and second language grammar acquisition: A meta-analysis review of five decades of research. *Applied Linguistics, 36*(3), 385–408.

Liberman, A., & Whalen, D. H. (2000). On the relation of speech to language. *Trends in Cognitive Sciences, 4,* 187–196.

Lightbown, P. M., & Spada, N. (2020). *How languages are learned* (5th ed.). Oxford University Press.

Likert, R. (1932). A technique for the measurement of attitudes. *Archives of Psychology, 22*(140), 1–55.

Lin, L. (2014). *Investigating Chinese HE EFL classrooms: Using collaborative learning to enhance learning.* Springer.

Linck, J., & Weiss, D. (2011). Working memory predicts the acquisition of explicit knowledge. In C. Sanz & R. Leow (Eds.), *Implicit and explicit language learning: Conditions, processes, and knowledge in SLA and bilingualism* (pp. 101–113). Georgetown University Press.

Lindblom, B. E. F. (1968). Temporal organization of syllable production. *Speech Transmission Laboratory-Quarterly Progress and Status Report, 9,* 1–5.

Lindstromberg, S. (2020). Intentional vocabulary learning. In S. Webb (Ed.), *The Routledge handbook of vocabulary studies* (pp. 240–254). Routledge.

Lisker, L., & Abramson, A. S. (1967). Some effects of context on voice onset time in English stops. *Language and Speech, 10*(1), 1–28.

Liu, H. (2020). Language teacher motivation. In M. A. Peters (Ed.), *Encyclopedia of teacher education* (pp. 1–5). Springer.

Liu, L., Zhang, J., & Greenier, V. (2022). Editorial: Language teacher psychology: New perspectives in multilingual contexts. *Frontiers in Psychology, 13*, Article 1109726.

Lively, S. E., Logan, J. S., & Pisoni, D. B. (1993). Training Japanese listeners to identify English /r/ and /l/: II. The role of phonetic environment and talker variability in learning new perceptual categories. *The Journal of the Acoustical Society of America, 94*(3, Pt 1), 1242–1255.

Loewen, S. (2009). Grammaticality judgment tests and the measurement of implicit and explicit L2 knowledge. In R. Ellis, S. Loewen, C. Elder, R. Erlam, & J. Philp (Eds.), *Implicit and explicit knowledge in second language learning, testing and teaching* (pp. 94–112). Multilingual Matters.

Loewen, S. (2019). The role of research in the second language classroom. *Language Teaching Research Quarterly, 9*, 31–38.

Loewen, S. (2020). *Introduction to instructed second language acquisition* (2nd ed.). Routledge. (佐野富士子・齋藤英敏・長崎睦子・小林めぐみ・金子朝子・石塚美佳・神田みなみ (訳) (2022). 『学びの場での第二言語習得論』開拓社.)

Loewen, S., & Gass, S. M. (2009). Research timeline: The use of statistics in L2 acquisition research. *Language Teaching, 42*(2), 181–196.

Loewen, S., & Godfroid, A. (2020). Advancing quantitative research methods. In J. McKinley & H. Rose (Eds.), *The Routledge handbook of research methods in applied linguistics* (pp. 98–107). Taylor & Francis.

Loewen, S., & Nabei, T. (2007). Measuring the effects of oral corrective feedback on L2 knowledge. In A. Mackey (Ed.), *Conversational interaction and second language acquisition* (pp. 361–378). Oxford University Press.

Loewen, S., & Reinders, H. (2011). *Key concepts in second language acquisition.*

Palgrave Macmillan.

Long, C. (2010). Apology in Japanese gratitude situations: The negotiation of interlocutor role-relations. *Journal of Pragmatics, 42*, 1060–1075.

Long, M. H. (1981). Input, interaction, and second language acquisition. *Annals of the New York Academy of Sciences, 379*, 259–278.

Long, M. H. (1983). Native speaker/non-native speaker conversation and the negotiation of comprehensible input. *Applied Linguistics, 4*(2), 126–141.

Long, M. H. (1996). The role of linguistic environment in second language acquisition. In W. Ritchie & T. K. Bhatia (Eds.), *Handbook of second language acquisition* (pp. 413–468). Academic Press.

Long, M. H. (2005). *Second language needs analysis.* Cambridge University Press.

Long, M. H. (2007). *Problems in SLA.* Lawrence Erlbaum.

Long, M. H. (2015a). *Second language acquisition and task-based language teaching.* Wiley-Blackwell.

Long, M. H. (2015b). Identifying target tasks. In M. H. Long (Ed.), *Second language acquisition and task-based language teaching* (pp. 117–168). Wiley-Blackwell.

Long, M. H. (2016). In defence of tasks and TBLT: Nonissues and real issues. *Annual Review of Applied Linguistics 36*, 5–33.

Long, M. H., & Norris, J. M. (2000). Task-based teaching and assessment. In M. Byram (Ed.), *Routledge encyclopedia of language teaching and learning* (pp. 597–603). Routledge.

Long, M. H., & Porter, P. A. (1985). Group work, interlanguage talk, and second language acquisition. *TESOL Quarterly, 19*(2), 207–228.

Long, M., & Robinson, P. (1998). Focus on form: Theory, research, and practice. In C. Doughty & J. Williams (Eds.), *Focus on form in classroom second language acquisition* (pp. 15–41). Cambridge University Press.

Lozanov, G. (1978). *Suggestology and outlines of suggestopedy.* Gordon and Breach.

Lu, X. (2010). Automatic measurement of syntactic complexity in child language acquisition. *International Journal of Corpus Linguistics, 14*(1), 3–28.

Luk, Z. P. S., & Shirai, Y. (2009). Is the acquisition order of grammatical morphemes impervious to L1 knowledge? Evidence from the acquisition of plural–s, articles, and possessive 's. *Language Learning, 59*(4), 721–754.

Lundstrom, K., & Baker, W. (2009). To give is better than to receive: The benefits of peer review to the reviewer's own writing. *Journal of Second Language Writing, 18,* 30–43.

Luoma, S. (2004). *Assessing speaking.* Cambridge University Press.

Lynch, T. (2001). Seeing what they meant: Transcribing as a route to noticing. *ELT Journal, 55*(2), 124–132.

Lyster, R. (2017). Language-focused instruction in content-based classrooms. In M. A. Snow & D. M. Brinton (Eds.), *The content-based classroom: New perspectives on integrating language and content* (2nd ed., pp. 109–123). University of Michigan Press.

Lyster, R. (2018). *Content-based language teaching.* Routledge.

Lyster, R., & Ballinger, S. (2011). Content-based language teaching: Convergent concerns across divergent contexts. *Language Teaching Research, 15*(3), 279–288.

Lyster, R., & Ranta, L. (1997). Corrective feedback and learner uptake: Negotiation of form in communicative classrooms. *Studies in Second Language Acquisition, 19*(1), 37–66.

Ma Ka Wah, M. (2016). The effectiveness of using IPA in early English phonetic education to Japanese preschoolers. *International Symposium on Applied Phonetics (ISAPh 2016),* 107–112.

Macaro, E. (2018). *English medium instruction: Content and language in policy and practice.* Oxford University Press.

MacDonald, K. (2019). Post hoc evaluation of analytic rating scales for improved functioning in the assessment of interactive L2 speaking ability. *Language Testing in Asia, 8,* Article #19.

MacIntyre, P. D. (2007). Willingness to communicate in the second language:

Understanding the decision to speak as a volitional process. *The Modern Language Journal, 91*(4), 564–576.

MacIntyre, P. D. (2013). Willingness to communicate (WTC). In P. Robinson (Ed.), *Routledge encyclopedia of second language acquisition* (pp. 688–691). Routledge.

MacIntyre, P. D., & Gardner, R. C. (1991). Investigating language class anxiety using the focused essay technique. *The Modern Language Journal, 75*(3), 296–304.

MacIntyre, P. D., & Gregersen, T. (2012). Emotions that facilitate language learning: The positive-broadening power of the imagination. *Studies in Second Language Learning and Teaching, 2*(2), 193–213.

MacIntyre, P. D., & Legatto, J. J. (2011). A dynamic system approach to willingness to communicate: Developing an idiodynamic method to capture rapidly changing affect. *Applied Linguistics, 32*(2), 149–171.

MacIntyre, P. D., & Wang, L. (2021). Willingness to communicate in the L2 about meaningful photos: Application of the pyramid model of WTC. *Language Teaching Research, 25*(6), 878–898.

MacIntyre, P. D., Clément, R., Dörnyei, Z., & Noels, K. (1998). Conceptualizing willingness to communicate in a L2: A situated model of confidence and affiliation. *The Modern Language Journal, 82*(4), 545–562.

MacIntyre, P. D., Gregersen, T. & Mercer, S. (Eds.) (2016). *Positive psychology in SLA*. Multilingual Matters.

Mackey, A. (2006). Feedback, noticing and second language learning. *Applied Linguistics, 27*, 405–430.

Mackey, A., & Bryfonski, L. (2022). Mixed methodology. In A. Phakiti, P. De Costa, L. Plonsky, & S. Starfield (Eds.), *The Palgrave handbook of applied linguistics research methodology* (p. 111–139). Palgrave Macmillan.

Mackey, A., & Gass, S. M. (2021). *Second language research: Methodology and design* (3rd ed.). Routledge.

Mackey, A., Kanganas, A. P., & Oliver, R. (2007). Task familiarity and interactional feedback in child ESL classrooms. *TESOL Quarterly, 41*(2),

285–312.

Mahboob, A., Paltridge, B., Phakiti, A., Wagner, E., Starfield, S., Burns, A., Jones, R. H., & De Costa, P. I. (2016). TESOL Quarterly research guidelines. *TESOL Quarterly, 50*(1), 42-65.

Malabonga, V., Kenyon, D. M., & Carpenter, H. (2005). Self-assessment, preparation and response time on a computerized oral proficiency test. *Language Testing, 22*(1), 59–92.

Malicka, A., & Sasayama, S. (2017, April). *The importance of learning from the accumulated knowledge: Findings from a research synthesis on task complexity* [Paper presentation]. The 7th Biennial International Conference on Task-based Language Teaching, Barcelona, Spain.

Malvern, D., Richards, B., Chipere, N., & Durán, P. (2004). *Lexical diversity and language development.* Palgrave Macmillan.

Mann, S. (2005). The language teacher's development. *Language Teaching, 38*(3), 103–118.

Marsden, E., & Kasprowicz, R. (2017). Foreign language educators' exposure to research: Reported experiences, exposure via citations, and a proposal for action. *Modern Language Journal, 101*(4), 613–642.

Martinet, A. (1952). Function, structure, and sound change. *Word, 8*(1), 1–32.

増田将伸 (2018). 「連鎖組織をめぐる理論的動向」平本毅・横森大輔・増田将伸・戸江哲理・城綾実 (編)『会話分析の広がり』(pp. 35–61). ひつじ書房.

枡矢好弘 (1976).『英語音声学』こびあん書房.

Matsuda, N. (2017). Evidence of effects of text-to-speech synthetic speech to improve second language learning. *JACET Journal, 61,* 149–164.

Matsuda, P. K. (1997). Contrastive rhetoric in context: A dynamic model of L2 writing. *Journal of Second Language Writing, 6,* 45–60.

Matsumoto, Y. (1988). Preexamination of the universality of face: Politeness phenomena in Japanese. *Journal of Pragmatics, 12,* 403–426.

Mayer, R. E. (2001). *Multimedia learning.* Cambridge University Press.

Mayers, S. (1987). Vowel shortening in English. *Natural Language and Linguistic Theory, 5,* 485–518.

Mazahery, S., Hashemain, M., & Alipor, J. (2021). Vocabulary learning by Iranian adult L2 learners via extensive viewing of subtitled and captioned TV series. *Journal of Teaching Learning Skills, 40*(1), 83–115.

McCafferty, S. (2004). Space for cognition: Gesture and second language learning. *International Journal of Applied Linguistics, 14,* 148–165.

McCarthy, J. J. (1982). Prosodic structure and expletive infixation, *Language, 58*(3), 574–590.

McCarthy, J. J. (1985). *Formal problems in semitic phonology and morphology.* Garland.

McCarthy, J. J., & Prince, A. (1993). *Prosodic morphology I: Constraint interaction and satisfaction.* Rutgers University.

McCarthy, M. (1998). *Spoken language and applied linguistics.* Cambridge University Press.

McConachy, T. (2018). *Developing intercultural perspectives on language use: Exploring pragmatics and culture in foreign language learning.* Multilingual Matters.

McDonough, K. (2006). Interaction and syntactic priming: English L2 speakers' production of dative construction. *Studies in Second Language Acquisition, 28*(2), 179–207.

McLean, S. (2018). Evidence for the adoption of the flemma as an appropriate word counting unit. *Applied Linguistics, 39*(6), 823–845.

McLeen, S., Kramer, B., & Beglar, D. (2015). The creation and validation of a listening vocabulary levels test. *Language Teaching Research, 19*(6), 741–760.

McManus, K. (2022a). *Crosslinguistic influence and second language learning.* Routledge.

McManus, K. (2022b). Replication research in instructed SLA. In L. Gurzynski-Weiss & Y. Kim (Eds.), *Instructed second language acquisition research methods* (pp. 103–122). John Benjamins Publishing Company.

McManus, K., Mitchell, R., & Tracy-Ventura, N. (2021). A longitudinal study of advanced learners' linguistic development before, during, and after study abroad. *Applied Linguistics, 42*(1), 136–163.

McNamara, T. (2000). *Language testing.* Oxford University Press.

McNeill, D. (1992). *Hand and mind: What gestures reveal about thought.* University of Chicago Press.

Meara, P. (1996). The dimensions of lexical competence. In G. Brown, K. Malmkjaer, & J. Williams (Eds.), *Competence in second language acquisition* (pp. 35–53). Cambridge University Press.

Meara, P. (2005). Lexical frequency profiles: A Monte Carlo analysis. *Applied Linguistics, 26*(1), 32–47.

Meara, P., & Buxton, B. (1987). An alternative to multiple vocabulary tests. *Language Testing, 4*(2), 142–154.

Meara, P., & Fitzpatrick, T. (2000). Lex30: An improved method of assessing productive vocabulary in an L2. *System, 28*(1), 19–30.

Meguro, Y. (2017). Textual enhancement, grammar learning, reading comprehension, and tag questions. *Language Teaching Research, 23*(1), 58–77.

Mehler, J., Dommergues, J. Y., Frauenfelder, U., & Segui, J. (1981). The syllable's role in speech segmentation. *Journal of Verbal Learning and Verbal Behavior, 20*(3), 298–305.

Mehnert, U. (1998). The effects of different lengths of time for planning on second language performance. *Studies in Second Language Acquisition, 20* (1), 83–108.

メイナード泉子 K. (1993).『会話分析』くろしお出版.

Mercer, S. (2018). Psychology for language learning: Spare a thought for the teacher. *Language Teaching, 51*(4), 504–525.

Mercer, S., & Kostoulas, A. (2018). Introduction to language teacher psychology. In S. Mercer & A. Kostoulas (Eds.), *Language teacher psychology* (pp. 32–61). Multilingual Matters.

Messick, S. (1988). The once and future use of validity: Assessing the meaning and consequences of validity. In H. Wainer & H. I. Braun (Eds.), *Test validity* (pp. 33–45). Lawrence Erlbaum.

Messum, P., & Young, R. (2019). Teaching the underlying systems of English pronunciation as motor skills. Speak out!, *Journal of the IATEFL Pronunciation Special Interest Group, 61*, 18–31.

Met, M. (1998). Curriculum decision-making in content-based language teaching. In J. Cenoz & F. Genesee (Eds.), *Beyond bilingualism: Multilingualism and multilingual education* (pp. 35–63). Multilingual Matters.

Michel, M. (2011). Effects of task complexity and interaction in L2 performance. In P. Robinson (Ed.), *Second language task complexity: Researching the cognition hypothesis of language learning and performance* (pp. 141–174). John Benjamins Publishing Company.

Mielke, J., Baker, A., & Archangeli, D. (2016). Individual-level contact limits phonological complexity: Evidence from bunched and retroflex /ɹ/. *Language, 92*(1), 101–140.

見上晃・西堀ゆり・中野美知子（編）．（2011）．『大学英語教育学体系 第12巻 英語教育におけるメディア利用－CALLからNBLTまで』大修館書店.

Milton, J. (2009). *Measuring second language vocabulary acquisition*. Multilingual Matters.

Min, H-T. (2006). The effects of trained peer review on EFL students' revision types and writing quality. *Journal of Second Language Writing, 15,* 118–141.

Min, H-T. (2016). Effect of teacher modeling and feedback on EFL students' peer review skills in peer review training. *Journal of Second Language Writing, 31,* 43–57.

Mirhosseini, S.-A. (2018). An invitation to the less-treaded path of autoethnography in TESOL research. *TESOL Journal, 9*(1), 76–92.

Mirhosseini, S.-A. (2021). *Doing qualitative research in language education.* Palgrave Macmillan.

御園一夫・平坂文雄 (2008)．「二重母音と二母音連続」『関東学院大学文学部紀要』*113*, 87–99.

Mitchell, A. E., Jarvis, S., O'Malley, M., & Konstantinova, I. (2015). Working memory measures and L2 proficiency. In Z. (E.) Wen, M. B. Mota, & A. McNeill (Eds.), *Working memory in second language acquisition and processing* (pp. 270–284). Multilingual Matters.

Mitchell, R., Tracy–Ventura, N., & McManus, K. (2017). *Anglophone students abroad: Identity, social relationship, and language learning.* Routledge.

宮地功編・安達一寿・内田実・片瀬拓弥・川場隆・高岡詠子・立田ルミ・成瀬喜則・原島秀人・藤代昇丈・藤本義博・山本洋雄・吉田幸二 (2009).『e ラーニングからブレンディッドラーニングへ』共立出版.

三好徹明 (2020).「ラーニング・アナリティクスの英語学習評価への導入について―小中高大英語教育の質保証に向けて」『愛媛大学人文学会編人文学論叢』*22*, 35–45.

溝上慎一 (2014).『アクティブラーニングと教授学習パラダイムの転換』東信堂.

水本篤・竹内理 (2010).「効果量と検定力分析入門―統計的検定を正しく使うために」『より良い外国語教育のための方法―外国語教育メディア学会関西支部メソドロジー研究部会 2010 年度報告論集』44–70.

望月昭彦 (2010).『新学習指導要領にもとづく英語科教育法 (改訂版)』大修館書店.

望月正道・相澤一美・投野由紀夫 (2003).『英語語彙の指導マニュアル』大修館書店.

文部科学省 (2020).『新学習指導要領の全面実施と学習評価の改善について』

文部科学省 (2019).「(リーフレット)GIGA スクール構想の実現へ」 https://www.mext.go.jp/content/20200625-mxt_syoto01-000003278_1.pdf

文部科学省 (2020a).「GIGA スクール構想の推進」https://www5.cao.go.jp/ keizai-shimon/kaigi/special/reform/ab1/20201125/shiryou2.pdf.

文部科学省 (2020b).「外国語の指導における ICT の活用について」 https://www.mext.go.jp/content/20200911-mxt_jogai01-000009772_13.pdf

文部科学省 (2021).「GIGA スクール構想の実現に向けた ICT 環境整備 (端末) の進捗状況について (確定値)」https://www.mext.go.jp/content/ 20210518-mxt_jogai01-000009827_001.pdf

Mora, J. C., & Valls-Ferrer, M. (2012). Oral fluency, accuracy, and complexity in formal instruction and study abroad learning contexts. *TESOL Quarterly,*

46(4), 610-641.

森朋子 (2017).「「わかったつもり」を「わかった」へ導く反転授業の学び」森朋子・溝上慎一（編）『アクティブラーニング型授業としての反転授業［理論編］』(pp. 19-35). ナカニシヤ出版.

Mori, J., & Nguyen, H. t. (2019). Conversation analysis in L2 pragmatics research. In N. Taguchi (Ed.), *The Routledge handbook of second language acquisition and pragmatics* (pp. 226-240). Routledge.

Morley, J. (1991). The pronunciation component in teaching English to speakers of other languages. *TESOL Quarterly, 25*(3), 481-520.

Morley, J. (1994). A multidimensional curriculum design for speech-pronunciation instruction. In J. Morley (Ed.), *Pronunciation pedagogy and theory: New views, new directions*(pp. 64-91). Teaching English to the Speakers of Languages.

Morris, C. D., Bransford, J. D., & Franks, J. J. (1977). Levels of processing versus transfer appropriate processing. *Journal of Verbal Learning and Verbal Behavior, 16*(5), 519-533.

Mueller, J. L., Friederici, A. D., & Männel, C. (2012). Auditory perception at the root of language learning. *Proceedings of the National Academy of Sciences, 109*(39), 15953-15958.

Müller, S. (2005). *Discourse markers in native and non-native English discourse.* John Benjamins Publishing Company.

Muñoz, C. (2014). Contrasting effects of starting age and input on the oral performance of foreign language learners. *Applied Linguistics, 35*(4), 463-482.

Munro M. J., & Derwing, T. M. (1999). Foreign accent, comprehensibility, and intelligibility in the speech of second language learners. *Language Learning, 49*(Supp. 1), 285-310.

Munro, M. J. (1998). The effects of noise on the intelligibility of foreign accented speech. *Studies in Second Language Acquisition, 20*(2), 139-154.

Munro, M. J., & Derwing, T. M. (2006). The functional load principle in ESL pronunciation instruction: An exploratory study. *System, 34*(4), 520-531.

Munro, M. J., & Derwing, T. M. (2008). Segmental acquisition in adult ESL learners: A longitudinal study of vowel production. *A Journal of Research in Language Studies, 58*(3), 479–502.

Munro, M. J., Derwing, T. M., & Burgess, C. H. (2010). Detection of nonnative speaker status from content-masked speech. *Speech Communication, 52,* 626–637.

Munro, M. J., Derwing, T. M., & Morton, S. L. (2006). The mutual intelligibility of L2 speech. *Studies in Second Language Acquisition, 28*(1), 111–131.

Murakami, A., & Alexopoulou, T. (2016). L1 influence on the acquisition order of English grammatical morphemes: A learner corpus study. *Studies in Second Language Acquisition, 38*(3), 365–401.

Mystkowska-Wiertelak, A., & Pawlak, M. (2017). *Willingness to communicate in instructed second language acquisition.* Multilingual Matters.

Nagy, W. E., & Herman, P. A. (1987). Breadth and depth of vocabulary knowledge: Implication for acquisition and instruction. In M. G. McKeown & M. E. Curtis (Eds.), *The nature of vocabulary acquisition* (pp. 19–36). Erlbaum.

中田達也 (2019). 『英単語学習の科学』研究社.

Nakanishi, T. (2015). A meta-analysis of extensive reading research. *TESOL Quarterly, 49*(1), 6–37.

中野一夫 (1973). 『英語母音論』学書房出版.

中尾俊夫 (1985). 『英語学体系 11 音韻史』大修館書店.

中谷安男 (2005). 『オーラル・コミュニケーション・ストラテジー研究―積極的にコミュニケーションを図ろうとする態度の育成を目指して』開文社出版.

Nakata, T. (2015). Effects of expanding and equal spacing on second language vocabulary learning: Does gradually increasing spacing increase vocabulary learning? *Studies in Second Language Acquisition, 37*(4), 677–711.

Nakata, Y., Nitta, R., & Tsuda, A. (2022). Understanding motivation and classroom modes of regulation in collaborative learning: An exploratory study. *Innovation in Language Learning and Teaching, 16*(1), 14–28.

Nakatani, Y. (2010). Identifying strategies that facilitate EFL learners' oral communication: A classroom study using multiple data collection procedures. *The Modern Language Journal, 94*(1), 116-136.

Nash, R. (1969). *Intonational interference in the speech of Puerto Rican bilinguals: An instrumental study based on oral readings of a Juan Bob story.* Inter American University of Puerto Rico. https://files.eric.ed.gov/fulltext/ED024939.pdf

Nassanji, H. (2000). Towards integrating form-focused instruction and communicative interaction in the second language classroom: Some pedagogical possibilities. *The Modern Language Journal, 84*(2), 241-250.

Nation, I. S. P. (1990). *Teaching and learning vocabulary.* Heinle & Heinle.

Nation, I. S. P. (2001). *Learning vocabulary in another language.* Cambridge University Press.

Nation, I. S. P. (2006). How large a vocabulary is needed for reading and listening? *Canadian Modern Language Review, 63*(1), 59-82.

Nation, I. S. P. (2008). *Teaching vocabulary: Strategies and techniques.* Heinle Cengage Learning.

Nation, I. S. P. (2013). *Testing vocabulary knowledge and use.* Cambridge University Press.

Nation, I. S. P. (2016). *Making and using word lists for language learning and testing.* John Benjamins Publishing Company.

Nation, I. S. P. (2022). *Learning vocabulary in another language* (3rd ed.). Cambridge University Press.

Nation, I. S. P., & Macalister, J. (2021). *Teaching ESL/EFL reading and writing.* (2nd ed.) Taylor & Francis.

Nation, I. S. P., & Waring, R. (2020). *Teaching extensive reading in another language.* Routledge.

Nation, I. S. P., & Webb, S. (2011a). *Researching and analyzing vocabulary.* Heinle Cengage Learning.

Nation, I. S. P., & Webb, S. (2011b). Researching multiword units. In I. S. P. Nation & S. Webb (Eds.). *Researching and analyzing vocabulary* (pp. 175-

194). Heinle Cengage Learning.

Nation, P. (1983). Testing and teaching vocabulary. *Guidelines, 5*(2), 12–25.

Nation, P. (2007). The four strands. *Innovation in Language and Teaching, 1* (1), 1–12.

Nation, P., & Beglar, D. (2007). A vocabulary size test. *The Language Teacher, 31*(7), 9–31.

Negueruela, E. (2003). *A sociocultural approach to the teaching and learning of second languages: Systemic-theoretical instruction and L2 development* [Unpublished doctoral dissertation]. The Pennsylvania State University.

Netelenbos, N., Li, F., & Rosen, N. (2016). Stop consonant production of French immersion students in Western Canada: A study of voice onset time. *International Journal of Bilingualism, 20*(3), 346–357.

Netten, J., & Germain, C. (2004). Developing the curriculum for intensive French. *Canadian Modern Language Review, 60*(3), 295–308.

Nguyen, C. D., & Dang, T. C. T. (2020). Second language teacher education in response to local needs: Preservice teachers of English learning to teach diverse learners in communities. *TESOL Quarterly, 54*(2), 404–435.

Nguyen, H. T. (2018). Interactional practices across settings: From classroom role-plays to workplace patient consultations. *Applied Linguistics, 39*(2), 213–235.

Nishida, R., & Yashima, T. (2017). Language proficiency, motivation and affect among Japanese university EFL learners focusing on early language learning experience. *Annual Review of English Language Education in Japan, 28*, 1–16.

西垣知佳子・小山義徳・神谷昇・横田梓・西坂高志 (2015).「データ駆動型学習と Focus on Form—中学生のための帰納的な語彙・文法学習の実践」『関東甲信越英語教育学会誌』*29*, 113-126.

新田恒雄・入部百合絵 (2012).「音声認識技術の発音学習への応用」『メディア教育研究』*9*(1), 19-28.

Noda, M., & O'Regan, J. P. (2020). L1 marginalisation in Japan: Monolingual instrumentalism and the discursive shift against yakudoku in the Japanese government's Course of Study. *Current Issues in Language Planning, 21* (2), 135–152.

Noels, K. A., Pelletier, L. G., Clément, R., & Vallerand, R. J. (2003). Why are you learning a second language? Motivational orientations and self-determination theory. *Language Learning, 53*(s1), 33–64.

野口裕之・大隅敦子 (2014). 『テスティングの基礎理論』研究社.

Nooteboom, S. G., & Truin, P. G. M. (1980). Word recognition from fragments of spoken words by native and non-native listeners. *IPO Annual Progress Report, 15,* 42–47.

Noreille, A. S., Kestemont, B., Heylen, K., Desmet, P., & Peters, E. (2018). Vocabulary knowledge and listening comprehension at an intermediate level in English and French as foreign languages. *ITL-International Journal of Applied Linguistics, 169*(1), 212–231.

Norris, J. M. (2002). Interpretations, intended uses and designs in task-based language assessment. *Language Testing, 19*(4), 337–346.

Norris, J. M. (2009). Task-based teaching and testing. In M. H. Long & C. J. Doughty (Eds.), *The handbook of language teaching* (pp. 578–594). Wiley-Blackwell.

Norris, J. M., & Ortega, L. (2000). Effectiveness of L2 instruction: A research synthesis and quantitative meta-analysis. *Language Learning, 50*(3), 417–528.

Norris, J. M., & Ortega, L. (2013). Assessing learner knowledge. In S. Gass & A. Mackey (Eds.), *The Routledge handbook of second language acquisition* (pp. 573–589). Routledge.

Nunan, D. (1999). *Second language teaching and learning.* Heinle & Heinle.

Nur, I., & Rahman, I. F. (2018). The use of minimal pair technique in teaching pronunciation at the second year students of SMAN 4 Bantismurung. *English Teaching Learning and Research Journal, 4*(2), 276–287.

O'Connor, J. D., & Arnold, G. F. (1973). *Intonation of colloquial English.* Longman.

O'Keefe, A., Clancy, B., & Adolphs, S. (2020). *Introducing pragmatics in use* (2nd ed.). Routledge.

O'Malley, J. M. & Chamot, A. U. (1990). *Learning strategies in second language acquisition.* Cambridge University Press.

Odlin, T. (2003). Cross-linguistic influence. In C. J. Doughty & M. H. Long (Eds.), *The handbook of second language acquisition* (pp. 436–486). Blackwell.

Ohta, A. S. (2001). *Second language acquisition processes in classroom interaction: Learning Japanese.* Lawrence Erlbaum.

Okayama, R. (2020). The effects of affective input enhancement on second language development in Japanese university students. *The Journal of Asia TEFL, 17*(1), 1–17.

Öksüz, D., Brezina, V., & Rebuschat, P. (2021). Collocational processing in L1 and L2: The effects of word frequency, collocational frequency, and association. *Language Learning, 71*(1), 55–98.

Oller, D. K. (1973). The effect of position in utterance on speech segment duration in English. *Journal of the Acoustical Society of America, 54*(5), 1235–1247.

小野祥康・石塚博規 (2020).「中学生のライティングにおけるピアレビューの効果—流暢性・正確性・複雑性に焦点を当てて」『北海道英語教育学会紀要』 *19*, 116–129

Oppenheim, N. (2000). The importance of recurrent sequences for non-native speaker fluency and cognition. In H. Riggenbach (Ed.), *Perspectives on fluency* (pp. 220–240). University of Michigan Press.

Ortega, L. (2003). Syntactic complexity measures and their relationship to L2 proficiency: A research synthesis of college-level L2 writing. *Applied Linguistics, 24*(4), 492–518.

Ortega, L. (2007). Meaningful L2 practice in foreign language classrooms: A cognitive-interactionist SLA perspective. In R. M. DeKeyser (Ed.), *Practice in a second language: Perspectives from applied linguistics and cognitive psychology* (pp. 180–207). Cambridge University Press.

Ortega, L. (2012). Interlanguage complexity. In B. Kortmann & B. Szmrecsanyi

(Eds.), *Linguistic complexity: Second language acquisition, indigenization, contact* (pp. 127–155). DeGruyter.

Ortega, L. (2026). *Understanding second language acquisition* (2nd ed.). Routledge.

Ortega, L., & Iberri-Shea, G. (2005). Longitudinal research in second language acquisition: Recent trends and future direction. *Annual Review of Applied Linguistics, 25*, 26–45.

Oswald, F. L., & Plonsky, L. (2010). Meta-analysis in second language research: Choices and challenges. *Annual Review of Applied Linguistics, 30*, 85–110.

Otaka, H. (2006). *Phonetics and phonology of moras, feet and geminate consonants in Japanese.* University Press of America.

大髙博美 (1988). 「英語教育における歌の効用」『英語教育』*36*(14), 38–40. 大修館書店.

大髙博美 (2000). 「英語の辞書における強勢表記法―日本式強勢表記法再考」『言語』*29*(11), 86–95.

大髙博美 (2016). 「二重母音と連母音の違いは何か?―音節構造から比較する英語と日本語の二重母音」『言語と文化』*19*, 1–29.

大髙博美 (2022). 「言語の音節構造―リズム生成の観点から音節の普遍構造を探る」『言語と文化』*25*, 17–45.

太田かおり (2013). 「日本の英語教育における盲点―音声教育の現状と課題」『九州国際大学国際関係学論集』*8*(1), 37–69.

大友賢二 (1996). 『項目応答理論入門―言語テスト・データの新しい分析法』大修館書店.

Oxford, R. L. (1990). *Language learning strategy: What every teacher should know.* Newbury House.

Oxford, R. L. (1997). Cooperative learning, collaborative learning, and interaction: Three communicative strands in the language classroom. *The Modern Language Journal, 81*(4), 443–456.

Oxford, R. L. (2011). *Teaching and researching language learning strategies.* Pearson Longman.

Oxford, R. L., & Crookall, D. (1990). Vocabulary learning: A critical analysis of techniques. *TESL Canada Journal, 7*(2), 9–30.

Ozeki, H., & Shirai, Y. (2007). Does the noun phrase accessibility hierarchy predict the difficulty order in the acquisition of Japanese relative clauses? *Studies in Second Language Acquisition, 29*(2), 169–196.

Pae, T. I. (2019). A simultaneous analysis of relations between L1 and L2 skills in reading and writing. *Reading Research Quarterly, 54*(1), 109–124.

Paivio, A. (1986). *Mental representation: A dual-coding approach.* Oxford University Press.

Paivio, A., & Desrochers, A. (1979). Effects of an imagery mnemonic on second language recall and comprehension. *Canadian Journal of Psychology, 33*(1), 17–28.

Pallotti, G. (2009). CAF: Defining, refining and differentiating constructs. *Applied Linguistics, 30*(4), 590–601.

Paltridge, B., & Wang, W. (2015). Discourse analysis. In A. Phakiti & B. Paltridge (Eds.), *Research methods in applied linguistics: A practical resource.* (pp. 318–344). Bloomsbury Publishing.

Paradis, M. (2009). *Declarative and procedural determinants of second languages.* John Benjamins Publishing Company.

Paradowski, M. D., Jarynowski, A., Czopek, K., & Jelinska, M. (2021). Peer interactions and second language learning: The contributions of social network analysis in study abroad vs at-home environments. In M. Rosamond & H. Tyne (Eds.), *Language, mobility and study abroad in the contemporary European context* (pp. 99–116). Routledge.

Paribakht, T., & Wesche, M. (1997). Vocabulary enhancement activities and reading for meaning in second language acquisition. In J. Coady, & T. Huckin (Eds.), *Second language vocabulary acquisition* (pp. 174–200). Cambridge University Press.

Parlak, Ö., & Ziegler, N. (2017). The impact of recasts on the development of primary stress in a synchronous computer-mediated environment. *Studies in Second Language Acquisition, 39,* 257–285.

Passy, P. & Jones, D. (1912). *The principles of the international phonetic association.* International Phonetic Association.

Patanasorn, C. (2010). *Effects of procedural content and task repetition on accuracy and fluency in an EFL context* [Doctoral dissertation, Northern Arizona University]. ProQuest LLC eBooks.

Paul, P. V., Stallman, A. C., & O'Rourke, J. P. (1990). *Using three test formats to assess good and poor readers' word knowledge* (Technical Report No. 509). Center for the Study of Reading, University of Illinois at Urbana-Champaign.

Peker, H. (2022). Conducting a non-experimental design quantitative study and the application of partial least squares structural equation modeling. In K. Dikilitaş & K. M. Reynolds (Eds.), *Research methods in language teaching and learning: A practical guide* (pp. 230–256). Wiley.

Perkins, K. (1980). Using objective methods of attained writing proficiency to discriminate among holistic evaluations. *TESOL Quarterly, 14*(1), 61–69.

Peters, E., (2020). Factors affecting the learning of single–word items. In S. Webb (Ed.), *The Routledge handbook of vocabulary studies* (pp. 125–142). Routledge.

Peterson, G. E., & Lehiste, I. (1960). Duration of syllable nuclei in English. *The Journal of the Acoustical Society of America, 32*(6), 693–703.

Phakiti, A. (2015). Quantitative research and analysis. In A. Phakiti & B. Paltridge (Eds.), *Research methods in applied linguistics: A practical resource.* (pp. 292–317). Bloomsbury Publishing.

Phakiti, A., & Paltridge, B. (2015). Approaches and methods in applied linguistics research. In A. Phakiti & B. Paltridge (Eds.), *Research methods in applied linguistics: A practical resource.* (pp. 28–57). Bloomsbury Publishing.

Phillips, N. A., Segalowitz, N., O'Brien, I., & Yamasaki, N. (2004). Semantic priming in a first and second language: Evidence from reaction time variability and event-related brain potentials. *Journal of Neurolinguistics, 17*(2/3), 237–262.

Pica, T., Young, R., & Doughty, C. (1987). The impact of interaction on comprehension. *TESOL Quarterly, 21*(4), 737–758.

Pienemann, M. (1998). *Language processing and second language development: Processability theory.* John Benjamins Publishing Company.

Pike, K. (1945). *The intonation of American English.* University of Michigan Press.

Pike, K. (1947). *Phonemics: A technique for reducing languages to writing.* University of Michigan Press.

Pimsleur, P. (1966). *Pimsleur language aptitude battery (PLAB).* Second Language Testing Incorporated.

Plonsky, L. (2019). Recent research on language learning strategy instruction. In A. U. Chamot & V. Harris (Eds.), *Learning strategy instruction in the language classroom: Issues and implementation* (pp. 3–21). Multilingual Matters.

Plonsky, L., & Zhuang, J. (2019). A meta-analysis of L2 pragmatics instruction. In N. Taguchi (Ed.), *The Routledge handbook of second language acquisition and pragmatics* (pp. 287–307). Routledge

Poarch, G. J. (2022). Cognitive effects of bilingualism. In A. Godfroid & H. Hopp (Eds.), *The Routledge handbook of second language acquisition and psycholinguistics,* (pp. 426–438). Routledge.

Poehner, M. E. (2008). *Dynamic assessment: A Vygotskian approach to understanding and promoting L2 development* (Educational Linguistics, Vol.9). Springer Nature.

Polio, C., & Shea, M. C. (2014). An investigation into current measures of linguistic accuracy in second language writing research. *Journal of Second Language Writing, 26,* 10–27.

Ponniah, R. J. (2011). Incidental acquisition of vocabulary by reading. *The Reading Matrix, 11*(2), 135–139.

Pope, N. (2005). The impact of stress in self- and peer assessment. *Assessment and Evaluation in Higher Education, 30*(1), 51–63.

Prabhu, N. S. (1987). *Second language pedagogy.* Oxford University Press.

Pratt, S. M., & Hodges, T. S. (2023). The think-aloud observation protocol:

Developing a literacy instruction tool for teacher reflection and growth. *Reading Psychology, 44*(1), 1-31.

Préfontaine, Y. (2010). Differences in perceived fluency and utterance fluency across speech elicitation tasks: A pilot study. *Papers from the Lancaster University Postgraduate Conference in Linguistics & Language Teaching 2010.* https://www.lancaster.ac.uk/fass/events/laelpgconference/papers/v05/Prefontaine.pdf

Prince, A., & Smolensky, P. (1993). *Optimality theory: Constraint interaction in generative grammar.* Rutgers University.

Prince, M. (2014). Does active learning work? A review of the research. *Journal of Engineering Education, 93*(3), 223-231.

Prunet, J-F., Béland, R., & Idrissi, A. (2000). The mental representation of semitic words. *Linguistic Inquiry, 31*(4), 609-648.

Puentedura, R. R. (2006). *Transformation, technology, and education.* http://hippasus.com/resources/tte/puentedura_tte.pdf

Pujudas, G., & Muñoz, C. (2019). Extensive viewing of captioned and subtitled TV series: A study of L2 vocabulary learning by adolescents. *The Language Learning Journal, 47*(4), 479-496.

Pulido, D. (2007). The effects of topic familiarity and passage sight vocabulary on L2 lexical inferencing and retention through reading. *Applied Linguistics, 28*(1), 66-86.

Qian, D. D. (1999). Assessing the role of depth and breadth of vocabulary knowledge in reading comprehension. *Canadian Modern Language Review, 56*(2), 282-307.

Qureshi, M. A. (2016). A meta-analysis: Age and second language grammar acquisition. *System, 60,* 147-160.

Ramezanali, N., & Faez, F. (2019). Vocabulary learning and retention through multimedia glossing. *Language Learning & Technology, 23*(2), 105-124.

Ramonda, K. (2020). Extensive reading and class readers: The case for no choice. *ELT Journal, 74*(3), 277-286.

Rasch, G. (1960). *Probabilistic models for some intelligence and attainment tests.*

The Danish Institute for Educational Research. (Reprinted in 1980 by the University of Chicago Press with a foreword and afterword by B. D. Wright)

Rayner, K. (1998). Eye movements in reading and information processing: 20 years of research. *Psychological Bulletin, 124,* 372–442.

Read, J. (2000). *Assessing vocabulary.* Cambridge University Press.

Read, J. (2015). *Assessing English proficiency for university study.* Palgrave MacMillan.

Read, J., & Chapelle, C. A. (2001). A framework for second language vocabulary assessment, *Language Testing, 18*(1), 1–32.

Reid, J. (1992). A computer text analysis of four cohesion devices in English discourse by native and non-native writers. *Journal of Second Language Writing, 1,* 79–107.

Reid, J. M. (1987). The learning style preferences of ESL students. *TESOL Quarterly, 21*(1), 87–110.

Reid, J. M. (Ed.). (1995). *Learning styles in the ESL/EFL classroom.* Heinle & Heinle.

Rescher, N. (1998). *Complexity: A philosophical overview.* Transaction.

Révész, A., Ekiert, M., Torgersen, E. N. (2016). The effects of complexity, accuracy, and fluency on communicative adequacy in oral task performance. *Applied Linguistics, 37*(6), 828–848.

Riazi, A. M. (2016). *The Routledge encyclopedia of research methods in applied linguistics.* Taylor & Francis.

Riazi, A. M., & Candlin, C. N. (2014). Mixed-methods research in language teaching and learning: Opportunities, issues and challenges. *Language Teaching, 47*(2), 135–173.

Richards, J. C. (1990). The dilemma of teacher education in second language teaching. In J. C. Richards & D. Nunan (Eds.), *Second language teacher education* (pp. 3–15). Cambridge University Press.

Richards, J. C., & Farrell, T. S. C. (2005). *Professional development for language teachers.* Cambridge University Press.

Richards, J. C., & Farrell, T. S. C. (2011). *Teaching practice: A reflective approach*. Cambridge University Press.

Richards, J. C., & Rodgers, T. S. (2001). *Approaches and methods in language teaching* (2nd ed.). Cambridge University Press.

Richards, J. C., & Rodgers, T. S. (2014a). *Approaches and methods in language teaching* (3rd ed.). Cambridge University Press.

Richards, J. C., & Rodgers, T. S. (2014b). The natural approach. In J. C. Richards & T. S. Rodgers. *Approaches and methods in language teaching* (3rd ed., pp. 261–276). Cambridge University Press.

Rinnert, C., & Kobayashi, H. (2005). Borrowing words and ideas: Insights from Japanese L1 writers. *Journal of Asian Pacific Communication. 15*, 15–29.

Rivers, W. M., & Temperley, M. S. (1978). *A practical guide to the teaching of English*. Oxford Univerity Press.

Roach, P. J. (1991). *English phonetics and phonology: A practical course*. Cambridge University Press.

Roach, P. J. (2002). *A little encyclopedia of phonetics*. University of Reading.

Robinson, P. (2001). Task complexity, task difficulty, and task production: Exploring interactions in a componential framework. *Applied Linguistics, 22*(1), 27–57.

Robinson, P. (2010). Situating and distributing cognition across task demands: The SSARC model of pedagogic task sequencing. In M. Pütz & L. Sicola (Eds.), *Cognitive processing in second language acquisition: Inside the learner's mind* (pp. 243–268). John Benjamins Publishing Company.

Robinson, P. J., & Ha, M. A. (1993). Instance theory and second language rule learning under explicit conditions. *Studies in Second Language Acquisition, 15*(4), 413–438.

Rodgers, M. P. H. (2013). *English language learning through viewing television: An investigation of comprehension, incidental vocabulary acquisition, lexical coverage, attitudes, and captions* [Unpublished doctoral dissertation]. Victoria University of Wellington.

Rodgers, M. P. H., & Webb, S. (2011). Narrow viewing: The vocabulary in related television programs. *TESOL Quarterly, 45*(4), 689–717.

Rodgers, T. S. (1969). On measuring vocabulary difficulty: An analysis of item variables in learning Russian–English vocabulary pairs. *International Review of Applied Linguistics, 7*(4), 327–343.

Roediger, H. L., & Karpicke, J. D. (2006). The power of testing memory: Basic research and implications for educational practice. *Perspectives on Psychological Science, 1,* 181–210.

Roediger, H. L., Agarwal, P. K., McDaniel, M. A., & McDermott, K. B. (2011). Test–enhanced learning in the classroom: Long–term improvements from quizzing. *Journal of Experimental Psychology: Applied, 17*(4), 382–395.

Roehr, K. (2008). Metalinguistic knowledge and language ability in university-level L2 learners. *Applied Linguistics, 29*(2), 173–199.

Roever, C. (2022). *Teaching and testing second language pragmatics and interaction: A practical guide.* Routledge.

Rogers, J. (2022). Spacing effects in task repetition research. *Language Learning, 73*(2), 445–474.

Rogers, J., & Révész, A. (2020). Experimental and quasi-experimental designs. In J. McKinley & H. Rose (Eds.) *The Routledge handbook of research methods in applied linguistics* (pp. 133–143). Taylor & Francis.

Romero Trillo, J. (2002). The pragmatic fossilization of discourse markers in non-native speakers of English. *Journal of Pragmatics, 34*(6), 769–784.

Ross, S. J. & Hong, Y. (2019). Mixed methods in L2 pragmatics research. In N. Taguchi (Ed.), *The Routledge handbook of second language acquisition and pragmatics* (pp. 212–225). Routledge.

Rossi, O. (2021). The language test development process: Main principles and suggestions for classroom practice. *Testing and Evaluation & Assessment Today, 4,* 53–57.

Rott, S. (1999). The effect of exposure frequency on intermediate language learners' incidental vocabulary acquisition and retention through reading. *Studies in Second Language Acquisition, 21*(4), 589–619.

Rott, S. (2007). The effect of frequency of input–enhancements on word learning and text comprehension. *Language Learning, 57*(2), 165–199.

Rühlemann, C. (2019). *Corpus linguistics for pragmatics: A guide for research.* Routledge.

Rumelhart, D. E. (1975). Notes on schemas for stories. In D. G. Bobrow & A. Collins (Eds.), *Representation and understanding: Studies in cognitive science* (pp. 211–236). Academic Press.

Rusmiyanto, R., Huriati, N., Fitriani, N., Tyas, N., Rofi'i, A., & Sari, M. (2023). The role of artificial intelligence (AI) in developing English language learner's communication skills. *Journal on Education, 6*(1), 750–757.

Ryshina-Pankowa, M. (2019). Systemic functional linguistics and L2 pragmatics. In N. Taguchi (Ed.), *The Routledge handbook of second language acquisition and pragmatics* (pp. 255–271). Routledge.

Sachs, C. (1953). *Rhythm and tempo: A study in music history.* W. W. Norton.

Sacks, H., Schegloff, E. A., & Jefferson, G. (1974). A simplest systematics for the organization of turn-taking for conversation. *Language, 50*(4), 696–735.

Sadler, P. M. (2006). The impact of self- and peer-grading on student learning. *Educational Assessment, 11*(1), 1–31.

Safdari, M., & Fathi, J. (2020). Investigating the role of dynamic assessment on speaking accuracy and fluency of pre-intermediate EFL learners. *Cogent Education 7*(1).

Saito, K., & Brajot, F. (2013). Scrutinizing the role of length of residence and age of acquisition in the interlanguage pronunciation development of English /r/ by late Japanese bilinguals. *Bilingualism: Language and Cognition, 16*(4), 847–863.

Saito, K., & Plonsky, L. (2019). Effects of second language pronunciation teaching revisited: A proposed measurement framework and meta-analysis. *Language Learning, 69*(3), 652–708.

Saito, K., & van Poeteren, K. (2018). The perception-production link revisited: The case of Japanese learners' English /ɹ/ performance. *International Journal of Applied Linguistics, 28*(3), 3–17.

Saito, K., Cui, H., Suzukida, Y., Dardon, D. E., Suzuki, Y., Jeong, H., Révész, A.,

Sugiura, M., & Tierney, A. (2022). Does domain-general auditory processing uniquely explain the outcomes of second language speech acquisition, even once cognitive and demographic variables are accounted for? *Bilingualism: Language and Cognition, 25*(5), 856–868.

Saito, K., Dewaele, J. M, Abe, M., & In'nami, Y. (2018). Motivation, emotion, learning experience, and second language comprehensibility development in classroom settings: A cross-sectional and longitudinal study. *Language Learning, 68*(3), 709–743.

Saito, Y., & Saito, K. (2017). Differential effects of instruction on the development of second language comprehensibility, word stress, rhythm, and intonation: The case of inexperienced Japanese EFL learners. *Language Teaching Research, 21*(5), 589–608.

Sak, M. (2022). Dynamicity of language teacher motivation in online EFL classes. *System, 111*, Article 102948.

Sakamoto, M., & Furukawa, G. (2022). Native speakers aren't perfect': Japanese English learners' identity transformation as English users. *System, 110*, Article 102921.

Salomonsson, J. (2020). Modified output and learner uptake in casual online learner-learner conversation. *System, 93*, Article 102306.

Sampson, G. (2015). A Chinese phonological enigma. *Journal of Chinese Linguistics, 43*(2), 679–691.

Sampson, R. J. (2019). Openness to messages about English as a foreign language: Working with learners to uncover purpose to study. *Language Teaching Research, 23*(1), 126–142.

Samuda, V., & Bygate, M. (2008). *Tasks in second language learning.* Palgrave Macmillan.

Sancar, R., Atal, D., & Deryakulu, D. (2019). A new framework for teachers' professional development. *Teaching and Teacher Education, 101*, Article 103305.

Sánchez, L., & Sunesson, M. (2023). Grasping the effects of storyline complexity, task structure and proficiency in narrative writing performance. *Journal of*

Second Language Writing, 60, Article 100986.

Sangarun, J. (2005). The effects of focusing on meaning and form in strategic planning. In R. Ellis (Ed.), *Planning and task performance in a second language* (pp. 111-141). John Benjamins Publishing Company.

佐野富士子 (2013).「第二言語習得研究の発達の概観と現代的課題―EFL 学習者の英語力育成を目指す教室での第二言語習得」*JACET-KANTO Journal, 10*, 5-26.

佐野富士子・花岡修・榊哲 (2011).「意識と気づき」JACET SLA 研究会 (編著).『第二言語習得と英語科教育法』(pp. 65-77). 開拓社.

佐野富士子・金子朝子・齋藤英敏 (2013).「第1章 概観」JACET SLA 研究会 (編著).『第二言語習得と英語科教育法』(pp. 1-23). 開拓社.

佐野富士子・長崎睦子 (2011).「インプット」『英語教育学大系第5巻 第二言語習得―SLA と外国語研究』大修館書店.

Santiesteban, J. V. (2008). A simplified way to teach some English consonant sounds taking into account the influence of Spanish as a native language. *Luz, 7*(1), 1-12.

Sardegna, V. G. (2011). Pronunciation learning strategies that improve ESL learners' linking. In. J. Levis & K. LeVelle (Eds.), *Proceedings of the 2nd Pronunciation in Second Language Learning and Teaching Conference* (pp. 105-121).

Sasaki, M. (2000). Toward an empirical model of EFL writing processes. *Journal of Second Language Writing, 9*, 259-292.

Sasao, Y., & Webb, S. (2017). The Word Part Levels Test. *Language Teaching Research, 21*(1), 12-30.

Sasao, Y., & Webb, S. (2018). The guessing from context test. *ITL-International Journal of Applied Linguistics, 169*(1), 115-141.

Satake, Y. (2020). How error types affect the accuracy of L2 error correction with corpus use. *Journal of Second Language Writing, 50*, 1-14.

Satake, Y., Yamamoto, S., & Obari, H. (2021). Effects of virtual reality use on Japanese English learners' foreign language anxiety, *ICERI2021 Proceedings*, 1234-1240.

Sato, M., & Loewen, S. (2019a). Toward evidence-based second language pedagogy: Research proposals and pedagogical recommendations. In M. Sato & S. Loewen (Eds.), *Evidence-based second language pedagogy* (pp. 1–24). Routledge.

Sato, M., & Loewen, S. (2019b). Do teachers care about research? The research-pedagogy dialogue. *ELT Journal, 73*(1), 1–10.

Sato, M., & Loewen, S. (2022). The research–practice dialogue in second language learning and teaching: Past, present, and future. *The Modern Language Journal, 106*(3), 509–527.

Sato, M., & Lyster, R. (2007). Modified output of Japanese EFL learners: Variable effect of interlocutor vs. feedback types. In A. Mackey (Ed.), *Conversational interaction in second language acquisition: A collection of empirical studies* (pp. 123–142). Oxford University Press.

Sato, M., & Storch, N. (2022). Context matters: Learner beliefs and interactional behaviors in an EFL vs. ESL context. *Language Teaching Research, 26*(5), 919–942.

Sato, M., Castillo, F. F., & Oyanedel, J. C. (2022). Teacher motivation and burnout of English-as-a-foreign-language teachers: Do demotivators really demotivate them? *Frontiers in Psychology, 13*, Article 891452.

Sato, R. (2010). Reconsidering the effectiveness and suitability of PPP and TBLT in the Japanese EFL classroom. *JALT Journal, 32*(2), 189–200.

Sato, R. (2011). Effects of recasts in a Japanese high school classroom. *LET Kansai Chapter Collected Papers, 13*, 147–157.

Sato, R. (2016). Examining high-intermediate Japanese EFL learners' perception of recasts: Revisiting repair, acknowledgment and noticing through stimulated recall. *Asian EFL Journal, 18*(1), 109–129.

Sato, R. (2018). Examining EFL teachers' non-verbal behaviors in English-medium lessons. *The Journal of Asian TEFL, 15*(1), 82–98.

Sato, R. (2023). Examining fluctuations in the WTC of Japanese EFL speakers: Language proficiency, affective and conditional factors. *Language Teaching Research, 27*(4), 974–994.

佐藤彩香・田中菜採 (2021). 「母語の語彙ネットワークを用いた小学生の L2 語彙学習—絵本の読み聞かせを通して」『小学校英語教育学会誌』*21*(1), 82-94.

佐藤大 (2004). 「Scaffolding がグループ活動を通してコミュニケーション能力や文法能力育成に与える効果の検証」*EIKEN Bulletin, 16,* 153-161.

佐藤臨太郎・笠原究 (編著). (2022). 『効果的英語授業の設計—理解・練習・繰り返しを重視して』開拓社.

Saumjan, S. K. (1967). Phonology and generative grammar. In *To honor Roman Jacobson: Essays on the occasion of his 70. birthday, 11. October 1966* (pp. 1734-1744). De Gruyter Mouton.

Savignon, S. J. (1991). Communicative language teaching: State of the art. *TESOL Quarterly, 25*(2), 261-277.

Savignon, S. J. (2005). Communicative language teaching: Strategies and goals. In E. Hinkel (Ed.), *Handbook of research in second language teaching and learning* (pp. 635-651). Laurence Erlbaum.

澤木泰代 (2011). 「大規模言語テストの妥当性・有用性検討に関する近年の動向」『言語教育評価研究』*2,* 54-63.

Schachter, J. (1974). An error in error analysis. *Language Learning, 24*(2), 205-214.

Schegloff, E. A., & Sacks, H. (1973). Opening up closings. *Semiotica, 8,* 289-327.

Schmidt, R. (1994). Deconstructing consciousness in search of useful definition for applied linguistics. *AILA Review, 11,* 11-26.

Schmidt, R. (2010). Attention, awareness, and individual differences in language learning. In W. M. Chan, S. Chi, K. N. Cin, J. Istanto, M. Nagami, J. W. Sew, T. Suthiwan, & I. Walker (Eds.), *Proceedings of CLaSIC 2010, Singapore, December 2-4* (p.721-737). National University of Singapore, Centre for Language Studies.

Schmidt, R. W. (1990). The role of consciousness in second language learning. *Applied Linguistics, 11*(2), 129-158.

Schmidt, R. W. (1993). Awareness and second language acquisition. *Annual Review of Applied Linguistics, 13,* 206-226.

Schmidt, R. W. (2001). Attention. In P. Robinson (Ed.), *Cognition and second language instruction* (pp. 3-32). Cambridge University Press.

Schmidt, R. W., & Frota, S. (1986). Developing basic conversational ability in a second language: A case study of an adult learner of Portuguese. In R. Day (Ed.), *Talking to learn: Conversation in second language acquisition* (pp. 237-326). Newbury House.

Schmitt, N. (2010a). Key issues in teaching and learning vocabulary. In R. Chacón-Beltrán, C. Abello-Contesse, & M. M. Torreblanca-López (Eds.), *Insights into non-native vocabulary teaching and learning* (pp. 28-40). Multilingual Matters.

Schmitt, N. (2010b). *Researching vocabulary: A vocabulary research manual.* Palgrave Macmillan.

Schmitt, N. (2014). Size and depth of vocabulary knowledge: What the research shows. *Language Learning, 64*(4), 913-951.

Schmitt, N., & Schmitt, D. (2014). A reassessment of frequency and vocabulary size in L2 vocabulary teaching. *Language Teaching, 47,* 484-503.

Schmitt, N., & Schmitt, D. (2020). *Vocabulary in language teaching* (2nd ed.). Cambridge University Press.

Schmitt, N., & Zimmerman, C. (2002). Derivative word forms: What do learners know? *TESOL Quarterly, 36*(2), 145-171.

Schmitt, N., Jiang, X., & Grabe, W. (2011). The percentage of words known in a text and reading comprehension. *The Modern Language Journal, 95*(1), 26-43.

Schulz, J., Hamilton, C., Wonnacott, E., & Murphy, V. (2023). The impact of multi-word units in early foreign language learning and teaching contexts: A systematic review. *Review of Education, 11*(2), Article e3413.

Schweizer, T. A., Ware, J., Fischer, C. E., Craik, F. I., & Bialystok, E. (2012). Bilingualism as a contributor to cognitive reserve: Evidence from brain atrophy in Alzheimer's disease. *Cortex, 48*(8), 991-996.

Scovel, T. (2000). A critical review of the critical period research. *Annual Review of Applied Linguistics, 20,* 213-223.

Scrivener, J. (1996). ARC: A descriptive model for classroom work on language. In J. Willis & D. Willis (Eds.) *Challenge and change in language teaching* (pp. 79–92). Macmillan Heinemann.

Searle, J. (1969). *Speech acts: An essay in the philosophy of language.* Cambridge University Press.

Searle, J. (1975). Indirect speech acts. In P. Cole & J. Morgan (Eds.), *Syntax and semantics 3: Speech acts* (pp. 59–82). Academic Press.

Segalowitz, N. (2010). *Cognitive bases of second language fluency.* Routledge.

Segalowitz, N. (2016). Second language fluency and its underlying cognitive and social determinants. *International Review of Applied Linguistics in Language Teaching, 54*(2), 79–95.

Selinker, L. (1972). Interlanguage. *International Review of Applied Linguistics in Language Teaching, 10*(3), 209–241.

Selinker, L., & Lakshmanan, U. (1992). Language transfer and fossilization: The "multiple effects principle." In S. Gass & L. Selinker (Eds.), *Language transfer in language learning* (2nd ed., pp. 47–70). John Benjamins Publishing Company.

Selkirk, E. (1984). On the major class features and syllable theory. In M. Aronof & R. T. Oehrle (Eds.), *Language sound structure: Studies in phonology* (pp. 107–136). The MIT Press.

Şener, B., & Mede, E. (2023). Promoting learner autonomy and improving reflective thinking skills through reflective practice and collaborative learning. *Innovation in Language Learning and Teaching, 17*(2), 364–379.

Setiyono, M. S. (2019). Using international phonetic alphabet (IPA) in teaching pronunciation: Linguistics in present century. *International Journal of English Linguistics, Literature, and Education, 1*(1), 25–30.

Sewell, A. (2017). Functional load revisited. *Journal of Second Language Pronunciation, 3*(1), 57–79.

Sewell. A. (2021). Functional load and the teaching-learning relationship in L2 pronunciation. *Frontiers in Communication, 6,* Article 627378.

Sharwood Smith M. (1993). Input enhancement in instructed SLA: Theoretical bases. *Studies in Second Language Acquisition, 15*(2), 165–179.

Sheldon, A., & Strange, W. (1982). The acquisition of /ɹ/ and /l/ by Japanese learners of English: Evidence that speech production can precede speech perception. *Applied Psycholinguistics, 3*(3), 243–261.

Shermis, M. D., Koch, C. M., Page, E., Keith, T. Z., & Harrington, S. (2002). Trait rating for automated essay grading. *Educational and Psychological Measurement, 62*(1), 5–18.

Shi, J., Huo, N., & Jin, Q. (2020). Context-aware goodness of pronunciation for computer-assisted pronunciation training. *Interspeech*, Cornell University.

渋谷玉輝 (2012).「小学校高学年の教科書で使用されているカタカナ語の分析」『教材学研究』*23*, 265–272.

島田勝正 (2010).「文法性判断テストにおける問題文提示時間制限の有無と明示的・暗示的知識」『英米評論』*24*, 41–53.

Shimada, K. (2014). Contrastive interlanguage analysis of discourse markers used by nonnative and native English speakers. *JALT Journal, 36*, 47–67.

Shimada, K. (2022). Effects of instruction on the use of discourse markers in Japanese EFL learners' speech. *Journal of Pan-Pacific Association of Applied Linguistics, 26*(2), 77–95.

島岡丘・枡矢好弘・原口庄輔 (1999).『英語学文献解題第6巻 音声学・音韻論』研究社.

清水あつ子 (2011).「国際語としての英語と発音教育」『音声研究』*15*(11), 44-62.

清水崇文 (2009).『中間言語語用論概論―第二言語学習者の語用論的能力の使用・習得・教育』スリーエーネットワーク.

Shintani, N. (2015). The incidental grammar acquisition in focus on form and focus on forms instruction for young beginner learners. *TESOL Quarterly, 49*(1), 115–140.

Shintani, N. (2016). *Input-based tasks in foreign language instruction for young learners.* John Benjamins Publishing Company.

Shintani, N., Li, S., & Ellis, R. (2013). Comprehension-based versus production-based grammar instruction: A meta-analysis of comparative studies. *Language Learning, 63*(2), 296–329.

白畑知彦 (2017).「明示的文法指導，明示的フィードバックが効果的な文法項目とそうでない文法項目—項目別に教え方を変えてみよう」『LET 関西支部研究収録』16, 1-20.

白畑知彦・冨田祐一・村野井仁・若林茂則 (2009).『改訂版英語教育用語辞典』大修館書店.

静哲人・吉沢清美・竹内理 (2002).『外国語教育リサーチとテスティングの基礎概念』関西大学出版部.

小学館コーパスネットワーク (2007). *Japanese EFL Learner Corpus* (*JEFLL*). https://scnweb.japanknowledge.com/~jefll03/jefll_top.html

Shute, V. J. (2008). Focus on formative feedback. *Review of Educational Research, 78*(1), 153-189.

Simard, D. (2009). Differential effects of textual enhancement formats on intake. *System, 37*(1), 124-135.

Simpson, R. C., Briggs, S. L., Ovens, J., & Swales, J. M. (2002). *The Michigan Corpus of Academic Spoken English* (*MICASE*). Ann Arbor, MI: The Regents of the University of Michigan. https://quod.lib.umich.edu/cgi/c/corpus/corpus?c=micase;page=simple

Singleton, D. (2017). Language aptitude: Desirable trait or acquirable attribute? *Studies in Second Language Learning and Teaching, 7*(1), 89-101.

Skehan, P. (1991). Individual differences in second language learning. *Studies in Second Language Acquisition, 13*(2), 275-298.

Skehan, P. (1998). *A cognitive approach to language learning*. Oxford University Press.

Skehan, P. (2002). Theorising and updating aptitude. In P. Robinson (Ed.), *Individual differences and instructed language learning* (pp. 69-94). John Benjamins Publishing Company.

Skehan, P. (2003). Task-based instruction. *Language Teaching, 36*(1), 1-14.

Skehan, P. (2014a). *Processing perspectives on task performance*. John Benjamins Publishing Company.

Skehan, P. (2014b). Limited attentional capacity, second language performance, and task-based pedagogy. In P. Skehan (Ed.), *Processing perspectives on task performance* (pp. 211–260). John Benjamins Publishing Company.

Skehan, P. (2015). Working memory in L2 interaction and performance. In Z. (E.) Wen, M. B. Mota, & A. McNeill (Eds.), *Working memory in second language acquisition and processing* (pp. 189–201). Multilingual Matters.

Smith, B. (2012). Eye tracking as a measure of noticing: A study of explicit recasts in SCMC. *Language Learning and Technology, 16*(3), 53–81.

Smith, L. E., & Rafiqzad, K. (1979). English for cross-cultural communication: The question of intelligibility. *TESOL Quarterly, 13*(3), 371–380.

Smith, R., & Rebolledo, P. (2018). *A handbook for exploratory action research.* British Council.

Snow, M. A., & Brinton, D. M. (2023). *Content-based instruction: What every ESL teacher needs to know.* University of Michigan Press.

Sökmen, A. J. (1997). Current trends in teaching second language vocabulary. In N. Schmitt & M. McCarthy (Eds.), *Vocabulary: Description, acquisition and pedagogy* (pp. 237–259). Oxford University Press.

Sommers, M. S., & Barcroft, J. (2007). An integral account of the effects of acoustic variability in L1 and L2: Evidence from amplitude, fundamental frequency, and speaking rate variability. *Applied Psycholinguistics, 32*(2), 417–434.

Son, M. (2022). The role of modality and working memory capacity in L2 production. *Language Teaching Research.* Advance online publication.

Spada, N. (1997). Form-focused instruction and second language acquisition: A review of classroom and laboratory research. *Language Teaching, 30*(2), 73–87.

Spada, N. (2007). Communicative language teaching: Current status and future prospects. In J. Cummins & C. Davison (Eds.), *International handbook of English language teaching* (pp. 271–288). Springer.

Spada, N., & Tomita, Y. (2010). Interactions between type of instruction and type of language feature: A meta-analysis. *Language Learning, 60*(2), 263–308.

Spearman, C. (1927). *The abilities of man.* MacMillan.

Sperbeck, M. (2009). Perception of complex word-initial onsets in English by native speakers of Japanese. *The Journal of the Acoustical Society of America, 125*, Article 2761.

Sperbeck, M., & Strange, W. (2010). The production and perception of English consonant sequences by Japanese-speaking learners of English. *The Journal of the Acoustical Society of America, 127*, Article 1955.

Sperber, D., & Wilson, D. (1995). *Relevance: Communication and cognition* (2nd ed.). Blackwell Publishing.

Staples, S., & Fernández, J. (2019). Corpus linguistics approaches to L2 pragmatics research. In N. Taguchi (Ed.), *The Routledge handbook of second language acquisition and pragmatics* (pp. 241–254). Routledge.

Starfield, S. (2015). Ethnographic research. In A. Phakiti & B. Paltridge (Eds.), *Research methods in applied linguistics: A practical resource.* (pp. 217–240). Bloomsbury Publishing.

Starfield, S. (2020). Autoethnography and critical ethnography. In J. McKinley & H. Rose (Eds.) *The Routledge handbook of research methods in applied linguistics* (pp. 165–175). Taylor & Francis.

Sterling, S., & Gass, S. (2017). Exploring the boundaries of research ethics: Perceptions of ethics and ethical behaviors in applied linguistics research. *System, 70*, 50–62.

Stockwell, R., Bowen, J., & Martin, J. (1965). *The grammatical structures of English and Spanish.* University of Chicago Press.

Stoehr, A., Benders, T., van Hell, J. G., & Fikkert, P. (2017). Second language attainment and first language attrition: The case of VOT in immersed Dutch–German late bilinguals. *Second Language Research, 33*(4), 483–518.

Stoehr, A., Benders, T., van Hell, J. G., & Fikkert, P. (2018). Heritage language exposure impacts voice onset time of Dutch–German simultaneous bilingual preschoolers. *Bilingualism: Language and Cognition, 21*(3), 598–617.

Storch, N., & Aldosari, A. (2012). Pairing learners in pair work activity. *Language Teaching Research, 17*(1), 31–48.

杉森直樹 (2009).「Lexical Frequency Profile を用いた L2 ライティングにおける語彙的豊かさの評価」『立命館言語文化研究』*21*(2), 183–190.

杉野健太郎 (1999).「日本の英語教育における IPA リテラシーという問題」『教育システム研究開発センター紀要』*5*, 27–34.

杉藤美代子 (1994).『日本人の声』和泉書院.

杉藤美代子 (1996).『日本人の英語』和泉書院.

杉浦正利・山下淳子 (2011).「アイトラッキングを使った言語処理過程の研究」藤村逸子・滝沢直宏 (編)『言語研究の技法—データの収集と分析』(pp. 159–177).ひつじ書房.

Sumi, S., & Miyagawa, Y. (2017). Application of the graded response model of item response theory to computerized dynamic assessment in L2 English education. *Journal of Information and Systems in Education, 16*(1), 18–25.

住政二郎・工藤多恵・乗次章子・山脇野枝 (2019).「自動テスト生成システム (ATM) の開発と実践への応用」『関西学院大学高等教育推進センター紀要』*9*, 19–26.

鷲見俊幸 (2015).「英語の授業における再話の効果」『中部地区英語教育学会紀要』*44*, 169–174.

Sun, H., Saito, K., & Tierney, A. (2021). A longitudinal investigation of explicit and implicit auditory processing in L2 segmental and suprasegmental acquisition. *Studies in Second Language Acquisition, 43*(3), 551–573.

Suzuki, Y. (2022). Automatization and practice. In A. Godfroid & H. Hopp (Eds.), *The Routledge handbook of second language acquisition and psycholinguistics* (pp. 308–321). Routledge.

Suzuki, Y., & DeKeyser, R. (2015a). Comparing elicited imitation and word monitoring as measures of implicit knowledge. *Language Learning, 65*(4), 860–895.

Suzuki, Y., & DeKeyser, R. (2015b). *Metalinguistic Knowledge Test* [Database record]. APA PsycTests.

Suzuki, W. (2017). The effect of quality of written languaging on second language learning. *Writing and Pedagogy, 8*(3), 461–482.

Suzukida, Y., & Saito, K. (2019). Which segmental features matter for successful L2 comprehensibility? Revisiting and generalizing the pedagogical value of the functional load principle. *Language Teaching Research, 25*(3), 431–450.

Suzukida, Y., & Saito, K. (2022). What is second language pronunciation proficiency? An empirical study. *System, 106,* Article 102754.

鈴木克明 (2005). e-Learning 実践のためのインストラクショナル・デザイン. 日本教育学会論文誌 *29*(3), 197–205.

鈴木克明 (監修) (2016). 『インストラクショナルデザインの道具箱101』北大路書房.

鈴木渉 (2008). 「ランゲージングが第二言語学習に与える効果」*EIKEN BULLETIN, 20,* 60–75.

Svalberg, A. M.-L., & Askham, J. (2020). Teacher and learner perceptions of adult foreign language learners' engagement with consciousness-raising tasks in four languages. *Language Awareness, 29*(3-4), 236–254.

Swain, M. (1985). Communicative competence: Some roles of comprehensible input and comprehensible output in its development. In S. M. Gass & C. G. Madden (Eds.) *Input in second language acquisition* (pp. 235–253). Newbury House.

Swain, M. (1995). Three functions of output in second language learning. In G. Cook & B. Seidlhofer (Eds.), *Principle and practice in applied linguistics: Studies in honour of H. G. Widdowson* (pp. 125–144). Oxford University Press.

Swain, M. (1998). Focus on form through conscious reflection. In C. Doughty & J. Williams (Eds.), *Focus on form in classroom second language acquisition* (pp. 64–83). Cambridge University Press.

Swain, M. (2000). The output hypothesis and beyond: Mediating acquisition through collaborative dialogue. In J. P. Lantolf, (Ed.), *Sociocultural theory and second language learning* (pp. 97–114). Oxford University Press.

Swain, M. (2006). Languaging, agency and collaboration in advanced second language proficiency. In H. Byrnes (Ed.), *Advanced language learning: The contribution of Halliday and Vygotsky* (pp. 95–108). Continuum.

Swain, M., & Lapkin, S. (1995). Problems in output and the cognitive processes they generate: A step towards second language learning. *Applied Linguistics, 16*(3), 371–391.

Swain, M., & Lapkin, S. (1998). Interaction and second language learning: Two adolescent French immersion students working together. *The Modern Language Journal, 82*(3), 320–337.

Syarifuddin, M., Muhlisin, M., & Thinh, V. T. (2022). Suggestopedia-based language learning to enhance students' speaking skills viewed from teachers' educational background. *Journal of Language and Literature Studies, 2*(1), 12–22.

Sybing, R. (2021). Examining dialogic opportunities in teacher-student interaction: An ethnographic observation of the language classroom. *Learning, Culture, and Social Interaction, 28*, Article 100492.

Taguchi, E., Gorsuch, G. J., Lems, K., & Rosszell, R. (2016). Scaffolding in L2 reading: How repetition and an auditory model help readers. *Reading in a Foreign Language, 28*(1), 101–117.

Taguchi, N. (2009). Pragmatic competence in Japanese as a second language: An introduction. In N. Taguchi (Ed.), *Pragmatic competence* (pp. 1–18). Mouton de Gruyter.

Taguchi, N. (2011a). Pragmatic development as a dynamic, complex process: General patterns and case histories. *The Modern Language Journal, 95*(4), 605–627.

Taguchi, N. (2011b). Teaching pragmatics: Trends and issues. *Annual Review of Applied Linguistics, 31*, 289–310.

Taguchi, N. (2013). Comprehension of conversational implicature: What response times tell us. In N. Taguchi & J. M. Sykes (Eds.), *Technology in interlanguage pragmatics research and teaching* (pp. 19–41). John Benjamins Publishing Company.

Taguchi, N. (2015). Instructed pragmatics at a glance: Where instructional studies were, are, and should be going. *Language Teaching, 48*(1), 1–50.

Taguchi, N. (2019). Second language acquisition and pragmatics: An overview.

In N. Taguchi (Ed.), *The Routledge handbook of second language acquisition and pragmatics* (pp. 1–14). Routledge.

Taguchi, N., & Roever, C. (2017). *Second language pragmatics*. Oxford University Press.

Taguchi, N., & Yamaguchi, S. (2019). Implicature comprehension in L2 pragmatics research. In N. Taguchi (Ed.), *The Routledge handbook of second language acquisition and pragmatics* (pp. 31–46). Routledge.

Takač, V. P. (2008). *Vocabulary learning strategies and foreign language acquisition*. Multilingual Matters.

高田美枝子 (2011). 『日本語の語頭閉鎖音の研究—VOT の共時的分布と通時的変化』くろしお出版.

高木智世・細田由利・森田笑 (2016). 『会話分析の基礎』ひつじ書房.

Takahashi, S., & Roitblat, H. L. (1994). Comprehension process of second language indirect requests. *Applied Psycholinguistics, 15*(4), 475–506.

高梨克也 (2016). 『基礎から分かる会話コミュニケーションの分析法』ナカニシヤ出版.

竹林滋 (1996). 『英語音声学』研究社.

滝沢雄一 (2000). 「テキスト・マッピングが読解ストラテジーに及ぼす影響—Think-Aloud プロトコルの分析から」『全国英語教育学会紀要』*11*, 31–40.

Tan, K. H. K. (2004). Does student self-assessment empower or discipline students? *Assessment and Evaluation in Higher Education, 29*(6), 651–662.

Tanaka, N., Spencer-Oatey, H., & Cray, E. (2008). Apologies in Japanese and English. In H. Spencer-Oatey (Ed.), *Culturally speaking: Culture, communication and politeness theory* (2nd. ed., pp. 73–94). Bloomsbury.

Tao, J., Shao, Q., & Gao, X. (2016). Ethics-related practices in Internet-based applied linguistics research. *Applied Linguistics Review, 8*(4), 321–353.

Tao, J., Zhao, K., & Chen, X. (2019). The motivation and professional self of teachers teaching languages other than English in a Chinese university. *Journal of Multilingual and Multicultural Development, 40*(7), 633–646.

Tapia Celi, T. H. (2017). Teaching English consonants to Spanish speakers, *International Journal of Humanities and Social Science Invention, 6*(3), 58–

69.

Tarone, E. (1977). Conscious communication strategies in interlanguage: A progress report. In H. D. Brown, C. A. Yorio, & R. C. Crymes (Eds.), *On TESOL, 77* (pp. 194–203). TESOL.

Tarone, E. (2014). Enduring questions from the Interlanguage Hypothesis. In Z. Han & E. Tarone (Eds.), *Interlanguage: Forty years later* (pp. 7–26). John Benjamins Publishing Company.

Tavakoli, P. (2011). Pausing patterns: Differences between L2 learners and native speakers. *ELT Journal, 65*(1), 71–79.

Tavakoli, P. (2016). Fluency in monologic and dialogic task performance: Challenges in defining and measuring L2 fluency. *International Review of Applied Linguistics in Language Teaching, 54*(2), 133–150.

Tavakoli, P., & Foster, P. (2011). Task design and second language performance: The effect of narrative type on learner output. *Language Learning, 61*(s1), 37–72.

Tavakoli, P., & Skehan, P. (2005). Strategic planning, task structure and performance testing. In R. Ellis (Ed.), *Planning and task performance in a second language* (pp. 239–273). John Benjamins Publishing Company.

Tavakoli, P., & Wright, C. (2020). *Second language speech fluency: From research to practice.* Cambridge University Press.

Taylor, L. (2009). Developing assessment literacy. *Annual Review of Applied Linguistics, 29,* 21–36.

Taylor, L. (2011). *Examining speaking: Research and practice in assessing second language speaking (Studies in language testing 30).* Cambridge University Press.

Teng, M. F. (2022). Incidental L2 vocabulary learning from viewing captioned videos: Effects of learner-related factors. *System, 105,* Article 102736.

Terrell, T. D. (1977). A natural approach to second language acquisition and learning. *The Modern Language Journal, 61*(7), 31–36.

Terrell, T. D. (1982). The natural approach to language teaching: An update. *The Modern Language Journal, 66*(2), 121–132.

Thai, C., & Boers, F. (2016). Repeating a monologue under increasing time pressure: Effects on fluency, complexity, and accuracy. *TESOL Quarterly, 50*(2), 369–393.

The Douglas Fir Group. (2016). A transdisciplinary framework for SLA in a multilingual world. *The Modern Language Journal, 100* (S1), 19–47.

Thomas, A., & Mitchell, R. (2022). Can variation in input explain variation in typical spoken target language features during study abroad? *The Journal of EuroSLA, 6*(1), 60–77.

Thomson, H., Coxhead, A., Boers, F., & Warren, P. (2023). Increasing use of multi-word expressions in conversation through a fluency workshop. *System, 113*, Article 102994.

Thomson, R. I. (2012). Demystifying pronunciation research to inform practice. In H. M. McGarrell & R. Courchêne (Eds.), Special research symposium issue of *CONTACT, 38*(2), 63–75.

Thomson, R. I. (2018). High variability [pronunciation] training (HVPT): A Proven technique about which every language teacher and learner ought to know. *Journal of Second Language Pronunciation, 4*(2), 208–231.

Thornbury, S. (2016). Communicative language teaching in theory and practice. In G. Hall (Ed.), *The Routledge handbook of English language teaching* (pp. 224–237). Taylor & Francis.

Tian, L., & Zhou, Y. (2020). Learner engagement with automated feedback, peer feedback and teacher feedback in an online EFL writing context. *System, 91*. Article 102247.

Tierney, A. T., Krizman, J., & Kraus, N. (2015). Music training alters the course of adolescent auditory development. *Proceedings of the National Academy of Sciences, 112*(32), 10062–10067.

東條弘子 (2018).『中学校英語科における教室談話研究—文法指導とコミュニケーション活動の検討』ひつじ書房.

Tokunaga, M. (2014). Exploring metalinguistic knowledge of low to intermediate proficiency EFL students in Japan. *SAGE Open, 4*(4).

Tomasello, M. (2003). *Constructing a language: The usage-based theory of language acquisition.* Harvard University Press.

投野由紀夫・根岸雅史（編）(2020). 『教材・テスト作成のための CEFR-J リソースブック』大修館書店.

鳥居次好・兼子尚道 (1969). 『英語発音の指導』大修館書店.

Trofimovich, P., & Baker, W. (2006). Learning second language suprasegmentals: Effect of L2 experience on prosody and fluency characteristics of L2 speech. *Studies in Second Language Acquisition, 28* (1), 1–30.

Trubetzkoy, N. S. (1969). *Principles of phonology* (C. A. M. Baltaxe, Trans; 2nd ed.). Univerity of California Press. (Original work published 1939)

Truscott, J. (1996). The case against grammar correction in L2 writing classes. *Language Learning, 46*(2), 327–369.

Tsagari, D., & Banerjee, J. (Eds.) (2016). *Handbook of second language assessment.* De Gruyter Mouton.

坪田康・壇辻正剛・河原達也 (2001). 「日本人の誤りパターンの対判別を利用した英語発音教示システム」『電子情報通信学会技術研究報告』*100*(595), 25–32.

辻竜平 (2001). 「社会的ネットワーク分析—その理論と分析の基盤」『認知科学』*8*(4), 454–465.

Turan, Z., & Akdag-Cimen, B. (2020). Flipped classroom in English language teaching: A systematic review. *Computer Assisted Language Learning, 33* (5–6), 590–606.

内田奈緒 (2021). 「中高の英語学習における語彙学習方略—方略使用・有効性と規定要因に関する発達的差異の検討—」『教育心理学研究』*69*(4), 366–381.

Uchihara, T., & Clenton, J. (2023). The role of spoken vocabulary knowledge in second language speaking proficiency. *The Language Learning Journal, 51* (3), 376–393.

Uchihara, T., Webb, S., Saito, K., & Trofimovich, P. (2022). The effects of talker variability and frequency of exposure on the acquisition of spoken word knowledge. *Studies in Second Language Acquisition, 44*(2), 357–380.

植田麻実 (2008). 「英語学習における学習意欲喪失 (demotivation) の社会的要因」

『日本実用英語検定学会論叢』15, 21–28.

Umino, T. (2023). Using multimodal language learning histories to understand learning experiences and beliefs of second language learners in Japan. *Modern Language Journal, 107*(1), 1–20.

Ushiro, Y., Hijikata, Y., Shimizu, M., In'nami, Y., Kasahara, K., Shimoda, A., Mizoshita, H., & Sato, R. (2005). Readability and validity of translation tests as a measure of reading comprehension. *Annual Review of English Language Education in Japan, 16*, 71–80.

Van de Guchte, M., Rijlaarsdam, G., Braaksma, M., & Bimmel, P. (2017). Focus on language versus content in the pre-task: Effects of guided peer-video model observations on task performance. *Language Teaching Research, 23*(3), 310–329.

van Ek, J. A. (1986). *Objectives for foreign language learning, vol. 1: Scope.* Council of Europe.

van Lier, L. (2004). *The ecology and semiotics of language learning: A sociocultural perspective.* Kluwer Academic.

van Wijngaarden, S. J. (2001). Intelligibility of native and non-native Dutch speech. *Speech Communication, 35*(1), 103–113.

van Wijngaarden, S. J., Steeneken, H. J. M., & Houtgast, T. (2002). Quantifying the intelligibility of speech in noise for non-native listeners. *Journal of the Acoustical Society of America, 111*(4), 1906–1916.

Vance, T. (2008). *The sounds of Japanese.* Cambridge University Press.

Vandergrift, L. (2003). Orchestrating strategy use: Towards a model of the skilled language listener. *Language Learning, 53*(3), 463–496.

Vandergrift, L. (2015). Researching listening. In A. Phakiti & B. Paltridge (Eds.), *Research methods in applied linguistics: A practical resource.* (pp. 455–478). Bloomsbury Publishing.

VanPatten, B. (1996). *Input processing and grammar instruction: Theory and research.* Ablex.

VanPatten, B. (2004). Input processing in second language acquisition. In B. VanPatten (Ed.), *Processing instruction: Theory, research, and commentary* (pp. 5-32). Lawrence Erlbaum.

VanPatten, B. (2016) Why explicit knowledge cannot become implicit knowledge. *Foreign Language Annals, 49*(4), 650-657.

VanPatten, B., & Uludag, O. (2011). Transfer of training and processing instruction: From input to output. *System, 39*(1), 44-53.

Verspoor, M., & Lowie, W. (2003). Making sense of polysemous words. *Language Learning, 53*(3), 547-586.

Vidal, K. (2011). A comparison of the effects of reading and listening on incidental vocabulary acquisition. *Language Learning, 61*(1), 219-258.

Vilhauer, R. P. (2017). Characteristics of inner reading voices. *Scandinavian Journal of Psychology, 58*(4), 269-274.

Vinther, T. (2002). Elicited imitation: A brief overview. *International Journal of Applied Linguistics, 12*(1), 54-73.

Vuogan, A., & Li, S. (2023). A systematic review of meta-analyses in second language research: Current practices, issues, and recommendations. *Applied Linguistics Review.*

Vyatkina, N., & Cunningham, D. J. (2015). Learner corpora and pragmatics. In S. Granger, G. Gilquin, & M. Fanny (Eds.), *The Cambridge handbook of learner corpus research* (pp. 281-305). Cambridge University Press.

Vygotsky, L. (1978). *Mind in society: The development of higher psychological processes.* Harvard University Press.

Wajnryb, R. (1990). *Grammar dictation.* Oxford University Press.

Walker, R. (2010). *Teaching the pronunciation of English as a lingua franca.* Oxford University Press.

Walsh, S. (2002). Construction or obstruction: Teacher talk and learner involvement in EFL classroom. *Language Teaching Research, 6*(1), 3-23.

Wang, H., & van Heuven, V. J. (2003). Mutual intelligibility of Chinese, Dutch and American speakers of English. In L. Cornips & P. Fikkert (Eds.), *Linguistics in the Netherlands 2003* (pp. 213-224). John Benjamins Publishing Company.

Wang, H., & van Heuven. V. J. (2006). Acoustical analysis of English vowels produced by Chinese, Dutch and American speakers. In J. van de Weijer & B. Los (Eds.), *Linguistics in the Netherlands 2006* (pp. 237–248). John Benjamins Publishing Company.

Wang, H., & van Heuven, V. J. (2015). The interlanguage speech intelligibility benefit as bias toward native-language phonology. *i-Perception, 6*(6).

Wang, M. (2022). The need for social network analysis for the investigation of affective variables in second language acquisition. *Frontiers in Psychology, 13*, 1–8.

Wang, S., & Littlewood, W. (2021). Exploring students' demotivation and remotivation in learning English. *System, 103*. Article 102617.

Wang. H., & van Heuven. V. J. (2004). Cross-linguistic confusion of vowels produced and perceived by Chinese, Dutch and American speakers of English. In L. Cornips & J. Doetjes (Eds.), *Linguistics in the Netherlands 2004* (pp. 205–216). John Benjamins Publishing Company.

Wanger, E. (2015). Survey research. In A. Phakiti & B. Paltridge (Eds.), *Research methods in applied linguistics: A practical resource.* (pp. 140–166). Bloomsbury Publishing.

Waring, H. (2009). Moving out of IRF (initiation-response-feedback): A single case analysis. *Language Learning, 59*(4), 796–824.

Wasserstein, R., & Lazar, N. (2016). The ASA's statement on *p*-values: Context, process, and purpose. *The American Statistician, 70*(2), 129–133.

Wasserstein, R., Schirm, A., & Lazar, N. (2019). Moving to a world beyond "*p* < 0.05". *The American Statistician, 73*(sup1), 1–19.

Watanabe, K., & DiNunzio, N. (2018). Effectiveness of teaching onset consonant clusters for Japanese university learners of English. *International Journal of Curriculum Development and Practice, 20*(1), 11–19.

Watanabe, Y. (1997). Effects of single and multiple–choice glosses on incidental vocabulary learning. *JACET Bulletin, 28*, 177–191.

Watanabe, Y. (2004). Methodology in washback studies. In L. Cheng, Y. Watanabe & A. Curtis (Eds.), *Context and method in washback research: The influence of language testing on teaching and learning* (pp. 19–36).

Lawrence Erlbaum.

Webb, S. & Kagimoto, E. (2009). The effects of vocabulary learning on collocation and meaning. *TESOL Quarterly, 43*(1), 55–77.

Webb, S. (2008). The effects of context on incidental vocabulary learning. *Reading in a Foreign Language, 20*(2), 232–245.

Webb, S. (2010). A corpus driven study of the potential for vocabulary learning through watching movies. *International Journal of Corpus Linguistics, 15*(4), 497–519.

Webb, S., & Chang, A. C. S. (2022). How does mode of input affect the incidental learning of collocations? *Studies in Second Language Acquisition, 44*(1), 35–56.

Webb, S., & Nation, P. (2017). *How vocabulary is learned.* Oxford University Press.

Webb, S., & Rogers, M. P. H. (2009a). The lexical coverage of movies. *Applied Linguistics, 30*(3), 407–427.

Webb, S., & Rogers, M. P. H. (2009b). The vocabulary demands of television programs. *Language Learning, 59*(2), 335–366.

Webb, S., Sasao, Y., & Balance, O. (2017). The updated Vocabulary Levels Test: Developing and validating two new forms of the VLT. ITL – *International Journal of Applied Linguistics, 168*(1), 34–70.

Webb, S., Yanagisawa, A., & Uchihara, T. (2020). How effective are intentional vocabulary learning? A meta–analysis. *The Modern Language Journal, 104*(4), 715–738.

Wedel, A., Kaplan, A., & Jackson, S. (2013). High functional load inhibits phonological contrast loss: A corpus study. *Cognition, 128*(2), 179–186.

Wei, L. (2007). *The bilingualism reader* (2nd ed.). Routledge.

Weigle, S. C. (2002). *Assessing writing.* Cambridge University Press.

Wen, Z. E. (2016). *Working memory and second language learning: Towards an integrated approach.* Multilingual Matters.

Wesche, M. B., & Skehan, P. (2002). Communicative, task-based, and content-based language instruction. In R. B. Kaplan (Ed.), *The Oxford handbook of applied linguistics,* (pp. 207–227). Oxford University Press.

Wheeler, G. (2009). Plagiarism in the Japanese universities: Truly a cultural matter? *Journal of Second Language Writing, 18*(1), 17–29.

White, G. (2008). Listening and good language learners. In C. Griffith (Ed.), *Lessons from good language learners* (pp. 208–217). Cambridge University Press.

White, L. (2003). *Second language acquisition and universal grammar.* Cambridge University Press.

White, L., Spada, N., Lightbown, P. M., & Ranta, L. (1991). Input enhancement and L2 question formation. *Applied Linguistics, 12*(4), 416–432.

Wicaksono, J., Indrastana, N., Rinda, R., Taufan, G., & Pramudita, R. (2023, January). Textual enhancement on students' reading comprehension. In *Proceedings of the 3rd International Conference on Social Science, Humanity and Public Health, ICoSHIP 2022, 05-06 November 2022, Banyuwangi, East Java, Indonesia: ICoSHIP 2022* (pp. 135–142). European Alliance for Innovation.

Wiggins, G. & McTighe, J. (1998). *Understanding by design.* Association for Supervision and Curriculum Development.

Wightman, C., Shattuck-Hufnagel, S., Ostendorf, M., & Price, P. (1992). Segmental durations in the vicinity of prosodic phrase boundaries. *The Journal of the Acoustical Society of America, 91,* 1707–1717.

Willems, G. (1987). Communication strategies and their significance in foreign language teaching. *System, 15*(3), 351–364.

Williams, J. N., & Lovatt, P. (2003). Phonological memory and rule learning. *Language learning, 53*(1), 67–121.

Williams, J. N., & Lovatt, P. (2005). Phonological memory and rule learning. *Language Learning, 55*(s1), 177–233.

Willis, D., & Willis, J. (2007). *Doing task-based learning.* Oxford University Press.

Willis, J., & Willis, D. (Eds.). (1996). *Challenge and change in language teaching.* Macmillan Heinemann.

Willson, R., & Dewaele, J-M. (2010). The use of web questionnaires in second language acquisition and bilingualism research. *Second Language Research 26*(1), 103–123.

Wilson, T. J. (2020). Apologising with sincerity: learning how to use intensifiers in apologies. In J. Talandis Jr., J. Ronald, D. Fujimoto, & N. Ishihara (Eds.), *Pragmatics undercover: The search for natural talk in EFL textbooks* (pp. 189–195). The Japan Association for Language Teaching Pragmatics Special Interest Group.

Winsler A. (2009). Still talking to ourselves after all these years: A review of current research on private speech. In A. Winsler, C. Fernyhough, & I. Montero (Eds.), *Private speech, executive functioning, and the development of verbal self-regulation* (pp. 3–41). Cambridge University Press.

Witt, S. M. (1999). *Use of speech recognition in computer assisted language learning* [Doctoral dissertation, University of Cambridge]. https://www.repository.cam.ac.uk/handle/1810/251707.

Witt, S. M., & Young, S. (2000). Phone-level pronunciation scoring and assessment for interactive language learning. *Speech Communication, 30,* 95–108.

Witte, S. P., & Faigley, L. (1981). Coherence, cohesion, and writing quality. *College Composition and Communication, 32*(2), 189–204.

Witton-Davies, G. (2014). *The study of fluency and its development in monologue and dialogue* [Unpublished doctoral dissertation]. University of Lancaster.

Wong, J., & Waring, H. Z. (2021). *Conversation analysis and second language pedagogy: A guide for ESL/EFL teachers* (2nd ed.). Routledge.

Wong, M. S. (2011) Fifty ways to develop professionally: What language educators need to succeed. *Language Education in Asia, 2*(1), 142–55.

Woodrow, L. (2015). Researching motivation. In A. Phakiti & B. Paltridge (Eds.), *Research methods in applied linguistics: A practical resource.* (pp. 610–636). Bloomsbury Publishing.

Wray, A. (2002). *Formulaic language and the lexicon.* Cambridge University Press.

Wrembel, M. (2008). An overview of English pronunciation teaching materials, In Dziubalska-Kolaczyk, K., & Predlacka, J. (Eds.), *English pronunciation models: A changing scene* (2nd ed., pp. 421-438). Peter Lang.

Wright, T. (2010). Second language teacher education: Review of recent research on practice. *Language Teaching, 43*(3), 259–296.

Wu, Z., & Juffs, A. (2019). Revisiting the Revised Hierarchical Model: Evidence for concept mediation in backward translation. *Bilingualism: Language and Cognition, 22*(2), 285–299.

Xu, Y. (2019). Changes in interlanguage complexity during study abroad: A meta-analysis. *System, 80,* 199–211.

Yamanaka, J. (2003). Effects of proficiency and length of residence on the pragmatic comprehension of Japanese ESL learners. *Second Language Studies, 22*(1), 107–175.

Yamanishi, H., & Ono, M. (2018). Refining a provisional analytic rubric for l2 summary writing using expert judgment. *Language Education & Technology, 55,* 23–48.

Yanagisawa, A., & Webb, S. (2020). Measuring depth of vocabulary knowledge. In S. Webb (Ed.), *The Routledge handbook of vocabulary studies* (pp. 371–386). Routledge.

Yanagisawa, A., & Webb, S. (2022). Involvement Load Hypothesis Plus: Creating an improved model of incidental vocabulary learning. *Studies in Second Language Acquisition, 44*(5), 1279–1308.

Yanagisawa, A., Webb, S., & Uchihara, T. (2020). How do different forms of glossing contribute to L2 vocabulary learning from reading? A meta-regression analysis. *Studies in Second Language Acquisition, 42*(2), 411–438.

Yang, S., Keller, F. B., & Zheng, L. (2016). *Social network analysis: Methods and examples.* Sage Publications.

Yang, Y., Shintani, N., Li, S., & Zhang, Y. (2017). The effectiveness of post-reading word-focused activities and their associations with working memory. *System, 70,* 38–49.

Yang. H. (2015). *Teacher mediated agency in educational reform in China.* Springer.

Yashima, T. (2002). Willingness to communicate in a second language: The Japanese EFL context. *The Modern Language Journal, 86*(1), 54–66.

Yashima, T., Nishida, R., & Mizumoto, A. (2017). Influence of learner beliefs and gender on the motivating power of L2 selves. *Modern Language Journal, 101*(4), 691–711.

Yaw, K., Plonsky, L., Larsson, T., Sterling, S., & Kytö, M. (2023). Research ethics in applied linguistics. *Language Teaching,* 1–17. Advance online publication.

Yim, S., & Warschauer, M. (2017). Web-based collaborative writing in L2 contexts: Methodological insights from text mining. *Language Learning & Technology, 21*(1), 146–165.

横山雅彦・中村佐知子 (2022). 『英語のハノン上級―スピーキングのためのやりなおし英文法スーパードリル』筑摩書房.

米山朝二 (2011). 『新編英語教育指導法辞典』研究社.

Yoshida, K., & Sophia University Applied Linguistics Research Group (2000). *Heart to heart: Overcoming barriers in cross-cultural communication.* Macmillan Language House.

吉田達弘 (2001). 「社会文化的アプローチによる英語教育研究の再検討―「獲得」から「アプロープリエーション」へ」『言語表現研究』*17*, 41–51.

Yoshii, M. (2013). Effects of gloss types on vocabulary learning through reading: Comprehension of single translation and multiple-choice gloss types. *CALICO Journal, 30*, 203–229.

Yoshii, M., & Flaitz, J. (2002). Second language incidental vocabulary retention: The effect of picture and annotation types. *CALICO Journal, 20*(1), 33–58.

吉永美央子 (2009). 「第二言語習得研究における社会的視点―認知的視点との比較と今後の展望」『社会言語科学』*12*(1), 15–31.

Youn, S. J. (2015). Validity argument for assessing L2 pragmatics in interaction using mixed methods. *Language Testing, 32*(2), 199–225.

Young, R. (1996). Form-function relations in articles in English interlanguage. In R. Bayley & D. Preston (Eds.), *Second language acquisition and linguistic variation* (pp. 135–175). John Benjamins Publishing Company.

Young, R. F. (2019). Interactional competence and L2 pragmatics. In N. Taguchi (Ed.), *The Routledge handbook of second language acquisition and pragmatics* (pp. 93–110). Routledge.

Yuan, F., & Ellis, R. (2003). The effects of pre-task planning and on-line planning on fluency, complexity and accuracy in L2 monologic oral production. *Applied Linguistics, 24*(1), 1–27.

Yurtbaşi, M. (2015). Why should speech rate (tempo) be integrated into pronunciation teaching curriculum? *Journal of Education and Future, 8,* 85–102.

Zahar, R., Cobb, T., & Spada, N. (2001). Acquiring vocabulary through reading: Effects of frequency and contextual richness. *Canadian Modern Language Review, 57*(4), 541–572.

Zalbidea, J. (2021). On the scope of output in SLA: Task modality, salience, L2 grammar noticing, and development. *Studies in Second Language Acquisition, 43*(1), 50–82.

Zarrinabadi, N. (2014). Communicating in a second language: Investigating the effect of teacher on learners' willingness to communicate. *System, 42,* 288–295.

Zhai, N., & Ma, X. (2022). Automated writing evaluation (AWE) feedback: A systematic investigation of college students' acceptance. *Computer Assisted Language Learning, 35*(9), 2817–2842.

Zhang F., & Barber, B. (2008). *Handbook of research on computer-enhanced language acquisition and learning.* IGI Global.

Zhang, J. (2011). Jazz chants in English language teaching. *Theory and Practice in Language Studies, 1*(5), 563–565.

Zhang, M. (2022). A re-examination of pair dynamics and L2 learning opportunities in collaborative writing. *Language Teaching Research, 26*(1), 10–33.

Zhang, P., & Graham, S. (2020). Learning vocabulary through listening: The role of vocabulary knowledge and listening proficiency. *Language Learning,*

70(4), 1017–1053.

Zhang, Y., Kuhl, P. K., Imada, T., Iverson, P., Pruitt, J., Stevens, E. B., Kawakatsu, M., Tohkura, Y., & Nemoto, I. (2009). Neural signatures of phonetic learning in adulthood: A magnetoencephalography study. *Neuroimage, 46* (1), 226–240.

Zheng, C., Saito, K., & Tierney, A. (2020). Successful second language pronunciation learning is linked to domain-general auditory processing rather than music aptitude. *Second Language Research, 38*(3), 1–21.

Zou, D., Wang, F. L., Kwan, R., & Xie, H. (2018). Investigating the effectiveness of vocabulary learning tasks from the perspective of the technique feature analysis: The effects of pictorial annotations. In S. K. S. Cheung, J. Lam, K. C. Li, O. Au, W. W. K. Ma, & W. S. Ho (Eds.), *Technology in education: Innovative solutions and practices* (pp. 3–15). Springer Nature Singapore.

英語索引

Accent … **9**, 84, 349, 356, 418, 424, 425

Accentedness ……… 9, 84, 199, 324

Accidental gap ………………………98

Acoustic variability …………………11

Acoustically varied input …………11

Acquisition-learning hypothesis … **12**, 318

Action research ……… **13**, 372, 473

Active learning …… **15**, 49, 179, 206

Active / Passive articulators………29

Activity theory………………… **17**, 378

ADDIE model ……………… **19**, 238

Additive bilingual …………………47

Adjacency pair………………… 112

Advice ……………………… 416

Affective filter hypothesis …… **20**, 25, 318, 327

Alerter ……………………… 126, 174

Allophone ……………… **21**, 30, 404

Amplitude ……………… 11, 242

Analytic rating / scale …… **23**, 215, 429, 511

Anxiety …… 20, **24**, 154, 220, 286, 327

Apology ………… 125, 173, 175, 416

Applied CA ……………… 114

Appropriateness … 305, 361, 400, 402

ARCS model …………………**26**

Articulation ……… **27**, 87, 96, 493

Artificial intelligence (AI) …… **31**, 54, 201

Aspects of vocabulary knowledge ……………………… **32**, 50

Aspiration ……………… 492

Assessment literacy …………… 130

Assessment use argument (AUA) ……………………… 484

Associative memory …………… 266

Attention ………… 26, 92, 244, 332

Audio-lingual method …… **34**, 76, 106, 230, 308, 362

Auditory processing ………………**36**

Augmented reality (AR) ……… 486

Authentic input …………… **38**, 232

Autoethnography ……………… 162

Automated scoring system ………**39**

Automated test-maker ……………**40**

Automated writing evaluation… **41**, 62

Automatization…… 362, 363, 374, 384, 476

Avoidance ……………… 74, 159, 251

Awareness ………………………43

Awareness-raising task … **43**, 44, 102, 145, 213, 335

Backchannel ……………… 112

Backward design ………………**44**

Basic interpersonal communication skills (BICS) …… **45**, 46, 59, 103, 247

Behavioral psychology ………… 105

Bilingualism ………………………**47**

617

Bilinguality ·······························47

Blended learning ··· **49**, 152, 179, 238, 312

Bottom-up listening process ······ 284

Bottom-up processing ·············· 383

Breadth and depth of vocabulary knowledge ····························**50**

Can-do descriptors ············· 53, 402

Case study···························· **51**, 378

CEFR ··· 23, 53, 54, 118, 202, 316, 402, 440, 506, 512

CEFR-J ·········· **53**, 54, 402, 506, 512

Chatbot ···························· 31, **54**

ChatGPT ······················· 55, 201

Checked vowels ·····················96

Clarification request··· 66, 85, 120, 442

Classical test theory ········· **55**, 261

Classroom ethnography ············· 161

Closed task ······················· 442

Co-construction ············· 113, 399

Cognates ····················· **57**, 505

Cognitive / Academic language proficiency (CALP) ········· 46, 47, **59**, 107, 217, 247

Coherence ····················· **60**, 62

Cohesion ····························**60**

Collaborative learning······ 49, **63**, 179, 238, 455

Collaborative online international learning (COIL) ········ **64**, 65, 336

Collaborative task ·····················**66**

Collaborative writing ······ 43, **67**, 268

Collocation ····· **69**, 119, 278, 299, 505

Combination learning ·················**71**

Communication activity ········ **73**, 79

Communication strategy····· **74**, 249, 286

Communicative adequacy ········· 264

Communicative competence ··· **75**, 79, 365, 401

Communicative language teaching (CLT) ····· 73, 77, **79**, 80, 183, 213, 241, 245, 362, 363, 366

Complaint ························· 416

Complex dynamic systems theory ····························· 411

Complexity, Accuracy, Lexis, Fluency (CALF) ··· **81**, 82, 83, 180, 439, 450

Compliment ······················· 416

Compound bilingual ·················48

Comprehensibility··· **83**, 155, 199, 214, 240, 263, 374, 407

Comprehension check········· **85**, 490

Comprehension task ·············· 234

Computer adaptive testing (CAT) ····························· **86**, 260

Computer-aided pronunciation teaching (CAPT) ····· 30, **87**, 197, 213, 243

Computer-assisted instruction (CAI) ·····························89

Computer-assisted language learning (CALL) ·············· 87, **89**, 222, 464

Concept-based instruction (C-BI) ·· **90**

Confirmation check ········ 66, 85, 490

Consciousness ·············· 43, **92**, 93

Consciousness-raising ·············· 228

Consciousness-raising tasks (CR tasks) ·························· **93**, 183, 228

Consonant ········ 36, 88, **95**, 352, 403, 405, 430

Consonant cluster ········ **97**, 98, 352, 425, 430

Content and language integrated learning (CLIL) ····· **99**, 101, 218

Content-based instruction (CBI) ·················· **101**, 102, 103, 213

Content repetition ·················· 450

Context-dependent language use ···59

Context-embedded communication ··································· 46, **103**

Context-reduced language use ·····59

Continuer ···························· 112

Contrastive analysis ··· **105**, 157, 290, 476

Control group ·········· **108**, 164, 314

Controlled task ······················ 373

Conventional implicature ········ 117

Conventionality ···················· 110

Conventionally indirect strategy ·········· **109**, 126, 190, 360, 364, 417

Convergent task ···················· 443

Conversation analysis (CA) ····· **111**, 127, 143, 175, 365, 378, 417

Conversational implicature ····· **115**, 191, 365, 399

Cooperative learning ················· 63

Cooperative principle ·············· 115

Coordinate bilingual ················ 48

Corpus ····· 15, **118**, 119, 143, 147, 232, 271, 328, 506

Corrective feedback ·········42, **120**, 160, 183, 189, 209, 212, 225, 232, 292, 315, 332, 341, 446, 460, 490

Criterial features ···················· 54

Critical ethnography ·············· 161

Critical period hypothesis (CPH) ···································· **123**

Criticism ·························· 416

Cross-Cultural Speech Act Realization Project (CCSARP) ··· 109, 117, **125**, 145, 175, 190, 417

Cross-linguistic influence ········ 475

Cross-sectional study ········ **127**, 289

Cumulative learning ·············· 170

Cycle of assessment ·············· **129**

Data-driven learning (DDL) ·························· 118, **130**, 448

Deep learning ··· 31, 32, 40, **131**, 328

Delayed post-test ··················· 165

Deliberate vocabulary learning··· **244**

Demotivation ···················· **132**

Developmental error ·············· 157

Dialogic fluency ·············· **134**

Dialogic task ···················· 442

Dictation ···················· **135**

Dictogloss ·········· 136, **137**, 332, 341

Digital device ·········· **139**, 337, 463

Diphthong ·················· **140**, 496

Direct method ················· **141**

Direct strategy················ 126, 190

Direct-realist theory ············· 347

Disagreement ················· 416

Discourse analysis ··········· **142**, 378

Discourse completion task / test
 (DCT) ····· 113, 125, **144**, 401, 417

Discourse marker (DM) ··· 39, **146**

Discourse operator ·············· 146

Discourse particle ·············· 146

Distinctive feature ··············· 403

Divergent task ················· 443

Downgrader ············· 126, 174, 364

Dual coding theory ··············· 150

Dual-focus framework············· 407

Dynamic assessment ············· **149**

Dynamic bilingualism ···············48

Economicality ················· 361

Effect size ·················· 266

Elaboration ················· **150**

e-learning ············· 49, 87, **151**

ELF················· 325, 418, 425

Elicited imitation ·············· **152**

Elision··················· 387

Emic ···················· 112

Enjoyment············· 26, 95, **154**, 221

e-portfolio ················· **155**

Error analysis ····· **156**, 159, 241, 251

Error correction ········ **160**, 189, 225

Ethnography··· 52, **161**, 289, 378, 391

Etic ···················· 112

Evidence-based pedagogy ········ **162**

Exact repetition ············ 449, 450

Experimental design ········ **164**, 380

Explicit instruction ····· 148, **166**, 168,
 184, 232, 304, 365, 366, 401

Explicit knowledge ····· 13, **167**, 211,
 239, 303, 338

Extensive listening ·············· **168**

Extensive reading ····· 169, **170**, 172

Extensive viewing ·············· **172**

External modification ········ 126, **173**

Extrinsic motivation ············· 321

Eye-tracking ················· **176**

Face ·············· 126, 177, 359

Face-threatening act (FTA) ····· 126,
 173, **177**, 359

Felicity condition ·············· 416

Flipped classroom ····· 50, 152, **178**

Fluency ···81, 82, 84, 134, **180**, 181, 288,
 433, 439, 450, 465, 479

Fluency development ············· 194

Focus on form (FonF) ····· 160, **182**,
 189, 212, 266, 292, 295, 316, 332, 441

Focus on forms········· 183, 189, 316

Focus on meaning ·············· 183

Focused essay technique ··· **184**, 502

Focused task············· **185**, 186, 443

Foot ················ 388, 433

Foreigner talk ················· 458

Form ············· 190, 317, 471

Formative assessment ····· 149, **187,** 216, 430, 512

Form-focused instruction (FFI)··· 102, 183, **188,** 189, 212, 250, 251, 296

Form-function-context mapping ················ 110, 115, 126, **190,** 399

Form-meaning-use mapping ····· **192**

Form-oriented instruction ········ **296**

Formulaic sequence ················**69**

Fossilization ······················ 123

4Cs framework···················· 100

Four strands····················· **193**

Framework for L2 pronunciation measurement ······· **195,** 264, 348

Free variant ·····················22

Frequency of encounter············ **197**

Frequency of use··················· **197**

Function ····· 190, 252, 304, 387, 435

Functional load···················· 198

Functional load hypothesis (FLH) ································ **198,** 265

General American ················ 418

Generative AI ····· 55, 152, **200,** 311

Generative phonology········ 351, 493

Genre analysis ···················· 143

Gesture ························· **202**

GIGA School Program······49, 179, **205**

Gloss ····················· 137, **207**

Goodness of pronunciation (GOP) ···························· **208**

GOPA ···················· 208, 209

Grammar translation method ··· **210**

Grammatical sensitivity ··········· 266

Grammaticality judgment test ··· **211**

Group work ····················· **342**

Guided practice ············· 102, **212**

Habit formation ·················· 105

Hard CLIL···················· 100, 101

Head act ···················· 125, 174

Hierarchy of difficulty············· 106

High variability phonetic training (HVPT)···················· 30, **213**

Higher-order thinking skills ····· 100

Hint······························ 110

Holistic rating / scale ····· 23, 80, **215,** 429

Ideational function ················ 435

Illocutionary act ················· 416

Illocutionary force ··············· 173

Illocutionary force indicating device ···························· 416

Immediate post-test················ 165

Immersion ········ 46, 48, 59, 101, **216**

Implicit instruction ····· 148, 166, 168, 184, 232, 365, 366

Implicit knowledge ··· 13, 94, **167,** 211, 239, 303, 338

Imposition ····· 126, 145, 174, 178, 191, 359, 364, 401

Incidental learning ··········· 227, **243**

Incidental vocabulary learning ··· 169, 171, 173, **218,** 245, 285, 385

Indirect speech act ··············· 116

Individual differences ········· **220,** 232

621

Inductive language learning ability
.... 266

Information and communication
technology (ICT) ⋯ 87, 215, **222**,
397

Information gap 74, 295

Inner speech **223**

Input enhancement 183, **228**, 292,
332, 469

Input flood 183, **228**, 229, 292

Input hypothesis 168, **230**, 318

Input processing instruction 332

Input processing theory 184, **233**

Input-based instruction 184

Input-based task **234**, 443, 452

Insert expansion 113

Instructed second language
acquisition (ISLA) ⋯ 162, 196, **236**,
265, 373, 411, 494

Instructional design (ID) 19, 50,
238

Instrumental motivation 320

Intake 229, **239**, 331, 333

Integrative motivation 320

Intelligence 220

Intelligibility 22, 83, 209, 214, **240**,
263, 374, 375, 388, 396, 425, 466, 476

Intelligibility principle **324**, 496

Intensifier 175

Intensity **242**, 355, 356, 424

Intensive listening 168

Intensive reading 170

Intentional learning **243**

Intentional vocabulary learning
.... 173, **244**

Interaction 110, 112, 460

Interaction hypothesis ⋯ 66, 85, 231,
246, 335

Interactional authenticity 344

Interactional competence ⋯ 115, 176,
365, 399, 417

Interactive listening process 284

Interdependence hypothesis ⋯60, **247**

Interface position 93, 168, 237, 239,
330

Interference 105, 157, 475

Interlanguage (IL) **249**, 253, 296

Interlanguage analysis⋯ 159, 160, **251**,
329, 398

Interlanguage pragmatics 399

Interlanguage speech intelligibility
benefit (ISIB) **252**, 253

Interlanguage transfer 475

Interlingual error 157

Internal modification 126, **173**

Internalization **254**, 269

International phonetic alphabets
(IPA) **254**, 425

Interpersonal function 435

Intonation **257**, 258, 263, 349,
356, 425

Intralingual error 157

Intrinsic motivation 321

Invitation 416

Involvement load hypothesis······ **259**, 461

Irony ·· 116

Item learning ····························· **396**

Item response theory ······ 55, 86, **260**, 390

Keyword technique······ 150, **262**, 488

L2 motivational self system ······ 320, 382, 457

L2 pronunciation proficiency······ **263**

Lag effect ································· 293

Language attrition ····················· 124

Language laboratory (LL) ·········89

Language learning aptitude··· 44, 228, **265**, 319, 508

Language-focused learning ······ 194

Language-related episodes (LREs) ··· **267**

Languaging ············· **268**, 343, 412

Learner beliefs ························ 220

Learning strategy······74, 286, 384, 488

Learning style ············ 31, 220, **269**

Level of processing theory ······ 150

Lexical bundle ·························**69**

Lexical complexity ············ **270**, 278

Lexical coverage ········ **503**, 504, 505

Lexical diversity ··· 82, 270, **272**, 278

Lexical frequency profile (LFP) ····································· **273**, 278

Lexical item characteristics ······ **275**

Lexical knowledge ················ **278**

Lexical processing ··········· 278, **279**

Lexical sophistication ··· 271, 278, **281**, 300

Liaison ································· **282**

Lingua franca core (LFC) ··· 325, 419

Listening process···················· **284**

Listening strategy ················· **286**

Loanwords·······························**57**

Locutionary act ···················· 416

Longitudinal study ···52, 127, **288**, 396

Loudness ················ 242, 356, 424

Lower-order thinking skills ······ 100

Machine translation··················· 201

Machine-readable catalog (MARC) ··· 327

Markedness ························· **290**

Markedness differential hypothesis ··· 290

Massed learning ···················· **292**

Maxims of conversation ············ 116

Meaning-focused orientation ······ **294**

Meaning-focused output············· 194

Meaning-oriented instruction ··· **296**

Measuring vocabulary ······ **297**, 468

Mental representation ············ **300**

Meta-analysis··· 163, 184, 195, 266, 271, **302**, 366, 380, 490

Metadiscourse ······················ 147

Metalinguistic knowledge test ··· **303**

Metapragmatic awareness··· **304**, 365

Metaverse ··························· **306**

Minimal pair ········ 199, **307**, 349, 493

Minimal pair practice ············· 308

Mitigator ·························· 174

Mixed methods research ··· **309**, 380, 390, 481

Mixed reality (MR) ············· 486

Mobile-assisted language learning (MALL) ············· 222, **311**, 464

Mode of input ···················· **312**

Moderator variable ············ 109, **314**

Modified output ····· 66, 85, **314**, 385

Monitor hypothesis ············ **316**, 318

Monitor model ····· 20, 230, 232, 316, **317**, 326

Monologic fluency ··············· **134**

Monologic task ···················· 442

Motivation ····· 123, 171, 220, 289, **319**, 327, 382, 447, 456, 457

Motor theory ····················· 347

Multi-layer neural network ········88

Multimodal ··················· 112, 144

Multiword unit (MWU) ··· **69**, 70, 124, 469

Narrative inquiry········· 14, **322**, 378

Nativeness······················· **324**, 496

Natural approach·············· 230, **326**

Natural language processing (NLP) ····················· 54, 118, 132, **327**

Natural order hypothesis ··· 318, **328**

Naturally occurring conversation ··· 111

Negative evidence ················ 225

Negative face ················ 177, 359

Negative transfer················ 105, 475

Negotiation of meaning ··· 66, 80, 189, 225, 246, 490

n-gram ···························· 328

Non-conventional implicature ··· 117

Non-conventionally indirect strategy ···························· 110, 126, 190

Non-interface position··· 12, 168, **330**

Noticing ··· 43, 68, 92, 94, 102, 213, 244, 254, 304, **331**, 333, 340

Noticing hypothesis··········· 231, **333**

Noun phrase accessibility hierarchy ···································· 291

Object-regulation ·················· 224

One-way task ····················· 442

Online meeting tools ··· 65, 139, **335**

Online planning ··················· 367

Online testing ················ 86, **336**

Open task ························· 442

OPIc ···························· 339

Organizational competence··· 77, 365

Oral narrative ···················· 134

Oral narrative test ··············· **338**

Oral proficiency interview (OPI)··· **338**, 339, 340

Orthography······················ 275

Other regulation ·················· 224

Output-based instruction ········· 183

Output-based task ··············· 443

Output hypothesis ···25, 218, 232, 267, 335, **340**

Overgeneralization ············ 251, 475

Overlearning······················ 106

Pair work ･････････････････････････ **342**

Parallel test reliability method ･･･ 389

Pedagogic task ･････ **344**, 352, 441, 443

Peer review ･･･････････････････････ **345**

Perceived fluency ･･････････････････ 182

Perception-production connection
･･････････････････････････････････････ **346**

Perlocutionary act ･････････････････ 416

Personality ･････････････････ 220, 501

Phoneme･･･ 88, 214, **348**, 375, 402, 431, 493, 495

Phonetic coding ability ･･････････ 266

Phonological complexity ･････ **349**, 352

Phonology ･････････････････････ **351**, 352

Picture description task ･････ 137, **352**, 415

Pitch ･････････････････ 242, **355**, 404

Place of articulation･･･････････････････27

Plagiarism ･･･････････････････ 68, **357**

Plurilingualism ･･･････････････ 48, 248

Politeness ･････ 110, 112, 177, 191, 304, **358**, 364, 401, 417

Pope question (Pope Q) ･･･････････ 116

Positive evidence ･･････････････････ 225

Positive face ･･･････････････ 177, 359

Positive transfer ･･････････････ 105, 475

Post-test･･･････････････････････････ 165

Power relation ･･････････････ 145, 401

Practicality ･･･････････････････ 129, **361**

Practice ･･････････････ **362**, 363, 365

Pragmalinguistic ･････････････ 125, 191

Pragmalinguistic competence ･･･ 175, 363, 399

Pragmalinguistic transfer ････････････ 477

Pragmatic awareness ･･･ 304, 400, 436

Pragmatic competence･･････77, 127, 145, 175, 190, 232, 305, 306, **363**, 399

Pragmatic expression ････････････ 146

Pragmatic marker ･････････････････ 146

Pragmatic routine･･･ 243, 334, 365, 400

Pragmatic transfer ･･････････････････ 400

Prefabricated pattern ･･･････････････**69**

Preference organization ････････････ 112

Presentation-practice-production
(PPP) ･････････････････････ 182, **365**

Pre-task planning･･･････ **367**, 415, 446

Pre-test ･････････････････････････ 165

Pre-voicing ･･･････････････････････ 491

Priming effect ･･･････････････････ **368**

Private speech ･･･････････････････ 223

Procedural repetition ･･････････････ 450

Processability theory ･･････････････ **370**

Professional development ･･･ 14, **371**, 455

Prompt ･･･････ 120, 200, **385**, 386, 468

Pronunciation knowledge ･･･ 348, **373**, 414

Prosody ･････････････ 352, **374**, 396

Psychotypology ･･････････････ 107, 476

Pure CA･･････････････････････････ 114

Qualitative research･･･････52, 111, 142, 161, 289, 322, **377**, 379, 390, 480

Quantitative research ⋯ 52, 108, 127, 164, 289, 377, **379**, 390, 481

Questionnaire research ⋯⋯ 127, 289, 380, **381**

Questionnaire survey ⋯⋯⋯ **381**

Reading process ⋯⋯⋯ 369, **383**

Real-world task ⋯⋯⋯⋯ 443

Recast⋯⋯⋯⋯⋯ 120, 166, **385**

Receptive knowledge ⋯⋯⋯⋯ 297

Reduction ⋯⋯⋯ **387**, 395, 405, 433

Reflective practice ⋯⋯ 14, 372, 455

Refusal ⋯⋯⋯⋯⋯⋯⋯ 416

Rhetorical structure ⋯⋯⋯⋯⋯61

Relative power ⋯⋯ 114, 125, 191, 359, 364

Reliability ⋯56, 127, 129, 208, 361, 378, 380, **389**, 483

Repair⋯⋯⋯⋯ 82, 112, 113, 135, 181

Request ⋯⋯⋯ 125, 173, 177, 363, 416

Research ethics ⋯⋯⋯⋯⋯ **390**

Resource-dispersing variables ⋯ 451

Re-syllabification ⋯⋯⋯⋯ 283, 433

Retrieval practice ⋯⋯⋯⋯ 466

Retrospective protocol ⋯⋯ **472**, 473

Reverse transfer ⋯⋯⋯⋯⋯ 475

Revised hierarchical model ⋯⋯ **392**

Rhythm ⋯⋯ 10, 99, 141, 349, 375, 387, 388, **394**, 405, 424, 433, 496

Salience ⋯⋯⋯⋯⋯ 226, 334, 341

SAMR model ⋯⋯⋯⋯⋯ 222, **397**

Sarcasm ⋯⋯⋯⋯⋯⋯⋯⋯ 116

Schema ⋯⋯⋯⋯⋯⋯⋯⋯ 285

Second language pragmatics⋯⋯ 108, 109, 113, 125, 144, 173, 258, 304, 363, **398**, 408, 416, 477

Segmental ⋯⋯ 209, 263, 348, 375, **402**, 405, 476

Segmental phoneme ⋯⋯⋯⋯ 348

Segmentation strategies⋯⋯⋯ **404**

Self-determination theory ⋯⋯⋯ 321

Self-regulation ⋯⋯⋯⋯⋯⋯ 223

Semantic formula⋯ 111, 146, 365, 399, **408**

Semilingual ⋯⋯⋯⋯⋯⋯⋯⋯47

Sequential organization ⋯⋯ 111, 401

Situational authenticity ⋯⋯⋯ 344

Skill acquisition theory ⋯⋯ 330, 366, 373, **409**

Social distance ⋯⋯ 114, 125, 145, 191, 359, 364, 401

Social network analysis ⋯⋯⋯ **410**

Social norms ⋯⋯⋯⋯⋯ 361, 418

Social turn in SLA ⋯⋯ 51, 377, **411**, 453, 454

Sociocultural theory ⋯⋯17, 63, 90, 144, 223, 289, 378, **412**

Sociopragmatic⋯⋯⋯⋯⋯ 125, 191

Sociopragmatic competence ⋯⋯ 175, 363, 399

Sociopragmatic transfer ⋯⋯⋯ 477

Soft CLIL ⋯⋯⋯⋯⋯⋯⋯ 100

Softener ⋯⋯⋯⋯⋯⋯⋯⋯ 174

Sonority ⋯⋯⋯⋯⋯⋯ 98, 431

Spaced learning ⋯⋯⋯⋯ **292**, 467

Speaking task ···················· **413**

Speech act ····· 111, 112, 116, 125, 144, 173, 190, 191, 228, 304, 360, 363, 399, 408, **416**

Speech act theory ················ 416

Split-half reliability method ····· 389

Spontaneous speaking task ······ 413

Stabilize, simplify, automatize, reconstruct, and complexify (SSARC) ···················· 451

Stance marker ···················· 146

Standard pronunciation model ··· **418**

Statistical equation modeling····· 380, **419**

Statistical power ·················· **421**

Stimulated recall ········ 162, **423**, 502

Stress ············ 10, 263, 404, **424**, 425

Stress shift ······················· 424

Structural linguistics ········· 106, 308

Study abroad (SA) program ··· **426**

Subject prominent language ······ 477

Substitutional reality (SR) ······ 486

Subtractive bilingual ···············47

Suggestion···················· 363, 416

Suggestopedia ···················· **427**

Summative assessment ··········· **429**

Supportive move ·············· 126, 174

Suprasegmental ··· 209, 263, 348, **402**

Syllabification ···················· 403

Syllable ····· 96, 97, 283, 395, 404, **430**, 465, 495, 496

Syllable duration ratio ····· 395, **432**

Syllable weight······················ 496

Systemic-functional linguistics ··· **434**

Target task ······················· 441

Task ········ 73, 134, 414, **437**, 439, 440

Task-as-a-workplan ················ 438

Task assessment ·············· **438**, 442

Task-based language teaching (TBLT) ····· 73, 183, 295, 366, 437, **440**, 459

Task classification ············ **442**, 447

Task complexity ··· 134, 354, 442, **444**, 447, 451

Task condition ············ 367, 444, **446**

Task difficulty ···················· 444

Task engagement ················· 448

Task motivation ··················· **447**

Task repetition····· 354, 446, 447, **449**

Task sequence ···················· **450**

Task-supported language teaching (TSLT) ························· 441

Task syllabus ····················· 441

Teachability hypothesis ··········· **370**

Teacher cognition ··········· **452**, 457

Teacher education ················ **454**

Teacher motivation··············· **455**

Teacher psychology ·············· **457**

Teacher-student interaction ······ **460**

Teacher talk ······················ **458**

Technique feature analysis ······ **461**

Technology-enhanced language learning (TELL) ··········· 222, **463**

Tempo ······················ 395, **464**

627

Tense / Lax ⋯⋯⋯⋯ 96, 495

Test specification⋯⋯⋯⋯ 484

Testing effect ⋯⋯⋯⋯ **466**

Test-item format ⋯⋯⋯⋯ **467**

Test-retest reliability method ⋯ 389

Textual enhancement⋯⋯⋯⋯ **469**

Textual function ⋯⋯⋯⋯ 435

Thanking ⋯⋯⋯⋯ 416

The type of processing – resource
allocation（TOPRA）model
⋯⋯⋯⋯ 171, **470**, 471

Think aloud protocol ⋯ 280, 423, **472**

Tone ⋯⋯⋯⋯ 257, 258

Tool for the automatic analysis of
lexical sophistication（TAALES）
⋯⋯⋯⋯ 281, 282

Top-down listening process ⋯⋯ 284

Top-down processing ⋯⋯⋯⋯ 383

Topic prominent language⋯⋯⋯ 477

Total physical response（TPR）⋯ **473**

Transfer⋯⋯⋯⋯ 105, 409, **475**

Transfer appropriate processing
⋯⋯⋯⋯ 472

Transferability ⋯⋯⋯⋯ 107, 379, 476

Translanguaging ⋯ 48, 161, 248, **478**

Treatment group⋯⋯⋯ **108**, 164, 314

Triadic models of fluency ⋯ 84, 134,
182, **479**

Triangulation ⋯⋯⋯⋯ 309, 379, **480**

T-unit⋯⋯⋯⋯ 81, 181, **481**

Turn-taking system⋯⋯⋯⋯ 112

Two-way task ⋯⋯⋯⋯ 442

Unfocused task⋯⋯⋯⋯ 186, 443

Unmarked ⋯⋯⋯⋯ 290

Upgrader ⋯⋯⋯⋯ 126, 175

Uptake ⋯⋯⋯⋯ 315

Validity ⋯ 56, 129, 361, 378, 380, **483**

Virtual reality（VR） ⋯ 152, 306, 398,
463, **484**

Vocabulary knowledge and
proficiency / skills ⋯⋯⋯⋯ **486**

Vocabulary learning strategy ⋯ 278,
488

Vocabulary learning through
interaction ⋯⋯⋯⋯ **490**

Voice onset time（VOT） ⋯ **491**, 492

Voice quality⋯⋯⋯⋯ 309, **493**

Vowel⋯ 36, 88, **95**, 403, 405, 430, 495

Vowel duration⋯⋯⋯⋯ 432, **494**

Washback effect ⋯⋯⋯⋯ **497**

Web-enhanced language learning
（WELL）⋯⋯⋯⋯ 222, **498**

Weighted score ⋯⋯⋯ 23, 314, **499**

Willingness to communicate（WTC）
⋯⋯⋯⋯ 25, 185, 220, 320, 448, **500**

Word counting unit⋯⋯ 278, **503**, 507

Word frequency ⋯⋯⋯⋯ 489, **505**

Word list ⋯⋯ 271, 273, 274, **506**, 507

Working memory ⋯⋯ 383, 467, **508**

Writing competence ⋯⋯⋯⋯ **510**

YouTube ⋯⋯⋯ 139, 172, **512**, 513

Zone of poximal development（ZPD）
⋯⋯⋯⋯ 412

日本語索引

ARCS モデル（アークスモデル）…**26**

あいづち…………………………… 112, 114

アイトラッキング………………… **176**

アウェアネス… 43, 44, 92, 93, 102, 154,
213, 335

アウェアネス高揚タスク……… **43**, 44

アウトプット仮説… 267, 335, **340**, 341

アウトプット・ベースの指導…… 183

アクションリサーチ… **13**, 14, 15, 372,
473

アクセント…… **9**, 10, 97, 196, 241, 308,
374, 407, 431, 485

アクティブ・ラーニング……… **15**, 16

アセスメントのサイクル………… **129**

アセスメント・リテラシー……… 130

アップテイク……………………… 315

ADDIE モデル（アディーモデル）
……………………………………**19**

暗示………………………………… 110

暗示的指導…… 148, **166**, 184, 189, 232,
236, 366

暗示的知識… 13, 94, **167**, 168, 211, 237,
239, 303, 317, 330, 331, 338, 412

言い直し………………… 82, 135, 479

e ポートフォリオ
（電子ポートフォリオ）…… **155**, 156

e ラーニング（イーラーニング）… 49,
87, **151**, 152

異音…………………… **21**, 22, 492

意識… 43, 44, **92**, 93, 94, 138, 145, 183,
185, 186, 194, 229, 231, 235, 244, 304,
305, 317, 327, 334, 436

意識化………………… 93, 228, 229, 340

意識化タスク…… **93**, 94, 95, 332, 335

一方向型タスク…………………… 442

一貫性…………………… **60**, 62, 435

意図的学習……………… **243**, 244, 488

意図的語彙学習…… 173, 219, **244**, 245

異文化間発話行為実現プロジェクト
………………… 109, **125**, 173, 190, 416

イマージョン… 37, 46, 48, 59, 101, **216**,
217, 218, 319

意味公式… 111, 146, 365, 399, **408**, 409

意味交渉…… 66, 80, 189, 225, 246, 247,
288, 399, 402, 490

意味中心志向…………………… **294**

意味中心のアウトプット………… 194

意味中心の指導……………… 189, **296**

依頼… 110, 114, 115, 125, 126, 173, 174,
177, 178, 190, 191, 258, 305, 342, 358,
360, 363, 364, 401, 408, 416, 417, 435

因子分析………………………… 380, 420

インストラクショナルデザイン… 19,
238

インターフェイスの立場…… **330**, 331

インターネットを活用した言語学習
………………………………… **498**

インタラクションによる語彙学習
………………………………… **490**

629

インタラクション（相互交渉）仮説
…………… 85, 231, **246**, 335
インタラクティブな聴解処理…… 284
インテイク…… 93, **239**, 331, 333, 412
イントネーション（抑揚）… 108, **257**,
258, 288, 356, 374, 476
インプット仮説…… **230**, 231, 232, 246,
318
インプット強化…… 183, **228**, 229, 332,
488
インプット洪水………… 183, **228**, 229
インプット処理指導……………… 332
インプット処理理論………… **233**, 234
インプット中心のタスク…… **234**, 235,
236, 443
インプットのモード………… 312, 313
インプット・ベースの指導……… 184
韻律（論）…………… **374**, 375, 475
SSARC モデル ………………… 451
SLA における社会的転換 … **411**, 453
エスノグラフィー… 52, **161**, 162, 289,
378, 391
エティック………………… 112
エビデンスに基づく教育…… **162**, 163,
164
絵描写タスク……… 137, **352**, 353, 354
エミック…………………… 112
エラーの訂正……… 20, **160**, 189, 225
L2 動機づけ自己システム … 320, 382,
457
横断的研究………… **127**, 128, 289
応用会話分析………………… 113, 114

オーディオリンガル・メソッド… **34**,
36, 76, 79, 106, 230, 308, 362
オートエスノグラフィー…… 162, 323
重み付け………………… 23, 314, 500
音韻の複雑性………… **349**, 351
音韻符号化………………… 406
音韻論… 21, 95, 198, 348, **351**, 352, 402,
403, 405, 430
音高（音の高さ）……… 259, **355**, 425
音声的多様性……………………11
音声的に多様なインプット………11
音声の正確性…………………… **208**
音声符号化能力………………… 266
音節… 9, 29, 95, 96, 97, 98, 99, 140, 141,
181, 257, 258, 265, 283, 284, 308, 309,
351, 376, 394, 395, 402, 403, 404, 405,
424, 425, **430**, 431, 432, 433, 434, 476,
496
音節長比…………… **432**, 433, 434
音節量………………… 431, 496
音素…… 21, 22, 88, 96, 97, 98, 199, 209,
213, 214, 275, 283, 308, 309, 325, **348**,
349, 351, 374, 402, 403, 404, 431, 493,
494
音調グループ………………… 258
オンライン会議ツール… 65, **335**, 336
オンラインテスト……… 86, **336**, 337
回帰分析……………… 314, 380, 420
外国語口頭運用能力試験………… **338**
外国語発音習熟度………………… **263**
外国語発音能力診断法…………… **195**
外国人言葉………………… 458

回想的思考発話法……………… **472**, 473

改訂階層モデル……… **392**, 393, 394

外的調整………… 126, **173**, 174, 175

ガイド付き練習……… 102, **212**, 213

概念に基づく指導法………………**90**

外発的動機づけ……………… 321

回避……… 74, 106, 126, 159, 173, 251

会話の含意…… **115**, 116, 117, 191, 365, 399

会話の公理……………… 116, 118

会話分析… 111, 112, 113, 114, 115, 127, 143, 175, 378, 399, 417

カオス・コンプレキシティー理論 ……………………… 350

拡散タスク……………… 443

学習者の信条……………… 220, 357

学習スタイル… 31, 220, **269**, 270, 288, 398, 489

拡張現実……………… 306, 486

確認チェック……… 66, 85, 247, 490

加算的バイリンガル………………**47**

加重スコア……………… **499**, 500

過剰一般化……………… 159, 475

過剰学習……………… 106

化石化……………… 123, 124

仮想現実………… 152, 306, **484**, 486

活動理論………… **17**, 18, 378

感謝… 112, 113, 400, 408, 416, 417, 477

慣習性……………… 110

慣習的な間接的ストラテジー…… **109**, 111, 126, 190, 364

慣習的な含意……………… 117

干渉……… 105, 157, 181, 212, 276, 475

間接的な発話行為……………… 116

完全習得学習……………… 187

観念構成的機能……………… 435

関与負荷仮説………… **259**, 260, 461

緩和表現……… 126, 174, 175, 360

キーワード法……………… 150, **262**

GIGA スクール構想………… 49, **205**

機械可読目録……………… 327

機械翻訳……………… 132, 201

聞こえ……………… 98, 140, 405, 431

基準関連妥当性……………… 56, 483

基準特性……………………**54**

既成表現……………………**69**

気息音（帯気音）…… 21, 22, 403, 492

規則学習……………… **396**, 397

気づき…16, 43, 67, 68, 92, 94, 102, 111, 118, 122, 124, 138, 175, 213, 239, 244, 254, 292, 304, 305, 315, **331**, 332, 333, 334, 340, 341, 400, 409, 412, 461, 476, 477

気づき仮説…… 231, 244, **333**, 334, 335

機能的言語分析能力……………… 266

機能負担量……………… 198, 199, 265

機能負担量仮説……………… **198**

基本振動数……………… 355

基本的対人コミュニケーション技能 ………………… 45, 59, 103, 247

義務的生起分析……………… 251

逆転移……………… 475

逆向き設計……………… **44**, 45

教育用タスク… 344, 345, 352, 441, 443

教師教育……… 14, 237, **454**, 455, 457

教師言葉…………………… **458**, 459

教室エスノグラフィー……… 161, 162

教師と学習者のやり取り………… **460**

教師の心理…………………… **457**

教師の動機づけ………… **455**, 456, 457

教師の認知…… **452**, 453, 457, 458

教授可能性仮説………………… 75, **370**

強勢（ストレス）… 175, 348, 356, 375, 376, 387, 394, **424**, 425, 431, 432, 433

強勢移動……………………… 424

強勢符号……………………… 425

協調学習………………………**63**

協調の原則…………………… 115, 116

協働学習…… 49, **63**, 64, 179, 238, 455

協同学習………………………**63**

共同構築………… 113, 127, 323, 399

協働的タスク…………………… **66**, 67

協働ライティング…… **67**, 68, 69, 268

拒否………… 112, 113, 359, 416

際立ち度………… 226, 231, 334, 341

緊張母音・弛緩母音………… 96, 495

偶発的学習…………………… **243**

苦情………………………… 191, 416

組み合わせ学習…………………**71**

グループ活動… 64, 247, **342**, 344, 413

クロンバックα………… 56, 389, 390

経済性……………………… 361

形式・意味・使用のマッピング… **192**

形成的アセスメント（評価）…… 149, **187**, 188, 430

結束性………………… **60**, 61, 62

言語学習ストラテジー…………… 221

研究倫理………………… **390**, 391

言語間誤用…………………… 157

言語学習適性… 44, 228, **265**, 266, 319, 508

言語間影響…………………… 475

言語形式… 20, 67, 80, 93, 101, 102, 106, 107, 110, 111, 138, 160, 166, 167, 182, 183, 184, 188, 189, 190, 191, 212, 213, 226, 227, 230, 231, 236, 237, 239, 250, 251, 252, 296, 304, 316, 317, 318, 319, 327, 332, 333, 346, 369, 399, 400, 401, 435, 441, 444, 449, 458, 469, 470, 502

言語形式・機能・状況の一致…… **190**, 191

言語形式中心の指導……………… 296

言語形式に焦点を置いた指導…… 102, 103, 183, **188**, 212, 213, 251

言語焦点型タスク……… 185, 186, 187

言語喪失…………………… 124

言語中心の学習………………… 194

言語内誤用…………………… 157

言語の問題点に関して行われる会話 ………………… 237, **267**, 269

言語非焦点型タスク…… 185, 186, 187

減算的バイリンガル…………………**47**

現実世界のタスク……………… 443

検定力………………… **421**, 422

平行テスト（信頼性検証）法…… 389

語彙学習方略………………… **488**, 489

語彙カバー率………… **503**, 504, 505

語彙処理………… **279**, 280, 281

語彙洗練性自動分析ツール……… 281

語彙知識… 32, 33, 34, 50, 135, 151, 172, 193, 194, 198, 244, 245, 271, 273, **278**, 279, 297, 299, 300, 313, 468, 486, 488, 490, 504, 511

語彙知識と熟達度／技能 ……… **486**

語彙知識の様々な側面………………**32**

語彙知識の広さと深さ………………**50**

語彙的洗練性… 270, 271, **281**, 282, 300

語彙的多様性… 82, 270, 271, **272**, 273, 300

語彙的複雑性…………… **270**, 271, 272

語彙の項目特性…………………… **275**

語彙の測定…………………………… **297**

語彙頻度プロファイル…………… **273**

効果量…………………… 266, 422

高次思考………………………… 100

構造主義言語学　34, 106, 374, 403, 430

構造的能力……………………………77

構造方程式モデリング… 380, **419**, 420

肯定的証拠………………… 225, 230, 385

行動主義心理学…… 34, 105, 308, 324

口頭による物語の説明…………… 134

口頭物語テスト………………… **338**

高変動音素訓練…………………… **213**

項目応答理論…… 55, 56, **260**, 261, 390

項目学習………………… 275, **396**, 397

項目バンク………………　40, 129, 261

声立て時間（有声開始時間）…… **491**

コーパス…15, 70, **118**, 119, 130, 131, 143, 147, 148, 232, 281, 282, 328, 329, 334, 489, 503, 506, 507

コーディング…………… 109, 125, 302

国際音声学協会……………… 254, 255

国際音標文字…………… **254**, 255, 425

国際協働オンライン学習（コイル）………………………… **64**, 336

個人差要因…… 161, **220**, 221, 426, 503

古典的テスト理論…… **55**, 56, 57, 261

誤答分析………………………… 241, 251

コミュニケーションしようとする意欲………………………………………25

コミュニカティブ・ランゲージ・ティーチング…… 73, 76, **79**, 183, 213, 362, 366

コミュニケーション活動… 36, **73**, 79, 108, 143, 144, 145, 160, 166, 167, 182, 183, 184, 211, 212, 316, 317, 336, 382, 410, 436, 441

コミュニケーション能力… 24, 36, 45, 63, 64, 65, **75**, 76, 79, 80, 180, 184, 249, 250, 287, 318, 326, 401, 464, 485

コミュニケーション方略… **74**, 75, 286, 288

語用言語的（な）……… 125, 191, 364

語用言語的転移……………… 477

語用言語的能力…… 175, 363, 364, 399, 400

誤用分析……… **156**, 157, 158, 159, 160

語用論的意識…………… 304, 305, 400

語用論的転移…………………… 400

語用論的定型表現……… 334, 365, 400

633

語用論的能力…… 77, 78, 113, 114, 127, 190, 191, 232, 305, 335, **363**, 365, 399, 401, 402

コロケーション… 34, 50, 51, **69**, 70, 72, 119, 131, 259, 299, 487, 505, 506

混合研究… 51, **309**, 310, 311, 380, 390, 481

コンピューター支援教育……………89

コンピューター適応型テスト… 39, **86**, 260, 261

コンピューター支援言語学習………**89**

コンピューター利用発音学習…… **87**, 213

最小対立練習…………………… 308

最小対語……………… **307**, 308, 349

再テスト（信頼性検証）法……… 389

再分節化………………… 283, 433

作業記憶……… 383, 467, **508**, 509, 510

錯乱肢…………………………… 468

サジェストペディア………… **427**, 428

賛辞…………………………… 416

子音… 22, 27, 28, 29, **95**, 96, 97, 98, 99, 107, 196, 240, 241, 255, 263, 283, 284, 348, 374, 375, 387, 388, 403, 405, 407, 414, 430, 432, 465, 475, 476, 491, 492, 493, 494

子音群（子音連結）… **97**, 98, 99, 141

ジェスチャー… 44, 46, 59, 75, 112, 117, 143, **202**, 203, 204, 205

刺激回想法…………… 162, **423**, 502

資源分散変数………… 444, 445, 451

思考発話法………… 280, 423, **472**, 473

自己決定理論……………………… 321

自己調整…………………… 223, 224

事後テスト…… 70, 131, 165, 235, 260, 279, 307

システマティック・レビュー…… 302

事前テスト………… 165, 279, 307

自然言語処理 39, 54, 118, 132, **327**, 408

自然習得順序仮説…………… 318, **328**

自然発生会話……………… 111, 114

実現可能性……………… 129, **361**, 468

実験群…… 70, **108**, 109, 164, 171, 227, 228, 234, 258, 260, 271, 314, 428, 470

実験デザイン…………… **164**, 165, 166

質的研究… 52, 142, 161, 289, 322, **377**, 378, 379, 380, 390, 391, 480, 481

質問紙研究…………… 380, **381**, 382

質問紙調査…… 127, 128, 132, 163, 221, 289, 321, 322, 357, 381, 382, 489

自動化…… 54, 108, 212, 280, 330, 349, 363, 383, 384, 409, 410, 451, 476, 479

指導技術特徴分析………………… **461**

自動採点システム…………………39

自動テスト作成ツール………………40

自動ライティング評価………… **41**, 62

自発スピーキング課題… 413, 414, 415

社会規範…………………… 361, 418

社会語用論的… 125, 191, 305, 365, 400

社会語用論的転移………………… 477

社会語用論の能力… 175, 189, 363, 364, 365, 399, 400

社会情意的方略………………… 287

社会ネットワーク分析……… **410**, 411

634

社会文化理論… 17, 63, 90, 91, 144, 223, 254, 269, 289, 342, 378, **412**

（音声の）弱化 …… 325, **387**, 388, 395

借用語…………………………… **57**, 58

謝罪… 125, 145, 146, 173, 175, 400, 408, 416, 417

ジャンル分析………………… 143, 436

縦断的研究…… 52, 127, 288, 289, 290, 396

自由変異音………………………22

習慣形成………… 34, 35, 36, 308

修辞構造…………………… 61, 243

収束タスク………………………… 443

従属変数………… 109, 164, 165, 314

縦断的研究…52, 127, **288**, 289, 290, 396

集中学習………………… **292**, 293, 294

習得 - 学習仮説……………… **12**, 329

修復………… 66, 82, 112, 113

主語優勢言語……………………… 477

主題優勢言語……………………… 477

主要行為…………… 125, 126, 174, 175

受容的語彙知識……………… 297, 300

順番交替システム…………… 112, 115

使用頻度…… 70, 83, 148, 159, **197**, 198, 200, 273, 415, 460, 506

情意フィルター仮説……………… **20**, 318

状況的真正性……………… 344, 345

招待………………………… 416

焦点化エッセイ手法………… **184**, 502

焦点型タスク……………… 443, 444

情報格差……………………… 295

情報通信技術… 87, 179, 215, **222**, 397

助言……………………… 360, 416

処理可能性理論………………… **370**

処理水準仮説……………… 150

事例研究……………… **51**, 52, 378, 430

人工知能…………… **31**, 32, 54

真正なインプット…………… **38**, 232

深層学習…… 31, 32, 40, **131**, 132, 328

親疎距離… 114, 125, 145, 191, 359, 360, 364, 401

心的表象………………… **300**, 301

振幅……………… 9, 36, 242, 424

信頼性… 25, 56, 57, 127, 129, 188, 197, 208, 272, 297, 298, 303, 309, 310, 321, 361, 362, 378, 379, 380, **389**, 390, 423, 429, 468, 481, 483, 500

心理的類型論………………… 107

推論過程を示す議論……………… 484

スキーマ……………… 285, 287, 384

スキル習得理論…… 330, 366, 373, **409**, 410

スキル統合的タスク……………… 423

ストレス（強勢）… 10, 198, 263, 264, 265, 394, 395, 403, 405, **424**, 425

スピアマン・ブラウン 21 ……… 389

スピーキング課題……… **413**, 414, 415

性格……………… 25, 37, 220

省察的実践……… 372, 454, 455

声質……………… 241, **493**, 494

正書法……………… 275

生成 AI … 55, 152, **200**, 201, 202, 311

生成音韻論……… 351, 352, 493

精緻化……… 71, **150**, 151

635

精聴···················· 168

声調···················· 257, 356

精読···················· 170, 385

正の転移················ 105, 475

SAMR モデル（セイマーモデル）

················· **397**, 398

折半（信頼性検証）法··········· 389

セミリンガル················47

先行有声化················ 491

全身反応法················ **473**

専門性の向上······· 14, **371**, 372, 455

増長表現················ 126, 175

総括的評価法／採点基準 ··· 23, 80,
215, 216, 429

総括的アセスメント（評価）····· **429**,
430

想起練習················ 466

遭遇頻度················ **197**, 198

相互依存仮説·············· 247, 248

相互行為··· 110, 111, 112, 143, 175, 411

相互行為能力··· 115, 175, 365, 399, 401,
417

挿入拡張················ 113, 115

双方向型タスク·············· 442

ダイアローグのタスク··········· 442

体系的機能主義言語学··········· **434**

対照分析··· **105**, 106, 107, 108, 157, 158,
290, 476

対人関係機能·············· 435, 436

代替現実················ 486

ダイナミック・アセスメント（評価）
················· **149**, 150

ダイナミック・バイリンガリズム···48

第二言語語用論······ 108, 109, 113, 115,
116, 125, 127, 144, 145, 173, 175, 191,
304, 305, 360, **398**, 399, 401, 402, 408,
416, 417, 436, 477

対話（ダイアログ）流暢性········ **134**

タグ付け················ 328

多視聴················ **172**, 173

他者調整················ 224

他者に対する意志················ **500**

タスク····· 44, 54, 66, 67, 73, 81, 83, 93,
94, 100, 105, 134, 135, 138, 144, 149,
153, 160, 185, 186, 187, 191, 194, 196,
223, 226, 234, 235, 236, 250, 259, 260,
270, 271, 280, 281, 287, 288, 295, 296,
300, 302, 305, 318, 334, 341, 342, 343,
344, 345, 348, 353, 354, 367, 368, 373,
374, 401, 423, 426, 436, **437**, 438, 439,
440, 441, 442, 443, 444, 445, 446, 447,
448, 449, 450, 451, 452, 461, 462, 463,
509, 511

タスク支援型言語教育············· 441

タスク中心の教授法······ 73, 183, 437,
440, 441, 459

タスク中のプランニング··········· 367

タスクに対する動機づけ······ 447, 448,
449

タスクによる評価·············· 438, 439

タスクの繰り返し··· 354, 447, **449**, 450

タスクの困難さ·············· 444

タスクの条件················ 367, **446**

タスクの配列順序········ **450**, 451, 452

タスクの複雑さ…… 442, **444**, 445, 448

タスクの分類……………… **442**

タスク前のプランニング…… **367**, 368, 446

多層ニューラルネットワーク……88

多聴…………… 51, **168**, 169, 170, 488

脱落………………… 387, 388, 395

妥当性… 25, 56, 57, 129, 212, 272, 274, 303, 309, 310, 321, 361, 362, 378, 380, 468, 481, **483**, 484, 500

多読… 51, 169, **170**, 171, 172, 173, 194, 219, 227, 319, 385, 488

単語の数え方の単位……… **503**, 504

単語頻度………………… **505**, 506

単語リスト…… 51, 244, 504, 506, **507**

単語連鎖…………………**69**

談話完成タスク／テスト …113, 125, **144**, 401, 417

談話標識………… **146**, 147, 148, 285

談話分析……… **142**, 143, 144, 324, 378

遅延効果…………………… 293

遅延事後テスト…… 131, 165, 198, 259, 260, 280

（音声の）知覚と生成の関係論 … **346**

知覚流暢性……………………… 182

力関係…… 114, 125, 145, 147, 191, 359, 364, 401

知性……………… 220, 458

チャット GPT ………………… 201

チャットボット……… 31, **54**, 55, 311

中間言語… 160, **249**, 250, 253, 296, 332, 398, 399

中間言語語用論………………… 399

中間言語転移………………… 475

中間言語分析………… 159, **251**, 398

注釈……………………… **207**, 208

調音… **27**, 28, 30, 83, 87, 88, 95, 96, 97, 108, 214, 224, 255, 346, 347, 376, 388, 395, 403, 432, 465, 491, 493, 495, 508, 509

調音点……………… 27, 30, 96, 255

聴解過程………………… **284**, 285

聴覚処理…………… **36**, 37, 38

（音の）聴覚的大きさ（ラウドネス）
……………………… **242**

調整変数……………… **314**

超分節音的………… 241, 264, **402**, 407

直後事後テスト………………… 165

直接教授法………………… **141**

直接的ストラテジー…… 110, 126, 190

提案…………………… 364, 416

T ユニット………………… **481**, 482

ディクテーション… 90, **135**, 136, 137

ディクトグロス…… 136, **137**, 138, 332, 341

定型表現…… 34, **69**, 70, 110, 111, 124, 126, 243, 305, 369, 399, 408

低次思考………………… 100

提示・練習・産出……… 182, 363, **365**

訂正アウトプット…… 66, 67, 85, **314**, 315, 316, 385, 386

訂正フィードバック… 20, 42, **120**, 121, 122, 160, 189, 209, 225, 232, 314, 315, 316, 332, 333, 341

637

ディレクト・リアリスト理論……… 347

データ駆動型学習… 15, 118, **130**, 488

テキスト強化………………… **469**, 470

テキスト的機能………………… 435

適切性…… 191, 228, 273, 361, 400, 401, 402

適切性条件………………………… 416

テクノロジーを活用した言語学習
………………………………… **463**

デジタルデバイス……… **139**, 337, 463

デジタル・リテラシー…………………68

テスト効果………………… **466**, 467

テスト項目形式……… **467**, 468, 469

テスト細目表………………… 129, 484

転移… 107, 108, 347, 400, 409, **475**, 476, 477

転移可能性………………… 107, 476

転移適切性処理………………… 472

電子ポートフォリオ
（e ポートフォリオ）…………… **155**

点双列相関係数………………… 56, 390

テンポ（話速）…… 181, 253, 264, 374, 388, 395, **464**, 465, 466, 480

等位型バイリンガル…………………48

動機喪失………………… **132**, 133

動機づけ…… 15, 20, 26, 44, 48, 63, 64, 102, 123, 124, 127, 128, 132, 133, 149, 162, 171, 188, 220, 221, 226, 232, 286, 287, 289, 318, **319**, 320, 321, 322, 327, 342, 372, 381, 382, 406, 426, 447, 448, 449, 455, 456, 457, 458, 461, 464, 485, 497

道具的動機づけ………………… 320

統合的動機づけ………………… 320

同根語………………… **57**, 505

等時性…… 375, 376, 388, 395, 405, 433

統制群…… **108**, 109, 164, 165, 171, 229, 234, 258, 271, 314, 428

独白（モノローグ）流暢性……… **134**

独立変数……… 108, 109, 164, 165, 314

閉じたタスク………………… 442

読解過程………………… 369, **383**

トップ・ダウンの情報処理過程… 383, 384

トップ・ダウンの聴解処理……… 284

TOPRA モデル………… 151, **470**, 472

トライアンギュレーション
（方法的複眼）…… 309, 379, **480**, 481

トランスフンゲージング…… 161, **478**

内言………………………… **223**, 224

内在化（内化）……… 90, 91, 223, **254**

内的調整………… 126, **173**, 174, 175

内発的動機づけ………………… 321, 322

内容言語統合型学習…… **99**, 101, 218

内容中心指導法………………… **101**, 213

ナチュラル・アプローチ…… 231, 318, **326**, 327

（外国語）訛り度 ………… 9, 84, 199

ナラティブ探究…… 14, **322**, 323, 324, 378

難易度の階層性………………… 106

二言語使用…………………………47

2 重コーディング理論 ………… 150

二重母音………………… **140**, 141, 496

認知的／学術的言語能力 …………**59**
認知的方略……………………… 287
ネガティブ・フェイス… 126, 177, 359
ネガティブ・ポライトネス……… 360
能動・受動調音器官…… 27, 28, 30, 96, 493
倍音……………………… 36, 355, 494
バイリンガリズム……………… **47**, 48
波及効果………… 440, 468, **497**, 498
パス図…………………………… 420
発音自己評価…………………… **406**
発音処理知識…………………… **373**
発音評価のアルゴリズム………… 208
発達的誤用……………………… 157
発達の最近接領域……………… 149
発表的語彙知識……………… 297, 300
発話行為… 44, 109, 110, 111, 112, 113,
　114, 125, 126, 144, 145, 173, 174, 175,
　190, 191, 228, 304, 305, 360, 363, 364,
　365, 399, 400, 408, **416**, 417, 418
発話行為の効力…………… 173, 175
発話行為理論…………… 112, 416
発語内効力表示装置……………… 416
発語内行為……………………… 416
発語媒介行為…………………… 416
発話明瞭性中間言語効果………… **252**
パラメータ……………… 261, 273, 420
パラメトリック手法…………… 420
パラレル・テスト…………… 261, 389
半構造化インタビュー…………… 481
反転授業………… 50, 152, **178**, 179
ピア学習………………………… 411

ピアレビュー…………… 271, **345**, 346
非インターフェイスの立場… 12, 13, **330**
非慣習的な含意……………… 117, 118
非慣習的な間接的ストラテジー… 110,
　126, 190
非焦点型タスク……………… 186, 443
否定的証拠……………… 225, 385
皮肉……………… 116, 118, 257
批判……………… 360, 416
批判的エスノグラフィー………… 161
評価者間信頼性………………… 215, 361
表現の妥当性…………………… 264
剽窃………… 43, 68, **357**, 358
標準発音モデル………… **418**, 419
開かれたタスク……………… 442, 443
不安… 20, **24**, 25, 26, 63, 154, 162, 205,
　220, 221, 286, 287, 327, 381, 485
フェイス… 126, 173, 177, 178, 359, 360
フェイス侵害行為…………… **177**, 359
フォーカス・オン・フォーム…… 160,
　182, 188, 212, 266, 292, 295, 316, 441
フォーカス・オン・フォームズ… 316
付加リズム（拍節的リズム）…… 394,
　433
複言語主義……………… 48, 248
複合型バイリンガル………………47
複合現実…………………………… 486
複雑さ・正確さ・語彙幅・流暢さ…**81**
複雑性動的システム理論………… 411
複数語ユニット…………… **69**, 70, 469
付随的語彙学習…… 171, 172, 173, 207,
　218, 219, 245, 286, 385

639

フット（韻脚）…… 375, 376, 388, 395, 405, 425, 433, 434

（音の）物理的大きさ ………… **242**

不同意……………………… 360, 416

負の転移………………… 105, 475, 476

プライベート・スピーチ………… 223

プライミング効果……… **368**, 369, 370

ブレンディッドラーニング
（ブレンド型学習）…… **49**, 238, 312

プロトコル…………………… 473

プロンプト………… 120, 121, 122, **385**

分散学習………… **292**, 293, 294, 467

分析的評価法／採点基準 … **23**, 215, 216, 429

分節音素……………… 348, 374

分節音的……………………… **402**

分節方略………………… **404**, 405

文法的敏感性…………………… 266

文法性判断テスト……………… **211**

文法訳読法……………… 141, **210**

文脈に埋め込まれたコミュニケーション……………… **103**, 104

ペア活動……… 268, **342**, 343, 344, 413

並存的妥当性…………………… 483

弁別素性……… 29, 351, 403, 431, 493

母音… 9, 36, 88, **95**, 96, 97, 98, 99, 106, 140, 141, 196, 198, 241, 255, 256, 263, 265, 276, 283, 284, 325, 348, 374, 375, 387, 395, 403, 405, 407, 414, 425, 430, 431, 432, 465, 475, 476, 491, 492, 494, 495, 496

母音長……………… 376, **494**, 496

ポートフォリオ…… 155, 156, 187, 372

方法的複眼
（トライアンギュレーション）… **480**

（発音の）母語原則 …………… **324**

ポジティブ・フェイス… 126, 177, 178, 359, 360

ポジティブ・ポライトネス……… 360

補足……………… 126, 174, 175

ボトム・アップの情報処理過程… 383, 384

ボトム・アップの聴解処理……… 284

ポライトネス… 110, 112, 177, 178, 304, 305, **358**, 359, 360, 364, 365, 401, 417, 418

末尾伸長………………… 465

学びの場での第二言語習得……… **236**

学ぶ喜び…… 20, 26, 95, **154**, 221

マルチモーダル…… 112, 117, 144, 324

無標……………… 290, 291, 292

明確化要求… 66, 85, 120, 247, 288, 315, 442, 490

名詞句検索階層性………………… 291

明示的指導…… 148, **166**, 184, 189, 229, 232, 236, 237, 250, 266, 304, 365, 366, 369, 410

明示的知識…… 13, 91, 93, 94, **167**, 168, 211, 237, 239, 244, 303, 317, 330, 331, 338, 412, 509

（発話の）明瞭性 …… 22, 83, 84, 196, 214, **240**, 241, 263, 374, 388, 396, 425, 466, 474

（発音の）明瞭性原則 …………… **324**

メタ言語能力テスト……………… **303**

メタ語用論的意識… **304**, 305, 306, 365

メタ談話………………………… 147

メタ認知的方略……………… 287, 288

メタバース………………… **306**, 307

メタ分析… 130, 163, 184, 195, 207, 236, 250, 266, 271, 288, **302**, 303, 317, 366, 380, 427, 445, 490

モーター理論……………………… 347

目標タスク…………………… 345, 441

モニター仮説………………… 316, 317, 318

モニター・モデル……… 316, **317**, 318

モノローグのタスク……………… 442

物を介した調整…………………… 224

モバイル支援言語学習…………… **311**

模倣発話………………… **152**, 153

やり取りの真正性…………… 344, 345

ユーチューブ…………………… **512**

有意差…… 70, 131, 198, 219, 282, 422

有意水準…………………………… 422

有声開始時間（声立て時間）…… **491**

優先組織………………………… 112

有標性………………… **290**, 291, 292

ヨーロッパ言語共通参照枠…… 23, 53, 402

ヨーロッパ言語共通参照枠 - 日本版
…………………………………**53**

抑止母音………………… 96, 495, 496

抑揚（イントネーション）…… 84, 97, 196, 241, 242, **257**, 258, 259, 263, 265, 356, 357, 375, 407, 465

予測的妥当性……………………… 483

4 つの C ……………………… 100

4 つのストランド ……………… **193**

呼びかけ………………… 126, 174

ライティング能力… 180, 423, **510**, 511

ラッシュ・モデル………………… 261

ランゲージング………… 268, **269**, 412

リエゾン（連結）……… **282**, 283, 284

理解型タスク……………………… 234

（聴者にとっての発話の）理解しやす
さ…… 83, 84, 199, 214, 240, 263, 374

理解チェック…………… **85**, 247, 490

リキャスト…120, 122, 166, 315, **385**, 386

リサーチ・シンセシス…………… 302

リスニング方略………… **286**, 287, 288

リズム…… 10, 84, 97, 99, 108, 196, 204, 241, 288, 309, 374, 375, 376, 387, 388, **394**, 395, 396, 404, 405, 433, 434, 465, 476, 496

リテリング………………… 194, 338

留学プログラム………… 289, **426**

流暢さ（流暢性）…… 36, 80, 134, 135, **180**, 181, 182, 184, 186, 218, 272, 282, 290, 367, 427, 433, 439, 441, 445, 446, 449, 450, 479, 480

流暢性に関する 3 種のモデル…… **479**

流暢性の伸長……………………… 194

量的研究…… 15, 52, 108, 127, 164, 289, 310, 377, 378, **379**, 380, 390, 391, 481

臨界期仮説…………………… **123**

リンガフランカとしての英語…… 99, 325, 425

隣接ペア………………… 112, 115

641

累積的学習……………………………… 170

ルーブリック…… 23, 24, 188, 429, 511, 512

連結（リエゾン）…………… **282**, 283

連合記憶…………………………… 266

連鎖組織……………………… 111, 114

練習…… 36, 55, 63, 74, 79, 88, 106, 111, 124, 141, 146, 169, 179, 183, 184, 202, 206, 212, 218, 229, 247, 284, 311, 327, 330, 331, 333, 336, **362**, 363, 365, 366, 369, 371, 384, 385, 401, 409, 410, 415, 436, 437, 469, 510, 512

話者の発話が聞き手に及ぼす影響の強さ…………………………… 177

話速（テンポ）……………… 369, 464

［編著者代表］

佐野　富士子　（さの　ふじこ）

元横浜国立大学教授、元常葉大学特任教授。専門分野は第二言語習得、英語教育学。
1995年に大学英語教育学会内にJACET SLA研究会を立ち上げて以来、2023年まで
代表を務めた。編集代表を務めた図書として『第二言語習得と英語科教育法』（2013年、
開拓社）、『第二言語習得―SLA研究と外国語教育（英語教育学大系第5巻）』（2011年、
大修館書店）、『文献からみる第二言語習得研究』（2005年、開拓社）、『SLA研究と外
国語教育―文献紹介』（2000年、リーベル出版）、共編書として『授業力アップのため
の英語教師必携自己啓発マニュアル』（2019年、開拓社）、共訳書として『学びの場で
の第二言語習得論』（2022年、開拓社）がある。

［編著者］

笠原　究（かさはら　きわむ）北海道教育大学教授。専門分野は、語彙習得。
髙木　亜希子（たかぎ　あきこ）青山学院大学教授。専門分野は、言語教師教育。

［著者］（五十音順）

和泉　伸一（いずみ　しんいち）上智大学教授。専門分野は、第二言語習得研究。
江下　陣（えした　じん）青山学院高等部英語科専任教員。専門分野は、英語教育学・
　　ライティング指導。
大髙　博美（おおたか　ひろみ）関西学院大学名誉教授。専門分野は、音声学・音韻論。
小張　敬之（おばり　ひろゆき）グローバルBiz専門職大学教授。専門分野は、言語情
　　報科学。
佐竹　由帆（さたけ　よしほ）青山学院大学教授。専門分野は、データ駆動型学習。
佐藤　臨太郎（さとう　りんたろう）奈良教育大学教授。専門分野は、教室第二言語習得。
卜山　幸成（しもやま　ゆきなり）東洋学園大学教授。専門分野は、英語教育学・教育工学。
松本　佳穂子（まつもと　かほこ）東京学芸大学教職大学院研究員（元東海大学教授）。
　　専門分野は、アセスメント。
三浦　愛香（みうら　あいか）立教大学教授。専門分野は、第二言語語用論。
吉冨　朝子（よしとみ　あさこ）東京外国語大学教授。専門分野は、第二言語習得研究。

外国語教育用語事典

2025（令和7）年3月9日　初版発行

編　著　者　佐野　富士子

発行・発売　株式会社　三省堂書店／創英社
　　　　　　〒101-0051　東京都千代田区神田神保町1-1
　　　　　　TEL：03-3291-2295　FAX：03-3292-7687

印刷・製本　株式会社　丸井工文社

©Fujiko Sano, 2025, Printed in Japan.
不許複製
ISBN 978-4-87923-250-2　C0537
落丁・乱丁本はお取替えいたします。
定価はカバーに表示されています。